Marco Aurélio

Pierre Grimal

Marco Aurélio
O imperador filósofo

Tradução:
Vera Ribeiro

4ª reimpressão

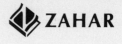

Copyright © 1991 by Librairie Arthème Fayard

Tradução autorizada da edição francesa, publicada em 1991 por Fayard, de Paris, França

Grafia atualizada segundo o Acordo Ortográfico da Língua Portuguesa de 1990, que entrou em vigor no Brasil em 2009.

Título original
Marc Aurèle

Capa
Sérgio Campante

Imagem da capa
© Araldo De Luca/Getty Images

Preparação
Geísa Pimentel Duque Estrada

Indexação
Gabriella Russano

Revisão
Tamara Sender
Eduardo Monteiro

CIP-Brasil. Catalogação na publicação
Sindicato Nacional dos Editores de Livros, RJ

	Grimal, Pierre	
G873m	Marco Aurélio: o imperador filósofo / Pierre Grimal; tradução Vera Ribeiro. – 1ª ed. – Rio de Janeiro: Zahar, 2018.	
		il.

Tradução de: Marc Aurèle.
Inclui bibliografia e índice
Inclui cronologia
ISBN 978-85-378-1751-3

1. Roma – História. 2. Roma – Política e governo. 3. Política e cultura – Roma. 4. Intelectuais – Roma – Atividades políticas. I. Ribeiro, Vera. II. Título.

CDD: 937
18-47200   CDU: 94(37)

Todos os direitos desta edição reservados à
EDITORA SCHWARCZ S.A.
Praça Floriano, 19, sala 3001 – Cinelândia
20031-050 – Rio de Janeiro – RJ
Telefone: (21) 3993-7510
www.companhiadasletras.com.br
www.blogdacompanhia.com.br
facebook.com/editorazahar
instagram.com/editorazahar
twitter.com/editorazahar

Sumário

Introdução 7

1. O menino que nasce... 33

2. A educação de um príncipe 48

3. O Império no reinado de Antonino 78

4. O império dos sofistas 105

5. Os deveres de um príncipe 135
   I. A defesa do Império

6. Os deveres de um príncipe 201
   II. O legislador

7. A intimidade 229

8. O livro das Meditações 256

9. Marco Aurélio e o divino 284

Conclusão 309

Cronologia 313
Notas 317
Mapas 350
Bibliografia seleta 352
Índice remissivo 359
Índice das Meditações 371

Introdução

AO NOME DE MARCO AURÉLIO (Marcus Aurelius Antoninus Augustus) está indissociavelmente ligado o epíteto de "filósofo", e isto desde a Antiguidade. A biografia que lhe é consagrada na coletânea da *História Augusta* e que, como veremos, provavelmente foi escrita no fim do século IV da nossa era, no reinado de Teodósio, prontamente confere a ele esse título. Desde a primeira linha, lemos: "Marco Antonino, que, durante toda a sua vida, praticou a filosofia e, pela pureza de sua conduta, elevou-se acima de todos os príncipes, teve por pai Ânio Vero..."[1]

Trata-se do imperador filósofo por excelência. É essa a imagem que nos resta dele. Mas o que devemos entender por isso? Na verdade, esse pertencimento de Marco Aurélio ao mundo dos filósofos só foi de fato estabelecido por um livro estranho, que os modernos mais comumente chamam de *Meditações*, mas que traz nos manuscritos o título "A (ou 'Para') mim mesmo", e que consiste numa série de reflexões, de anotações diversas, distribuídas em doze livros, sem que se possa discernir qualquer ordem entre elas. É provável que o livro não tenha sido publicado durante a vida do autor. Nele, Marco Aurélio fala como estoico, refere-se à doutrina do Pórtico e prova estar impregnado dela. Entretanto, como já se fez observar muitas vezes, o que podemos saber da ação exercida por Marco Aurélio, das medidas que ele foi levado a tomar como imperador, não parece ter-lhe sido sugerido pelo estoicismo;[2] e sim, de uma maneira muito geral e em razão da atitude interna que resultou disso para ele, pelo próprio conteúdo de sua política – sem refletir a ideologia do Pórtico, porém se mantendo conforme às tradições romanas e dando continuidade à de seus predecessores. De modo que podemos nos perguntar em que medida a opinião pública em torno dele realmente se conscientizou do fato de que o príncipe era filósofo. Difícil saber. Aurélio Victor, no *Livro dos Césares*, diz apenas que ele "se distinguia por sua dedicação à filosofia e à eloquência".[3] Uma passagem da Vida de Avídio Cássio, na *História Augusta*, afirma que, por ocasião da guerra contra os marcomanos, pediram-lhe que desse conhecimento dos princípios de sua filosofia, pelo temor de que lhe sucedesse um infortúnio, e, durante três dias, ele teria feito uma exposição pública de seu sistema.[3bis] Isso é pouco crível, mas atesta a impressão deixada por Marco Aurélio, muito tempo depois de sua morte.

Seu círculo não podia ignorar sua atração pelo estoicismo. Isso não era segredo para seu mestre Frontão nem para os senadores, que eram seus conselheiros, mas também é certo que o príncipe tomava grande cuidado para não se mostrar dogmático e obstinado em suas decisões, defeitos que eram tradicionalmente censurados nos estoicos. Ele era acessível às opiniões que pudessem lhe dar: "Para duas coisas", escreveu nas *Meditações*, "deves estar sempre pronto: primeiro, fazer apenas o que sugere a razão, na ordem da realeza e da instituição das leis, em prol da humanidade; segundo, mudar de opinião, se houver perto de ti alguém que te corrija e te dissuada do que possas ter pensado. Mas essa mudança de opinião deve sempre resultar de uma verossimilhança de justiça ou utilidade, e os argumentos que a ela te convidam devem ser tão somente dessa natureza, e não o prazer ou a glória aparentes."[4]

Uma inscrição descoberta perto de Sevilha, reproduzindo o texto de um senátus-consulto aprovado entre 177 e 180, traz um exemplo dessa atitude do imperador, de sua facilidade em não se obstinar num conservadorismo sistemático. Tratava-se de limitar as despesas assumidas pelos magistrados com jogos de gladiadores nas cidades provinciais, despesas estas bancadas pelas elites locais com dificuldade cada vez maior. O texto da inscrição reproduz, como ditava o costume, um discurso feito no senado romano por um membro da assembleia, em resposta ao discurso ou carta do príncipe que propunha eliminar a retenção do fisco, habitual até aquele momento, sobre os lucros dos "lanistas", os empresários que forneciam os gladiadores. Esse senador desconhecido enaltece o imperador precisamente por ele não considerar como regra conservar, sistematicamente, as boas ou más instituições, e diz: "Isto não seria conforme a seus princípios" (*sectae suae*). Tomemos cuidado para não crer que por essas palavras devamos entender o estoicismo! A expressão é bem mais geral, designando, já em Cícero, qualquer norma de vida, e seria muito irreverente declarar em público, dessa maneira, que o imperador e

Introdução

seu filho – ambos implicados aí – pertenceriam a uma "seita".[5] Isto pareceria pôr em dúvida a independência do pensamento dele. Se um príncipe estoico aplicasse rigorosamente os princípios de sua escola, seria difícil suportá-lo.

As relações entre a vida filosófica e o governo das cidades, na época de Marco Aurélio, não eram um problema novo, porém se enunciavam em termos muito precisos, o que nem sempre tinha sido o caso. O problema surgira inicialmente na Grécia, a partir do momento em que se desenvolvera uma reflexão teórica sobre a vida política. Conhecemos, a esse respeito, a atitude de Platão e o desejo que ele havia formulado na *República*, onde escreveu: "A menos que os filósofos tornem-se reis nas cidades, ou que aqueles que hoje chamamos de reis ou soberanos tornem-se autênticos e efetivos filósofos, e que numa única pessoa se unam o poder político e a filosofia, e que não sejam excluídos todos aqueles cuja natureza leve para uma coisa ou para a outra, separadamente, não haverá fim para os males das cidades, nem tampouco, meu caro Glauco, da raça humana, e jamais se realizará na medida em que poderia fazê-lo esta constituição de que acabamos de falar, nem verá ela a luz do sol."[6]

Essa célebre afirmação, que Platão torna a repetir na Carta VII a propósito das questões de Siracusa, nunca se havia apagado das memórias. Na tradição grega, era uma ideia aceita a de que os reis, isto é, os "tiranos", depois os príncipes helenísticos, deviam escutar os filósofos e praticar as virtudes que estes lhes revelavam. Pouco tempo depois de Platão, Isócrates foi conselheiro de Nícocles, de Salamina de Chipre, enquanto Aristóteles foi escolhido por Filipe para preparar Alexandre para seu ofício de rei. Esperava-se que um monarca assim formado fosse um "bom rei".

Em Roma prevalecia a opinião inversa. Cícero havia mostrado, em *Da República*, que os filósofos não tiveram qualquer participação no nascimento, crescimento e grandeza de Roma. Negou que qualquer pensamento humano, em qualquer momento, pudesse ter concebido o que se transformou, ao longo das gerações, na cidade romana. Ele rejeitou, por exemplo, uma ideia comumente repetida em sua época: a de que o rei Numa tinha sido discípulo de Pitágoras.[7] Mostrou que a cronologia opunha-se a isso e que, por conseguinte, a Fortuna de Roma era um fenômeno coletivo, e não o desenrolar de princípios estabelecidos *a priori* por um ou vários filósofos. A desconfiança sobre estes últimos nunca se apagou por completo e tornou difícil pensar, na própria época de Marco Aurélio, que um mesmo homem fosse simultaneamente filósofo e senhor do mundo!

Isto não significa que os imperadores, desde Augusto, tenham sido hostis aos filósofos e a seus ensinamentos. Em torno de Augusto não faltaram filósofos. Conhecemos entre eles o estoico Atenodoro, filho de Sandon, que parece haver desempenhado um papel político nas relações de Roma com as cidades do Oriente na época da "reconquista", após a batalha de Actium – primeiro na própria Tarso, em sua pátria, onde ele foi empregado para "restabelecer a ordem", e depois em Nabateia.[8] Na casa de Augusto vivia também um outro estoico, Ário de Alexandria, que sabemos haver endereçado a Lívia um texto consolador quando da morte de Druso. Ário valia-se do estoicismo, como dissemos, porém, como a maioria dos filósofos da época, inspirava-se também em outras escolas, no platonismo e no aristotelismo.

O próprio Augusto não se contentava em escutar os filósofos de sua casa. Compôs as *Exortações* à filosofia, que foram mencionadas por Suetônio, mas que desconhecemos por completo.[9] Nesse ponto ele seguiu o exemplo de Cícero, também ele autor de uma obra semelhante – o *Hortênsio*, um diálogo hoje perdido no qual foi aberto um debate sobre a utilidade da filosofia. Cícero concluiu que ela era necessária para que a natureza do homem se revelasse em sua mais alta excelência.[10] Em *Da República*, ele havia mostrado que essa excelência era a dos homens de Estado. Ainda tinha essa convicção em 46 d.C., quando redigiu o *Hortênsio*. Deduziu daí que os personagens que aspiravam a dirigir uma cidade ou um império não podiam dispensar o estudo da filosofia. E foi com esse espírito que escreveu, especialmente para seu filho Marco, o *Tratado dos deveres* (*De officiis*), onde foi formulada a teoria da ação política no quadro tradicional da República. Não se tratava, portanto, de formar reis – o exemplo de César estava próximo demais –, porém homens dignos das grandes tradições de Roma, de esclarecê-los sobre os princípios da vida moral, e de justificar racionalmente o *mos maiorum*, o costume dos ancestrais.

Foi a partir desse momento que se reconheceu a filosofia em Roma como um elemento importante da cultura humana em geral – da *humanitas*. Admitiu-se que ela desempenhava um papel essencial na formação moral. Por isso, nos escritos dos filósofos e nas doutrinas tradicionais trazidas pelos gregos, houve um interesse maior pela parte moral do que pelas considerações mais abstratas.[11]

Tal era a situação no fim da República. Depois, com o principado, como a ação política se revelasse impossível, pouco a pouco o problema de suas

Introdução

relações com a filosofia tornou-se cada vez menos presente. Em contrapartida, o ensino da retórica, que compunha o essencial da cultura, havia incluído elementos de filosofia – o que era conforme ao pensamento de Cícero, considerado o maior mestre que já havia existido. No *Diálogo dos oradores*, de Tácito, um dos interlocutores, Messala, lembra que Cícero conhecia perfeitamente "as sutilezas da dialética, a utilidade da filosofia moral, os movimentos do mundo e suas causas",[12] e isso produzia sua superioridade. Na *Instituição oratória*, Quintiliano reconhece, não sem precauções, que o orador não pode prescindir de possuir certo conhecimento da "sapiência" (ou seja, da filosofia, mas à qual Quintiliano deu seu nome tradicional em latim, *sapientia*), e que deve ter compreendido a natureza das virtudes cardinais (como o expusera Cícero no *Tratado dos deveres*): primeiro a justiça, depois o autodomínio, em seguida a coragem e, por fim, haver adquirido um conhecimento teórico do universo,[13] isto é, ter-se iniciado na filosofia. Ao mesmo tempo, contudo, Quintiliano se proíbe de querer fazer de seu discípulo um filósofo, no sentido mais estrito e técnico do termo, dado, no dizer dele, "que nenhum outro estilo de vida é mais distante dos deveres cívicos e de tudo em que consiste o papel de um orador".[14] Ele vê uma grande diferença entre uma cultura filosófica geral e a prática de uma doutrina determinada, que encerre o espírito num mundo estreito, dogmático, e que o mutile.

A posição de Quintiliano é, evidentemente, a de Vespasiano, que o havia chamado a Roma e o investido de uma verdadeira autoridade de mestre sobre o ensino oficial. Ele não podia contrariar a doutrina ciceroniana, favorável a uma iniciação na filosofia, mas sabia também que o imperador nutria pouca simpatia pelos que a praticavam. Desde os primeiros anos de seu reinado, Vespasiano se irritara com os homens que desdenhavam de todas as convenções sociais. Havia escutado as colocações feitas por Muciano, o amigo que o fizera decidir-se por tomar o poder: "Desde que um deles", dizia Muciano, "deixe crescer a barba, arqueie as sobrancelhas, use uma capa curta, jogada para trás sobre os ombros, e ande com os pés descalços, ele declara prontamente ser sábio e justo, e se dá ares de grande importância."[15]

A cólera do imperador erguia-se sobretudo contra os estoicos. Ele lhes censurava a "insolência", as afirmações sediciosas proferidas em público, no intuito de destruir a ordem estabelecida, que repousava na monarquia. Mas, ao lado dos estoicos, um cínico, Demétrio, também irritava Vespasiano. Demétrio ficara célebre, trinta anos antes, no reinado de Calígula, ao recusar um presente de 200 mil sestércios que lhe fora oferecido pelo príncipe. Seus sentimentos antimonárquicos eram bem conhecidos; ele não os dissimulava. Aos olhos de Vespasiano, portanto, a filosofia só podia afigurar-se uma atividade perigosa, contrária às saudáveis tradições dos ancestrais, aquelas que ele queria voltar a favorecer. Assim, os filósofos foram expulsos de Roma.

Nem por isso a filosofia em si deixou de adquirir uma influência crescente na sociedade romana. Testemunha disso é o papel desempenhado, durante a guerra civil de 69, por Musônio Rufo, outrora amigo e conselheiro do senador Rubélio Plauto, que Nero havia banido no ano 60 porque suas ligações com a família imperial tornavam-no perigoso. Musônio, que era adepto do estoicismo, havia acompanhado Plauto à Ásia e o assistiu quando Nero mandou matá-lo. Três anos depois, em 65, ele foi comprometido na conjuração de Pisão e deportado para a ilha de Giaros, a mais desolada das Cíclades. Retornaria após a morte de Nero, com o prestígio aumentado, uma vez que tinha sido uma das vítimas do tirano. Aos olhos de todos, não podia deixar de simbolizar a "virtude", primeiro por essa razão, segundo por sua fidelidade ao amigo. Ciente dessa autoridade moral, ele se juntou, sem ser solicitado, a uma delegação senatorial enviada a Antônio Primo, comandante da parte do exército flaviano que estava a ponto de penetrar em Roma, ainda defendida pelos partidários de Vitélio: "Aos delegados juntou-se Musônio Rufo, da classe equestre, que se dedicava ao estudo da filosofia e seguia as doutrinas dos estoicos, e se pôs entre os manípulos a instruir os homens em armas, discorrendo sobre os benefícios da paz e os perigos da guerra. Isso divertiu alguns, mas aborreceu a maioria; nem teriam faltado soldados para derrubá-lo no chão e pisoteá-lo, se, a conselho dos mais moderados e diante das ameaças dos outros, ele não tivesse posto fim a sua sapiência intempestiva."[16]

Rufo certamente se conduzia como estoico. Obedecia ao preceito que impunha aos adeptos da doutrina fazer tudo para "serem úteis" aos homens. Porém o momento foi mal escolhido, e é discernível a antipatia que Tácito sentia por tal postura. Esta, no entanto, por mais irracional que fosse, não deixava de ser significativa. Ao contrário do que escreveria Quintiliano, alguns anos depois, Rufo, cavaleiro romano, estimou que não havia incompatibilidade entre filosofia e ação, que a primeira não consistia apenas em especulações teóricas, e que devia sair da escola e se manifestar em atos. Sêneca, dez anos

Introdução

antes, já havia poupado a seu amigo Lucílio os silogismos caros aos estoicos, a fim de conduzi-lo mais facilmente à serenidade. Nessa tradição, a filosofia só se justifica pela luz que proporciona. Não poderia tornar-se uma escolástica sem outra finalidade senão ela mesma. Musônio Rufo ia ainda mais longe. Os filósofos de outrora eram conselheiros dos reis, ou, pelo menos, amigos perto dos quais eles viviam. A partir desse momento, eles descobriram para si uma missão mais elevada. Já não era a alguns homens que dirigiam seu ensino, porém ao maior número possível. Assim, atribuíram-se uma função de caráter político – o que inquietou Vespasiano. Dião nos garante que, se este mandou executar Trásea Peto, foi menos em razão de suas opiniões filosóficas do que por sua atitude geral, que o fazia "cultivar a multidão".[17]

Quando, em 71, Vespasiano baniu os filósofos, ele poupou Musônio Rufo. Talvez este fosse protegido por Tito, com quem tinha laços de amizade, porém, tempos depois, também teve que deixar Roma.

De fato, Musônio se considerava "conselheiro de reis". Um fragmento conservado de sua obra nos informa que ele teve uma entrevista com um rei da Síria – um rei "vassalo" de Roma –, a quem demonstrou que um rei devia filosofar a fim de praticar as quatro virtudes cardeais: discernimento, justiça, temperança e coragem. Isso se coadunava com o ensino de Cícero e de Quintiliano, como vimos. Musônio acrescentou que o rei se assemelhava a Zeus: assim como Zeus era pai dos deuses e dos homens (segundo a formulação homérica), o rei era pai de seus súditos.[18] Esse ensinamento de Musônio – que foi dado em grego – bem mostra que ele pertencia à tradição helênica, aquela a que Isócrates estava ligado e que nunca fora interrompida. Enquanto a República romana estampava o ódio aos reis, as diversas cidades gregas tinham vivido desde as origens sob monarquias. A sociedade homérica era formada por monarquias. Depois, uma vez caídas em desuso as antigas realezas de caráter sagrado, estas foram frequentemente substituídas por "tiranias", que haviam prosperado mais ou menos por toda parte, inclusive na própria Atenas, onde os pisistrátidas nunca tinham sido inteiramente esquecidos. De modo que a ideia do rei era familiar a todos.

Não é pois de admirar que Aristóteles, assim como Homero, estime que a monarquia seja um tipo de governo conforme à natureza, porque coloca em seu justo lugar os homens possuidores de uma excelência, de uma "virtude" particular, superior às outras.[19] Os estoicos haviam retomado essa ideia.

De fato, não apenas eles se haviam entendido muito bem, desde Zenão, com os reis, Antígono Gônatas e os outros, como sua própria visão do universo era monárquica. Consideravam que a ordem do mundo era assegurada pela "realeza" de Zeus, alma e razão de tudo o que existe.[20] Portanto, era conforme à natureza que as sociedades humanas fossem organizadas com base nesse modelo, e os estoicos, na impossibilidade de reinar pessoalmente, tornaram-se conselheiros dos reis.

Essa é também a doutrina ensinada por Sêneca no *Tratado sobre a clemência*, uma das principais obras que, ao que saibamos, trazem uma justificação filosófica para a monarquia no mundo romano. Assim, vemos que Musônio não pregava uma doutrina revolucionária em sua essência. Se foi banido por Nero, ao ser reprimida a conspiração de Pisão, ele o foi por causa da celebridade que havia adquirido junto aos jovens ao ensinar filosofia.[21] Na mesma ocasião que ele e pelo mesmo motivo, foi expulso de Roma o gramático e rétor Virgínio Flávio, e, no entanto, seu ensino nada tinha de subversivo. Mas o tirano sentia medo, desconfiava de todos os homens que houvessem adquirido alguma notoriedade, suspeitando que eles formavam a seu redor uma facção.

Vemos que, ao término do primeiro século da nossa era, após o desmoronamento da dinastia flaviana, com o assassinato de Domiciano em 96, a situação criada para a filosofia no império era mais ou menos a seguinte: os opositores – que, sob Nero e depois, com Helvídio Prisco, pai e filho, haviam recorrido ao estoicismo – passaram desde então a se afigurar heróis e mártires da Liberdade. Os pensadores estoicos deixaram de ser suspeitos no momento em que, segundo os termos de Tácito, reconciliaram-se "o principado e a liberdade". Solidamente apoiado num senado da sua escolha, Nerva sabia que as ameaças só poderiam vir do exército, a começar pelo pretório, cujas exigências ele devia aceitar, mas sabia também que, na fronteira com a Germânia, Trajano e seus soldados lhe seriam fiéis. Uma "revolta" dos filósofos seria risível. Mais do que nunca, foram válidos os argumentos apresentados por Sêneca uns 35 anos antes, ao escrever a Lucílio: "Engana-se, a meu ver, quem acredita que os homens lealmente ligados à filosofia são obstinados, querelosos, não nutrindo senão desprezo pelos magistrados ou os reis e, mais geralmente, pelas pessoas que administram os assuntos públicos. Ao contrário, ninguém lhes é mais grato, e com acerto; a ninguém prestam mais serviços do que àqueles que, graças a eles, podem desfrutar da tranquilidade e da paz."[22] O

Introdução 15

poder imperial, que garantia a segurança pública – bem ainda mais precioso na medida em que três anos de guerra civil, seguidos por três outros de tirania sob Domiciano, dele haviam privado Roma –, não era contestável. Roma tinha-se tornado uma monarquia. O pesar pelos tempos republicanos acabou por desaparecer. E isso teve uma consequência: as reflexões acumuladas pelos filósofos gregos desde tempos imemoriais, sobre a natureza da monarquia e o que fazia o "bom rei", puderam, a partir daí, aplicar-se ao senhor do império.

Isso se revela claramente ao compararmos o *Panegírico de Trajano*, proferido por Plínio, com o primeiro *Discurso sobre a monarquia*, de Dião Crisóstomo. A concepção da monarquia é análoga num e noutro. Ambos insistem na proteção concedida por Júpiter (ou Zeus) ao novo príncipe. Reencontramos em Plínio, com discretas diferenças, os temas desenvolvidos por Dião. Plínio conheceu a literatura composta pelos oradores, depois pelos "sofistas", e que tratava das virtudes da realeza, idênticas às definidas pelos filósofos.[23] Fica bem claro que, a partir desse momento, as ideias romanas relativas à monarquia foram muito próximas das que eram familiares aos helênicos desde longa data. Isto não significa que se imaginasse a chegada de um príncipe filósofo ao Império, porém já não parecia escandaloso que um príncipe possuísse formação filosófica, a qual lhe evitaria cair nos excessos de toda ordem que eram julgados inseparáveis do exercício do poder.

O estoicismo não é, portanto, a única doutrina que oferece uma teoria da monarquia. O "platônico" Plutarco, no último terço do século I de nossa era, afirmou, repetidas vezes, que os "reis devem filosofar", porque, segundo escreveu, "a justiça é a meta e a finalidade da lei, mas, por outro lado, a lei é obra daquele que detém o poder, e aquele que detém o poder é a imagem de Deus, que ordena o universo. Para se formar, ele não necessita de um Fídias, de um Policleto nem de um Míron, porém, por sua própria virtude, molda-se à semelhança de deus e assim cria uma estátua que é a mais agradável para se contemplar e a mais digna da divindade".[24]

Tornado semelhante a um deus, o rei não apenas se mostrará justo e eficaz, porém, o que é ainda mais importante, acederá à calma interior e à serenidade. Será livrado dos temores que assombram os tiranos.[25] Na grande e terrível solidão em que vivem os reis, a filosofia os tranquilizará e lhes fará companhia. Não apenas os súditos se beneficiarão disso, como o próprio rei terá forças para cumprir sua pesada tarefa.

Essa inversão do argumento, que não mais considera o príncipe visto de fora, porém em sua vida interior, que liga indissoluvelmente o bom governo à consciência limpa de quem o exerce, revela-se fecunda. A "filosofia" do rei não mais será fonte de inspiração política; não lhe ditará medidas particulares e concretas, mas fará – o que é mais importante e mais profundo – com que ele possa responder às exigências do momento, em cada ocasião, com uma ação apropriada: essa ação será prudente (o rei possui a virtude da "prudência", da clarividência), será justa, será corajosa e sem fraqueza, e, ao decidir, o rei saberá não obedecer a suas próprias paixões, ao impulso da cólera, por exemplo, a um movimento de cupidez ou orgulho. Assim intervirão as quatro virtudes fundamentais, para a felicidade simultânea dos súditos e do príncipe!

Grande parte das *Meditações* de Marco Aurélio seria o emprego dessa concepção. Frente aos eventos externos, disse o imperador, a alma deve manter-se disponível, ser capaz de modificar sem dificuldade a sua atitude. Em meio ao tumulto e às revoltas que o espetáculo do mundo tende a provocar, é essencial manter calma e serenidade.[26]

Como mostra a aproximação com Plutarco, essa separação estabelecida entre o mundo externo e o da alma não é própria dos estoicos. É que os filósofos são unânimes na descrição que fazem do Sábio. Concebem-no como o exemplo de toda perfeição humana e, por conseguinte, de felicidade. Assim o declara Aristóteles no início da *Ética a Nicômaco*: tanto o vulgo quanto as pessoas cultas dedicam-se a pensar que a felicidade é o fim supremo da vida. As dificuldades começam quando se trata de definir essa felicidade a que todos os homens aspiram.[27] No último livro do mesmo tratado, Aristóteles considera aceito que a felicidade é "uma atividade conforme à virtude", à mais elevada virtude do nosso ser, a da nossa parte mais nobre: "Quer seja o intelecto, quer alguma outra faculdade, aquilo que é visto como possuidor por natureza do comando e da direção, e como detentor do conhecimento das realidades belas e divinas, quer esse próprio elemento, ainda por cima, seja divino, ou apenas a parte mais divina de nós mesmos, a atividade dessa parte, conforme à virtude que lhe é própria, será a perfeita felicidade."[28]

Decorre daí que a verdadeira felicidade, isto é, a verdadeira excelência humana, reside na vida de contemplação, na "vida teórica", e todo o mundo reconhece (diz Aristóteles) que "a atividade segundo a sabedoria é … a mais prazerosa das atividades conformes à virtude. De todo modo, admite-se

Introdução 17

que a filosofia encerra prazeres maravilhosos, relacionados com a pureza e a estabilidade".[29]

Essas teses enunciadas por Aristóteles seriam aceitas pelos filósofos oriundos de seu ensino. A vida filosófica será aquela em que se realizará a perfeição do Homem. Ela o elevará à divindade, através do conhecimento e também da dominação exercida sobre as "partes" baixas da alma, as paixões, que introduzem a perturbação em nossa vida e nos colocam na dependência das coisas, daquilo que não depende de nós.

Essas ideias derivam, evidentemente, do pensamento platônico, e este virá a formar uma espécie de bem comum, que as diferentes doutrinas empregarão, cada qual conforme sua própria dialética. Todas admitirão entre seus axiomas que o espírito humano pode aceder ao conhecimento, graças à Razão; que esta é a função mais elevada, e que é compartilhada por deuses e homens. É impossível não ser assim, uma vez que o logos, ou seja, a ordem das coisas, que é também a da linguagem em seu uso teórico, é comum a uns e a outros. Nem mesmo os epicuristas, que, na filosofia, reduzem tanto quanto lhes é possível a parte concernente ao mecanismo do mundo, podem prescindir de basear sua moral numa doutrina física – o atomismo –, que, aos seus olhos, garante a veracidade de suas teses fundamentais a respeito da vida moral. E, o que não é de menor consequência, ao mesmo tempo que negam que as divindades exerçam qualquer ação em nosso mundo, eles creem na existência delas e as apontam como modelo ideal da felicidade humana, e o inventor da doutrina, Epicuro de Samos, é visto como um deus.

Todas as filosofias que seduziram os espíritos, ao longo das gerações que precederam Marco Aurélio, deram grande margem a uma reflexão sobre o divino. A primeira das *Máximas principais* de Epicuro (nas quais se resume, em formulações cômodas, a essência da doutrina) declara: "Aquele que é bem-aventurado e imortal não tem incômodos para si nem os cria para outrem, de modo que não é acessível à cólera nem à benevolência, pois é à fraqueza que pertencem todas as coisas dessa ordem."[30]

Resulta dessa afirmação que o Sábio possui em si algo de divino. Mesmo os epicuristas, tão apegados a negar a imortalidade da alma, só podem pensar o humano mediante a referência aos deuses.

Foi nessa atmosfera espiritual, na qual um ateísmo radical era inconcebível, que nasceu Marco Aurélio. E também é bastante certo que a devoção tradicional dos romanos só podia confirmar, concretizar essa religiosidade geral. Sabemos que, aos oito anos de idade, o jovem Marco Aurélio fez parte do colégio dos sálios, tornando-se um dos sacerdotes que celebravam ritos muito antigos em homenagem ao deus Marte.[31] Nessa função, ao que nos é dito, distinguiu-se por sua devoção e logo tornou-se apto a recitar de cor as estranhas orações, quase incompreensíveis, que acompanhavam as cerimônias. Era fácil prever que esse menino não tardaria a ser seduzido pela filosofia, que lhe explicava de modo racional as crenças e ritos com que se comprazia a sua jovem devoção.

MAS, como conhecemos Marco Aurélio, suas origens, os acontecimentos de sua vida, sua ação como imperador e também os sentimentos profundos que o moviam? As fontes que possuímos e que lhe dizem respeito são de tipos diferentes. Primeiro, há o que é dito sobre ele na *História romana* de Dião Cássio, escrita na época dos Severos, uma geração depois da morte de Marco. Infelizmente, os livros concernentes ao reinado deste desapareceram. Para obtermos um conhecimento aproximado de seu conteúdo, devemos contentar-nos com o resumo escrito por Xifilino, um monge bizantino que viveu no último terço do século XI.[32]

Muito mais detalhadas são as biografias consagradas, na *História Augusta*, não apenas ao próprio Marco Aurélio – sob o título, como vimos, de *Marcus Antonius Philosophus* –, mas também a Adriano, a Antonino Pio, a Élio Vero, filho adotivo de Adriano, a Vero, filho dele, a Avídio Cássio e a Cômodo. Essa coletânea, à qual Casaubon, em sua edição de 1603, deu o nome de *História Augusta*, suscitou inúmeras pesquisas, ativamente conduzidas sobretudo de uns trinta anos para cá. Já não cremos que essas biografias tenham sido escritas por autores diferentes, como resulta das indicações fornecidas nos manuscritos: a de Adriano e a de Élio, por um certo Élio Esparciano, as de Antonino, Marco Aurélio e Vero, por um certo Júlio Capitolino, a de Avídio Cássio, por Vulcácio Galicano, e a de Cômodo, por Élio Lamprídio. Foi possível mostrar, através de uma análise estilística precisa, que todas foram obra de um mesmo autor,[33] que as teria redigido no fim do século IV, entre 393 e 395.

Isto não implica que tudo seja desprovido de valor nessa obra. Parece, de fato, que as biografias dos imperadores que reinaram contêm mais infor-

Introdução 19

mações autênticas do que as outras, as chamadas biografias "secundárias". A razão estaria em que as biografias principais se baseariam em obras (perdidas) cujos autores, dignos de fé, inspiraram-se no método seguido por Suetônio nas *Vidas dos doze Césares*, ao passo que as outras seriam jogos da imaginação, reunindo, ao lado de alguns dados autênticos, partes romanceadas. Entretanto, sejam quais forem nossas incertezas, esses textos não deixam de constituir nossa fonte principal sobre a história desses reinados.

Essas fontes narrativas são completadas e parcialmente controladas graças a numerosíssimas inscrições relativas aos personagens que desempenharam papéis importantes durante esse período. Elas ajudam a estabelecer a cronologia dos acontecimentos, amiúde imprecisa no relato dos historiadores. Esse método, dito prosopográfico, foi brilhantemente utilizado no *Marcus Aurelius* de Anthony Birley, e deve muito aos trabalhos de H.G. Pflaum sobre as *Carreiras procuratórias*.

As inscrições também nos permitem conhecer cartas endereçadas pelo imperador a tal ou qual cidade, a respeito de assuntos precisos: a restauração de estátuas de metal precioso, representando imperadores de outrora, a estátua do Areópago de Atenas, jogos solenes realizados em Mileto, o direito de cidadania concedido a notáveis da Mauritânia Tingitana etc.[34] Por outro lado, escritos de Marco Aurélio aparecem no *Digesto* e nos informam sobre a política social do príncipe.

Dois outros tipos de documentos concernem menos ao imperador no exercício do poder do que ao homem em si: são suas cartas íntimas, a correspondência que ele manteve durante anos com seu mestre Cornelius Fronto (Frontão). Há também o já mencionado livro das *Meditações*.

A correspondência com Frontão tinha sido reunida na Antiguidade, e um exemplar do manuscrito, um códex em pergaminho copiado na segunda metade do século V, foi desmembrado e reutilizado, mais ou menos no ano 700, para receber o texto latino das atas do concílio ecumênico de Calcedônia, realizado em 451. Durante vários séculos, esse manuscrito foi conservado no mosteiro de Bobbio, na Lombardia. Por uma razão desconhecida, em torno de 1600, ele foi dividido em dois pedaços, que foram reencontrados, um na Biblioteca Ambrosiana, em Milão, o outro na do Vaticano. Em 1815, o cardeal Angelo Mai (o mesmo que descobriu outro palimpsesto – o do *De republica*, de Cícero) percebeu que a correspondência de Frontão figurava na parte das atas do Concílio de Calcedônia conservada em Milão. Decifrou o texto e o publicou prontamente. A pressa dessa publicação, pela qual devemos grande reconhecimento a Angelo Mai, fez com que as leituras nela contidas fossem frequentemente equivocadas. Um pouco mais tarde, em 1819, o mesmo Angelo Mai, trabalhando na Biblioteca do Vaticano, encontrou o segundo pedaço do manuscrito e publicou a leitura que fez dele, dessa vez com um pouco menos de rapidez. Sua edição saiu em 1823. Uns quarenta anos depois, um filólogo alemão, S.A. Naber, procedeu a uma outra colação e publicou uma edição que, durante muito tempo, foi a mais abalizada, até a de P.J. van den Hout, em 1954. O texto, dado o estado do manuscrito, nem sempre é perfeitamente seguro, e, como as folhas do palimpsesto tinham sido desordenadamente utilizadas, é muito difícil restabelecer a sequência primitiva das cartas, cuja data só pode ser estabelecida em alguns casos favoráveis e raríssimos. Numerosas lacunas subsistem, nos pontos em que a escrita é ilegível e em que o pergaminho foi danificado pelos ácidos utilizados para eliminar o texto das atas.

Essa coletânea contém cartas de Frontão a Marco Aurélio, enquanto "César" (e ainda não imperador, ou seja, antes da morte de Antonino, em 161), e respostas de Marco Aurélio a Frontão. Mas há também outras que são posteriores a essa data, e então é o imperador que se dirige a seu velho mestre, como quando interrompe os assuntos de que vive assoberbado para lhe pedir um exemplar de trechos seletos, extraídos das *Cartas* de Cícero,[35] ao que o mestre responde atendendo à solicitação que lhe é feita, e acrescenta um elogio ao estilo de Cícero.

As cartas de Marco Aurélio e as que lhe são endereçadas por Frontão não são as únicas que figuram nessa *Correspondência*. Nela encontramos textos redigidos pelo próprio Frontão, a exemplo do famoso *Elogio da fumaça e da poeira*, que o professor submete à crítica do aluno.[36] Também encontramos ali cartas de Frontão a Domícia Lucila, a Jovem, mãe do imperador, e outras trocadas entre Frontão e Lúcio Vero, bem como com diversos amigos, a propósito deste ou daquele assunto – por exemplo, com um juiz diante do qual deveria comparecer um demandante por quem Frontão se interessava, ou com um governador de província a quem ele pediu que acolhesse junto a si, sem dúvida em seu estado-maior, um rapaz de talento. Todos esses procedimentos eram habituais na época, e a *Correspondência* de Plínio, o Moço, oferece muitos exemplos deles. Explicam-se pela natureza da sociedade de então, na

Introdução 21

qual as relações pessoais prevaleciam sobre as resultantes das instituições – o que não deixa de ter consequências para a ideia que podemos fazer do meio em que o imperador viveu e agiu.

Todavia, o documento mais precioso a respeito deste último é o livro de suas *Meditações*. Documento singular, diretamente redigido por Marco Aurélio, mais rico e, naturalmente, mais pessoal do que a célebre inscrição da *Res Gestae* de Augusto, que é um texto oficial, voluntariamente objetivo, e que só nos informa de maneira muito indireta sobre o pensamento do imperador. A obra de Marco Aurélio foi-nos transmitida por apenas dois testemunhos: um manuscrito conservado no Vaticano e uma edição obtida em 1559 por Wilhelm Xylander, com base noutro manuscrito que desapareceu muito cedo. A isso vêm somar-se citações e excertos provenientes de diversas fontes e que figuram em manuscritos datados dos séculos XV e XVI, utilizados nas escolas.

O título, que já recordamos e que parece autêntico –[37] "Para mim mesmo" ou "A mim mesmo" –, é passível de receber várias interpretações. Será que se trata da simples etiqueta que aparece numa pasta, no cofre imperial, para separar o que pertence apenas ao imperador daquilo que diz respeito aos assuntos de Estado? É possível. Mas não é uma hipótese totalmente convincente. Não podemos negar que, em muitos pontos, Marco Aurélio dialoga consigo mesmo, para se dar conselhos frente às tentações que o assediam, como a de reler suas próprias notas ou a história antiga dos romanos e dos gregos.[38] Em outro texto, ele sublinha a possibilidade que cada um tem de se "retirar em si mesmo", de ser seu próprio companheiro,[39] desde que não se perca na repetição melancólica do passado. Decerto não falaremos de uma duplicação da personalidade. Marco Aurélio não afundou em psicose alguma. Os interlocutores que dialogam dentro dele são as partes tradicionais da alma, definidas por Platão e indefinidamente retomadas pelos filósofos, em particular os estoicos: há o mundo das sensações, o das paixões e, dirigindo tudo, o elemento principal, o senhor da alma, que recebe nomes diferentes, mas é reconhecido por todas as doutrinas, e que é o entendimento ou a Razão. Nos melhores momentos das *Meditações*, essa Razão toma a palavra e recorda as verdades fundamentais, que a impressão do momento tende a dissimular. A Razão apela então para todos os recursos da retórica; não desconhece a arte de construir uma *suasoria*, um discurso persuasivo, como nas escolas se ensinava a fazer e como Frontão havia ensinado a Marco Aurélio.[40] Não há nisso nenhum romantismo, nenhuma discórdia entre razão e sensibilidade: as duas faculdades não se cansam de ser solidárias, e em momento algum o imperador recusa à primeira o papel dirigente que lhe cabe.

Por todas essas razões, é difícil não pensar que o título da obra se refere a esse diálogo interior. Por si só, a isto nos convida o emprego da segunda pessoa, muito frequente em quase todas as páginas. Marco Aurélio assume perante si mesmo o papel que, tradicionalmente, era o do filósofo ao instruir um aluno ou dar conselhos a um amigo. As *Meditações* decorrem de uma intenção totalmente comparável à dos *Diálogos* de Sêneca ou das *Cartas a Lucílio*. Mas os *Diálogos* e as *Cartas* dirigem-se a outras pessoas que não seu autor. As *Meditações* de Marco Aurélio distinguem-se deles por não terem outro destinatário senão ele próprio (donde o título), e também – o que deve ser levado em consideração – por esse destinatário ser um rei. O que não impede, longe disso, que a retórica se faça presente. Frontão o abastecera dela, impregnando o espírito de seu discípulo – como veremos – dessa arte de persuadir, que então constituía a essência da cultura.

Os manuscritos apresentam as *Meditações* distribuídas em doze livros. Desnecessário supor que essa divisão não remonte ao próprio Marco Aurélio, ou, pelo menos, ao primeiro editor da obra, que se haveria apoiado nas indicações que encontrou no manuscrito. Mas a que correspondeu tal divisão? Certamente, antes de mais nada, a uma comodidade material, à necessidade de repartir em vários rolos de papiro (*volumina*), ou em diversos cadernos de pergaminho, um texto longo demais para ocupar apenas um deles. De resto, as tentativas de discernir na obra uma ordem cronológica segura esbarram em dificuldades consideráveis. A maioria dos autores insiste no caráter particular do primeiro livro, que é feito de reminiscências e evoca os personagens que exerceram um papel particularmente importante na vida de Marco Aurélio. Situado no começo da coletânea, esse livro, segundo nos dizem, deve ter sido redigido nos últimos anos, se não nos últimos meses de vida do imperador. Isto, entretanto, é muito incerto. Por outro lado, observou-se com mais acerto que alguns detalhes que figuram nele não poderiam destinar-se ao grande público, por serem detalhes íntimos demais para convir à majestade imperial.[41] Isso implica que os outros onze livros também não foram publicados, que podem ter sido escritos no correr dos dias, talvez contando, aqui e ali, com acréscimos tomados de empréstimo de notas deixadas à espera.

Introdução

À primeira vista, duas indicações – uma que as edições colocam no final do primeiro livro; outra, no fim do Livro II – quase não trazem esclarecimentos. A primeira é concebida da seguinte maneira: "Isto, entre os quados, perto do Grã." Será que se trata de uma primeira campanha, em 173, ou da segunda, mais tardia? E será que concerne ao primeiro livro, e não, de preferência, ao segundo? Quanto à menção de Carnunto, no final deste último, ela pode referir-se a qualquer dos anos durante os quais Marco Aurélio dirigiu operações na frente do Danúbio e teve seu estado-maior nessa cidade. Tudo isso são incertezas que convidam a admitir que a coletânea das *Meditações* não foi concebida, em seu conjunto, como um livro ordenado, um tratado em regra. Também não se trata de um diário. Os acontecimentos cotidianos não são mencionados ali. Essas reflexões pertencem à vida pública do príncipe, são coisas que dependem da Fortuna, e portanto, aos olhos de Marco Aurélio, dos "indiferentes". A meditação filosófica eleva-se muito acima do cotidiano: o campo da parte dirigente da alma é o mesmo que o do divino. Fica além do tempo. A anedota lhe é desprovida de importância. Aqui e ali, há uma impressão recente, um fato inspirado pelo cotidiano, porém nada que não tenha lugar nesse pensamento atemporal. Fala-se, é verdade, do homem que se orgulha de haver capturado um sármata,[42] e isto sugere que, no momento em que escreveu essas palavras, Marco Aurélio tinha esse nome presente no espírito, mas não implica que estivesse pensando num episódio preciso. Aquele que fez um sármata prisioneiro não difere daquele que, seja quem for e em qualquer lugar, orgulha-se de haver capturado uma lebre, pescado uma anchova ou pegado um jovem javali. Assemelha-se também à aranha que aprisiona uma mosca em sua teia. O homem, assim como o inseto, não passa de um "salteador"; os epítetos acrescentados a um ou ao outro são apenas valores de opinião, sem realidade no ser.

Essa preocupação de não se deixar enganar, de mirar sempre além das aparências, muitas vezes levou a crer num niilismo de Marco Aurélio, numa vontade de depreciar sistematicamente o que os outros homens admiravam, buscavam ou aprovavam. Mas esse niilismo, se assim quisermos chamar o questionamento do cotidiano, não é resultado de um humor, é a expressão imagética meio viva do que constitui um dos primeiros procedimentos do estoicismo: a crítica da opinião, a recusa de tudo que a imaginação acrescenta ao real. Nunca é definitivo. Teremos de voltar a este ponto.

Podemos avaliar as incertezas em que esbarra quem procura traçar um retrato moral de Marco Aurélio, com o risco de atribuir ao homem o que é próprio do filósofo. As *Meditações* são, evidentemente, uma fonte preciosa, a mais preciosa de todas, mas são também uma fonte de ilusões. Como discernir a parcela de melancolia verdadeira diante da morte que espreita os maiores gênios, diante do esquecimento que os espera,[43] da simples referência a um lugar-comum, mil vezes retomado na pregação moral? Conviria saber se o sentimento do nada surgiu primeiro espontaneamente no espírito de Marco, ou se estamos lidando apenas com ilustrações, puramente intelectuais, do tema proposto à sua retórica.

Uma passagem curiosa, no começo do terceiro livro, diz-nos muito sobre esse jogo da razão e da sensibilidade. Marco Aurélio se interroga sobre a longevidade. Pergunta a si mesmo se, quando alguém vive muito tempo, seu espírito não corre o risco de se tornar incapaz de raciocinar, de filosofar, se não perde, portanto, sua excelência de homem. É uma objeção grave, caso o simples desenrolar da natureza – à qual os estoicos sempre se referem – nos despoje de nossa virtude. Mas Marco Aurélio se retrata prontamente: até o que acontece além da simples natureza possui um encanto e uma graça que lhe são próprios. Os craquelados que se formam no pão, e que não eram intenção do padeiro, atraem-nos, despertam mais o apetite do que o resto do pão.[44] A aproximação da morte cria uma espécie de beleza. Existe um encanto da velhice, tal como existe o da infância. Nessa página, Marco Aurélio foge ao racionalismo estoico; ultrapassa a ideia de que a beleza é resultado de uma perfeição atingida "conforme a natureza". Experimenta um verdadeiro deleite diante do que existe: "Um homem dotado de sensibilidade, e de uma inteligência profunda o bastante para apreender o que se passa na totalidade do ser, não encontrará quase nada, nem mesmo no que se produz como simples consequência, que não comporte uma estrutura que seja fonte de encanto. Esse homem não sentirá menos prazer ao ver na realidade as bocarras hiantes das feras do que ao ver todas as que lhe são oferecidas pelas imitações realizadas por pintores e escultores."[45]

Tal confissão situa-se muito além dos raciocínios do rétor que há nele. A revelação que o mundo lhe traz já não é transmitida pela linguagem, o logos. Ele a recebe da contemplação direta e intuitiva do mundo. Não estamos muito distante da intuição mística.

Introdução

Convirá contarmos entre nossas fontes os retratos que possuímos de Marco Aurélio? Ele foi muito bem representado na iconografia imperial. O Museu do Capitólio, em Roma, possui um busto que o representa como um adolescente de rosto alongado, expressão séria, e que podemos imaginar marcado por certa melancolia – mas que não será senão uma impressão subjetiva, sugerida pelo que acreditamos discernir nas *Meditações*, meio século depois! É provável que essa imagem fizesse parte da iconografia oficial da família imperial, e que tenha sido esculpida no momento em que o jovem Marco foi adotado por Adriano – por aquele que, meses depois, viria a se tornar o imperador Antonino, ou seja, no ano de 138. Marco Aurélio contava então dezessete anos. O escultor preocupou-se, sem dúvida e acima de tudo, em apresentar do futuro César uma ideia compatível com a nova situação que lhe era destinada. Os sentimentos pessoais do rapaz não estavam em questão!

A cena da adoção também aparece nos relevos de Éfeso dedicados à carreira de Lúcio Vero. Neles, Vero e Marco Aurélio são representados adolescentes, porém essas imagens foram esculpidas muito depois do acontecimento.

Onze relevos de grandes dimensões representam Marco Aurélio em seu papel de imperador. Oito provêm, com certeza, de um arco indubitavelmente construído em 176, após as primeiras guerras da Germânia. Foram reutilizados na época de Constantino para adornar o ático do arco dedicado a este. Outros três, análogos, hoje no Museu dos Conservadores, talvez tenham tido a mesma origem, porém isso foi contestado.[46] Seja como for, esses relevos formam, ao menos aparentemente, uma crônica da guerra que se encerrou com a vitória das armas romanas. Começam pela partida solene do imperador diante de Jano aberto (a porta da Guerra) e se despedindo da deusa Roma. Depois, diversos episódios da campanha: o príncipe discursando para seus soldados, do alto de sua tribuna, perante os estandartes erguidos, e em seguida, a submissão dos bárbaros que viviam nas imediações do Império. Marco Aurélio os poupa e lhes dá um rei. Vemos também a *lustratio*, a purificação do exército, decerto na primavera de um dos anos da campanha, quando recomeçavam as operações ativas. Seguem-se o regresso sob as asas da Vitória e a acolhida dada ao vencedor pela deusa Roma e pela deusa *Felicitas*, a da Boa Sorte.[47] Depois aparecem as "liberalidades" para as diferentes categorias de cidadãos, o perdão concedido aos vencidos, a cerimônia do triunfo e, por fim, Marco Aurélio, em sua qualidade de grande pontífice, oferecendo aos deuses um sacrifício de ação de graças. Em todas essas imagens, ele é o centro da composição – todos os olhares convergem para ele, que é apresentado no esplendor de sua majestade. Ele é a Ideia do Príncipe, sua encarnação, a de todas as virtudes que, segundo os filósofos daquela época, como vimos, são inseparáveis do poder supremo e o justificam. Nele e através dele, é a Fortuna de Roma que consuma os Destinos.

Em alguns desses relevos, o imperador é colocado acima dos outros personagens, sobre sua tribuna, ou a cavalo, ou sobre o carro do triunfo. Domina a multidão, de pé a seus pés. Nesses momentos, ele é aquele que ordena, no duplo sentido da palavra – comanda e cria uma ordem. Em outros, é representado no mesmo plano daqueles que o acompanham ou que o cercam. Conforme o caso, isso tem sentidos diferentes. Quando sai de Roma, a pé, e quando retorna à cidade, ele aparece como um companheiro de armas (*commilito*) de seus soldados. Esse é um título que César havia utilizado outrora, em circunstâncias memoráveis, para acalmar um motim, e às vezes os imperadores se adornavam com ele. O título tornara-se usual no tempo de Trajano, e Dião Crisóstomo o recorda.[48] Um igual entre seus homens durante as marchas e no combate, ele compartilha as dores e perigos deles. Quando executa a *lustratio* e quando celebra o sacrifício de ação de graças, os espectadores – seus soldados e oficiais, no primeiro caso, e os senadores, no segundo – comprimem-se em volta dele; o príncipe torna-se sacerdote. Acima estão as divindades, das quais, nesse momento, ele é apenas o servo, que se coloca entre os humanos: aos olhos dos deuses, é apenas o primeiro dos cidadãos. Mas, quando exerce as funções exigidas por seu *imperium*, ele possui uma majestade (*maiestas*) que o eleva acima dos outros. Essas imagens têm um sentido simbólico, mais do que histórico e anedótico, talvez. Encerram uma significação política e como que uma teologia do regime imperial, na medida em que distinguem e tornam sensíveis as três grandes funções do príncipe, que fazem dele, ao mesmo tempo, o governante de Roma, o intermediário entre os deuses e os homens e o mestre absoluto da população em armas.

Nesse aspecto, os relevos do arco de Constantino e os que vemos no Museu dos Conservadores nos instruem menos sobre Marco Aurélio, propriamente dito, do que sobre os diferentes personagens que ele tinha de encarnar e sobre o que chamava de "cesarizar-se".[49] É evidente que são posteriores a 176, à vitória que celebram. Marco Aurélio tinha, portanto, mais de 55 anos.

Introdução 27

As imagens que o mostram como chefe militar dão-lhe um rosto jovem, às vezes inteiramente imberbe. Representado em suas funções religiosas e seu triunfo, nós o reencontramos com a barba encrespada que lhe alonga o rosto, aquela que foi popularizada pela estátua equestre do Capitólio.[50] Mas seria um erro acreditarmos que, em todos esses casos, trata-se de retratos realistas. Na verdade, o que o artista pretendeu, nesses relevos criados para a glória de Marco Aurélio, foi idealizá-lo, imobilizar o príncipe vitorioso no momento mais alto de sua carreira, muito mais do que em sua realidade humana, e, por fim, enaltecer o Império.

A contraprova disso nos é fornecida por um detalhe da Coluna Aureliana, onde Marco Aurélio aparece ladeado por dois oficiais. A fisionomia do imperador é bem diferente da que vimos nos relevos precedentes. Ele aparece muito menos jovem, e também menos sereno, com as rugas da fronte marcadas e a barba menos harmoniosa. A diferença se explica, pensamos, pela intenção do escultor, que, na tradição da Coluna de Trajano, preocupou-se mais com a realidade e a história. Temos diante de nós um comandante de exército, empenhado na ação e menos preocupado em afirmar suas "virtudes" do que em tomar as medidas necessárias frente a uma guerra sempre renascente. Enquanto os relevos do Arco multiplicam as cenas de clemência, a coluna não hesita em mostrar as medidas rigorosas tomadas contra os bárbaros. Marco Aurélio ordenou ou permitiu que prisioneiros fossem decapitados, e isto a coluna não dissimula.[51] Mas convém lembrarmos que, na ocasião em que ela foi erguida, o reinado de Marco Aurélio estava encerrado. As intenções políticas que os relevos do Arco testemunham já não eram parte da atualidade. Com o advento de Cômodo, o espírito do reino, de jupiteriano que fora na época de Marco Aurélio, tornou-se "herculano". Às exigências de justiça sucederam-se a força e a violência.

O que nos podem ensinar os relevos do Arco, executados durante a vida de Marco Aurélio, é a vontade de oferecer aos romanos uma imagem pacificada e serena da pessoa imperial, muito mais que o desejo de fixar na pedra os episódios mais gloriosos do reino. Possuímos um camafeu de sárdonix em que estão representados os rostos de Marco Aurélio e Vero.[52] Esse camafeu, hoje conservado no Museu do Louvre, certamente é anterior à morte de Vero, em 169, e a imagem que ele oferece dos dois imperadores é próxima daquilo que vemos na coluna. O rosto de Marco Aurélio é muito mais realista do que o mostrado nos relevos triunfais. Traz as marcas da idade, apesar de o imperador ainda não haver atingido cinquenta anos; é vincado por rugas e deixa aparecer um espessamento carnal das feições que é certamente conforme à verdade. Essa não é a imagem do "filósofo coroado", senhor supremo do mundo e, às vezes, dele mesmo, tal como se gostaria de mostrá-lo (com sua concordância, curiosamente), passados pouco mais de dez anos.

O confronto dessas duas imagens não deixa de ser instrutivo. Sem dúvida, a idealização do príncipe é uma tradição muito antiga, que remonta às efígies reais helenísticas e que tinha sido retomada pelos Júlio-Claudianos, mas o contraste entre o príncipe ideal e o da realidade assume, com Marco Auré-lio, uma significação mais profunda, que talvez as *Meditações* nos permitam descobrir. Essa carne que mascara a alma é uma parcela da matéria de que é feito o universo; é concedida por algum tempo; é passageira, logo, de pouca importância. O que importa, o que escapa ao tempo, à velhice, à decrepitude, é o "deus" interior, o demônio que vive em nós e anima nosso corpo: "Que o deus que há em ti comande um ser animado viril, perspicaz e sábio, que se conduza como cidadão, um romano, um líder com domínio de si mesmo, como alguém que aguarde ser chamado a deixar a vida, à vontade para se desligar, sem necessidade de prestar um juramento final e sem necessidade de pessoa alguma para lhe servir de testemunha."[53]

Assim é o príncipe no momento de seu triunfo. Superou os compromissos inseparáveis da ação; liberou em toda a sua pureza a presença de seu Gênio, de seu deus interior, e "subordinou todo o seu ser ao Bem, segundo a Razão e a Cidade".[54] É dessa maneira, cremos, que convém compreender a significação dos relevos triunfais, que traduzem uma verdade espiritual de alcance muito diferente do que poderia ter a representação realista do contingente. Esses relevos, que hoje poderíamos considerar instrumentos de "propaganda", de fato contêm uma mensagem política, é verdade, mas também a expressão de certa filosofia – a do próprio Marco Aurélio. Os atos de um príncipe *fazem* a História, porém os motivos profundos que o inspiram e que se inscrevem numa visão total do universo transcendem o desenrolar dela.

A mesma conclusão nos parece resultar do mais célebre monumento fi-gurado que representa o imperador filósofo: a estátua equestre que, inicial-mente erigida no Palácio de Latrão, foi transferida por Paulo III em 1538 para o Capitólio. Era considerada a imagem da Sabedoria, uma sabedoria pré-cristã.

Introdução 29

Provavelmente fundida por ocasião do triunfo celebrado pelo imperador em 176, ela uniu no traje de Marco Aurélio suas duas funções, a de *princeps* (sapatos dos senadores, túnica curta) e a de *imperator* (*paludamentum*, o manto militar), já distinguidas nos relevos. O braço direito está estendido para a frente, num gesto que mostra que o imperador, do alto de seu cavalo, dirige-se a um público que é preciso imaginar reunido a seu redor – os cidadãos romanos aos quais ele anuncia a vitória de suas armas e o retorno da paz. Sob a perna anterior direita do cavalo, levantada, é provável que houvesse um bárbaro de joelhos.[55] A mensagem é a mesma dos relevos. É aquela que foi transmitida através dos séculos, até chegar a nós.

A essas imagens que Marco Aurélio deixou de si mesmo, às que ele não quis ou às que não conheceu, somam-se, naturalmente, entre nossas fontes, as moedas, pelas quais o poder transmitia as palavras de ordem de sua política e a ideologia do momento. Em vão buscamos as que pudessem ilustrar a vida interior do príncipe. Todas estão relacionadas a momentos da vida exterior, visível, da família imperial ou do Império inteiro, bem como a situações políticas.

Era natural que as primeiras cunhagens executadas em nome do jovem César, a partir de 139, apresentassem no reverso as imagens ou nomes de abstrações divinizadas, como *Juventas* (a Juventude) ou *Hilaritas*, que é, ao mesmo tempo, a alegria e a bem-aventurada exuberância de uma planta jovem. Havia também a Esperança – acaso a adoção de Marco Aurélio e de Lúcio Vero não havia acabado de garantir o futuro? Havia ainda *Honos*, que, na tradição romana, associava-se a *Virtus*, o valor militar, e cuja presença nessa moedagem garantia que os benefícios da paz não fariam os príncipes esquecerem o cuidado com a glória e a dignidade de Roma. *Pietas* aparece a partir do ano 140; tratava-se então da divinização de Adriano e do templo que seus filhos e netos adotivos estavam erigindo para ele; mas a mesma virtude também qualificava os laços morais que uniam Antonino e os dois Césares, a solidez da família imperial edificada por Adriano. Essa família se alicerçava na lealdade recíproca, a *Fides*, cujo nome ressurge com insistência nessas moedas, associado a imagens de prosperidade material – espigas de trigo, cestas de frutas –, e, naturalmente, afirma-se também a Concórdia que reinava entre os familiares, bem como a *Concordia* entre as diferentes ordens da cidade.

Uma imagem frequente é a de Minerva, coberta pelo capacete e segurando a lança e o escudo. Essa Minerva não simboliza a "sapiência" filosófica e pessoal do jovem César; trata-se da deusa honrada no Capitólio desde os tempos mais remotos, ao lado de Júpiter e Juno. Ela personifica a Razão na vida de Roma, a perspicácia política, inimiga de todos os excessos.

Essa mesma cunhagem exalta as virtudes quase domésticas desejadas por Antonino, e que o César empenhou-se em promover. Por ocasião do casamento de Marco e Faustina, a Jovem, em 145, cunhou-se uma moeda em cujo reverso foram representados os dois cônjuges, de pé e de mãos dadas (a *dextrarum junctio*, símbolo da união conjugal). Por trás deles ergue-se *Concordia*.[56] Essa emissão comemorou os "votos oficiais" (*vota publica*) apresentados pelo senado por ocasião do casamento. A sorte da família imperial estava indissoluvelmente ligada à de Roma. Ao nascerem filhos do casal imperial, cunharam-se moedas em que se via a deusa *Pietas* estendendo a mão direita sobre a cabeça de uma criança. Ficamos tentados a evocar certa "dinastia" burguesa do século XIX, mas tal juízo seria meio precipitado. As *Meditações*, em especial o Livro I, sugerem de que maneira eram sentidos esses laços familiares, quando Marco Aurélio enumera todas as influências que o formaram. Herdeiro de uma tradição até então encarnada por sua própria família em laços de sangue, por seus pais adotivos e também por seus mestres, que eram seus pais espirituais, ele lhes devia sua consciência política, bem como exemplos de virtudes mais humildes. Agradeceu, por exemplo, a "meu irmão Severo" por ter-lhe mostrado a imagem "de um Estado político baseado na democracia, na igualdade perante a lei, num direito igual à palavra, e de uma monarquia que coloca acima de tudo a liberdade dos súditos".[57] A esse mesmo Severo coubera também o mérito de ter-lhe dado o exemplo do "amor à casa, à verdade e à justiça"[58] – tratando-se a casa, evidentemente, da *domus* romana, célula sobre a qual repousava desde sempre o Estado. Assim seria a monarquia antonina, e assim tinha sido, como procuraremos mostrar, desde Trajano.

Mais tarde, as moedas traduziram as esperanças e temores provocados pelos ataques de que o Império foi alvo. Tornaram-se então documentos essencialmente históricos, objetivos. Mencionaram, por exemplo, o Espírito do Exército, quando ocorreram distúrbios ou quando o imperador tentou levar as fronteiras da província da Bretanha além dos limites fixados por Adriano. Mas foram sobretudo as moedas no nome do próprio Antonino (sob cujos auspícios eram obtidas as vitórias) que constituíram a crônica militar da época. Marco Aurélio participou dos acontecimentos, mas não de maneira plenamente vi-

Introdução 31

sível. As lendas que mencionam, a propósito de suas próprias moedas, *Virtus*, *Honos*, *Juventas* e o Espírito do Exército foram, no conjunto, menos numerosas nesse período do que a efígie de Minerva, que reaparece sem parar. Entretanto, o aparecimento do deus Marte e a repetição do tema da Vitória provam que Marco Aurélio, nesse final de reinado de seu pai adotivo, desempenhou um papel cada vez mais ativo na política militar, na defesa e no crescimento do Império. Quando viesse a reinar, a partir de 161, sozinho com Vero, ele não ficaria desorientado por causa da vida nos acampamentos e, perante a opinião pública, de modo algum se afiguraria um "filósofo" inteiramente dedicado à vida contemplativa, incapaz de exercer seu papel de *imperator*. A cunhagem de moedas proviera isso.[59]

Faz-se às vezes uma aproximação entre as moedas nas quais aparece como lema a palavra *Clementia* e passagens das *Meditações* em que o imperador exalta os deveres de humanidade, baseados nos laços dos homens entre si. É provável que haja nisso apenas uma ilusão. O tema da *Clementia* é muito anterior a Marco Aurélio. A clemência, virtude real, já é ilustrada por César. E é sabido que Sêneca dirigiu a Nero um longo discurso sobre esse tema. Contudo, tampouco se desconhece que os estoicos a consideravam mais uma fraqueza do que uma virtude. E Marco Aurélio não ficou longe de lhes dar razão, ao escrever: "Segundo uma tese, o homem é o que há de mais próximo de nós, e por isso devemos fazer-lhe o bem e dar-lhe apoio. Mas, na medida em que alguns me impedem de realizar os atos que devem competir a mim (isto é, 'os inerentes a minha natureza'), o homem é apenas um dos indiferentes, nem mais nem menos que o sol, o vento ou um animal."[60]

Podemos medir as implicações de tal formulação, que exclui qualquer sentimentalismo humanitário, qualquer pacifismo incondicional. Marco foi posto pela Providência à testa do Império. Cabia-lhe agir como tal. Sua missão implicava a defesa dos homens que assim lhe tinham sido confiados. O bárbaro que comprometia a segurança das províncias, que, como sucedeu em 167, penetrava no interior do Império, levando-lhe o massacre e a ruína, este só podia ser um inimigo e, como ser humano, um "indiferente". Somente cinco anos depois é que se viria a cunhar um sestércio em que o imperador, de pé, segurando uma lança e apoiado num escudo, enquanto um prisioneiro ou um bárbaro ajoelhava-se diante dele, ilustraria o lema que circundava o campo: *Clementia Augusti*.[61] E, no mesmo ano, foi cunhada uma outra série em homenagem ao *Restitutor Italiae*, e mais outra celebrando a *Securitas Publica*.[62]

É claro que as palavras de ordem políticas prevaleciam sobre o que pudessem ser os sentimentos do "filósofo".

O reinado de Marco Aurélio conheceu pelo menos uma perseguição violenta contra os cristãos – a de Lyon, geralmente datada de 176.[63] Será que esse episódio sangrento, que forma um contraste tão marcante com a política seguida desde Trajano, foi desejado por Marco Aurélio? As fontes de que dispomos não são unânimes, como veremos. Tampouco o são as conclusões a que chegam os modernos.[64] Mais uma vez, coloca-se aqui o problema das relações entre os atos do imperador e suas convicções filosóficas, e o que o complica ainda mais é nossa ignorância sobre a responsabilidade pessoal de Marco Aurélio nesses acontecimentos, que podem ter sido provocados apenas pela intervenção dos responsáveis pelas províncias, postos numa situação difícil pelo desencadeamento das paixões populares.

Por todas estas razões, a figura de Marco Aurélio, imperador e filósofo, não cessa de reclamar a atenção dos historiadores, que veem nele não somente o *imperator* às voltas com rebeliões ou atentados contra o Império, no Oriente e nas fronteiras do Reno e do Danúbio; mas às voltas também com as forças espirituais que tendiam, direta ou indiretamente, a desagregar o mundo romano por dentro, abrindo-o cada vez mais para as tradições incessantemente repetidas da cultura helênica, assim como para as crenças – em parte filosóficas, em parte místicas – que eram elaboradas na Síria, na África, no Egito e na Grécia propriamente dita. Foi a época de Apuleio, na qual floresceu a religião isíaca, e do "profeta" Alexandre de Abonoteico e do deus-serpente Glicon: o racionalismo e as especulações sobre o divino se combatiam ou se aliavam. Havendo chegado ao apogeu de sua potência, iria o velho *Imperium Romanum* salvaguardar um pouco de sua herança latina, das estruturas sociais que tinham sido as do antigo Lácio? Era um sem-número de problemas diante dos quais Marco Aurélio viu-se colocado, e dos quais realmente parece ter tido consciência. Sua própria formação intelectual e moral deu-lhe acesso a todas as formas do pensamento contemporâneo, de modo que não há como nos surpreendermos por descobrir nele muitas das contradições que dificultam desvendar qual foi sua verdade.

1. O menino que nasce...

Marco Aurélio nasceu em 26 de abril do ano 121 da nossa era, cinco dias depois da festa que, todos os anos, comemorava o aniversário do Nascimento de Roma – as Palílias de 21 de abril. Posteriormente, no século IV, o dia 26 de abril seria marcado pelos jogos no Circo, em homenagem ao imperador filósofo.

Foi em Roma, nos jardins situados no monte Célio, que Marco Aurélio veio à luz. Esses jardins pertenciam à sua mãe, Domícia Lucila, a Jovem, que sem dúvida os recebera de sua própria mãe, Domícia Lucila, a Velha. Essas Domícias não eram um ramo da antiga *gens* Domícia, cujos representantes mais ilustres tinham sido os Domícios Enobarbos, que se haviam distinguido na República e cujo último representante fora o imperador Nero. Elas descendiam do orador Domício Afer, que viera de Nîmes no reinado de Tibério e se celebrizara por sua eloquência, o que lhe havia permitido acumular grande fortuna nos reinados de Calígula, Cláudio e Nero. Afer havia adotado os dois filhos varões de um certo Sexto Cúrvio, depois de arruiná-lo.[1] Esses dois jovens, que depois da adoção tornaram-se Domício Lucano, o mais velho, e Domício Tulo, o caçula, fizeram carreiras brilhantes sob Nero e, mais tarde, sob os Flavianos. Haviam obtido, sem dúvida durante a censura de Vespasiano, as honras do patriciado. Ambos exerceram comandos militares na Germânia e, mais tarde, na África, que governaram sucessivamente. Domícia era filha consanguínea de Lucano, mas, por um arranjo familiar, a fortuna deste foi legada a Tulo, sob a condição de que ele tomasse a sobrinha por herdeira – o que aconteceu. Assim, quando da morte de Tulo, talvez por volta de 108, Domícia descobriu-se à testa de imensa fortuna. É quase certo que os jardins do monte Célio, onde seu neto Marco Aurélio nasceu, lhe houvessem pertencido.

Esses jardins estendiam-se por uma das áreas mais aprazíveis da Cidade, na longa colina, ou melhor, no platô do monte Célio, longe das aglomerações da Suburra, protegidos das brumas que frequentemente pairavam sobre as áreas baixas.

Domícia Lucila, a Velha casara-se em segundas núpcias com Públio Calvísio Tulo, cônsul ordinário em 109 – e depois cônsul pela segunda vez, numa data que ignoramos –, e teve com ele uma filha, Domícia Lucila, a Jovem, a mãe de Marco Aurélio. Foi na casa de Calvísio Tulo que se criou Herodes Ático, que viria a desempenhar um importante papel no reinado de Antonino e Marco Aurélio.[2] Entretanto, toda essa família parece ter estado, no começo do século, sob o reinado de Trajano, depois sob o de Adriano, dominada pela pessoa de Lúcio Catílio Severo, pai de Calvísio Tulo e, por conseguinte, bisavô de Marco. Cônsul pela primeira vez sob Trajano, ele foi governador da Ásia, depois, da Síria, cônsul pela segunda vez em 120 (quando teve como colega o futuro Antonino Pio) e, por fim, prefeito de Roma, função que ainda exercia em 138 e que, ao menos a seus olhos, fazia dele um sucessor perfeitamente designado de Adriano, que estava sabidamente enfermo e pensava em acabar com a própria vida.

No Livro I das *Meditações*, onde ele se volta para as pessoas que cercaram sua infância e que o influenciaram, Marco Aurélio expressa seu reconhecimento ao bisavô por não o haver forçado a frequentar as escolas públicas, mas lhe haver proporcionado os melhores mestres, que lhe davam aulas "em casa". Severo, acrescentou Marco Aurélio, havia compreendido que, para isso, era necessário despender à larga.[3] Por outro lado, sabemos que, na primeira infância, Marco trazia o nome do bisavô, Catílio Severo.[4] Nessa época, o menino vivia nos jardins do Célio, dos quais gostava muito, mas precisou abandoná-los, para sua grande tristeza, ao ser adotado por Antonino em 138, tendo-os considerado como sua "pequena pátria", muito depois de haver passado dos vinte anos.[5]

Tudo isso é rico em ensinamentos: primeiro, a importância, na vida do menino e do jovem, das influências provenientes da família materna, a qual o instalou de imediato na aristocracia oriunda das elites provinciais que haviam produzido muitos senadores, comandantes militares, escritores e oradores, e que tinham substituído, já se iam várias gerações, os representantes das antigas famílias que haviam sobrevivido às guerras civis e às acusações feitas contra todos aqueles cuja linhagem parecia apropriada para lhes conferir títulos comparáveis aos dos Júlios e Cláudios. Constatamos também o papel

O menino que nasce...

do dinheiro nessa sociedade, a habilidade com que se jogava com as regras jurídicas para acumular fortunas imensas, bem como o espírito de economia a que nem mesmo os mais ricos renunciavam. Sem isso, por que elogiar Catílio Severo como alguém de generosidade meritória, por não ter usado de avareza na hora de proporcionar a seu bisneto os melhores professores? Evidencia-se, enfim, que essas grandes famílias não haviam rompido com as antigas tradições que conferiam aos patriarcas uma autoridade de fato, que não era contestada por ninguém.

Se, pelo lado materno, a linhagem de Marco Aurélio remontava ao gaulês Domício Afer, pelo lado paterno ela remontava a um espanhol ilustre, talvez originário do município de Ucubis, na província da Bética (Andaluzia), e que usava o nome de Ânio Vero. Mais uma vez, trata-se aqui de um "novo homem", estranho à *gens* Ânia de que provinham cônsules no século II a.C. Esse Ânio Vero, que se tornou senador, havia chegado à pretoria. Seu filho, Marco Ânio Vero, fora elevado à categoria de patrício em 73, assim como Domício Lucano e Domício Tulo (e também Cneu Júlio Agrícola, de Fréjus, sogro de Tácito). Cônsul no reinado de Domiciano, depois em 121, pela segunda vez (sob Adriano), e após essa data, prefeito de Roma e, por último, cônsul pela terceira vez em 126, ele havia desposado Rupília Faustina, filha de um antigo cônsul, e desse casamento nasceu Ânio Vero, pai de Marco Aurélio, de Marco Ânio Libo e de Ânia Galéria Faustina, que viria a se tornar mulher de Antonino Pio. Esse Ânio Vero também vivia no Célio, numa residência vizinha à dos lateranos (no local chamado Latrão), portanto, não longe dos jardins onde nasceu seu neto. Foi em sua casa que Marco viveu por algum tempo após a morte de seu pai, que, provavelmente por volta de 130, acabara de exercer a pretoria.

De seu avô, Marco pouco fala nas *Meditações*: primeiro, diz que ele tinha "uma felicidade natural" e não se encolerizava;[6] no final do mesmo livro, porém, considera afortunado não "ter sido criado por muito tempo na casa da concubina do avô"[7] e, logo em seguida, acrescenta que os deuses lhe permitiram conservar por muito tempo o frescor da juventude (entenda-se: sua inocência) e não praticar prematuramente um ato de virilidade. Essa aproximação sugere que se levava uma vida alegre na residência do Latrão em que reinava a concubina do avô, provavelmente após a morte de sua mulher, Rupília. Marco preferia a vila do monte Célio, onde vivia sua mãe,

Domícia Lucila, a Jovem, que ele elogiou em diversas ocasiões. A ela devia, segundo disse, sua devoção aos deuses, sua generosidade e a preocupação de não apenas não fazer mal a ninguém, mas de nem sequer conceber essa ideia. Ela lhe dera o exemplo de uma vida simples, distante da que levavam os ricos.[8] Ele se regozijou por tê-la conservado a seu lado durante muito tempo, até ela falecer, "ainda moça",[9] provavelmente pouco depois de 155. Na época, devia ter 48 ou 49 anos.

Domícia Lucila ocupa um grande lugar na correspondência de Frontão e na de Marco Aurélio. Por ocasião de seu aniversário em 143, Frontão, que era cônsul nesta data, endereçou-lhe uma longa carta que foi um elogio em regra, apresentado de maneira engenhosa, no qual ela aparecia como exemplo proposto a todas as mulheres, por suas virtudes, sua bondade e sua sinceridade. Essa carta foi escrita em grego,[10] num tom de gracejo que atenua as hipérboles. Outra carta do mesmo ano, igualmente em grego, é um jogo de rétor, conduzido com grande virtuosismo. Consiste numa série de imagens, isto é, de comparações, como agradava à segunda sofística e como Frontão fazia Marco Aurélio compor.[11]

Assim como Marco vivia em grande intimidade com Frontão, Domícia era amiga de Graça, a mulher deste. Era também uma intimidade intelectual, que os levava a citar Homero, Eurípides e Hesíodo e a se comprazerem com esses jogos. Nem Domícia nem Frontão esqueciam que Herodes Ático fora criado na casa de Calvísio, como já lembramos. Isso ocorrera antes do nascimento de Marco Aurélio, provavelmente em torno de 110 ou 114, e Herodes Ático ainda era criança. Nessa época, o grego era entre eles a língua da intimidade. Foi ao grego que Marco Aurélio recorreu espontaneamente nas *Meditações*, e é certo que essa familiaridade com a língua falada na metade oriental do Império não deixaria de exercer influência na política do príncipe.

Marco Aurélio pouco conheceu seu pai, Marco Ânio Vero. Citou seu nome apenas secundariamente nas *Meditações*, limitando-se a dizer que devia "à reputação e à memória dele ... sua discrição e seu caráter viril",[12] o que exclui qualquer influência direta. A essência de sua herança espiritual, Marco Aurélio a recebeu de Domícia e das pessoas que compunham a "casa" do monte Célio.

O menino que nasce...

Aparentemente, nada destinava o jovem Marco a se tornar imperador. Pelos Ânios de Bética, ele pertencia à mesma aristocracia provincial espanhola que já dera ao império Trajano e Adriano. Mas não se percebe que tenha havido entre os senadores originários da Espanha a formação de um grupo político particular. Fazia muito tempo que as colônias e municípios da península Ibérica tinham enviado a Roma os melhores de seus concidadãos, e os mais ambiciosos. Na época de César viera Lúcio Cornélio Balbo, de Gades, que servira de agente para o ditador; meio século depois vieram os Aneus, de Córdoba – Sêneca, o Velho, e seus filhos. A escolha de Trajano por Nerva foi ditada não pelas origens provinciais do futuro imperador, mas em razão das circunstâncias que exigiam que se recorresse a um homem seguro, fiel e respeitado pelo exército. Adriano também era espanhol, mas deveu sua elevação a seu parentesco com Trajano, se é verdade que seu pai, Públio Élio Adriano Afer, era primo-irmão deste. Quando da morte do pai, Adriano tornara-se pupilo de Trajano, e foi assim que, integrado à família do príncipe e graças às intrigas de Plotina, obteve o poder, em condições obscuras, em Selinunte da Síria, no ano de 117. Suas origens provincianas, portanto, não foram decisivas. Os laços familiares tiveram maior importância, e mais ainda as manobras da imperatriz.

Adriano, como vimos, elevou o jovem Marco, aos oito anos de idade, à dignidade de sálio. O menino deveu essa honra, frequentemente concedida aos jovens de famílias patrícias cujo pai e mãe eram vivos, menos à pátria de seus ancestrais paternos do que à graça de que gozava, nesse momento, seu bisavô Catílio Severo, então prefeito de Roma. Entretanto, figurar no colégio dos "*juniores*" sálios não prometia ao menino nada além de uma carreira senatorial. Por isso, os historiadores se interrogam sobre as razões que levaram Adriano a incluí-lo entre seus sucessores. Oficialmente, desde a queda de Nero, um novo príncipe era proposto por escolha do imperador. Galba havia declarado que terminara o tempo em que o poder se transmitia de pai para filho (pelo sangue ou por adoção) dentro de uma única família. Esse era, em suas palavras, o começo da liberdade. Por isso é que ele próprio havia escolhido Pisão, um homem ainda jovem e de moral bem conhecida, para sucedê-lo. Galba não tardou a ser assassinado, assim como Pisão. Depois, no mesmo ano e no seguinte, foram as legiões ou os pretorianos que fizeram os imperadores: Oto, Vitélio e, por fim, Vespasiano. Sabemos como o princípio da hereditariedade fora restabelecido por Vespasiano e aplicado em benefício de Tito e Domiciano, seus filhos. O fracasso de Domiciano, sua tirania e seu assassinato haviam desacreditado pela segunda vez o princípio da hereditariedade do poder. O senado escolheu Nerva, um homem idoso, um remanescente dos tempos de Nero. Por sua vez, ele adotou Trajano solenemente, por motivos de oportunismo que já recordamos. Assim, entendeu-se que essa escolha tinha ido para o "melhor", e Trajano recebeu o título envaidecedor de *Optimus Princeps*, "o melhor dos príncipes", porque era o melhor entre todos os príncipes possíveis. E esse cognome tinha outra vantagem – a de recordar aquele que era usado pelo Júpiter do Capitólio, *Optimus Maximus*, "o Melhor, o Maior".

Com Adriano, voltou-se de fato, se não oficialmente, à escolha familiar. Com efeito, Adriano havia desposado Víbia Sabina, sobrinha-neta de Trajano, o que reforçava seus laços com o imperador. Reencontrou-se um jogo de alianças em que as mulheres desempenhavam um papel essencial, análogo ao que havia assegurado, entre os Júlio-Claudianos, a passagem de um príncipe para outro, quando César adotara seu sobrinho-neto, o futuro Augusto, e depois, quando Otávio e Júlia deram ao império, entre seus descendentes, Calígula, Cláudio e Nero. Será que se voltaria aos mesmos erros do passado?

Na realidade, era difícil aplicar aos fatos o princípio que pretendia que se escolhesse o "melhor". Quem faria essa escolha? O senado? Mas ele tinha divisões fatais entre facções, cada uma das quais teria seu candidato. Além disso, em épocas passadas, a investidura senatorial tinha-se revelado insuficiente. Era preciso que o príncipe, para ser reconhecido e aceito pela massa dos cidadãos, possuísse um carisma religioso que o designasse como intermediário entre os deuses e a Cidade. Trajano, no momento de sua adoção, tinha sido objeto de um milagre proveniente de Júpiter,[13] e Vespasiano já havia recebido, por meio de oráculos e toda sorte de manifestações divinas, a garantia de que estava destinado ao império.[14] Isso lhe conferira, na opinião pública, um verdadeiro direito a assumir o poder.

As lições do passado, portanto, mostravam claramente que um senador, ainda que conseguisse promover na Cúria a unanimidade a seu redor, só poderia impor-se como príncipe se possuísse o prestígio unicamente conferido pela proteção evidente dos deuses. Adriano compreendeu isso. Na morte de Trajano, recebeu de seus soldados a "saudação imperial", que não fazia dele, automaticamente, um imperador (o tempo de Vitélio e Vespasiano ficara para

O menino que nasce...

trás), mas de fato colocava as armas romanas sob seus auspícios. Com habilidade, ele escreveu ao senado, para dizer que lamentava não ter deixado aos Padres Conscritos o cuidado de lhe conferir o *imperium*, o qual fora antecipado por seus soldados, que bem sabiam que, diante dos deuses, o Império não podia passar um único dia sem *imperator*.[15] A saudação imperial o investia do que era um verdadeiro sacerdócio. As vitórias que ele conquistara como governador da Síria, nos últimos meses de Trajano, estabeleciam seu prestígio de *imperator* afortunado, querido pelos deuses. Ao mesmo tempo, ele mandou anunciar sua adoção por Trajano, o que decerto não lhe criava nenhum direito ao Império – já que, em princípio, a filiação por sangue ou por adoção já não era considerada uma habilitação ao poder –, porém, sem mais tardar, exigiu do senado honrarias divinas para Trajano, com o que o senado concordou prontamente. Com isso, Adriano tornou-se "filho de deus", *divi filius*, e foi investido da *aura* mística necessária. Como sabemos, ele não deixou de tomar outras precauções, e mandou executar alguns senadores (quatro cônsules) que se consideravam ou poderiam ser considerados os "melhores", e que, por conseguinte, estariam em condições de disputar o poder com ele. Além disso, ao se aproximar a hora da morte, Adriano havia decidido não deixar o Estado correr os riscos dos quais ele o havia protegido vinte anos antes. Em conversas privadas e para se entreter, ele próprio, como outros príncipes do passado, havia questionado quais eram os homens que pareciam dignos de se tornarem imperadores.[16] Todavia, chegado o momento, não escolheu nenhum deles. Até mandou matar um dos que havia designado como os "melhores" – seu cunhado Serviano, bem como o neto deste, Cneu Pedânio Fusco, então com dezoito anos.[17]

Para surpresa geral, ele adotou um certo Lúcio Ceiônio Cômodo, que recebeu então o nome de Lúcio Élio César. Ceiônio descendia de uma família senatorial originária da Etrúria, ou talvez de Faventia (atual Faenza, na Emília). Ao que parece, não tinha qualquer parentesco com Adriano, e os historiadores antigos procuraram adivinhar as razões de sua adoção, que lhe prometia o Império, fazendo dele, quando da morte de seu pai adotivo, um "filho de deus". Segundo a *Vida de Adriano*, Ceiônio teria sido escolhido por sua beleza. Segundo a *Vida* dedicada a ele próprio, outros motivos foram alegados: não apenas o fato de ter sido o favorito de Adriano, mas também o fato de este, um apaixonado pela astrologia, haver descoberto no horóscopo de

Ceiônio que ele estava prometido ao Império.[18] Acresce que ele também havia descoberto que não teria muito tempo de vida e que, como Marcelo, genro de Augusto, os Fados só fariam mostrá-lo ao mundo antes de levá-lo. Nenhuma dessas explicações é realmente satisfatória. É pouco provável que uma paixão senil por um favorito levasse o imperador a se decidir por entregar o poder a um homem que passava por um "dândi" elegante, de régia beleza, bom orador e também poeta, e inventor de novos prazeres, bem como de um prato em que se misturavam tetas de porca com carne de faisão e de pavão, patê de presunto e de javali e travesseiros cheios de rosas.[19] Mesmo se acrescentarmos que ele foi um bom governador da Panônia, para onde o imperador o enviou imediatamente após sua adoção, é difícil descobrir nesse retrato algo com que justificar a decisão de Adriano, sobretudo se lembrarmos que Ceiônio, nessa ocasião, já estava visivelmente enfermo, afetado por escarros de sangue que viriam a levá-lo à morte no ano seguinte.

Adriano, seja como for, estava realmente decidido a fazer de Ceiônio imperador. Lembrando-se das condições de seu próprio advento, tomou a precaução de suprimir todos os rivais possíveis e, distribuindo numerosas prodigalidades aos habitantes de Roma e aos soldados, chamou Ceiônio a exercer um primeiro consulado em 136, um segundo em 137, e o encarregou de governar as duas Panônias.

Uma célebre hipótese de J. Carcopino traz uma explicação romântica para esse empenho de Adriano. Ceiônio seria um filho natural, que Adriano teria tido por volta do ano 100, antes de seu casamento com Víbia Sabina – casamento de cuja importância falamos para a transmissão do poder –, com uma certa Pláucia, então casada com Ceiônio pai.[20] O nascimento desse filho bastardo teria sido mantido em segredo durante toda a vida de Sabina, mas, depois da morte dela, ocorrida em 136, ao que parece, Adriano, já não sentindo ter deveres para com a mulher, não mais teria hesitado em designar como seu herdeiro no Império esse filho de seu sangue.

Essa reconstituição do que talvez tenha sido um drama familiar tem motivos para seduzir. Traz uma solução verossímil para o mistério introduzido pela adoção de Ceiônio, então com cerca de 36 anos de idade, e que nada, como vimos, parecia designar para essa elevação. Ela não tem como estabelecer uma certeza, entretanto, apenas uma grande verossimilhança. Não há dúvida de que é possível constatar certa semelhança nas efígies de Adriano e

O menino que nasce...

de Ceiônio que vemos nas moedas. Como quer que tenha sido, Ceiônio não viria a reinar. Morreu na última noite de dezembro do ano de 137. Adriano não ficou surpreso. Havia declarado, vários meses antes, que "estava apoiado num muro em ruínas".[21] Em 25 de fevereiro do ano seguinte, estando ele mesmo muito doente, Adriano adotou Tito Aurélio Fulvo Boiônio Árrio Antonino, que mais tarde recebeu o cognome de Pio. Adriano impôs como condição de sua adoção que ele, por sua vez, adotasse dois jovens: Lúcio Ceiônio Cômodo, o filho de Ceiônio, e Marco Antonino, isto é, Marco Aurélio, então com dezessete anos. Lúcio Ceiônio tinha sete.[22]

As intenções de Adriano, nessa circunstância, estão longe de ser claras. Podemos supor que ele tenha querido prometer o Império ao filho de Ceiônio, por quem ficou ostensivamente enlutado. Quanto ao futuro Marco Aurélio, Adriano havia promovido seu noivado com Ceiônia Fábia, irmã do jovem Lúcio Ceiônio, a fim de que ele pudesse afigurar-se o mentor designado, o conselheiro necessário, colocado junto a seu jovem cunhado, quando, por ocasião da morte do pai adotivo de ambos, Antonino Pio, Lúcio Ceiônio assumisse o poder. É essa, pelo menos, a impressão transmitida pelas narrativas da *História Augusta*, porém outras soluções foram propostas para o problema. Houve quem quisesse demonstrar que, na realidade, Adriano desejava assegurar a sucessão, após o reinado de Antonino, a Marco Aurélio.[23] De fato, um documento figurado – o já citado relevo de Éfeso em que aparece representada a família imperial, tal como se compunha em 138[24] – designa claramente o jovem Ceiônio como o futuro Augusto, enquanto Marco aparece apenas como o segundo. A indispensável tutela era confiada a Antonino e a Marco Aurélio. Mas por que, nessas circunstâncias, associar este último a tal combinação? A hipótese mais plausível parece-nos ser o fato de que Marco era descendente de dois homens que tinham sido colaboradores de Adriano. Seu avô paterno, Marco Ânio Vero, havia exercido três consulados e a prefeitura de Roma. O bisavô materno de Marco, Lúcio Catílio Severo, prestara um enorme serviço a Adriano, ao aceitar sucedê-lo como governador da Síria, nos tempos conturbados que precederam a morte de Trajano e se seguiram a ela, e com isso havia facilitado sua tomada do poder.[25] Vimos que ele era prefeito de Roma em 138. Lemos na *Vida de Adriano* que, naquele ano, ao ver Adriano doente, ele havia concebido a esperança de sucedê-lo, mas, ao se tornar conhecida essa ambição, fora privado de seu cargo.[26] Entretanto, isso só aconteceu bem no fim da vida de Adriano (que morreu em 10 de julho de 138) e não teve nenhuma consequência incômoda para Marco Aurélio.

Fazia muito tempo que o neto de Ânio Vero, bisneto de Catílio Severo, era notado e favorecido por Adriano. Vimos que ele se tornou sálio aos seis anos; no ano anterior, havia recebido o "cavalo público" (o que significava que o imperador lhe conferira o posto de cavaleiro). O autor da *História Augusta* não hesita em escrever que ele foi criado "no colo de Adriano", e que este brincava com o cognome de Vero possuído pelo menino e o chamava de *Verissimus*, um superlativo que parecia aplicar-se (segundo a opinião geral) ao caráter de Marco, tido como inimigo da mentira. Aqui, porém, mais uma vez, diversas interpretações continuam possíveis. Por exemplo, a de que ele tinha uma semelhança física com o avô e o pai, que era um "perfeito Vero". E, nessa época, talvez o imperador não fosse indiferente às origens espanholas desse ramo dos Ânios. Também se considerou que, ao lhe conferir esse apelido, Adriano deu mostras de certa ironia para com o jovem Marco, uma vez que, aos doze anos de idade, tomado de paixão pela filosofia, ele havia adotado o traje dos cínicos.[27] Mas isso está longe de ser seguro. Caso se tratasse de uma zombaria, mesmo velada, como explicar que esse mesmo cognome figure numa inscrição de Óstia, datada de 143, e na *Apologia* de Justino? É possível que o apelido, afetuoso na boca de Adriano e lançado por brincadeira, tenha sido redescoberto, de um modo ou de outro, quando Marco Aurélio se tornou César, numa época em que sua retidão moral, bem afirmada desde então, havia-se transformado em provérbio.

Seja qual for a explicação adotada, é certo que o imperador nutria estima por Marco. Os fatos o demonstram claramente. Pouco depois de promover seu noivado com Ceiônia Fábia, em 136, o que o associava estreitamente à futura família imperial, ele o escolheu como prefeito temporário de Roma, durante a comemoração das Férias Latinas – antiga tradição que permitia valorizar um jovem nobre, amiúde membro da família instituída no poder. O autor de sua biografia na *História Augusta* garante que Marco se portou brilhantemente nas cerimônias que teve de presidir durante essas curtas funções. Por isso, o imperador concedeu-lhe o cargo de questor no ano de 138. Mais tarde, quando Adriano morreu, em Baias, e o novo Augusto, Antonino, foi à Campânia levar as cinzas de seu pai adotivo, foi Marco que, em Roma, ficou encarregado de proceder às cerimônias fúnebres e, como era de cos-

O menino que nasce...

tume, organizou jogos de gladiadores para homenagear o morto. Segundo o biógrafo, ele o fez "em caráter privado", o que significa que se considerava membro da família de Adriano.

E era exatamente essa a imagem do jovem Marco naquele verão de 138. Ele apareceu então como filho espiritual de Adriano, aquele que a vontade do imperador falecido havia mostrado aos Fados. A expressão que encontramos e que o diz "criado no colo de Adriano" adquire toda a sua significação. Não significa que o menino tenha sido criado, no sentido literal, pelo imperador. Todos sabem que não houve nada disso. Mas a imagem empregada pela biografia evoca um grupo célebre, uma estátua da Fortuna conservada em Prenesta, amamentando Júpiter e Juno, sentados em seu colo.[28] A partir daí, Marco ficou assinalado pela *aura* divina que cercava o poder imperial.

Ele próprio, ao que nos dizem, assustou-se com o destino que lhe fora reservado. Durante a noite anterior ao dia em que Adriano adotou Antonino, ele teve um sonho. Pareceu-lhe que seus ombros eram de marfim e, quando ele perguntou se seriam capazes de carregar fardos, responderam-lhe que seriam mais vigorosos do que antes. Esse sonho é mencionado pelo autor da *História Augusta*, e o é também por Dião Cássio.[29] O símbolo que ele contém é claro. Os ombros de marfim lembram a lenda de Pélopes, cujo corpo, despedaçado por Tântalo, foi servido aos deuses. Apenas um deles não reconheceu a natureza do prato que lhes era oferecido e devorou um ombro. Mas Zeus, de quem Pélopes era neto, ressuscitou o menino, e um ombro de marfim substituiu o que fora comido. Do mesmo modo, Marco Aurélio recebeu dos deuses – de Júpiter, pai dos reis – a força necessária à realização da tarefa que lhe caberia.

Foi com muita inquietação, portanto, mas também com alguma esperança, que Marco deixou seu "querido Célio" e foi morar no Palatino, na casa de Adriano (o antigo palácio de Tibério), ao ser adotado por Antonino. E, como seu círculo lhe perguntasse o que havia de tão terrível no fato de ele ser adotado por aquele que seria o senhor do mundo, Marco respondeu enumerando todos os males acarretados pelo poder, tema comumente tratado pelos filósofos, de quem ele era então um ouvinte assíduo.

Em sua nova condição, Marco aparentou um comportamento da máxima simplicidade. Continuou a receber seus amigos, sem nada alterar em seu modo de vestir, desdenhando de ostentar os atributos de sua classe. Para sair, vestia um manto de cor escura e, à noite, não se fazia preceder por um carregador de tocha, como era costume entre os grandes personagens.[30] De qualquer modo, não se considerava realmente um príncipe! No entanto, seu destino logo se estabeleceria, e com celeridade.

Quaisquer que tenham sido as verdadeiras intenções de Adriano a respeito de Marco, quer ele tenha desejado tê-lo como seu sucessor, num futuro mais ou menos próximo, quer apenas (o que continua a ser o mais provável) fazer dele o tutor e conselheiro do jovem Ceiônio, quando este atingisse a idade de exercer o poder, logo se evidenciou que Antonino, transformado em Augusto, tratou de se ligar mais estreitamente a ele, em detrimento do próprio Ceiônio. Enquanto Marco exercia o questorado, para o qual Adriano o convocara (entre dezembro de 138 e dezembro de 139), Antonino o designou cônsul, para o ano de 140, e lhe conferiu o título de César, o que equivalia a lhe prometer sua sucessão. Mas Antonino estivera mais distante, e essas honrarias conferidas a Marco foram consequência de um verdadeiro pacto familiar, negociado imediatamente após a morte de Adriano. Na ocasião, Antonino encarregou sua mulher, Ânia Galéria Faustina (Faustina, a Velha), que era tia de Marco, de perguntar ao sobrinho se ele aceitaria romper seu noivado, desejado por Adriano, com Ceiônia Fábia, irmã do jovem Ceiônio, e ficar noivo da própria filha deles, também chamada Ânia Galéria Faustina (Faustina, a Jovem), até então noiva de Ceiônio. Havia uma objeção à contemplada união entre Marco e Faustina, a Jovem: a diferença etária existente entre os dois.[31] Desconhecemos a data de nascimento de Faustina, mas, visto que o casamento com Marco só foi celebrado no ano de 145,[32] é provável que a menina tenha atingido nessa data os seus treze anos, idade legal do casamento para as mulheres. Portanto, Faustina teria nascido em 132, sendo onze anos mais nova do que Marco. A este a objeção não pareceu válida, de modo que o noivado se realizou. Esse casamento, que fez de Marco genro do imperador, colocou o rapaz numa situação semelhante à dos sucessivos maridos de Júlia, a filha de Augusto. Retornou-se a uma sucessão baseada na hereditariedade, porém uma hereditariedade fictícia, na qual os laços de sangue eram reforçados pelos da adoção.

Vimos que esse problema já se manifestara no advento de Adriano. Somente a relação de um filho com o pai podia transmitir o carisma imperial. Aos olhos dos deuses, o filho adotivo não diferia do consanguíneo. A célula familiar soldava-se diante do altar doméstico, e era diante deste, inicialmente, que se atava o místico laço entre o filho e o homem que um dia se tornaria

O menino que nasce...

um deus. Marco não ignorava nada disso. Sabia que, ao aceitar o noivado com a filha de Antonino, tornava-se o sucessor "místico" dele. Sabia também que Faustina era muito amada pelo pai, como prova um fragmento de uma carta dirigida por este a Frontão (dois anos antes da celebração do casamento, como se costuma admitir), na qual ele declara que preferiria viver com ela em Giaros (a ilha maldita para onde eram tradicionalmente mandados os exilados) a viver sem ela no Palatino.[33] O casamento com Faustina selaria o destino de Marco.

O que aconteceu então com suas repugnâncias a respeito da monarquia, tão vivamente afirmadas alguns meses antes? Uma interpretação maldosa consistiria em supor que, diante da realidade que lhe era oferecida, Marco não resistiu à tentação. Mas uma palavra de seu biógrafo nos ensina que ele só deu seu consentimento após deliberação,[34] e isso se harmoniza bem com o que podemos vislumbrar desse jovem filósofo de dezessete anos, já de longa data iniciado por seus mestres no estoicismo. Mais tarde, nas *Meditações*, ele viria a escrever: "Nunca ajas contra tua vontade nem sem te aconselhares com outrem, nem sem um exame prévio."[35] Ao que parece, desde sua adolescência, ele não agia de outra maneira. Aos preceitos dos filósofos, que recomendavam que não se cedesse aos impulsos da sensibilidade, juntou-se aqui o reflexo romano, que pretendia que toda decisão fosse tomada em comum com os pais e os amigos, quer se tratasse do *consilium* que cercava o chefe da família, quer do que tinha o pretor em seu tribunal, ou ainda, do conselho do príncipe. Em Marco, já nesse momento decisivo de sua existência, duas exigências apareceram e se afirmaram, sem que uma fosse exercida em detrimento da outra: a do filósofo que em tudo se esforçava para conformar sua conduta aos imperativos da razão universal, através de sua própria razão, e a do romano que não podia resignar-se a não confrontar sua opinião com a de seus pares, e que estava determinado a tomar sua decisão tanto graças às luzes de outrem, dos *boni viri* de seu círculo, quanto às suas próprias luzes.

Já vimos uma passagem das *Meditações* em que isso aparece com muita clareza.[36] Se na administração do Império ele foi fiel a esse princípio, podemos supor que, no verão de 138, para escolher se devia conservar a noiva que faria dele um simples cidadão, ou aquela que, como ele veio a dizer mais tarde, traria o Império como dote,[37] tenha escutado diversas opiniões – a de sua própria razão e as dos que lhe eram próximos, muito particularmente a de sua tia, Faustina, a Velha. E é muito provável que a decisão que tomou não lhe tenha sido ditada pelo que pudesse trazer-lhe "de prazer ou de glória".

É admirável que Antonino tenha encarregado sua mulher de conduzir a negociação com Marco Aurélio. Ao que parece, ele não queria usar pessoalmente seu prestígio de príncipe, e menos ainda de pai, para fazê-los pesar na decisão do rapaz. Assim, este pôde escolher com liberdade, e podemos imaginar os argumentos que venceram suas repugnâncias, que eram certamente reais. Tornar-se um dia o senhor do Império punha aquele que tivesse esse encargo na situação mais adequada para "ser útil aos homens", o que, como todos sabem, é o dever primordial da moral estoica. De resto, o exemplo que já lhe dava o próprio Antonino mostrava que a condição real não exigia que se adotasse um estilo suntuoso de vida, que era possível (como ele mesmo havia procurado fazer desde que fora viver no Palatino) "restringir-se quase ao nível do cidadão privado, sem por isso deixar de manter a própria categoria ou negligenciar qualquer dos deveres que é preciso cumprir como soberano, em nome do Estado".[38] Mais tarde, Antonino lhe mostraria qual devia ser a conduta de um príncipe na gestão cotidiana dos assuntos de Estado.[39] A partir de 138, Marco pôde prever que seu tio, tal como o conhecia, saberia aliar majestade e simplicidade e dar o exemplo das virtudes "cardeais" próprias do sábio. Como não teria o jovem "filósofo" sentido a tentação de um dia se tornar semelhante a ele? A condição da realeza era a mais apropriada para exaltar as qualidades profundas de uma alma – como diziam e repetiam os sofistas[40] –, para valorizá-las; e, se tinha alguma significação a afirmação comumente repetida pelos estoicos, de que somente o sábio é rei, porventura não valia a pena mostrar aos homens que essa verdade teórica podia tornar-se realidade, ao menos uma vez?

Lemos nas *Meditações* muitas passagens que fazem eco a essa "deliberação" de Marco, na ocasião em que a tia veio oferecer-lhe o Império: primeiro, a ideia de que o que acontecia era conforme à ordem mundial, desejado pelo deus único que regia o universo.[41] Recusar aquilo a que o deus convidava era dar mostras de covardia.[42] E o cumprimento desse dever, apesar de todos os dissabores que pudesse acarretar, era em si uma felicidade: "Ser como o promontório contra o qual vêm quebrar continuamente as ondas; ele permanece de pé, e ao seu redor vêm morrer as agitadas efervescências da água."[43] Será o filósofo quem fala aí, ou o romano, leitor meio reticente de Horácio recor-

O menino que nasce...

dando a terceira das odes cívicas,[44] ou o poeta prometido a Augusto, por continuar inabalável em sua resolução de um dia partilhar a felicidade dos deuses? A imagem é a mesma. E tinha motivos para seduzir o jovem Marco Aurélio.

Outras razões, mais secretas, talvez o tenham encorajado a aceitar o destino que se oferecia. Seu biógrafo conta que, por ocasião de uma cerimônia de que Marco participava como sálio, produziu-se um presságio que lhe prometeu o poder: mandava o costume que, num dado momento, os participantes do banquete sagrado lançassem sobre o leito em que se encontrava a estátua do deus Marte as coroas de flores que todos usavam na cabeça. As coroas dos outros convivas caíram aqui e ali, ao acaso. A de Marco pousou na fronte do deus, como se ali colocada pela mão de alguém.[45] Teria ele esquecido essa cena em 138? É bem pouco provável. Nas *Meditações*, com efeito, ele escreveu que os deuses se manifestam a nós de mil maneiras, "através de sonhos, de oráculos", para nos socorrer e pôr fim a nossas incertezas.[46] E confessou que, desde sua juventude, os deuses se manifestavam para ele de diferentes maneiras, por comunicações diretas ou inspirações que lhe permitiam "viver de acordo com a natureza", em qualquer circunstância.[47] Podemos deduzir dessas confidências, feitas num momento em que ele se voltava para seus primeiros anos de vida, que Marco aceitou com todo o seu ser, com toda a sua fé, como romano, filósofo e místico, o pesado fardo que Faustina lhe oferecia. Foi como romano que ele deliberou, como romano que acolheu os presságios, e já como estoico que vislumbrou ser um príncipe "de coração puro". Em sua decisão, qual terá sido a parcela de orgulho? Qual a de utopia nesse sonho?

O orgulho entra, certamente, na convicção de que os deuses se preocupam com nosso caminho pela terra, mas há também humildade inserida na ideia de que cabe a nós nos integrarmos numa ordem universal que nos ultrapassa, e de que o sentimento que temos de nossa liberdade pode conduzir à nossa perdição, se não subordinarmos nossa pretensa independência ao logos, à Razão, e se sufocarmos em nós o *daimon*, o deus que reside em nossa alma. Como recompensa por toda essa vida de esforços, não temos que esperar por uma felicidade material, mas apenas pelo testemunho do nosso *daimon* e, finalmente, pela serenidade, por certa elevação do espírito que, longe de destruir em nós os impulsos da sensibilidade e do coração, purifica-os e, justamente por isso, torna-os mais preciosos.

2. A educação de um príncipe

QUAISQUER QUE POSSAM TER SIDO as verdadeiras razões da sutil combinação política imaginada por Adriano para garantir sua sucessão, Dião Cássio e também o autor da *História Augusta* concordam em declarar que o imperador nutria por Marco uma estima muito particular, em razão "da natureza vigorosa de sua alma, que já transparecia".[1] "Desde a primeira infância", diz a *História Augusta*, "ele era sério."[2] Recordemos que Adriano o havia apelidado de *Verissimus*, e dessa paixão pela verdade temos outras provas. Assim, escrevendo (talvez em 139) a seu professor Frontão, Marco lhe assegurou que, das duas cartas que recebera dele, uma em que o mestre lhe fizera recriminações sobre uma questão de estilo, outra em que Frontão o felicitara por seu zelo nos estudos, fora a primeira que lhe tinha dado maior prazer. E por uma razão simples: "por ter recebido (de seu mestre) uma aula sobre a verdade".[3] Em seguida, ele acrescentou que dizer a verdade era tão difícil para os homens quanto para os deuses. Assim, os oráculos eram sempre ambíguos e continham alguma armadilha em que o sujeito se deixava apanhar, se não fosse prudente. Nada havia de semelhante nas colocações de Frontão!

Um pouco mais tarde, durante o consulado deste, em 143, Marco voltou ao assunto. Encontrava-se, disse, numa situação em que todos prodigalizavam conselhos, mas sem outro propósito que não o de agradar. Os reis, em particular, como escrevera Plauto (numa comédia perdida, intitulada *O adulador*), eram cercados por cortesãos que nunca lhes diziam a verdade. Na atualidade, porém, já não eram apenas os reis, e sim os filhos de reis, que eram objeto dessas adulações e do servilismo geral.[4] Em 143, já se iam cerca de cinco anos que Marco fazia parte da família imperial. Adotado por Antonino, era realmente "filho de rei", e deplorava a solidão moral em que se encontraria se não tivesse Frontão para lhe dizer a verdade e ouvir dele a verdade.

A educação de um príncipe

Nessa ocasião, Marco havia chegado aos 27 anos e se comprazia em afirmar a independência de seu julgamento. Assim, quando assistiu naquele ano a uma conferência do sofista Polemon (que viria a falecer um ano depois), fez desse personagem, que havia conhecido a glória sob Trajano e sob Adriano, um retrato feroz, comparando-o a um "agricultor enérgico e hábil, que plantou trigo e videiras em suas vastas propriedades e goza de uma renda considerável, mas em cujas terras não se encontram nem figueira de Pompeia, nem legumes de Arícia, nem rosa de Tarento, nem bosquete encantador, nem bosque sagrado, nem plátano para dar sombra; tudo existe para a utilidade, mais do que para o prazer".[5] Uma carta desse tipo é também um retrato. Mostra-nos o jovem César recusando-se a aceitar as ideias e as reputações prontas, bem como a disfarçar seu pensamento; também, como fiel discípulo de Frontão, imaginando e desenvolvendo a comparação que deve definir Polemon. Foi Frontão, com efeito, quem lhe ensinou essa arte da qual ele próprio era adepto. Porém o que talvez impressione mais sejam as demonstrações de amizade entre os dois homens, uma amizade exuberante, pronta a usar os mais enfáticos superlativos. No fim de uma carta a Frontão, Marco escreve, por exemplo: "Adeus, ó mais saudoso dos seres, tu que és o mais caro para este Verus (ele próprio) que te pertence, cônsul eminentíssimo, o mais encantador dos mestres."[6] Não lemos nenhuma formulação semelhante e igualmente terna na correspondência de Cícero nem na de Plínio.

No livro das *Meditações*, muitos anos depois, Marco Aurélio definiria o que considerava que deveria ser (e sem dúvida tinha sido) a sua linha de conduta: "A todo momento, como romano e como varão, preocupa-te em cumprir tuas obrigações com gravidade minuciosa e sincera, com ternura, independência e justiça, e em dispensar todas as outras coisas que te possam passar pelo espírito."[7]

Marco enumera as virtudes que estima acima de tudo e cuja prática dominou sua vida inteira, desde a juventude: espírito de independência, seriedade (o que todos louvavam nele), autenticidade e, o que seria menos esperável, ternura. Por natureza, Marco era propenso a amar. Provaria isso muitas vezes, por sua atitude para com os amigos, todos aqueles que haviam formado sua juventude, dando-lhes acesso aos mais altos cargos, quando a classe deles o permitia, ou, quando eram de condição muito humilde, enriquecendo-os.[8] Foi com esse mesmo espírito que ele elevou no Capitólio um templo à deusa

Indulgentia, cujo nome em latim evocava, por exemplo, a ternura de um pai por seus filhos.[9]

Frontão o prevenira contra os excessos de sua sensibilidade, que poderia fazer dele uma vítima. No Livro I das *Meditações*, Marco Aurélio recorda-se disso: "A Frontão (devo o) ter aprendido quanto há, em torno do poder, de maldade, artifício e hipocrisia, e também a que ponto, em geral, aqueles entre nós a quem chamamos patrícios são incapazes de afeição."[10]

Menino terno, apaixonado, em tudo introduzindo a máxima seriedade – são traços que nos mostram Marco adolescente, em sua ingenuidade e vulnerabilidade, muito mal preparado, por natureza, para enfrentar a vida na corte. Ele também confessa que seu temperamento, naquela época, era impetuoso, espontaneamente levado à insolência, e agradece aos deuses não o haverem então deixado em situação que o expusesse a ofender aqueles a quem amava.[11] Mais tarde, sob a influência de um de seus mestres, Júnio Rústico, que encontraremos dentro em breve, ele conseguiu corrigir essa sua falha,[12] disciplinar-se, não buscar ingenuamente atividades para se exibir e se valorizar junto aos seus, e não guardar ressentimentos dos que faltassem para com ele.[13] E foi esse mesmo Rústico quem lhe emprestou pela primeira vez as *Memórias* de Epicteto, título em que certamente convém identificar as *Diatribes*, que conhecemos. Ora, Epicteto havia abordado o problema da afeição, da sensibilidade, nas relações humanas. Havia mostrado que a ternura não era incompatível com a Razão[14] e não alienava a independência, a liberdade. Assim, ensinou a esse jovem discípulo dos estoicos, já iniciado por outros mestres, que a doutrina do Pórtico não implicava – longe disso – insensibilidade e desumanidade. Mesmo seduzido pelo estoicismo, Marco não teria que renunciar ao que trazia em si de mais profundo, a sua própria "verdade".

O PRÓPRIO MARCO AURÉLIO, nas *Meditações*, e o autor da *História Augusta*, por outro lado, conservaram para nós os nomes dos homens que foram professores do jovem Marco. Essas duas listas coincidem, em linhas gerais, porém alguns personagens que figuram nelas nos são desconhecidos. É o caso dos três primeiros preceptores enumerados pela *História Augusta*: Eufórion, o *litterator*, que lhe ensinou os rudimentos do saber; Geminus, qualificado como "ator"; e, por fim, Andron, encarregado da música e da geometria. Apuleio

A educação de um príncipe

escreveu em *Flórida*, com razão, que a educação das crianças e dos jovens costumava abranger três etapas: as aulas do *litterator* (era preciso aprender a ler e escrever bem!), depois as do *grammaticus*, que iniciava o aluno na literatura e lhe fornecia os conhecimentos necessários, e finalmente as do rétor, que lhe dava "as armas da eloquência". Todavia, acrescentou Apuleio, ele buscara fontes mais abundantes por sua própria conta – poesia, geometria, música, dialética e, por último, o conjunto da filosofia[15] – e se gabava sem modéstia dessa erudição universal.

Assim, em seus primeiros estudos, Marco Aurélio foi iniciado em disciplinas que não pertenciam ao programa comum dos estudantes, e sim ao programa "ampliado" evocado pelo rétor de Madauro, e isso ele deveu, provavelmente, à generosidade de seu bisavô.[16] A referência a um "ator" entre seus primeiros professores pode causar surpresa. Na realidade, a utilidade de um mestre de dicção se justifica. Na época, os textos se apresentavam sob a forma de uma série de letras sem separação entre as palavras. A montagem das sílabas, de maneira a fazer surgir palavras reconhecíveis, não se dava sem dificuldades. Uma dificuldade suplementar se apresentava quando a questão era adaptar a dicção ao sentido. Ora, é sabido que, comumente, cada texto se destinava não a ser lido pelos olhos, mas a ser ouvido, escutado pelos ouvidos. Por isso, a entonação e o ritmo eram de extrema importância. A escrita, do mesmo modo, não indicava a quantidade de vogais e de sílabas, cujo conhecimento era essencial não apenas para a poesia, mas também para a cadência dos períodos oratórios. As aulas de um verdadeiro ator, tarimbado nos segredos de todas as formas de enunciado, não eram supérfluas, portanto. Preparavam o aluno para adquirir perfeito domínio da língua, tanto a dos autores de outrora quanto a que ele mesmo deveria usar.

Ao lado do professor de dicção, um mestre que aliava música e geometria. Mais uma vez, nada de estranho nisso, posto que ambas as disciplinas eram consideradas uma ciência dos números. Essa era uma tradição muito antiga, anteriormente integrada pelos pitagóricos a seu sistema do mundo, e vimos que o próprio Apuleio praticava (ou declarava praticar) música e geometria. Quintiliano analisou longamente as razões que depunham a favor dessa dupla iniciação. Esses eram, no dizer dele, não apenas exercícios capazes de desenvolver o refinamento do espírito, como eram também complementares, visto que a geometria habituava a criança a raciocinar pela ordem, a separar demonstração e proposição, enquanto a música provocava os movimentos da sensibilidade.[17] Quintiliano colocou-se na perspectiva que lhe era própria – a formação de um orador, considerado o que existia de mais perfeito entre os homens. Se o jovem Marco foi confiado a um ator e a um professor que tanto ensinava música quanto geometria, é porque se tencionava fazer dele um daqueles modelos cuja imagem, desde os tempos de Cícero, assediava o pensamento dos romanos. Marco Aurélio deveria realizar em si mesmo esse ideal, tornar-se o romano formado numa cultura enciclopédica, possuidor do conhecimento de tudo o que constituía o universo e, por essa razão, capaz de julgar com retidão, tanto na vida política quanto em sua própria vida.

Essa formação inicial, geralmente dada às crianças a partir dos seis anos, foi recebida por Marco enquanto seu pai ainda era vivo, pois ele o perdeu quando estava com aproximadamente nove anos. Ao ser acolhido pelo bisavô, apresentou-se o momento de ele receber as lições do gramático, o *grammaticus*. Na casa do Latrão, como na de todas as famílias cultas, usava-se tanto o latim quanto o grego. Por isso, houve a serviço do menino um gramático grego, de nome Alexandre de Cotiaeum, e três gramáticos latinos: um certo Trosius Aper, um certo Polião e um Eutíquio Próculo, originário de Sicca, na África proconsular (atual El Kef, na Tunísia).

O gramático grego não é um completo desconhecido para nós, pois foi professor de Élio Aristides, um dos "sofistas" marcantes do século,[18] que fez alusões frequentes a seu ensino. Alexandre conhecia perfeitamente, segundo Aristides, toda a literatura grega. Tinha escrito as *Pesquisas sobre Homero*, fonte inesgotável do pensamento grego. Também se havia ocupado com Heródoto, mas sua reputação calcava-se sobretudo em seu ensino oral, que ele ministrava no correr de suas viagens, indo de cidade em cidade e recebendo honorários elevados, de modo que, na velhice, gozou de fortuna considerável. É possível, por conseguinte, que tenha sido nele que Marco Aurélio pensou ao evocar a generosidade de seu bisavô, Catílio Severo, que levara para junto dele, a enormes custos, os melhores professores.[19] E sabemos também que, na casa de Calvísio, seu filho, a cultura grega era uma grande honra.[20] No Livro I das *Meditações*, Marco Aurélio enaltece esse Alexandre, menos por sua ciência que por sua delicadeza, pela arte que possuía, quando um aluno cometia um erro, de levá-lo a se aperceber disso graças a uma pergunta engenhosa ou a uma comparação apropriada.[21] E esse gramático preferia a coisa significada,

A educação de um príncipe

dando-lhe mais importância do que à palavra para designá-la. É significativo que o aluno tenha conservado essa particularidade; essa preocupação com a realidade por trás do signo respondia a suas próprias tendências, ao realismo de seu pensamento, pelo qual ele se felicitou ao descrever, entre suas ações de graças aos deuses: "O fato, quando me apaixonei pela filosofia, de não ter caído nas mãos de um sofista nem me haver sobrecarregado com autores ou com a resolução de silogismos, nem me ocupado com o que se passa no céu."[22]

Dos três gramáticos latinos que foram professores de Marco Aurélio, um, Trosius Aper (se é que seu nome nos foi corretamente transmitido), é desconhecido por nós. Inversamente, temos um pouco mais de informações sobre os outros dois, Polião e Eutíquio Próculo. Polião dava explicações sobre Virgílio e Horácio, um poeta pouco apreciado por Marco. Dos comentários de seu mestre sobre Virgílio temos apenas um testemunho. Quando Virgílio assegurou que nos Infernos soprava uma brisa, Polião explicou que essa brisa, inesperada em tal lugar, fora levada para lá por Eneias e sua companheira, a Sibila.[23] Eutíquio, por sua vez, distinguia-se pela rispidez de suas censuras,[24] ou talvez de suas máximas, ao exercer a função de juiz (se é que de fato se tratava dele), porque Marco o havia introduzido na carreira senatorial e dele fizera cônsul.

Na realidade, Marco não sentia atração pelos autores latinos clássicos. Quando Frontão citou Horácio, que conhecia bem, Marco Aurélio respondeu-lhe que, para ele, Horácio estava morto, assim como Polião, que o fizera conhecê-lo.[25] Tinha maior preferência pelos poetas mais antigos – Ênio, Plauto, Névio. Fez excertos retirados das atelanas – as peças "populares" originárias da Campânia que se assemelhavam à futura *commedia dell'arte* – com seus personagens convencionais, postos em situações não menos convencionais. Também gostava dos oradores arcaicos, dos discursos de Cipião Emiliano. Quando, com mais de vinte anos, ele foi passar uma temporada numa de suas vilas, para caçar, levou consigo uma coletânea dos discursos de Catão, o Censor, e o tratado *Sobre a agricultura*. Citou-o em suas cartas a Frontão, tomou de empréstimo expressões dele, chamou-o de seu "padroeiro", felicitou Frontão por lê-lo com frequência e declarou, com a exuberância de linguagem que conhecemos: "Estive votado, dedicado, entregue a ele."[26] Do velho censor, admirava tudo: a linguagem austera, vigorosa e ao mesmo tempo precisa, o dom da invectiva e seu rigor moral, seu senso de justiça, que o levou a reprovar o costume de convocar a comparecerem ao tribunal os pais e os filhos dos réus, para despertar a piedade dos juízes.

É comum repetir-se que Marco Aurélio, em sua predileção por Catão, só fez seguir os ensinamentos de Frontão e, em termos mais gerais, a moda que se difundia do arcaísmo.[27] É verdade. Marco Aurélio não foi o único, longe disso, a pôr os velhos autores acima dos mais recentes, dos que julgamos mais perfeitos e maiores; mas terá sido por pura e simples docilidade ao espírito da época? Mesmo supondo que assim fosse, pelo menos em parte, persiste o fato de que o aluno esqueceu ou negligenciou as lições de seus primeiros mestres, os gramáticos, cujo papel era iniciá-lo nos autores clássicos. Terão eles sido inábeis em seus comentários sobre Virgílio e Horácio? O pouco que podemos vislumbrar permite essa suposição. Contudo, se Marco tivesse sido levado por natureza a compreender e sentir essa poesia, nem os comentários mais insípidos teriam bastado para afastá-lo dessas obras. Ele próprio compunha poemas em hexâmetros – os quais julgava ruins na maioria das vezes, porém nem sempre – e também em hendecassílabos, os "versinhos" que, desde os tempos de Catulo, eram escritos para os amigos. Petrônio, Marcial, Plínio, o Moço, também compunham. Eles não aspiravam à profundidade nem à verdadeira poesia. A poesia se tornara um simples dito espirituoso, tão mais apreciado quanto mais frívolo. Havemos de estar lembrados do poeminha composto por Adriano sobre sua própria morte, mascarando sob o preciosismo da forma a angústia que, como sabemos, torturava o imperador nessa época, a ponto de levá-lo à beira do suicídio.

Mal saído da escola dos gramáticos, que nem de longe pudera prevalecer sobre as seduções da moda, Marco passou pelas mãos dos mestres de retórica. Dentre os três rétores gregos nominalmente citados, um, Aninius Macer, nos é desconhecido. Outro, Caninius Celer, também foi professor de Vero, o que significa que permaneceu na corte durante longos anos, já que Vero, nascido em 15 de dezembro de 130, só pode ter assistido a suas aulas depois da morte de Adriano, o que é confirmado por uma passagem das *Meditações*[28] na qual Marco diz que Celer "enterrou Adriano". Mais ou menos na mesma época, os dois jovens príncipes foram confiados ao rétor grego mais ilustre do século, Herodes Ático, que tinha então aproximadamente quarenta anos. Herodes Ático ainda continua a ser um dos mais conhecidos dentre os intelectuais dessa época, um ateniense cuja família havia aceitado totalmente a presença romana.

A educação de um príncipe

Seu pai fora cônsul duas vezes no governo de Trajano e, nessas ocasiões, Herodes havia passado temporadas em Roma, quando ainda não tinha completado quinze anos, e nessas temporadas, sem dúvida, é que fora acolhido na casa de Calvísio.[29] Ele serviu à política de Adriano quando, em Atenas, o imperador fundou o Pan-helênio, esperando que este realizasse a união de todas as cidades gregas, tão longamente desejada – desde as Guerras Médicas –, mas que permaneceu como sendo não mais que um sonho. Esse Pan-helênio, uma espécie de conselho federal comparável ao Conselho dos Gauleses, sediado em Lyon, tinha à testa um arconte designado por quatro anos. Herodes Ático tinha sido o primeiro a exercer esse cargo, desde a fundação, por volta de 131. Dez anos depois, quando estava brigado com os atenienses, em razão de um processo que estes haviam movido contra ele em decorrência de seu modo de executar o testamento do pai, Herodes Ático retirou-se para Roma, onde viveu de 140 a 145. Foi durante esse período que teve como alunos Vero e Marco Aurélio. Este último, portanto, tinha uns vinte anos. Herodes Ático era um amigo para ele, ligado à sua família e a ele próprio por laços de *pietas*, antes de ser seu professor.[30] Já na condição de César, Marco usou de toda a sua influência para fazer com que Herodes fosse inocentado no mencionado processo, e que foi julgado em Roma. Com esse propósito, ele interveio junto a Frontão, que fora encarregado pelos atenienses de falar em nome deles. Como o caso se apresentasse muito mal para Herodes, Marco rogou a Frontão com insistência que ele se ativesse aos fatos menos prejudiciais, que não evocasse circunstâncias adicionais e que, acima de tudo, não usasse o patético.

Podemos indagar-nos se, nessa situação, Marco Aurélio não se terá afastado um pouco de seu rigor moral e seu amor à verdade. Visivelmente, ele não deixou de se dar conta disso e de se sentir meio envergonhado, mas sua "ternura" pelo amigo, que ao mesmo tempo era seu mestre, saiu vitoriosa dentro dele. Marco resolveu o problema mediante o pedido de que Frontão dissesse francamente o que decorria dos fatos, mas não levasse em conta os sentimentos que esses mesmos fatos lhe inspiravam, sua reação pessoal: "Tudo que faz parte da causa que defendes é preciso, evidentemente, que o produzas, mas tudo que concerne ao que tu mesmo sentes, por mais legítimo, por mais provocado que seja, disso nada deves dizer."[31]

E o acusado foi absolvido, sem que a verdade fosse lesada. Será possível falarmos em casuística? Dificilmente. Marco Aurélio apenas desejara que o discurso da acusação fosse isento de apelos à sensibilidade, que agradavam muito aos rétores e que, no passado, Catão havia condenado. Por que aceitar num requisitório aquilo que era recusado numa argumentação de defesa? Estava salva a razão.

Marco Aurélio, já então César e partilhando com Antonino, seu pai adotivo, as responsabilidades do poder, tinha duas excelentes razões para desejar a absolvição de Herodes Ático. Aos motivos pessoais, à amizade do aluno pelo professor, com certeza se somou a preocupação de não retirar da autoridade romana um de seus apoios mais seguros e mais preciosos, não só em Atenas, mas em todo o mundo grego. Além disso, haviam-se criado laços de família entre Herodes e a casa imperial, visto que (mais ou menos nessa época) Herodes se casou com Ápia Ânia Regila Atília Concídia Tertúlia, que pertencia a um ramo dos Ânios.

Será possível fazermos alguma ideia da influência que teriam exercido em Marco, fora dessas relações pessoais, os ensinamentos de Herodes? Quando se encontrava em Nápoles, no verão de 143, ele deve ter escutado os discursos de alguns retóricos gregos, que pronunciavam elogios – de deuses ou heróis e de personagens célebres ou ilustres no momento. Marco Aurélio julgou-os com dureza: "Lá escutamos 'panegiristas', gregos, naturalmente – seres tão espantosos que eu, que estou tão distante da literatura grega quanto meu querido monte Célio está longe da terra grega, posso esperar, comparado a eles, igualar-me até mesmo a Teopompo, de quem ouço dizer em toda parte que foi o homem mais eloquente que já nasceu."[32] E, disse Marco Aurélio, pouco faltou para que "eu, um bárbaro, fosse impelido a escrever em grego por esses indivíduos, com sua total ignorância".

Portanto, Marco julgou-se capaz de se mostrar eloquente em grego. Sem dúvida o devia às lições de Herodes, mas, apesar disso, não mencionou o nome dele nas *Meditações* entre os personagens para os quais ia sua gratidão. É que o grego não era, para ele, a língua da pompa. O fato é que sempre foi, no círculo da mãe de Marco Aurélio, a língua da intimidade e da ternura.[33] Ele mesmo o compreendia e escrevia. Estava familiarizado com as ideias propriamente pertencentes a essa língua, com tudo que ela trazia em si de noções implícitas ou explícitas, e que só ela era capaz de exprimir de maneira adequada. Mas esse era o domínio da linguagem interna, da meditação. Frontão o proibia expressamente de compor discursos em grego, ainda que ele próprio não se privasse de fazê-lo; por isso, Marco se rebelou e disse: "Também eu, mais do que nunca, preciso escrever em grego. E por qual razão, me perguntas. Porque quero ver por mim mesmo se o que não aprendi me será mais propício, já que aquilo que aprendi me está abandonando."[34]

Trata-se de uma confissão preciosa. Marco não havia realmente *aprendido* a retórica grega, diferentemente da retórica latina, a qual, esta sim, era o instrumento do personagem em que ele se transformara. Evidentemente, era em latim que, na situação a que se refere essa carta, ele devia agradecer de público a Antonino por lhe haver conferido o título de César. Era um discurso delicado. Marco Aurélio enfrentou enorme dificuldade para compô-lo, sem dúvida por ter que se conformar aos modelos do gênero. Isso mais fazia parte da "comédia" que da verdade. Quão mais fácil seria se, diante desse público de senadores, de "patrícios", fosse possível deixar seu coração falar! Mas a etiqueta e a tradição o proibiam. Além disso, quanto a esses movimentos do coração, acaso os ouvintes a quem esse discurso se destinava seriam capazes de compreendê-los, eles que, como diria Frontão a Marco, ignoravam o que era ternura?[35]

Assim, desse momento em diante, por volta dos vinte anos, Marco Aurélio se conscientizou de uma espécie de clivagem que se operava nele: de um lado, a língua latina, expressão de todas as ideias cujo conjunto constituía a romanidade, sua moral cívica, seus ideais, sua hierarquia social, e também expressão de todas as conveniências e da vida cotidiana na corte. Do outro lado, a língua grega, com suas próprias tradições de uma cultura sempre reafirmada, desde os tempos homéricos, com sua estética da eloquência minuciosamente analisada e codificada, e por fim, a partir do século IV, com a criação de uma linguagem da filosofia, com seu vocabulário próprio, que havia conduzido, em algumas escolas, em especial entre os estoicos, a uma verdadeira álgebra verbal. Esses dois mundos coabitavam no espírito do jovem príncipe, assim como em sua vida.

Três professores estavam encarregados de lhe ensinar a retórica da língua grega. Observou-se que ele nem sempre foi dócil ante as aulas deles, e que às vezes, nas *Meditações*, sua prosa grega não é exemplo de latinismos.[36] A razão talvez esteja em que, desde cedo, ele sofreu a influência, logo predominante, de Cornélio Frontão, encarregado de lhe ensinar a retórica latina. Esse "africano", como ele mesmo se denominava, originário de Cirta (atual Constantina), na verdade descendia de uma família de colonos italianos, instalados na região já fazia gerações, tal como os "espanhóis" que haviam chegado a Roma na época de Sêneca e Trajano. Frontão parece ter nascido uns vinte anos antes de Marco Aurélio, talvez menos, ou seja, entre 100 e 110. É possível que, como viria a fazer Apuleio, haja passado algum tempo em Alexandria, que era então um renomado centro de estudos,[37] mas é em Roma que o encontramos, estabelecido na cidade, pouco depois de seu vigésimo aniversário.[38] Ali ele se iniciou na literatura latina e se interessou muito particularmente pelos "velhos autores". O que buscava era a pureza da língua, as palavras raras que a linguagem cotidiana não havia usado, retirando-as de circulação.

Diversos capítulos das *Noites áticas*, de Aulo Gélio, informam-nos sobre a sensibilidade literária de Frontão. Assim, a propósito de uma passagem do historiador Cláudio Quadrigário, ele defende a expressão de que este se servira ao escrever que Metelo (Quinto Cecilio Metelo Numídico, que tivera de se exilar durante a guerra civil provocada por Mário, no ano 100 a.C.) "seguiu para o Capitólio com numerosos mortais". Um assistente havia criticado essa expressão e afirmado que teria sido preferível escrever, simplesmente, "com muitas pessoas". Frontão interveio e explicou a diferença entre as duas expressões. Para ele, "numerosos mortais" evocava, de maneira maldefinida, porém sensível, o conjunto dos cidadãos, uma multidão imensa, misturada, o que não seria o caso se Quadrigário tivesse escrito "muitas pessoas".[39]

Frontão adquirira rapidamente um senso "afetivo" do latim, das nuances entre as palavras, de sua coloração poética ou prosaica, de seu emprego, sua vida no correr do tempo. E foi nessa percepção quase carnal da língua que ele fundamentou sua própria estética oratória. Escreveu a Marco Aurélio, em 143, no período de seu consulado: "Vós", disse, aludindo a Marco e a Antonino, "que deveis por necessidade portar vestes de púrpura e de escarlate, talvez devais dar a vossos discursos os mesmos ornamentos."[40]

Podemos compreender a razão que impelia Frontão a preferir os autores antigos, aqueles cuja língua estava distante da que ele ouvia falar a seu redor, ou que ele lia nos escritores de sua época. Acima de tudo, ele queria dispor de um vocabulário rico, que não fosse invadido pelas impropriedades em voga, pelas facilidades que afetavam e corroíam o linguajar cotidiano. Uma outra narrativa de Aulo Gélio mostra-nos Frontão em contenda com o retórico Favorino de Arles, que lecionava em grego. Favorino havia declarado que o

A *educação de um príncipe* 59

número das cores reais era muito maior que o das palavras para designá-las, que, além disso, as palavras não conseguiam dar conta de todas as diferenças entre as tonalidades, e acrescentara que essa pobreza da linguagem era maior em latim do que em grego.[41] Isso reabriu uma querela antiquíssima, da qual outrora Cícero havia participado, provando que às vezes o latim se revelava mais rico que o grego em seu vocabulário. Frontão alinhou-se com Cícero e não teve qualquer dificuldade para mostrar que o latim dispunha, para designar as cores, de um número de termos muito maior que o da língua grega. A demonstração foi esplendorosa, tanto assim que Favorino teve a elegância de entregar as armas ao vencedor e reconhecer que, graças a seu amigo, acabara de compreender, pela primeira vez, um verso de Ênio que até então lhe parecera absurdo.

Sob a influência de Frontão, Marco só podia conscientizar-se com mais clareza das riquezas internas que lhe trazia o uso das duas línguas, dois registros dos quais ele teria a oportunidade de se servir conforme as ocasiões. Como vimos, entretanto, ao recorrer ao latim, não seria a poesia clássica que lhe forneceria modelos, e sim a poesia familiar, os versinhos sem grande conteúdo espiritual, ou, com muito mais frequência, a prosa de um Catão ou um Salústio, marcada pela *gravitas*, pela seriedade que era enaltecida em Marco e da qual, sem a menor dúvida, ele se orgulhava desde a mais tenra idade. Então não nos foi revelado que, na infância, ele gostava de passear de toga pela casa, comprazendo-se em brincar de orador? Desse hábito Júnio Rústico viria a curá-lo.[42] Além disso, ele agradeceu a Sexto de Queroneia por lhe haver ensinado "uma gravidade sem afetação".[43]

Em sua juventude, naturalmente, Frontão tivera professores gregos. Havia gostado, muito particularmente, de Atenódoto, ex-aluno de Musônio e que praticava ao mesmo tempo a filosofia e a eloquência gregas. Atenódoto lhe ensinara a arte das "imagens", ou, melhor diríamos, das comparações. Fizera-o com duas intenções: uma, a mais evidente, para lhe oferecer esse meio de adornar seus discursos; a outra, para penetrar mais profundamente na natureza das coisas e dos seres, isto é, para descobrir as ressonâncias harmônicas de tudo que existe.[44] Frontão, por sua vez, viria a iniciar Marco Aurélio nesse processo. Numa carta, datada talvez de 139, ele lhe propôs um exemplo particularmente marcante. Para ajudar o príncipe a compreender bem a situação em que ele se achava em relação a seu pai, Frontão descreveu-lhe uma ilha exposta às tempestades e ao assalto das vagas, mas que encerrava em seu centro uma outra ilha, na qual se encontrava um lago de águas sempre calmas.[45] Essa comparação, no dizer de Frontão, exprimia bem a ternura de Marco, o amor que ele sentia pelo pai, mas também se justificava pela semelhança dos atributos (no sentido lógico) dos dois objetos comparados. E ele lembrou que, no passado, expusera a Marco os princípios formulados pelo rétor e filósofo Teodoro (de Gadara), contemporâneo de Tibério, que baseava as demonstrações oratórias numa teoria da definição. Para ter valor probatório, a comparação devia repousar sobre a aproximação de uma ou várias características dos dois objetos comparados que entrassem em sua definição.[46] Daí decorria que, se obedecesse a essas regras, a comparação seria um modo legítimo de pensar. Numa carta escrita em grego e endereçada a Domícia Lucila, a mãe de Marco Aurélio, Frontão usou essa teoria como tema de pilhéria,[47] mas não há dúvida de que a *imagem* era para ele um verdadeiro instrumento de conhecimento. Filosofia e retórica se uniam e se prestavam apoio recíproco.

Não sabemos com precisão em que momento de sua vida Frontão foi encarregado de ensinar retórica a Marco Aurélio. Uma passagem de Dião Cássio o mostra exercendo a profissão de advogado em Roma, antes da morte de Adriano, provavelmente em torno do ano 136.[48] Ele gozava de excelente reputação. É provável que tenha sido nessa época que foi convidado a se tornar professor do jovem príncipe adotado pelo futuro Antonino. Foi a origem de uma amizade que duraria o resto da vida de Frontão, ou seja, até uns quinze anos antes da morte de seu aluno. Marco encontrava junto ao mestre um asilo em que se sentia protegido da "comédia do poder". Atestou isso, como vimos, no Livro I das *Meditações*. Entre o mestre e o discípulo havia uma intimidade de todos os dias. Quando o exercício do consulado reteve Frontão em Roma, em 143, Marco ficou desolado por estar longe dele. Contou-lhe pequenos incidentes da vida cotidiana, como o encontro que tivera, numa estrada campestre, com um rebanho de carneiros. Estava a cavalo, com um servo. O rebanho era conduzido por dois pastores, que tomaram os dois cavaleiros por salteadores e um dos quais gritou para que o outro tomasse cuidado. Ao ouvir isso, Marco lançou-se com o cavalo num galope direto na direção do rebanho e, enquanto os carneiros e ovelhas se dispersavam, balindo, um pastor atirou seu cajado recurvado contra aqueles que tomava por agressores. O cajado caiu em cima do servo, que se apossou

A educação de um príncipe   61

dele e o levou. Assim, concluiu Marco Aurélio, esse homem, por medo de perder carneiros, havia perdido sua vara.[49]

Marco entreteve Frontão com suas caçadas, queixando-se, por exemplo, de não ter visto sequer um javali, enquanto outros caçadores haviam matado alguns.[50] Noutra ocasião, disse-lhe ter penado ao ajudar a fazer a vindima,[51] porém, apesar disso, ter-se contentado com uma refeição magra. Vemos nessa época um homem jovem, que em nada se opunha às atividades físicas, o que corrobora as indicações fornecidas pelo autor da *História Augusta*, em quem lemos: "Ele gostava de pugilismo, luta livre, corrida e caça de aves, jogava bola admiravelmente e caçava."[52] Devemos imaginar que essas caçadas eram conduzidas a cavalo, por longos períodos, com todo o equipamento de praxe, e que o jovem príncipe saía delas esgotado pelo esforço, como confessou a seu professor.

Para um futuro imperador, era importante dar provas de sua resistência. Não teria ele de conduzir exércitos durante longas etapas, e de participar da ação ao chegar o momento da batalha? Os relatos de suas caçadas, feitos por Marco a Frontão e não desprovidos de ironia, não nos devem dissimular o fato de que a caça era uma atividade "da realeza", destinada a evidenciar as virtudes do príncipe.[53] As moedas cunhadas por Adriano (que foi grande caçador) e por Marco Aurélio atestam-nos isso. Elas mostram o imperador a cavalo, vestindo o *paludamentum* (o manto de guerra), arremessando um dardo contra um javali que foge. Uma dessas moedas é datada de 140, portanto, sensivelmente contemporânea das cartas de Marco a Frontão que citamos; e, com efeito, nela vemos o príncipe na juventude: o César de dezoito anos prepara-se para seu futuro papel. Estamos longe do imperador frágil e sujeito a toda sorte de doenças, evocado por Dião Cássio, que no entanto admite que Marco Aurélio, no início de seu reinado, era "tão vigoroso que combatia armado com a couraça e, do alto de seu cavalo, transpassava javalis na caça".[54] Depois, sua aplicação exagerada nos estudos teria vencido a resistência dessa bela saúde, e foi com essa faceta de Marco Aurélio que o abreviador de Dião concluiu o retrato, dizendo que, durante a maior parte de seu reinado, o imperador havia sofrido toda sorte de doenças. Em 140, porém, o tempo das enfermidades ainda estava distante. Marco se queixou com seu mestre apenas de uma coriza, ao voltar de uma caçada. Acrescentou que provavelmente se resfriara de manhã, por ter andado pela casa de sandálias durante muito tempo, antes do nascer do sol.

A representação de Marco Aurélio como caçador de javalis não se limita a seus anos de juventude. Um medalhão cujo verso é uma cena de caçada apresenta, à direita, o imperador na idade madura.[55] Essas imagens faziam parte da ideologia imperial que se formou no fim do primeiro século da nossa era. O imperador devia ser um guerreiro. As origens militares da instituição tendiam a se apagar, mas não eram esquecidas. Por ocasião dos distúrbios surgidos na Armênia no início do reinado de Nero, a opinião pública ficara perplexa, indagando a si mesma se o jovem príncipe poderia enfrentar a guerra ameaçadora.[56] O próprio Cláudio, embora tivesse poucos talentos para a guerra e nenhuma experiência, não julgou poder deixar de participar de pelo menos uma campanha contra os bretões – a última, a que terminaria numa vitória garantida. Uma das grandes censuras feitas a Domiciano foi por sua suposta incapacidade de vencer os germanos. Então ele não fizera com que figurassem em seu triunfo falsos prisioneiros, comprados no mercado?[57]

Tudo havia mudado com Trajano. Dião Crisóstomo, como dissemos, incluía as virtudes guerreiras entre as qualidades fundamentais de um imperador, e, justamente, num de seus *Discursos sobre a monarquia*,[58] enalteceu a prática da caça, que permitiria a um soberano adquiri-las e, o que era não menos importante, dar mostras delas aos olhos de todos.

Que o César adotado por Antonino, e já no governo de Adriano (também ele grande caçador) chamado ao Palatino, oficialmente apresentado ao povo como prefeito de Roma e, depois de 138, associado à administração do Império, que esse jovem também fosse um admirável cavaleiro e um grande caçador, que ele ao mesmo tempo começasse a ser considerado um bom orador, após o discurso de agradecimento dirigido a Antonino por tê-lo feito César,[59] tudo isso o preparou para o mais alto destino, aquele a que Antonino o convocara, ao fazê-lo noivar com sua filha. Todos esses traços concorriam para fazer dele o imperador ideal. Seu gosto pelos estudos, que não se podia ignorar, e seu gosto pelas atividades intelectuais, em termos mais gerais, eram equilibrados pelo que se sabia do seu vigor físico e de sua aptidão na prática dos jogos que serviam de treinamento para os soldados. Nesse momento, era impossível detectar qualquer contradição entre as duas coisas que se opunham com muita frequência em Marco Aurélio – o filósofo e o condutor de homens.

A educação de um príncipe 63

É DIFÍCIL DETERMINAR com precisão suficiente a idade a partir da qual Marco Aurélio tornou-se "filósofo". O autor da *História Augusta* declara logo de início que, "a partir do momento em que saiu dos anos passados nos braços das amas de leite, ele foi confiado a preceptores ilustres e teve acesso às doutrinas da filosofia".[60] Um pouco mais adiante, depois de enumerar os professores do menino e do adolescente – desde o primeiro, que o ensinou a ler, até Frontão, seu amigo, que lhe ensinou a eloquência, ou seja, todos os que o fizeram percorrer o *cursus* normal, no qual, como vimos, comumente não figurava a filosofia, ao menos de maneira aprofundada[61] –, o mesmo autor acrescentou alguns esclarecimentos precisos: "Ele estudava a filosofia com ardor, mesmo quando ainda era pequeno. De fato, ao completar doze anos, adotou a indumentária e, um pouco mais tarde, a resistência dos filósofos, vestindo, para estudar, um manto curto, à moda grega, e dormindo diretamente no chão; só com grande dificuldade, e em razão dos rogos insistentes de sua mãe, consentia em se deitar numa cama coberta de peles."[62]

Também o jovem Sêneca, na agitação de sua adolescência, pusera em prática os preceitos de seu mestre, o pitagórico Sócion.[63] O "filósofo" taumaturgo Apolônio de Tiana, que tinha vivido seus últimos anos no reinado de Domiciano, agira da mesma forma no final da infância. Marco Aurélio, portanto, não fez senão seguir o que parece ter sido uma tentação para os jovens apaixonados pela espiritualidade, convencidos de que a filosofia lhes daria acesso aos mais altos graus da perfeição humana. Se sua "conversão" se deu quando ele contava doze anos, ele ainda vivia na casa de seu avô paterno. Era o ano de 132 ou 133, antes que ele fosse chamado a residir no Palatino, onde, tempos depois, em 136 ou 137, receberia aulas do estoico Apolônio de Calcedônia, que ensinava filosofia a Lúcio Ceiônio Cômodo, que fora adotado por Adriano.[64]

Pessoalmente, Marco atribuiu sua primeira iniciação filosófica à influência de seu preceptor Diogneto,[65] e o que nos diz dele mostra que isso se deu bem cedo em sua infância. Esse Diogneto, com efeito, era seu professor de pintura. Tratava-se de um personagem avesso a todas as bobagens que se tinha o costume de contar às crianças sobre realizadores de milagres, mágicos, espíritos maléficos e os encantamentos para expulsá-los. Dissuadiu Marco de fazer o que muitas crianças faziam – criar aves, especialmente codornas, e depois opor umas às outras como galos de briga! Um personagem do *Satiricon* conta que seu filho, que devia ter uns doze anos, era apaixonado por pássaros, criava pintassilgos e ainda era ouvinte dos gramáticos, mas havia terminado os autores gregos e estava às voltas com os latinos. No mais, adorava pintar.[66] Assim devia ser Marco Aurélio, quando aluno de Diogneto. Foi esse mesmo Diogneto quem lhe deu a ideia de se deitar numa cama de campanha, coberta por uma simples pele de animal, e foi também ele que o familiarizou com a filosofia. Marco também lhe agradeceu por havê-lo incitado a "escrever diálogos" em sua infância. O diálogo, com efeito, é um gênero filosófico por excelência. Consiste numa confrontação entre várias teses e difere dos discursos contínuos, que dependem da retórica. Ao sugerir que Marco redigisse diálogos, Diogneto o preparou para pensar "como filósofo", mais do que como orador. E é compreensível que o menino, apaixonado como era pela Verdade, se comprouvesse com tais discussões, que tinham por objetivo descobri-la. Todavia, é bastante evidente que ele ainda não havia descoberto a filosofia em si. Diogneto não era realmente filósofo. Por suas indicações, Marco assistiu às aulas de três personagens que, estes sim, eram filósofos de ofício. Chamavam-se Báquio, Tândasis e Marciano, mas não temos outros conhecimentos sobre eles.

Uma outra influência logo veio somar-se à de Diogneto e, ao mesmo tempo, confirmá-la e se opor a ela: a de Júnio Rústico, que era um estoico aparentado com o Júnio Rústico que Domiciano mandara matar, por haver publicado um elogio aos senadores estoicos Trasea Peto e Helvídio Prisco.[67] Nas *Meditações*, Marco Aurélio consagra um longo trecho à memória de Rústico.[68] Em que momento ele interveio na educação do príncipe, não sabemos com exatidão. Foi bem cedo, sem dúvida, já que ele pôde agir sobre a conduta do discípulo em suas relações cotidianas e sobre seu caráter, tornando-o menos suscetível.[69] Mas, já então, Marco não era criança. Havia assumido a toga viril – o que ocorreu em 135 – e se entusiasmava com todas as atividades intelectuais, dentre as quais algumas, como as pesquisas de estilo, tinham-lhe sido ensinadas por Frontão. Júnio Rústico o afastou disso, assim como da poesia e, em geral, do preciosismo. Isso pôs fim à vontade de escrever que ele devia a Diogneto e que, sob a influência de Frontão, conduzia-o para a sofística, as obras teóricas e as *suasoriae*. Em contrapartida, Rústico ensinou-lhe a paciência intelectual: ler criteriosamente as obras alheias, em vez de se precipitar a compor pessoalmente; não se contentar em apreender por alto o que se acreditava ser o essencial; e não aceitar sem exame tudo o

A educação de um príncipe

que diziam os falastrões. Rústico advertiu Marco, por volta dos seus quinze anos, contra dois perigos: a bulimia intelectual e o intelectualismo de salão. Dois riscos que corria sob a influência de Frontão o jovem ingênuo e não desprovido de vaidade.

Essas lições de Rústico aparecem como uma espécie de propedêutica da filosofia. Foi nesse momento que Marco tornou-se ouvinte de Apolônio de Calcedônia, chamado a Roma por Adriano, como vimos, para ensinar filosofia a Lúcio Ceiônio e que ali permaneceu após a morte de seu discípulo. Antonino confiou-lhe Marco, que já era seu ouvinte no Palatino, e para isso lhe pediu que regressasse ao palácio. Apolônio, muito ávido de dinheiro e possuidor de um caráter altivo, respondeu que "o aluno devia ir ao mestre, e não o mestre ao discípulo". Antonino, por sua vez, retrucou que, "aparentemente, era mais fácil Apolônio vir da Calcedônia que de sua casa ao palácio".[70] Quanto a Marco, ele não hesitou em ir à casa de Apolônio!

No Livro I das *Meditações*, ele relembrou esse mestre, que lhe ensinou os rudimentos do estoicismo. O preceito essencial era "fixar o olhar, mesmo que durante pouco tempo, apenas na razão", o que acarretava a virtude da "constância" – manter-se sempre estável, no dizer de Marco Aurélio, nas mais intensas dores, quando da perda de um filho ou nas doenças graves.[71] Reconhecemos aí a própria base do estoicismo, em seu duplo aspecto, teórico e prático: a ideia da Razão, ou melhor, da racionalidade do mundo. Do mesmo modo, Sêneca escreveu a Lucílio: "Se tudo queres submeter a ti, submete-te à razão."[72] Apolônio decerto apresentava argumentos para justificar essa proposição, mas, como fizera Sêneca com Lucílio, parecia haver sobretudo desenvolvido as consequências imediatas do princípio. Marco foi grato a ele, com efeito, por lhe haver ensinado a "liberdade", as decisões tomadas sem discursos infindáveis, ao cabo dos quais acaba-se por jogar tudo num lance de dados.[73] Nos ensinamentos de Apolônio, os raciocínios teóricos ocupavam menos lugar que o exemplo vivo que ele dava a seu aluno – o de um homem que era, ao mesmo tempo, forte e sem rigidez. Esse recurso a um exemplo vivo, a um modelo, também foi recomendado por Sêneca a Lucílio. Ao lhe remeter livros, ele acrescentou: "Mas a palavra viva e a presença cotidiana serte-ão mais úteis que os discursos. É preciso que venhas a te inteirar das coisas por ti mesmo, primeiro porque os homens creem mais facilmente em seus olhos do que em seus ouvidos, segundo porque o caminho é longo através dos preceitos, mas é curto e eficaz através dos exemplos."[74] É que o objetivo era dar à alma, ao ser interior, uma "disposição", que seria passageira, caso se tratasse de um ato particular, ou se tornaria uma atitude definitiva, caso se tratasse da aquisição de uma virtude. Em ambos os casos, a alma assumia uma "forma" temporária ou duradoura, "metamorfoseava-se", segundo a expressão de Sêneca, no momento em que se sentia a experiência dela.[75]

Essa educação do ser interior pela familiaridade com um modelo era traço característico da educação filosófica, tanto na Grécia quanto em Roma. Os mestres eram cercados por discípulos que conviviam cotidianamente com eles e se esforçavam por imitá-los. Essa presença material completava os ensinamentos teóricos recebidos. E foi justamente isso que se deu entre Apolônio e Marco. O que este nos diz sobre os ensinamentos que recebeu nessa época não nos deixa a menor dúvida. Com efeito, Marco Aurélio escreveu dever a Apolônio "ter visto um homem que, manifestamente, considerava o menor de seus méritos a sua habilidade, seu virtuosismo na transmissão das concepções teóricas".[76]

Por fim, Apolônio mostrou-se admirável numa arte sobre a qual muito haviam refletido os estoicos – as relações entre o sábio e seus amigos. Apolônio, disse Marco Aurélio no final das linhas que lhe dedicou, aceitava o que se costumava chamar de "benefícios" por parte dos amigos – como convinha fazer –, sem se sentir comprometido com eles nem tampouco rechaçá-los com desdém, sob o risco de magoar os amigos. Assim, o filósofo retomou a própria matéria do tratado *Dos benefícios*, de Sêneca, qual seja, a aplicação, na prática, daquilo que os estoicos viam como um dos alicerces da vida social: a generosidade que dá e a gratidão que o doador recebe – ou deveria receber – em troca. Esse ponto não podia deixar de despertar particular interesse no jovem César, pois concernia ao lugar da afetividade na vida social e à troca dos *officia*, tão importante em Roma. Sabemos que Marco era propenso a descobrir, nas relações entre os cidadãos, a parcela de afeição que lhes tirava o que elas podiam ter de desumano, de impessoal.[77] Graças a essa afeição, ou, se preferirmos, a essa ternura, dar ou conceder um benefício já não era um ato de orgulho pelo qual se afirmava a superioridade social, e receber já não era uma presunção de inferioridade nem uma manifestação de servilismo. Apolônio, como dissemos, fazia com que se pagasse muito caro por suas aulas, mas pretendia mostrar que isso não era uma avidez vulgar de sua parte, e sim

A educação de um príncipe

o sentimento de que a formação que ele dava a seus alunos tinha um valor inestimável! Ao "benefício" que lhe concedia o imperador, ao lhe dar dinheiro, ele respondia com outro benefício. E isso era precisamente o que desejava Sêneca, ao conceber a sociedade humana como um entrelaçamento de serviços, o equivalente, sobre a terra, da benevolência divina, à qual correspondia a piedade humana.[78] Caberá nos perguntarmos se, uma vez transformado em imperador, Marco Aurélio se lembraria, em sua legislação, desse exemplo que devia a Apolônio.

Se, como pensamos, foi a partir de 138 que este exerceu sua influência sobre Marco Aurélio, ela entrou na concorrência com a de Frontão. Ora, é evidente que Frontão nutria pouca simpatia pelos ensinamentos dos filósofos. Suas preferências, como era natural, iam para a arte que ele próprio exercia, uma arte difícil, no dizer dele, a qual consistia em descobrir a palavra conveniente e em colocá-la no lugar que mais a valorizasse. E nisso nenhum artifício era possível. A filosofia, por sua vez, não era tão exigente, e às vezes o novato podia enganar. Tudo isso foi exposto por Frontão numa carta a Marco Aurélio, a primeira da coleção.[79] A data dessa carta não nos é diretamente conhecida, mas ela é obviamente contemporânea das primeiras aulas dadas por Frontão a Marco, e portanto, provavelmente, da época em que o aluno dava mostras de seu gosto pela filosofia, ainda sem possuir suficiente conhecimento dela. As palavras de Frontão aplicam-se de modo bastante cruel às veleidades do rapaz, que, com certeza, havia renunciado, já se iam muitos anos, ao hábito dos cínicos e dos filósofos profissionais, mas se sentia atraído por essas especulações. Leu com toda a atenção desejável as *Dissertações* de Epicteto, emprestadas por Rústico. O perigo era evidente. Estaria Marco Aurélio, transformado em César pela vontade de Antonino, renunciando às grandes tradições da vida política romana? Deixando-se seduzir pelos falsos valores que, no passado, haviam causado a ruína de personagens dignos de estima, tinham preferido o prestígio da Escola às realidades do Império?

Isso era difícil de admitir para Frontão, e ele lutou com sutileza para reconduzir seu aluno a uma ideia mais correta das coisas. Costuma-se datar desse período uma longa carta grega de Frontão a Marco, que é um "Discurso sobre o amor".[80] Esse era um assunto que, ao menos desde Platão, pertencia à tradição filosófica. Plutarco, perto da ocasião em que nasceu Marco, tinha escrito um *Diálogo sobre o amor*, que já era célebre.[81] Entre Platão e Plutarco tinham sido escritos numerosos tratados sobre o amor, obras de filósofos pertencentes a todas as escolas – peripatéticos, estoicos, cínicos, epicuristas. Hoje esses livros se perderam, mas sua existência mostra claramente que era impossível abordar esse tema sem fazer referência à filosofia. Pois bem, Frontão comporia um "Discurso" que, segundo ele, viria a se colocar no mesmo plano do de Lísias, no *Fedro* de Platão, e do de Sócrates, no *Banquete*. Portanto, ele rivalizaria com o mais ilustre dos filósofos, e o faria como retórico. Mais ainda, declarou desde logo que seu próprio discurso era mais longo que os outros dois, isto porque não lhe faltavam palavras, o que, como repetira muitas vezes a Marco Aurélio, constituía a propriedade e a excelência do mestre em retórica. Naturalmente, entretanto, surgiu uma objeção, que Marco não deixou de formular: essas palavras, por mais novas e belas que fossem, seriam verdadeiras?

Estava enunciado o problema: seria a retórica capaz, tanto ou mais do que a filosofia, de atingir a verdade das coisas? Seguramente, disse Frontão, porque ela dispunha de um meio de investigação que lhe era próprio – a comparação, a imagem. Esse ensinamento, que ele devia a Atenódoto, fazia com que se unissem a filosofia e a retórica, como tentamos mostrar.[82] Então, por esse meio, não seria possível satisfazer em Marco o filósofo, sem perdê-lo para a eloquência? Frontão viria a mostrar a presença universal do Amor, tanto nas relações entre homens e deuses (e aí reencontramos a doutrina de Sêneca sobre os benefícios) quanto na água de uma fonte ou nas flores do campo. Essa maneira intuitiva, afetiva, de apreender o mundo tinha probabilidade de seduzir a imaginação e a sensibilidade de seu aluno. Todos os mitos, todos os espetáculos do universo podiam ser evocados para transmitir as ideias mais brilhantes ou mais sutis. As cartas de Frontão nos oferecem exemplos desse método, que triunfa nos dois célebres *Elogios*, o da Fumaça e da Poeira e o da Negligência. Utilizando o mito, Frontão não fez mais do que retomar o processo platônico por excelência, mediante o qual o filósofo ia além do que a razão podia apreender e demonstrar. Assim, Marco se viu relembrado dos limites da especulação filosófica pura, de suas insuficiências e do tédio que ela acarretava: "Imagina que estás lendo um livro de um filósofo e que, enquanto o professor comenta, tu silencias e permaneces atento, que mostras, com um sinal da cabeça, estar de acordo; [imagina] que, enquanto outros leem, ficas sonolento, ouves 'Qual é o primeiro ponto? Qual é o segundo?', e isto repe-

A educação de um príncipe 69

tido muitas e muitas vezes, e 'se é dia, existe luz', demonstrado a muito custo, embora as janelas estejam abertas ... ."[83]

Assim, Marco Aurélio, já associado ao poder, encarregado de mil afazeres, como reconhecia o próprio Frontão,[84] viu-se dividido entre a filosofia e a retórica. Continuou a estudar ativamente esta última, sob a orientação do mestre, e tinha que redigir para ele exercícios sobre os temas que lhe eram propostos. Isso não nos surpreende. Numa época em que as mais altas atividades repousavam na arte de falar e de persuadir, a aprendizagem da eloquência nunca tinha fim. A declamação e a composição escrita de discursos eram levadas até a maturidade e tinham primazia sobre as outras ocupações. Sabemos, por exemplo, que Otávio, o futuro Augusto, praticou declamação durante a guerra de Módena, embora tivesse algumas razões, ao que parece, para se entregar por inteiro a seu papel político e militar.[85] É verdade que, na época, mal completara vinte anos. Todavia, três anos antes, enquanto César se encontrava na Espanha, Cícero havia ocupado suas horas de lazer fazendo Hírtio e Dolabela declamarem.[86] Ora, Hírtio havia passado dos trinta anos, enquanto Dolabela tinha 23. Por fim, Plínio, o Moço, nos ensina que o rétor Iseu, a quem muito admirava, ainda se exercitava na prática da eloquência com mais de sessenta anos, como um simples estudante.[87] Portanto, sob a orientação de Frontão, Marco Aurélio não fazia mais do que se conformar ao costume.

No entanto, eis que um dia teve de anunciar a seu mestre que não havia executado sua tarefa.[88] Tratava-se de uma controvérsia a respeito de um episódio fictício, que se teria desenrolado na época de Sula: um tribuno da plebe teria mantido preso um cidadão, contrariando a opinião de seus colegas. O debate seria levado perante o povo. Marco deveria redigir os dois discursos, o da acusação e o da defesa. No entanto, depois de trabalhar nisso por algum tempo, eis que lhe caíram nas mãos as obras de Ariston de Quios. Na mesma hora, ele se entregara inteiramente à leitura dos textos. A filosofia tinha vencido a retórica.

A acreditarmos em Marco, Ariston lhe trouxe uma verdadeira revelação, que o fez avaliar as insuficiências de sua formação filosófica e lhe mostrou que, aos 25 anos, ele ainda não havia "impregnado a alma das boas doutrinas e dos raciocínios mais puros".[89] Ele se puniu por isso, irritou-se, ficou desolado. De modo que é possível supormos, por muitas razões, que a leitura de Ariston marcou um momento decisivo na vida do imperador.

Ariston tinha sido discípulo de Zenão, o fundador da escola estoica. Tinha deixado numerosas obras e elaborado por conta própria, a partir do estoicismo, uma doutrina pessoal, que veio responder às aspirações de Marco Aurélio e também, em certa medida, refutar os argumentos de Frontão contra a filosofia. Das três partes desta, reconhecidas por Zenão – a lógica, a física e a ética –, Ariston retivera apenas esta última. Julgava inúteis as duas primeiras, o que condenava a dialética, objeto dos sarcasmos de Frontão. Isso se coadunou com as convicções espontâneas de Marco Aurélio. Muitos anos depois, ele escreveria, nas *Meditações*, que "a felicidade da vida depende de pouquíssimas condições. Se não esperas tornar-te dialético nem douto no conhecimento da natureza, nem por isso deves renunciar a ser livre, moderado, sociável e obediente a Deus".[90] E isso era exatamente o que ensinava Ariston: a "vida filosófica" não repousava na habilidade de concatenar argumentos nem de conhecer as coisas externas ao homem – a "natureza", no sentido material do termo –, porém em moldarmos nosso ser interior, tornando-o capaz de praticar e conhecer as virtudes cardeais. Aqui, na formulação de Marco Aurélio, a "liberdade" corresponde à coragem; a "moderação", ao "autodomínio"; a "sociabilidade", à justiça; a obediência a Deus, à prudência; e o discernimento, à ciência que ensina o que deve e o que não deve ser feito. Ora, essas eram, precisamente, as definições dadas por Ariston.[91] Para este, as virtudes particulares não passavam da manifestação de uma "dinâmica" única, a que nos permitia distinguir entre o Bem e o Mal.[92]

Ainda nas *Meditações*, Marco Aurélio atestou, indiretamente, a influência nele exercida por Ariston, uma influência tão profunda que se integrou ao mais íntimo do seu pensamento. No início do Livro VIII, com efeito, lemos que a felicidade do homem não reside nos silogismos nem tampouco na riqueza, na glória ou nos prazeres. Consiste unicamente em fazer "aquilo para o qual tende a natureza do ser humano".[93] Marco Aurélio se interroga: como lograr êxito nessa empreitada? E responde: "Estando de posse dos princípios (dos 'dogmas') que fundamentam os movimentos e atos espontâneos. Mas que princípios? Aqueles que concernem ao Bem e ao Mal, e segundo os quais não há bem algum para o homem senão aquilo que o torna justo, moderado, corajoso e livre, nem mal algum senão o que provoca o contrário do que acabamos de dizer."[94]

Ariston suprimia, além da lógica e da "física", tudo aquilo que, na moral, consistia numa "parenética", em conselhos práticos, dados um a um, con-

A *educação de um príncipe*

forme as necessidades da ação. É Sêneca que nos informa sobre esse aspecto de sua filosofia.[95] Ariston julgava supérfluos e ineficazes todos os preceitos particulares, como os concernentes à maneira de um pai tratar seus filhos, ou um marido, sua mulher. As condutas práticas, dizia, não podiam ser determinadas se, antes, não se houvesse adquirido uma visão geral do conjunto da vida – daquilo em que consiste o fato de viver: "Assim como aquele que aprende a lançar o dardo principia por visar o alvo fixado, adapta seu gesto para lançar a arma na direção certa, e então, depois de haver adquirido essa técnica, por força de lições e treinamento, serve-se dela para atingir qualquer alvo desejado, ... também aquele que é treinado para viver a totalidade de sua vida não necessita de que lhe deem conselhos ponto a ponto, mas é instruído para a totalidade, [e] sabe não apenas conviver com uma esposa e um filho, mas também como viver bem."[96]

Para Ariston, o Bem Supremo consistia em viver "numa disposição indiferente a todas as coisas intermediárias entre a virtude e o vício, em não admitir nenhuma distinção entre elas e em estar igualmente disposto a todas; o sábio é como o bom ator que desempenha seu papel como convém, quer assuma a máscara de Tersites, quer a de Agamêmnon".[97]

Tal doutrina acarretava, para um homem engajado na ação como era o jovem César, graves dificuldades. Era-lhe impossível ver como "indiferente" a tomada desta ou daquela decisão, quer fosse solicitada por uma cidade provincial, por exemplo, quer ele tivesse, como logo precisaria fazer, de consultar o senado sobre um assunto determinado. O "conteúdo" da ação era importante. Aqui, mais uma vez, Ariston ofereceu-lhe a resposta. Se o sábio se assemelhava ao "bom ator" que, conforme a máscara usada, desempenharia o papel "como convinha", ele próprio agiria "conforme a conveniência". Nesse ponto, Ariston resgatou a distinção convocada a se tornar clássica no estoicismo, entre a ação correta, conforme ao Bem absoluto, e a ação conveniente, justificável por um raciocínio particular, destinado a mostrar se ela estava ou não em conformidade com a situação em que se apresentava. Essa ação, julgada conveniente, nem por isso adquiria um valor absoluto em relação àquele que agia, pois não tinha relação com seu verdadeiro ser. E Marco Aurélio escreveu: "Que não haja para ti nenhuma diferença, ao agires como convém, quer sintas frio ou excesso de calor, quer estejas sonolento ou tenhas dormido bastante, quer falem mal ou bem de ti, quer estejas morrendo ou fazendo outra coisa. Pois morrer é uma das coisas da vida; assim, mesmo nessa circunstância, basta ordenar bem o momento presente."[98]

A filosofia de Marco Aurélio, portanto, como já se evidenciou para nós, não lhe ditaria, como artigos de um catecismo, o conteúdo de uma política. Dizia respeito a seu eu interior. É claro que um príncipe estoico seria "um bom príncipe", porque sempre buscaria a solução mais razoável, mais conforme à ordem do mundo e ao uso prático das virtudes, mas não engajaria nisso o seu eu interior, seu "demônio". Ele sabia que seu papel era uma função no universo, porém apenas um papel, como o do ator evocado por Ariston. Mais tarde lhe sucederia, em sua vida, perguntar-se, precisamente, se essa necessidade de "desempenhar um papel" não acabaria por usar a alma, por apagar os "princípios sagrados" (os "dogmas" de que falara Ariston), aqueles que era possível conceber por meio do estudo da "natureza" (a de cada homem, reflexo da ordem do mundo), e os quais tu, disse Marco Aurélio a si mesmo, deixas escapar;[99] contudo, alertado sobre o perigo, ele saberia proteger-se dele.

Não há dúvida de que a influência de Ariston, após a descoberta que Marco Aurélio fez de sua doutrina, mais ou menos no ano 145, quando seu casamento com Faustina, a Jovem, deu-lhe a certeza de um dia tornar-se imperador, foi exercida sobre ele durante toda a sua vida. Falamos do seu princípio: a descoberta, feita pela razão, do objetivo a ser alcançado, fora do qual só havia objetivos indiferentes. Isso levava a um intelectualismo rigoroso, já que bastaria termos formado para nós uma ideia clara da nossa "natureza", isto é, de nosso lugar no que existia, para mirarmos com precisão e chegarmos à felicidade (palavra que ressurge com frequência nas *Meditações*). Ariston situava-se, portanto, na grande tradição do socratismo e de todos os que sustentavam que "ninguém é mau voluntariamente". É provável que essa tenha sido uma das atrações que seu pensamento exerceu sobre Marco Aurélio, que, como vimos, concedia dentro de si mesmo um grande lugar à afetividade, aos arrebatamentos do coração; e vimos também que Frontão baseava seu ensino, em grande parte, nesse traço de caráter que havia discernido em seu discípulo. Com efeito, a doutrina de Ariston, por contrariar essa tendência de Marco, da qual tivera uma premonição, deve ter-lhe parecido uma salvaguarda contra si mesmo. Ela voltava a convocá-lo a um rigor – a uma "verdade" – da qual temia ter-se afastado por sua própria natureza.

A educação de um príncipe

Esse apego à filosofia de Ariston não deixaria de ser perpassado por crises e dúvidas, por momentos em que os arrebatamentos do coração pareciam ter que vencer os "dogmas". Houve também circunstâncias em que os dogmas não indicavam com clareza o que convinha fazer ou evitar. Dessas hesitações as *Meditações* nos dariam testemunho, mas em momento algum os axiomas de Ariston foram renegados. Em sua velhice, Marco Aurélio agradeceu aos deuses por lhe haverem permitido, em muitas ocasiões, discernir claramente o que era a "vida conforme à natureza", e por haver com frequência chegado a ela.[100] Não lhes rendeu graças, como se poderia pensar, por terem-no feito aprimorar-se aos poucos, mediante lentos progressos e um esforço sobre si mesmo, e sim por ter podido realizar em sua vida o que lhe havia indicado essa "visão clara" do Bem Supremo. Essa visão clara era de ordem intelectual, evidentemente, e estava na origem de todas as virtudes que ele havia praticado. Não era outra senão a "dinâmica única" de que Ariston falava e que Marco se esforçara por realizar em si mesmo. Foi assim que um filósofo grego, que viveu no início do século III antes da nossa era, tornou-se o mestre pensante de um imperador romano, cerca de 450 anos depois.

No Palatino, durante esses primeiros anos em que fez a aprendizagem do poder, junto a Antonino, Marco Aurélio conviveu de perto com um grande número de personagens, todos os quais exerceram alguma ação sobre ele e o prepararam para seu futuro. Diversos deles foram nominalmente citados pelo autor da *História Augusta* e nas *Meditações*, porém não raro sua personalidade permanece incerta para nós, e seu encontro com Marco produziu-se quando a juventude deste já ficara muito para trás. Todavia, eles não foram estranhos a seu percurso espiritual, pois Marco Aurélio nunca perdeu a curiosidade intelectual de sua adolescência.

Já encontramos um desses homens, Cláudio Severo,[101] que Marco qualificou de irmão e que talvez tenha sido o sogro de sua filha mais velha. A palavra "irmão" indicaria, na época, esse parentesco que não figura na onomástica tradicional das relações familiares.[102] Assim, esse Severo é identificado com Cneu Cláudio Severo Arabiano, que foi cônsul em 146 e que o autor da *História Augusta* nos diz ter sido peripatético.[103] Mas certamente não foi como discípulo de Aristóteles que ele levou Marco Aurélio a conhecer os grandes estoicos romanos e lhe ofereceu o exemplo das mais belas virtudes sociais. A influência de Aristóteles, em contrapartida, explicaria o fato de esse Severo ter-lhe dado algumas lições de política, talvez se apoiando nas obras do Mestre. Tudo isso, no entanto, permanece bastante incerto.

Um outro filósofo, este platônico, figura nessa lista de amigos e mestres – Sexto de Queroneia, sobrinho de Plutarco. Não foi na juventude que Marco o ouviu, mas quando era imperador, depois da morte de Antonino, ou seja, depois de 161. Filóstrato, que nos dá a informação, relata que Lúcio Vero, mais frívolo, surpreendeu-se com o fato de Marco, na sua idade – já passava dos quarenta anos –, portar-se como um menino de escola e ir com suas tabuletas à casa de um filósofo. Ao que Marco respondeu que nunca era tarde demais para aprender.[104] Uma indicação fornecida pelo abreviador de Dião Cássio confirma essa cronologia.[105]

Há um consenso em identificar o Máximo citado nas *Meditações*[106] – que foi para Marco Aurélio um exemplo de coragem, doçura e dignidade, bem como de consciência no cumprimento de suas obrigações e em muitas outras virtudes – com Cláudio Máximo, procônsul da África, provavelmente a partir de 155 (?), perante quem Apuleio compareceu, acusado de magia. Esse Máximo, se realmente se trata dele, não era um acadêmico, mas um soldado, como lembra Apuleio na *Apologia*.[107] Não podemos pensar que tenha devido sua carreira à gratidão de Marco Aurélio, sempre inclinado a recompensar seus mestres, porque, como governador da Panônia Superior em 150, ele teve de comandar, se é que se trata do mesmo personagem, numerosos e variados corpos de tropa,[108] o que pressupõe que houvesse adquirido anteriormente uma experiência com a vida militar.

Apuleio enalteceu Máximo por seus conhecimentos enciclopédicos; ele teria lido Aristóteles, Teofrasto e os platônicos,[109] bem como o próprio Platão. É inteiramente possível que Marco Aurélio tenha mantido com ele longas conversas sobre assuntos científicos, e não filosóficos, incursões por domínios que, desde a leitura de Ariston, ele considerava estranhos a suas preocupações essenciais, mas que não podiam parecer-lhe totalmente desprovidos de interesse. No entanto, o que ele mesmo diz desse personagem, e que concerne sobretudo a qualidades do caráter, e não a conhecimentos raros, torna incerta a identificação.

Na *História Augusta*, a *Vida de Marco Aurélio* aponta ainda, entre seus "mestres", um outro estoico, Catulo Cina, que também aparece no Livro I das *Me-*

A educação de um príncipe

ditações.[110] Dele Marco diz apenas ter aprendido a não negligenciar as queixas de um amigo que tenha alguma censura a nos fazer e também a falar bem dos próprios mestres. Este último preceito, segundo ele, Catulo teria recebido de Atenódoto, o que tende a confirmar que ele foi aluno deste, e portanto, através dele, de Musônio, e que, por conseguinte, estava ligado ao estoicismo, o que confirma a indicação – muito sujeita a cautela – da *História Augusta*, que tende a considerar estoicos todos os homens que exerceram alguma influência sobre Marco, inclusive Sexto de Queroneia, que sabemos ter sido platônico como seu tio!

Marco Aurélio nada diz sobre esse Catulo que permita concluir que ele foi seu discípulo; quando muito, podemos supor que os dois se encontrassem em círculos de adeptos do estoicismo, onde se conservava a lembrança dos grandes espíritos do passado romano – Trasea Peto, Helvídio Prisco e os outros – que se haviam oposto à tirania, no correr do século anterior. Nesse círculo, é evidente que um homem como Júnio Rústico encontraria lugar. Imaginamos, pois, que ali se falasse livremente dos grandes problemas, considerados pela perspectiva estoica, mais do que se ministrasse um ensino em regra. Muitos dentre esses personagens, aliás engajados na ação, cultivavam a filosofia e, desse modo, davam continuidade a tradições que remontavam ao último meio século da República. Que o estoicismo continuasse a ser a doutrina dominante não deve causar espanto. Isso perdurou desde as origens da filosofia em Roma. Entretanto, vimos que Cláudio Máximo (ainda que não se tratasse do homem de que falam as *Meditações*) tinha simpatias pelo platonismo e pelas escolas diretamente derivadas dele, como o aristotelismo. Marco Aurélio também citou um certo Alexandre, o Platônico,[111] que nos é conhecido pela *Vida dos sofistas*, de Filóstrato. Originário de Selêucia, ele fora enviado a Antonino por seus contemporâneos em missão diplomática, e sua fala franca havia provocado certo assombro. Marco não pôde deixar de encontrá-lo. Guardou dele uma boa lembrança, visto que, muitos anos depois, escolheu-o para ser secretário imperial, encarregado da correspondência.[112] E é a esse período que se referem os elogios que ele faz a Alexandre, a seu zelo no trabalho, a sua recusa a se esconder por trás de um excesso de afazeres para não cumprir seus deveres para com os outros. A qualificação de "platônico" não significa, de modo algum, que esse personagem houvesse ensinado a doutrina a Marco. Ele foi na vida deste, muito simplesmente, um personagem notável!

Ora, não havia homem algum, dentre os que gravitavam ao redor do poder, que não se ligasse a alguma obediência filosófica. A filosofia estava em toda parte, impregnava a cultura inteira, mas também se diluía, as doutrinas enfraqueciam, revestiam-se de retórica, tendiam muitas vezes a não passar do pretexto de que esta se valia.

Nem a *Vida de Marco Aurélio* nem as *Meditações* deram-nos a lista completa de todos os mestres, amigos e parentes que contribuíram para fazer dele o imperador que ele foi. Muitos outros, que não foram nominalmente citados em nossas fontes, não podem ter deixado de exercer alguma influência sobre ele. Não pensemos que essa influência tenha sido de ordem filosófica, uniformemente. Marco não se deixava reduzir a aparecer apenas como um estudioso. Também aprendeu seu ofício de príncipe. Uma alusão em sua correspondência com Frontão, confirmando uma passagem da *Vida de Marco Aurélio*,[113] permite-nos entrever, por exemplo, que ele ouvia, por volta de 140, os ensinamentos de Volúsio Meciano, um jurista que exercia, ao mesmo tempo, diversas funções na administração imperial,[114] e que trilhou uma carreira equestre que culminou na prefeitura do Egito, nos anos de 160 e 161. Depois disso, seus méritos lhe valeram o cargo de senador e um consulado. O *Digesto* conservou uma resolução dos dois imperadores, Marco e Élio Vero, a respeito de uma questão de propriedade, resolução esta em que Meciano é chamado de "nosso amigo, particularmente competente em direito civil e de minuciosa exatidão nessa matéria".[115]

Foi esse o mundo em que Marco Aurélio passou a infância e adolescência. Nele se misturavam homens de ciência, homens de eloquência, homens de ação, homens de reflexão e práticos. Cada um levou sua contribuição para a educação do príncipe. Este era ávido não apenas de saber, mas também de amizades. Necessitava de confiança, dada e recebida. Sabia acolher o que cada um lhe oferecia. Gostava de respeitar toda sorte de tradições romanas, particularmente as que exaltavam a coragem viril, a qual não confundia inteiramente com a virtude que os estoicos chamavam por esse nome.

"A todo momento, como romano e como varão, preocupa-te..." Esse pensamento, já citado por nós,[116] é uma máxima de ação. Define o "conveniente" em cada circunstância particular, mas pressupõe, evidentemente, a "dinâmica" interna definida por Ariston. Entretanto, essa força anímica, que mais tarde tornaria o imperador capaz de superar muitas fadigas e atravessar sem

A educação de um príncipe

demasiado prejuízo horas de desânimo, nada tinha de rude, de hostil. Ao contrário, ele tinha aproximadamente vinte anos quando Frontão o comparou a Orfeu, que era seguido por "ovelhas e pombos, assim como por lobos e águias". Orfeu, disse Frontão, podia fazer isso porque havia quem admirasse suas eminentes qualidades e sua eloquência, o encanto de sua fala. O mito adquire toda a sua significação quando Frontão prossegue, dizendo: "Embora vindos de nações situadas em regiões opostas, e praticando diferentes maneiras de viver, esses homens (que seguiam Orfeu) entendiam-se entre si, acostumavam-se uns com os outros, formavam uma sociedade única, os calmos com os ferozes, os pacíficos com os violentos, os humildes com os orgulhosos, os temerosos com os cruéis, de modo que todos, pouco a pouco, despojavam-se dos vícios que traziam em si, buscavam a virtude, aprendiam a pureza moral, substituíam a impudência pelo senso de honradez, a obstinação pela obediência, a malevolência pela bondade."[117]

Marco Aurélio assemelhava-se a Orfeu. A qualidade que Frontão mais admirava nele era sua faculdade de estabelecer a concórdia entre seus amigos. E o que era verdade a respeito do círculo em torno do jovem César poderia vir a se tornar verdade no Império inteiro. Em torno de sua pessoa, as diferenças e as oposições entre os povos poderiam apagar-se. Tal era a tarefa proposta ao futuro senhor do mundo. As lições de Frontão iam muito além da escolha das palavras, muito além até da engenhosidade nas comparações. Elas abriam para a "boa vontade" de Marco Aurélio um campo de ação infinito, no qual, para retomar a metáfora de Ariston, designavam o alvo proposto ao futuro imperador de Roma.

3. O Império no reinado de Antonino

Durante mais de 23 anos, Marco Aurélio viveu em Roma junto a Antonino, que, alguns meses depois de assumir o poder, com o título de Augusto, conferiu-lhe o de César, que o consagrou como seu segundo e o designou, como havia desejado Adriano, para ser seu sucessor. Durante esses 23 anos, Marco só se afastou de Antonino em duas noites, e o autor da *História Augusta* assegura que sua conduta, na residência do príncipe, era tal que este nutria mais afeição por ele cada dia que passava.[1] Foi uma longa aprendizagem do ofício de imperador. Marco familiarizou-se com a administração do Império, pelo menos com o trabalho realizado nos gabinetes de Roma, e também com a atividade que se desenrolava no senado, na cúria e em torno dela, e depois acompanhou, cotidianamente, a ação de magistrados e cônsules, pretores e outros sobreviventes das antigas instituições cujos títulos ainda os associavam estreitamente à vida oficial. Ele próprio foi questor do príncipe em 139, o que o transformou no intermediário entre Antonino e o senado, bem como em porta-voz do primeiro, quando este não assistia às sessões. Como questor, Marco tornou-se senador. Já no ano seguinte, transpondo de uma só vez os degraus do *cursus* das honrarias, tornou-se cônsul. Mas só recebeu o "poder tribunício" em 147, dois anos depois de seu casamento com Faustina, a Jovem, quando nasceu seu primeiro rebento – uma filha. Ao mesmo tempo, Marco foi revestido do *imperium* proconsular, o poder essencialmente militar que só podia ser exercido fora de Roma, e teve o direito de acrescentar uma quinta proposta às quatro primeiras que o príncipe era livre para apresentar aos Padres Conscritos, no senado, a cada sessão.[2] Pouco a pouco, seu papel no Estado aproximou-se do exercido pelo próprio imperador.

Não há dúvida de que esses longos anos de colaboração entre os dois homens, o pai e o filho adotivo, não deixaram de influenciar Marco Aurélio. Vimos que, já fazia muito tempo, quando adolescente e, mais adiante, quando

O *Império no reinado de Antonino*

79

jovem adulto, ele se sentia atraído pelo estoicismo, e que a leitura de Ariston, mais ou menos na época de seu casamento com Faustina, o havia ajudado a dar a si mesmo uma doutrina pessoal, cujas linhas gerais tentamos discernir. Mas, enquanto os tratados de Ariston lhe traziam os princípios teóricos (os "dogmas") dos quais ele deduzia sua ética, relacionando-a consigo mesmo e com a situação que o Destino lhe reservava, o exemplo cotidiano de Antonino lhe propunha uma espécie de experiência e a projeção no real. Muito mais tarde, no Livro I das *Meditações*, ele fez uma longa enumeração de tudo que devia a Antonino,[3] e para isso traçou um retrato desse pai adotivo, um testemunho direto no qual não podemos imaginar que haja lugar para a lisonja, e no qual as "virtudes" do príncipe são analisadas e como que classificadas nas categorias familiares a Marco Aurélio: as virtudes de caráter filosófico (nas quais ele encontrava o que lhe haviam ensinado seus mestres), as virtudes do romano e, por fim, as do homem de Estado. Na realidade, esse retrato foi redigido numa ordem que nem sempre se pode apreender. Desenrola-se ao longo das associações, em torno de temas diretivos, como é a regra nas *Meditações*, com retornos a alguns aspectos, talvez à medida que se apresentavam exemplos de cada traço de caráter, lembranças extraídas dos anos de convívio lado a lado. Mas o conjunto é perfeitamente coerente.

A *Vida de Antonino*, na *História Augusta*, também apresenta um retrato de Antonino, o qual é fácil de resumir: Antonino era bonito, de inteligência viva, de grande meiguice, eloquente, culto, parcimonioso e "bom agricultor", tanto que podia ser comparado a Numa.[4] Gostava de viver com simplicidade, mostrava-se respeitoso em relação ao senado, escutava e realmente consultava sua orientação (os "amigos do príncipe") e dava mostras de clemência, chegando a poupar da pena de morte um parricida que havia confessado seu crime. Homem simples, gostava de caçar, pescar, passear com os amigos e fazer a vindima em suas propriedades. Sabia reconhecer os talentos de rétores e filósofos em todo lugar em que os encontrava.

Todos os traços enumerados na *Vida de Antonino* são encontrados no capítulo das *Meditações*, porém vistos como que por dentro, sendo cada atitude compreendida em sua intenção. É evidente que Marco Aurélio imitou a conduta de seu pai adotivo. Assim o disse, ao declarar que este lhe legara todas as qualidades e virtudes que enumeraria a seguir. Impressionável, sempre pronto a oferecer sua afeição a um mestre admirado,[5] Marco modelou-se conscientemente em Antonino, em quem quis descobrir os impulsos e pendores naturais que experimentava em si mesmo. O retrato resultante certamente não é desprovido de verdade, como garante o testemunho da *História Augusta*, porém nos ensina, ao mesmo tempo, o ideal que Marco Aurélio concebia, o que ele queria ser, o que suas convicções filosóficas o preparavam para ser, não mais por instinto, mas conforme a razão.

A primeira virtude que Marco reconhece em seu pai é a doçura. A *Vida de Antonino* não o contradiz. Logo em seguida, porém, Marco Aurélio acrescenta que essa doçura não impedia "uma firmeza tranquila, uma vez tomada uma decisão fundamentada num exame atento". Evidentemente esse cotejo tinha por objetivo evitar que a "doçura" do príncipe sucumbisse à condenação feita pelos estoicos contra a "clemência", que eles consideravam, como tivemos ocasião de lembrar, não uma virtude, porém uma fraqueza. Decorre daí que a doçura de Antonino era uma virtude autêntica, aquela que os teóricos do Pórtico chamavam, em grego, de χρηστότης, e em latim, de *benignitas*, e que é uma das formas da justiça – a benevolência que nos leva a amar nossos semelhantes. Em tempos idos, Sêneca havia ensinado que essa era uma virtude da realeza por excelência. Marco Aurélio, como veremos, inspirou-se nela em sua legislação.[6]

Essa firmeza, essa vontade de se submeter ao julgamento da razão, implicava que as pretensas honrarias que a opinião vulgar e não esclarecida considerava como bens tinham pouco peso perante um homem assim. O príncipe não se deteria diante dos aspectos externos de seus encargos. Haveria de se empenhar em cumprir seus deveres, sem poupar seu sofrimento e sem relaxar. Nesse momento, ao se tratar de uma atividade de ordem prática, era a uma virtude romana que se fazia referência – a dedicação à própria tarefa, que todo romano esperava de quem exercia funções oficiais, fossem elas civis ou militares. Essa qualidade, essencialmente romana, inerente ao *mos maiorum*, ao costume dos ancestrais, era considerada pelos estoicos um aspecto particular da virtude (esta fundamental, na ordem teórica) da coragem.

Ainda mais particular e adaptada à condição imperial era uma condição que Antonino possuía – sua disponibilidade em relação a todos os que ofereciam uma contribuição útil ao bem público. Nesse ponto, mais uma vez, tratava-se da forma assumida em Roma por uma outra virtude, bem reconhecida no sistema estoico e ligada à justiça – a sociabilidade. Marco

O Império no reinado de Antonino

Aurélio a coloca nas alturas. Diz, numa outra passagem das *Meditações*, que a sociabilidade é uma das formas de justiça, "muito mais digna de respeito do que as sentenças proferidas por um tribunal num caso preciso".[7] Na realidade, o que estava em questão não era um aspecto de moral geral e abstrata, mas uma tradição da vida política romana, que pretendia que os magistrados e os personagens que exerciam um papel no Estado, mesmo oficioso, que nele possuíam uma *auctoritas* ou uma *dignitas* eminentes, fossem sempre acessíveis a seus concidadãos. Suas casas estavam abertas desde a aurora para a saudação matinal, na qual se ia buscar orientação e apoio. Elas comportavam uma parte "pública", o *atrium*, justamente destinada a acolher os visitantes. Assim, Antonino ia ao encontro de costumes que de modo algum eram de outra época, mas que tendiam a desaparecer.

Inversamente, e numa espécie de contrapartida a essa simplicidade em suas relações com os cidadãos, Antonino, no dizer de Marco Aurélio, atribuía "a cada um o que lhe era devido", de maneira inflexível. Trata-se da própria formulação da ideia de justiça, talvez introduzida nesse ponto para lembrar que o príncipe, apesar de sua bonomia, não se deixava deter por ela. Essa mesma ideia ressurgiria, mais adiante, num retrato a propósito dos homens que imitavam os filósofos nos trajes e nas maneiras, mas sem ter a realidade deles.

Em seguida, bruscamente, Marco Aurélio atribui a seu pai o mérito de sempre ter sabido quando convinha esforçar-se e quando convinha relaxar. Esse é um tema (o *otium*) que decorre do "conveniente" e que tinha sido abordado, muitos séculos antes, pelo estoico Panécio, amigo e conselheiro de Cipião Emiliano. Cícero, no Livro I do tratado *Dos deveres*, expõe uma teoria do jogo e da brincadeira[8] que, pelo menos em parte, certamente vem de Panécio, e que ele adapta à prática romana: a natureza, diz, não nos fez nascer para as diversões, mas para preocupações sérias. Contudo, o jogo e as brincadeiras são comparáveis ao sono, pelo papel que desempenham na existência humana. Por isso, para conciliar essas duas exigências, é preciso que elas não sejam sem moderação, mas "de boa companhia e espirituais". Marco Aurélio parece ter-se lembrado dessa passagem quando, um pouco mais adiante nesse retrato, garante que o imperador nunca se mostrava vulgar nem "sofista" nem pedante, e emprega, para estigmatizar a vulgaridade nas brincadeiras, a palavra que era aplicada aos pequenos escravos insolentes, nascidos na casa e que abusavam da paciência das "pessoas de bem" – um termo latino, por ele transcrito em grego, e que é o contrário do *ingenuum* (digno de um homem livre) com que Cícero qualificava as brincadeiras permitidas.

Sêneca, no tratado *Sobre a tranquilidade da alma*, dá os mesmos conselhos de higiene mental,[9] e lembra que era também uma tradição romana o conceder a si mesmo momentos de relaxamento. Até os homens mais grandiosos do passado, em especial Cipião, sabiam divertir-se. Todavia, admitido isso – e não se trata de uma virtude particular, pois a "virtude" intervém apenas no fato de guardar o comedimento; ela é aqui reguladora, e não criadora da ação –, essa alternância de tensão e relaxamento contribui para o equilíbrio e a força da alma, que Marco Aurélio diz, em conclusão, serem as duas qualidades essenciais de seu pai. Entre os "divertimentos" que Antonino se permitia, um dos que Adriano não desprezava, o amor pelas "crianças", era rejeitado por Antonino, e Marco Aurélio escreve no mesmo livro, um pouco mais adiante, que agradece aos deuses por haverem-no poupado de ter tido um certo Teódoto como favorito.[10]

Nesse momento, Marco Aurélio pensa em outros prazeres, menos contrários à tradição moral romana (que, antigamente, considerava a pederastia um crime punível com a morte, em alguns casos) – o das refeições compartilhadas com amigos. Esses banquetes oficiais, que, no governo de tal ou qual imperador, tinham-se transformado em obrigações pesadas, continuavam a ser, com Antonino, momentos de liberdade. Uma frase enunciada um pouco depois completa essa evocação da amizade do príncipe: tal amizade mantinha-se racional, nunca era passional, não acabava em brigas nascidas da saciedade e não se baseava na falsa admiração.

Essa teoria da amizade deve ser aproximada, evidentemente, dos preceitos elaborados pelo estoicismo e da descrição bastante rigorosa, com suas distinções *a priori*, que deles haviam feito Crísipo e Cleanto. Os estoicos ensinavam que somente o sábio podia conhecer a amizade, ou até que só havia amizade entre os sábios, "porque só eles se assemelhavam entre si".[11] Mas a amizade de que fala Marco Aurélio é de outra espécie. É aquilo que une o príncipe e seus conselheiros. Estabelecida entre pessoas de categorias desiguais, ela se mantém essencialmente prática e entra no quadro das instituições imperiais. Sêneca, numa carta a Lucílio,[12] lembra a seu amigo o que é verdadeiramente a amizade, aquela da qual os sábios oferecem exemplos um tanto míticos. Leva-o a observar que ela constitui um compromisso total, assumido após uma reflexão madura, e que, a partir desse momento, não mais existem segredos entre os amigos. O segredo destrói a amizade.

A prática da amizade por Antonino e tal como vista por Marco Aurélio não contradiz essa teoria. Na posição em que se achava, Antonino podia temer que as amizades que lhe eram oferecidas tivessem por fundamento apenas o interesse. Ora, era isso que os estoicos temiam, diversamente dos epicuristas, que colocavam a utilidade na origem de todas as relações humanas – uma utilidade nobre e sublimada, sem dúvida, mas que podia ser trazida pela presença de um amigo nos momentos de aflição. Marco Aurélio estimava que uma amizade desse tipo era um limite imposto à liberdade. Por isso, depois de lembrar o cuidado com que Antonino conservava seus amigos, ele acrescentou que este "era, em tudo, independente e sereno" – o que não poderia ser o caso se ele fosse movido por uma amizade "epicurista", cuja privação constituiria uma carência e introduziria o distúrbio em sua alma.

Naturalmente, não podemos saber se a atitude de Antonino em suas relações com os amigos realmente se explicava por raciocínios como esses. Basta-nos aqui constatar que Marco Aurélio mostrava-se convencido disso, e que sua interpretação dos sentimentos de seu pai inscreveu-se na teoria estoica da amizade.

A meio caminho entre a prática do governo e a da amizade, considerada uma virtude, a conduta de Antonino também se conformou à antiquíssima tradição da amizade romana, aquela cuja teoria Cícero propusera no diálogo *Sobre a amizade*, o qual havia colocado sob a proteção de Lélio, amigo de Cipião. Trata-se das relações meio afetivas, meio políticas entre grandes personagens. Na Roma republicana, um homem político nunca estava sozinho. Ele representava um grupo, ao qual pertencia e que o apoiava em sua carreira. Augusto ainda havia conquistado o poder e governado com o apoio de amigos, como Agripa, Mecenas, Cornélio Galo e outros. Depois, pouco a pouco, aumentara a distância entre o príncipe e os cidadãos, cada vez mais transformados em "súditos". Foi por isso que Marco Aurélio, depois de mencionar que Antonino, em meio a seus amigos, mantinha-se "independente" e sereno, insistiu no dom que seu pai tinha de tudo "prever de longe" e de resolver as menores coisas de antemão, "sem assumir o tom de um tirano de tragédia,[13] mas, ao contrário, com doçura e simplicidade". E essa observação sobre a autonomia do príncipe levou Marco Aurélio, naturalmente, a descrever sua conduta nos assuntos de Estado, que, afinal, só dependiam dele. Insensível às aclamações e à lisonja, ele era o "guardião" de tudo que havia de essencial no Estado, e esse termo, guardião, ele por certo não o empregava sem referência aos "guardiães" estabelecidos por Platão, em sua *República*, para garantir a proteção das leis.

Como bom romano, ele tomava extremo cuidado com o erário, o que era uma virtude conforme ao ideal do *bonus vir*, o homem sólido, o "bom cultivador" sobre quem, em última análise, repousava a saúde do Estado. O autor da *História Augusta*, como vimos, não julgava de outra maneira o pai de Marco Aurélio, não porque ele mandasse explorar seus domínios e se comprouvesse com a vindima, mas porque nele se encontrava a velha "economia provincial", a *parsimonia*, que a opinião pública ficara feliz por enaltecer (não sem ironia) em Vespasiano. Essa mesma qualidade, mencionada pela *Vida de Antonino* como a simples afirmação de um fato, foi analisada por Marco Aurélio, definida, reinserida na complexidade de uma alma e, por isso mesmo, apreciada e justificada. O retrato assim traçado vai além do imediatamente visível e revela, amiúde com brusquidão, as implicações profundas dos diferentes aspectos de seu personagem.

A autonomia que Marco Aurélio reconhece na alma de Antonino é a do sábio que se basta. Contudo, ainda mais além, ela é a autonomia do universo, a da virtude, ao mesmo tempo o princípio da ordem cósmica e o da ação correta. Na lógica do estoicismo, o príncipe que fosse movido por um impulso interior perfeitamente livre, independente, facilmente se tornaria um *cosmocrator*, um regulador do universo. Ordenaria tudo segundo a Razão universal. Tal seria a "dinâmica" que, como ensinava Ariston, bastaria para apontar o caminho do conveniente nas ações particulares.

Por isso, naturalmente, Antonino evitava qualquer "nota falsa": prestava aos deuses o culto que lhes era devido, mas sem jamais cair na superstição. Em relação ao povo, não se mostrava demagógico. Em tudo guardava a justa medida, sem ir contra as conveniências nem inovar em nada. Talvez nos surpreendamos com esse conformismo e o julguemos meio estreito, mas ele se afigurará legítimo, se nos reportarmos aos exemplos do inverso, fornecidos pelos "maus príncipes", como Nero, e ao que se afigurava como suas extravagâncias escandalosas, as representações teatrais em que ele se exibia como ator, as corridas de quadriga, as festas noturnas à margem do lago de

O Império no reinado de Antonino 85

Agripa, no Campo de Marte. Domiciano também tinha inovado nos jogos que oferecia.[14] Antonino, ao contrário, de modo algum procurava atrair para si, por esse meio, uma falsa glória: "Ele só tinha em vista o que devia ser feito" em virtude dos costumes. Não ia além disso. Movido por um espírito de comedimento, livre de qualquer paixão que o cegasse para a razão de ser das instituições, de qualquer dependência em relação ao mundo, não cometia os erros em que haviam incorrido seus predecessores, inclusive o próprio Adriano, a acreditarmos na *História Augusta*.[15]

Do mesmo modo, os imperadores do passado tinham vivido cercados por uma corte faustosa, por escravos jovens e belos, trajados em cores vistosas, e haviam construído palácios e mansões. A de Adriano, em Tívoli, era um exemplo do que o senhor do mundo podia fazer. Já Antonino mantinha a cabeça fria. Não se entregava ao prazer de construir. Ao que Marco Aurélio acrescentou: "Ele não se banhava em horários indevidos", o que soa espantoso, à primeira vista. No entanto, uma passagem de uma carta a Lucílio permite compreender o que Marco queria dizer. Sêneca conta a seu amigo que alguns homens perturbavam a ordem estabelecida pela natureza. Eram os que "faziam da noite dia"[16] e passavam a noite em prazeres, só se deitando ao alvorecer, e se levantavam após o cair da noite. Um desses seres pervertidos só tomava banho ao despontar o dia, em vez de tomá-lo ao anoitecer. Esse tema era tradicional: figura na crítica ao epicurismo, no segundo livro do tratado de Cícero *Dos termos extremos dos bens e dos males*.[17] Esse transtorno da natureza era condenado tanto por "velhos romanos", como Catão,[18] quanto pelos estoicos, uma de cujas máximas fundamentais consistia em "seguir a natureza". Antonino, por conseguinte, merecia a aprovação dos fiéis do *"mos maiorum"* e a dos filósofos.

Não foi à toa que Marco Aurélio mencionou que seu pai "tinha estima pelos homens que eram verdadeiramente filósofos". Isso implica que não partilhava do preconceito outrora geral contra a filosofia. Ninguém há de se surpreender, por conseguinte, com o fato de ele seguir, em sua conduta, alguns princípios inspirados nessa Escola – o que acontecia toda vez que punha em prática os preceitos do *mos maiorum*, a moral tradicional, que tantas vezes havia precedido o ensino dos estoicos.

Um exemplo dessa convergência entre moral tradicional e filosofia, no próprio Antonino, foi evocado por Marco Aurélio, ao escrever que seu "pai não era desses que estão sempre em movimento e gostam de se agitar; preferia permanecer no mesmo lugar, ocupado com as mesmas coisas". Sabemos, também por Sêneca, que a agitação perpétua "é sinal de uma alma enferma",[19] e que os estoicos consideravam uma verdadeira virtude "controlar os movimentos da alma e do corpo, bem como sua interrupção".[20] Na tradição romana, os homens que não conseguiam permanecer no lugar, ater-se a seus deveres, eram chamados de "levianos": não se podia confiar neles. Antonino praticava a *gravitas*, a seriedade de quem não se deixa pôr em movimento pelo pretexto mais fútil, e nisso encontrava um ponto da ética estoica. Também não se assemelhava aos ricos ociosos de quem Lucrécio falou, que iam incessantemente da cidade para suas casas de campo, acossados pelo medo da morte.[21] Epicurismo, estoicismo e sabedoria popular uniam-se nessa visão.

Antonino, continuou Marco Aurélio, não tinha segredos, apenas alguns, e unicamente nas questões de Estado. Esse homem não atormentado pelas paixões nada tinha a esconder. Sua vida era transparente. O mesmo não havia ocorrido, como todos sabiam, com Tibério, que durante toda a vida dissimulara seus sentimentos, tanto na condução do Estado quanto em sua vida particular. Os *Anais* de Tácito, provavelmente publicados quando Antonino tinha uns trinta anos, haviam celebrizado a figura do solitário de Capri e revelado uma das regras observadas pelo sucessor de Augusto, desde o início de seu reinado: não tornar público nada que pudesse ser ocultado. Mas Adriano também havia gostado do sigilo. Cercara-se de agentes, chamados *frumentarii*, que tinham por missão inteirar-se de tudo que acontecia em Roma e lhe fazer relatórios sobre as pessoas, sem o conhecimento delas.[22] Tais práticas eram geralmente condenadas pela opinião pública. A existência de uma polícia diferente da que tinha por missão fazer respeitar a ordem material, e que era confiada a magistrados ou prefeitos nomeados pelo imperador e que exerciam abertamente a sua função, era considerada um atentado contra a liberdade dos cidadãos. Alguns príncipes, no passado, haviam recorrido a ela. Como Nero, a acreditarmos em Filóstrato.[23] Antonino não quis imitá-los.

Marco Aurélio apresentou seu pai, portanto, como o príncipe que havia materializado o mais perfeito equilíbrio nas diversas exigências entre as quais era tracionado o imperador: as tradições da cidade, as necessidades de ação e, acima disso, as de uma moral "absoluta".

O Império no reinado de Antonino

Para satisfazer as tradições do espírito romano, Antonino favorecia a livre ação das instituições a que estavam ligadas as ideias de *libertas* e de *aequalitas*. Assim é que aceitava tudo que restringia, na prática, as prerrogativas do poder imperial, consultava liberalmente o conselho de seus "amigos" (como já fizera Augusto, com o mesmo espírito), aumentou o papel do senado, assistia regularmente às suas sessões e permanecia até o fim. Evitava tudo que o separasse de maneira muito ostensiva dos outros cidadãos, e viria a apagar a *aequalitas* que existia, teoricamente, entre os membros da Cidade. Um dos princípios fundamentais da vida social em Roma, desde os tempos mais remotos, baseava-se numa ficção a que todos os espíritos se ligavam – o sentimento de que as diferenças objetivas de riqueza, sabedoria e influência não passavam de acidentes da Fortuna, e não de uma diversidade da natureza. Essa *aequalitas* (termo que seria anacrônico e perigoso traduzir por "igualdade") traduz-se pela simplicidade da vida cotidiana, pela sociabilidade, pelo acesso livremente obtido por todos à pessoa de cada "homem ilustre", sendo tudo isso qualidades que encontramos no retrato de Antonino feito por Marco Aurélio. O que diferencia o príncipe dos outros cidadãos são, antes de mais nada, as obrigações que sua condição lhe impõe, mais do que os prazeres que ela lhe pode proporcionar. Mais além, desenha-se a figura do "bom pai de família". Certamente não é por acaso que o imperador é qualificado, entre seus títulos, de Pai da Pátria.

Parece evidente, ao lermos essa página de Marco Aurélio, que ela contém várias alusões pouco favoráveis a Adriano. Já as assinalamos. Estamos lembrados de que Antonino impusera aos senadores a divinização de Adriano, convidando-os a esquecerem os erros do falecido, para não mais se lembrarem senão dos aspectos positivos de sua obra. Se com isso Antonino se mostrara "piedoso" (uma das razões que justificavam o cognome dado a ele) para com seu pai adotivo, Marco Aurélio só poderia usar de discrição semelhante para com aquele que também o havia escolhido para um dia tornar-se imperador. Entretanto, tampouco podia silenciar sobre a evolução do regime desejada por Antonino e que, por sua vez, ele se prometia buscar.

Assim, Antonino, cônscio do que dele esperava a opinião pública, preocupado em se colocar na linha do "costume dos ancestrais", também tivera de agir como homem de Estado. E, nesse ponto, não ficara aquém de sua tarefa. Diversos traços relatados por Marco Aurélio, e que já assinalamos, relacionam-se com sua ação política: seu empenho no trabalho (qualidade romana, mas indispensável no homem de quem tudo dependia), sua abertura de espírito, seu senso de justiça, seu espírito de análise e sua consciência, que o faziam ir ao fundo das coisas, sua previdência, sua despreocupação com aclamações e elogios, sua vigilância sobre tudo que era importante no Império, e por fim, a ausência de inveja de todos os homens de talento, em qualquer que fosse a ordem de conhecimento: eloquência, história do direito, ciência dos costumes ou outras. Mais ainda, não só Antonino não os invejava, como zelava para fazê-los obterem vantagens de carreira que os valorizassem. Assim é que Frontão foi honrado com um consulado e recebeu o proconsulado da Ásia, o qual não pôde exercer, em razão de seu estado de saúde. Não era uma forma de favoritismo, que consistiria em se servir do poder imperial para recompensar serviços particulares. A *Vida de Antonino* considera, como vimos, que havia nisso um mérito muito positivo do príncipe. Na verdade, essa valorização dos homens de cultura já era identificável em Trajano. Filóstrato nos informa que Dião Crisóstomo era um de seus familiares,[24] e que um outro sofista, Polemon, o homem que Marco Aurélio não admirava,[25] tinha recebido do mesmo Trajano, bem como de seus sucessores, privilégios apreciáveis, como o direito de viajar gratuitamente pela posta imperial.[26] Sabemos da proteção de que se beneficiou Herodes Ático no governo de Adriano e, como já vimos e tornaremos a ver, por parte de Marco Aurélio. E é desnecessário recordar o papel dos jurisconsultos durante o reinado de Adriano, que marcou uma reviravolta decisiva na história do direito romano. Galeno, que ganhara celebridade, viria a ser o médico da corte, a serviço de Marco Aurélio. Apenas o talento era levado em consideração. Prevalecia sobre o nascimento, as origens e a riqueza. O século dos Antoninos foi aquele em que as atividades intelectuais foram vistas como essenciais na vida do Império.

No entanto, aos olhos de Marco Aurélio, todas essas qualidades, toda essa política, por mais dignas que fossem de elogios, decorriam apenas do "conveniente" ou dos "indiferentes". Eram apenas manifestações, sem dúvida importantes, mas secundárias, das "virtudes" do imperador, e, por uma coincidência que decerto não era fortuita, essas virtudes eram precisamente as reconhecidas pelo estoicismo. Vimos que a "doçura" de Antonino era a "bondade", tal como este a concebia;[27] que ele praticava a justiça em seus aspectos mais amáveis, assim como a moderação (uma das quatro virtudes cardeais),

O próprio Marco Aurélio, na conclusão do retrato, refere-se a essa teoria não apenas no uso que fazia dos bens externos, mas também no domínio de suas paixões; e que ele possuía a virtude da "prudência", a faculdade de prever, graças a uma visão clara da realidade. Quanto à virtude da coragem, também considerada "cardeal" pelos estoicos, ela lhe era natural e aparecia, por exemplo, na dominação que ele exercia sobre seu corpo, e que lhe permitia, "depois das violentas dores de cabeça de que sofria, retornar imediatamente a seus trabalhos costumeiros".[28]

O próprio Marco Aurélio, na conclusão do retrato, refere-se a essa teoria estoica das virtudes, cuja menção aqui, portanto, não pode afigurar-se uma hipótese gratuita de nossa parte: "Sua força", escreveu, "sua firmeza e seu autocontrole, tanto na felicidade quanto no infortúnio, eram os de um homem possuidor de uma alma bem equilibrada e invencível – como o foi durante a moléstia que o levou."[29]

Os termos de que se serve Marco Aurélio pertencem, de fato, ao vocabulário técnico do Pórtico. A "força" é do campo da coragem e é definida pelos estoicos como "uma faculdade adquirida pelo exercício". A "firmeza" permite a quem formulou um juízo não se desdizer. Essa é a virtude de um Catão, em Útica, preferindo suicidar-se a se curvar diante da vitória de César (um indiferente!). Ela decorre, portanto, da *prudentia*, do discernimento entre o que é conforme à natureza e o que lhe é contrário. O autocontrole decorre da *temperantia*, geralmente classificada como a quarta e última das virtudes cardeais. Marco Aurélio não menciona, nessa conclusão, a virtude da justiça, porque ela intervém em menor grau na vida interior e no equilíbrio da alma. Ora, a imagem que Marco vem dar-nos de Antonino é, precisamente, a de um espírito que pensa "de forma justa", com vigor e sem se deixar perturbar pelas coisas externas. Evidentemente, isso era o que importava a ele próprio, que revivia as experiências de Antonino, mas o fazia à luz da doutrina de Ariston – o que explica sua maneira de traçar esse retrato, procurando remontar, a partir dos atos ou atitudes particulares de seu pai adotivo, à dinâmica interna de que eles decorriam. E era isto, acima de tudo, que ele queria descobrir: o percurso do espírito – de seu próprio espírito, finalmente – entre o lampejo inicial, a primeira imagem surgida, e a realização concreta exigida por sua condição de príncipe. Caberia aos "outros", aos romanos, formular um juízo sobre esse ato. Tal juízo seria, em larga medida, comandado pelas circunstâncias, ou até pelos preconceitos ou paixões de uma opinião pública que não obedecia à razão. Não seria racional, portanto, mas nem por isso o príncipe deveria deixar de levá-lo em conta, como o piloto leva em conta as tempestades que arrastam seu navio. Ora ele cede, ora resiste, de acordo com o que lhe mostra seu julgamento: "O amo interior (isto é, a parte dirigente da alma, a razão), quando se conforma à natureza, comporta-se diante dos eventos que ocorrem de tal maneira que sempre possa modificar sua atitude, em função da situação que lhe seja imposta. Não estima qualquer matéria determinada e se dirige com circunspecção àquilo que prefere; se outra matéria se lhe apresenta, apodera-se dela, como o fogo que se apossa do que cai sobre ele e que poderia extinguir uma pequena candeia."[30]

O mesmo se dá com a ação política. O poder que temos de agir materialmente sobre as coisas é limitado. Aumenta quando sabemos usar as circunstâncias com engenho. Essa era uma virtude reconhecida pelos estoicos, essa faculdade de adaptação ao real para melhor dobrá-lo.

Daí resulta a inexistência de máximas fixadas de uma vez por todas, para ensinar o que convém fazer para "governar bem". Ariston havia mostrado a Marco a inutilidade dos preceitos, que são coisas mortas e não podem prevalecer sobre as inspirações provenientes do "guia interior". O essencial é não sufocarmos em nós mesmos essa voz, estarmos perpetuamente atentos a ela e, para tanto, impormos silêncio às paixões, reprimirmos as tentações que nos assaltam. Era isso que o exemplo de Antonino havia ensinado a Marco Aurélio durante os 23 anos em que eles conviveram lado a lado.

ADRIANO PASSARA GRANDE PARTE de seu reinado percorrendo as províncias do Império. Marco Aurélio, ao contrário, enalteceu Antonino por não ter tido paixão pelas viagens e haver permanecido em Roma, contentando-se em solucionar as questões por intermédio de seus legados.[31] Marco Aurélio, por sua vez, não poderia imitá-lo. As circunstâncias o impediriam, mas isso não implica que tenha havido uma mudança de política. Somente a necessidade impôs a presença do imperador nos pontos em que a ameaça dos povos bárbaros fazia-se muito premente.

As campanhas que Marco Aurélio teve de conduzir foram o resgate pago pela longa paz desejada por Antonino. Uma paz parcialmente ilusória, já que o autor da *História Augusta* menciona, durante seu reinado, até oito

O Império no reinado de Antonino

guerras que tiveram de ser travadas, em regiões tão diferentes quanto a Britânia, a Mauritânia, a Germânia, a Dácia, a Judeia, a Grécia (província romana já fazia séculos e, durante todo esse tempo, pacífica!), o Egito e a terra dos alanos, para além da Armênia.[32] Não há dúvida de que a maioria das províncias era pacífica, mas o Império não estava protegido de incursões provenientes do exterior. Suas fronteiras eram frágeis, em vários pontos inseguros, e os problemas levantados para os imperadores, desde longa data, não tinham sido solucionados.

As "velhas províncias", como as quatro Gálias (Narbonense, Aquitânia, Celta ou Lionense e Belga), eram estáveis. O tempo do Império das Gálias e das rebeliões havia passado. A revolta de Civil e Clássico, em 69-70, durante os três anos de anarquia que se seguiram à queda de Nero, fora rapidamente sufocada, ficando claro que não se tratava de um movimento de raízes profundas nas cidades gaulesas. Civil era um batavo, isto é, um homem pertencente a uma região de obediência incerta, entre a Gália e a Germânia. Passado o ímpeto inicial, a maioria das cidades gaulesas se retratara e voltara ao cumprimento dos deveres. A dominação romana lhes parecera preferível ao retorno a uma antiga situação, a da "liberdade", da qual Tácito nos forneceu um panorama na *Germânia*. Havia duas civilizações presentes ao longo do vale do Reno. As tentativas de penetração profunda conduzidas pelos romanos, sob o comando de Augusto e Tibério, não haviam alcançado o sucesso que se esperava. Dois exércitos passaram então a montar guarda ao longo do Reno, um estacionado em Mogúncia [Mainz] e o outro, em Colônia. A partir do reinado de Domiciano, os territórios renanos tornaram-se províncias – a Germânia Superior e a Germânia Inferior. Instalou-se aos poucos uma linha de defesa, o *limes*. Ali se formaram núcleos de romanização ao longo do Reno, aquém do rio e também em sua margem direita. As relações comerciais exerceram um grande papel e prepararam os germanos para acolher uma civilização que não se baseava na violência e na guerra.

Adriano havia tomado plena consciência da situação do Império ante as regiões habitadas por "bárbaros" e, em consequência disso, havia reforçado ou estabelecido o *limes* – essencialmente, uma linha de comunicação paralela à frente a ser defendida e pontilhada por fortalezas. Um setor particularmente vulnerável era a região situada entre o Reno e o Danúbio, desprovida de fronteira natural e que abria acessos fáceis para o Império. Trajano e Adriano concluíram ali o estabelecimento de fortificações iniciadas antes deles. Esse *limes* afastava-se do Reno um pouco acima de Bonn, cortava o curso inferior do Lahn e do Meno (este na altura de Frankfurt) e, depois de Heilbronn, no Neckar, voltava a se juntar ao Danúbio na altura de Ratisbona. Desse ponto em diante, a fronteira do Império era constituída pelo curso do Danúbio, cobrindo as províncias de Récia, Nórica, as duas Panônias e as duas Mésias (Superior e Inferior). Depois de Trajano, uma nova província fora acrescentada. Estendia-se na margem esquerda do rio, a partir da confluência do Danúbio com o Olt (que formava sua fronteira no leste), até as Portas de Ferro, no oeste. Abrangia a Pequena Valáquia e, ao norte desta, a Transilvânia, até a cadeia dos Cárpatos. A Dácia romana era menos extensa que o reino de Decébalo, o último rei independente desse país. Esse avanço do Império, conquistado ao preço de grandes esforços, era cercado por populações perigosas: a oeste e até o Danúbio (que, nessa região, corre do norte para o sul) encontravam-se os iáziges, um ramo dos sármatas que, na época de Cláudio, tinha-se estabelecido entre os rios Tisza e Danúbio. A leste, para além dos Cárpatos, ficavam os *Costoboci* (costobocos), contra os quais Marco Aurélio viria a lutar alguns anos depois.

Era essa a fronteira setentrional do Império, desde o mar do Norte e da foz do Reno até a do Danúbio, no mar Negro. Mais além ficavam regiões imensas, ocupadas ou, na maioria das vezes, percorridas por povos instáveis, governados por reis cuja autoridade era frequentemente contestada, tanto assim que alguns se colocavam espontaneamente sob a proteção de Roma e com ela firmavam alianças incertas. Também sucedia este ou aquele povo receber de Roma um rei, após um período de anarquia. Enquanto ele permanecia no trono, o país ficava em paz, até o momento em que uma facção rival tomava o poder, ou em que intervinha uma migração que destruía o equilíbrio frágil.

No império de Antonino, os quados, um ramo da nação dos suevos – instalados no vale do rio Morava e na Morávia –, pareciam haver rompido a paz, em condições que desconhecemos. Sabemos apenas, por meio de uma moeda, que, aproximadamente no ano 140, os quados receberam um rei que lhes foi dado pelos romanos.[33] Nem por isso deixaram de participar com os marcomanos, uns trinta anos depois, de um ataque à Venécia. Provavelmente, é com os distúrbios produzidos por volta de 140 que se relaciona a referência, na *Vida de Antonino*, a uma guerra na Germânia.[34]

Contudo, desde o início de seu reinado, Antonino teve de resolver as questões da Britânia, onde, mais uma vez, levantava-se o problema da fronteira entre o mundo romano e os povos "livres". Na época de Domiciano, Cneu Júlio Agrícola, o sogro de Tácito, havia empreendido a conquista da ilha inteira. Repelira os irredutíveis até a Escócia meridional, mas Domiciano o chamou de volta, por motivos que permanecem obscuros (por inveja, disse Tácito, mas será isso mesmo?). Como se poderia esperar, o contato entre a província romana e os territórios insubmissos provocou na primeira distúrbios infindáveis, notadamente na população dos brigantes, que ocupava um vasto território entre os rios Mersey (Liverpool) e Tyne (região de Newcastle).

A situação pareceu suficientemente grave para que Adriano mantivesse na Britânia três legiões e mais de sessenta alas de cavalaria e coortes auxiliares. Além disso, o imperador mandou construir uma muralha apoiada em fortalezas, ao norte dos montes Apeninos, numa linha que unia o fiorde de Solway à foz do Tyne.[34bis] Isso equivaleu a abandonar inteiramente a Escócia e a aplicar na Britânia a solução do *limes*. Foi uma obra considerável. A muralha parecia inexpugnável. Apesar disso, a insegurança persistiu. Pareceu tão grave a Antonino que, a partir de 139, ele recorreu a um de seus melhores generais, Quinto Lólio Úrbico, de origem africana, que havia desempenhado um papel fundamental durante a rebelião judaica entre 132 e 135, e depois governara a Germânia Inferior.

Será que se tratava apenas de organizar de maneira mais satisfatória a defesa da província, ou de retomar a conquista e dar continuidade ao trabalho de Agrícola? Seria essa, como desejaria Tácito, a realização do Destino do Império – a conquista universal? Lólio começou por deslocar o *limes* mais para o norte, para o istmo que separa o fiorde ou estuário do rio Clyde (no mar da Irlanda) do fiorde de Forth, no mar do Norte, ou seja, uma distância de sessenta quilômetros. Mandou levantar uma muralha não de pedra, como a de Adriano, mas de terra, como se tinha o costume de construir ao redor dos acampamentos. Terá sido por espírito de economia, ou por ele calcular que essa fortificação seria apenas provisória, como as dos acampamentos em que se encerravam as legiões todas as noites? O que Marco Aurélio nos diz sobre seu pai adotivo não nos permite adivinhar os princípios políticos que o terão inspirado. Será que ele se preocupava sobretudo com a defesa do Império e com sua paz interior, ou queria estendê-lo até os limites do mundo conhecido?

O certo é que considerou a vitória obtida por Lólio digna de lhe valer uma saudação imperial. O título de *Imperator II* aparece numa inscrição descoberta em Amalfi (proveniente de Pozzuoli) e datada de 141-142,[35] bem como em moedas de 143.[36] Não será esse um sinal de que Antonino tencionava apresentar os sucessos de Lólio como um passo adiante na conquista? Esperança frustrada, visto que, passados alguns anos, por volta de 153, a muralha do Clyde foi abandonada e a de Adriano foi novamente ocupada. Entretanto, não se perdeu a lembrança do plano concebido por Antonino e, no reinado de Cômodo, a muralha construída por ele foi reocupada.[37] A despeito das dificuldades que havia para perseguir em suas montanhas os habitantes da atual Escócia, nessa região era concebível a possibilidade de se estender o poder romano até a orla marítima. É óbvio que isso seria impossível, num futuro relativamente próximo, no imenso território que se estendia do Reno até o mar Báltico. Não era desarrazoado, ao contrário, contemplar a conquista da Escócia. Foi a isso que Marco Aurélio chamou "a firmeza de Antonino em ações empreendidas de conformidade com a razão",[38] e acrescentou, além disso, que "tudo que ele projetava era calculado em detalhe, tudo com vagar, sem agitação, em ordem, energicamente e com coerência".[39] São indicações bastante fracas, sem dúvida, mas que tendem a sugerir que, na fronteira da Escócia, Antonino tomou a decisão de conduzir uma política de conquista, porque na época esta lhe pareceu uma solução sensata.

Se, após a construção da muralha do estuário do Clyde, que devia (cremos) fornecer uma base para uma nova progressão, esta não se deu, a razão está, sem dúvida, na revolta que sobreveio na Mauritânia, precisamente em 145. Para enfrentá-la, foi preciso enviar tropas para lá, algumas delas retiradas do exército da Britânia.

O território da África setentrional dividia-se então em várias províncias: no leste, equivalendo aproximadamente à atual Tunísia, ficava a África proconsular, a mais antiga, organizada após a derrota definitiva de Cartago, em 146 a.C. Depois, a oeste, a Numídia, correspondente à região de Constantina. Ainda mais a oeste estendiam-se as duas Mauritânias, uma chamada Mauritânia Cesariense, que tinha por capital *Iol Caesarea* (Cherchel) e ia da foz do rio Ampsaga (hoje Oued-el-Kebir, curso inferior do rio de Constantina, o Rummel) até a do rio Mulucha (Muluia); a outra, a Mauritânia Tingitana (inspirado no nome de sua capital, Tingis, atual Tânger), que ia do Muluia até

O Império no reinado de Antonino

a costa do Atlântico, isto é, ao atual Marrocos. As fronteiras meridionais desse vasto conjunto eram, naturalmente, muito incertas. Os confins do deserto eram ocupados por tribos nômades que não podiam aceitar a romanização, criadora de cidades que trariam uma civilização totalmente contrária à delas. A partir de 17 d.C., no reinado de Tibério, um númida que servira no exército romano, Tacfarinas, tinha levantado a grande tribo dos musulâmios, estabelecida na região de Kenchela (na Tunísia), mas fizera incursões distantes pelo oeste. Tacfarinas lograra aliar-se aos mouros, embora, durante alguns anos, o poderio de Roma na África tivesse parecido correr grave perigo. Por fim, Tacfarinas foi vencido em Aumale [Auzia], em 24 d.C., nas fontes do rio temporário Soummam. Já não eram apenas os territórios saarianos que estavam ameaçados, mas também as regiões costeiras. A revolta de Tacfarinas havia mostrado os perigos a que os povos do sul podiam submeter as províncias mais antigas e, aparentemente, mais sólidas.

Depois de Tibério, os distúrbios surgidos não assumiram uma amplitude comparável aos que haviam acompanhado a guerra de Tacfarinas. A política de urbanização prosseguiu, criando agrupamentos urbanos cada vez mais numerosos, bem recebidos por grande parte da população. Mas subsistiram zonas de dissidência que constituíam uma ameaça permanente. No reinado de Domiciano, rebelaram-se os nasamões, estabelecidos na Grande Sirta. Depois disso, também parece ter havido distúrbios (mal conhecidos) na Mauritânia, mais ou menos em 87 d.C. Trajano havia reforçado e ampliado a zona do *limes* africano, já iniciado ao sul da província da África. Em Lambese ele instalou a legião encarregada de defender a província, a III Legião Augusta. Adriano deu continuidade a essa política, e ficou célebre a inspeção que fez do exército em Lambese, graças a uma inscrição que conservou a lembrança dela.

Quanto mais se rumava para o oeste, mais o território romanizado se apequenava. Havia, sim, cidades protegidas por tropas romanas, corpos de cavalaria ou coortes auxiliares, mas os habitantes tinham de contemporizar com os "insubmissos" dos arredores. No reinado de Antonino, era essa a situação no município de Sala (atual Chellah, às portas de Rabat). Sabemos disso por uma inscrição feita em 144 pelos cidadãos do município para honrar seu "governador", Marco Sulpício Félix, prefeito de uma ala de cidadãos romanos sírios.[40] Comandante de uma ala de cavaleiros, Sulpício Félix também assumiu as funções de administrador civil. Ministrava a justiça, controlava as finanças, dirigia as obras públicas e mantinha relações com as tribos não controladas, cujos ataques eram sempre temíveis. Preferindo a paz a demonstrações de força, que nem sempre lhe seriam vantajosas, Sulpício negociava com essas tribos – talvez, como se supôs, oferecendo-lhes compensações em dinheiro, talvez também adquirindo fama de justiceiro e, por meio disso, um prestígio que lhe permitia arbitrar os conflitos habituais de quando uma economia de criação de animais era vizinha de agricultores sedentários. Como quer que fosse, em 144, Sulpício foi chamado de volta por Antonino, talvez em razão dos distúrbios que então se produziam, da guerra que estava começando e que obrigava o imperador a enviar à Mauritânia numerosas tropas, retiradas mais ou menos de toda parte nas províncias: destacamentos de legiões, coortes auxiliares, a lista é longa.[41] Constatamos que essas movimentações de tropas foram acompanhadas pela construção de fortes em locais estratégicos como na cidade de Medjedel (situada 47 quilômetros a oeste de Bu Saada), que dominava um desfiladeiro pelo qual se estabelecia a comunicação entre o sul e a região de Aumale.[42]

A rebelião de 144-145 teve como efeito reconduzir a atenção do imperador para os problemas criados pelas províncias africanas, sobretudo as da Mauritânia e Numídia. Tomaram-se medidas para o futuro. Os portos da costa do Mediterrâneo, utilizados para o desembarque dos reforços, foram organizados. As defesas dos portos de Cherchel e Tipasa foram refeitas ou ampliadas, de maneira a assegurar ligações sólidas com a Itália.[43] Mais uma vez, Antonino deu mostras de sua previdência e do cuidado com que organizava tudo que empreendia. Também nesse caso, como a propósito da Britânia, podemos indagar se a guerra contra os mouros, que ele travou até a vitória, foi uma operação defensiva, sem outro objetivo senão proteger as cidades, ou se foi para ele o ensejo de levar um pouco mais adiante a ocupação romana, em direção ao sul e ao oeste. Na verdade, os dois objetivos se confundiam. Não era concebível uma política de defesa sem a construção de fortes e estradas, que tiravam das tribos livres terras indispensáveis para os nômades, somando-as ao domínio romanizado. Era preciso ou abandonar a região, ou então prosseguir na conquista até tão longe quanto fosse possível. Isso era ainda mais necessário na medida em que, como era bem sabido, as graves desordens na Mauritânia Tingitana constituíam um perigo para a Espanha romana: as Colunas de Hércules (estreito de Gibraltar) não constituíam um obstáculo entre

O *Império no reinado de Antonino*

as duas províncias. Esse perigo, então apenas potencial, viria a se materializar no reinado pessoal de Marco Aurélio, em 171.[44] O destino de Roma impunha a necessidade de dar continuidade ao esforço iniciado muitos séculos antes. A esse esforço um imperador não podia furtar-se. Assim, Marco Aurélio sabia estar engajado, pelo simples fato de viver, e mais ainda por sua condição, numa luta perpétua: "A vida", escreveu, "mais se parece com a luta do que com a dança; frente a tudo que desaba sobre nós e que é imprevisível, há que estarmos prontos e firmes."[45]

Esse conselho de moral prática, inspirado no estoicismo,[45bis] como veremos, adquire uma grandeza trágica quando se trata daquele que tem por tarefa cumprir o destino do mundo. Para se tranquilizar e retomar a coragem, Marco Aurélio disse a si mesmo que esse mundo, tão desconcertante na aparência e tão cheio de confusão, era, na realidade, um conjunto harmonioso e ordenado, conduzido por uma Providência divina. Por isso, acrescentou, eu me curvo, conservo minha coragem e confio naquele que governa.[46]

ESTA ERA, na época em que Marco Aurélio foi César, a situação nas províncias do Ocidente, as que empregavam a língua latina. No Oriente, nas províncias de língua grega, ela não era menos complexa, nem mais seguras as fronteiras. Desde a conquista ou a reconquista efetuadas por Pompeu e da organização que se seguira a elas, em 64 a.C., diversas soluções tinham sido imaginadas: investidura de reis vassalos, criação de províncias, estabelecimento de relações diplomáticas com o Estado mais perigoso, o império dos partas, que se havia instalado progressivamente no que sobrara do reino dos selêucidas, oriundo da conquista de Alexandre.

A Ásia Menor compreendia a velha província da Ásia, outrora formada a partir do reino de Pérgamo, depois pela Lícia e a Panfília, imediatamente a sudeste dessa província. Entre a Lícia e a Síria ficava a província da Cilícia, separada da Síria, a leste, por uma cadeia de montanhas destacada do maciço de Tauro. A própria Síria havia formado a frente marítima do reino dos selêucidas. A partir do reinado de Nero, em 66 d.C., sua parte meridional tornara-se uma província distinta, sob o nome de Síria-Palestina. Ao sul e a oeste começava o Egito. Depois, ainda a oeste, ficava a antiga província da Cirenaica, legada a Roma no passado pelo último de seus reis. A Cirenaica, onde fazia séculos que se haviam instalado colônias gregas, era uma província de língua grega, mas a vizinhança imediata com a África proconsular havia disseminado por ela o uso do latim.

Ao norte da província da Ásia estendia-se a da Bitínia e Ponto, ao longo da costa meridional do Ponto Euxino. No interior da península que forma a Ásia Menor ficavam a província da Galácia e a da Capadócia. Mais a leste situava-se a Armênia, ao sul do Cáucaso, e para além dela começava o império dos partas.

Nesse espaço imenso, os romanos lidavam com populações extremamente diversas. No sul viviam os semitas, alguns dos quais haviam aceitado a cultura helênica; outros, como os habitantes da Judeia, permaneciam fiéis a suas tradições religiosas e nacionais. Muitos desses judeus haviam emigrado para todo o Oriente, principalmente para o Egito – onde formaram, em Alexandria, uma colônia muito importante – e para a Cirenaica. Seu particularismo, cuidadosamente mantido, colocava-os em oposição aos outros habitantes dos países em que eles se encontravam, cujas leis, muitas vezes, eram incompatíveis com as judaicas. Daí resultava um estado de conflito sempre latente, mas que, em certos momentos, transformava-se em rebelião e em guerra aberta. Assim, no reinado de Trajano, de 115 a 117, a revolta judaica estendeu-se não apenas ao Egito e à Cirenaica, mas também a Chipre e até à Mesopotâmia,[47] ali havendo causado grandes devastações, que Adriano se esforçou por reparar. Em seu reinado, porém, ainda houve graves distúrbios na Judeia entre 132 e 135. As causas que os provocaram, bem como as da segunda revolta, permanecem obscuras. Na origem estavam, com certeza, o ódio aos romanos, os quais, no reinado de Vespasiano, haviam destruído o templo de Jerusalém, e depois, quem sabe, um redespertar do messianismo, ligado à antiga promessa, jamais esquecida, de que um "rei" vindo do Oriente seria dado ao mundo. Perigosas em si, essas rebeliões o eram ainda mais por serem contagiosas. Dião Cássio nos ensina, com efeito, que outras nações que não os judeus uniram-se a eles "pelo lucro", provavelmente para evitar a obrigação de pagar os impostos e taxas exigidos pelos romanos.

Uma vez esmagada a revolta, Adriano tomou providências destinadas a acabar com o judaísmo.[48] A circuncisão foi proibida, sob pena de morte. Também foi proibido ensinar a Lei e ordenar rabinos. Em Jerusalém, no local do templo, ergueu-se um santuário para a deusa Roma e para o próprio Adriano. Os distúrbios, no entanto, continuaram, provavelmente em razão dessas perseguições, de modo que Antonino, no começo de seu reinado, resolveu suspendê-las e restabelecer a tolerância religiosa.[49] O judaísmo deixou de ficar fora da lei! Marco Aurélio parece haver guardado uma lembrança ruim desses acontecimentos. Amiano Marcelino conta que, quando de sua passagem pela Palestina, para chegar ao Egito, após a revolta de Cássio, Marco Aurélio teria declarado: "Ó marcomanos, quados, sármatas, encontrei enfim uma gente mais turbulenta do que vós."[50] A pouca simpatia que lhe inspiraram os revoltosos de 135 certamente não contribuiu para fazê-lo simpatizar com os cristãos, cuja religião se afigurava uma heresia do judaísmo.

O problema suscitado pelos judeus era interno ao Império. O mesmo não acontecia com as difíceis relações entre romanos e partas. Esse povo, de origem iraniana, invadira primeiro as províncias setentrionais e orientais do antigo reino dos selêucidas. Sua organização social conservava um caráter feudal e a cultura helênica lhe era estranha. O antigo reino aquemênida, contra o qual os gregos haviam lutado, parecia reconstituir-se, com a mesma oposição cultural entre bárbaros e helênicos (dessa vez, com os romanos representando a cultura do Ocidente) de seis ou sete séculos antes. Os reis partas eram provenientes de um chefe "cita" chamado Ársaces, que, com um bando de dahes, chegara da orla do mar Cáspio aproximadamente em meados do século III a.C. e invadira o norte do reino selêucida. Seus descendentes usavam o nome de arsácidas, e essa origem constituía seu principal direito ao exercício do poder sobre o conjunto do Império Parta, que se estendia do alto vale do Eufrates e do Tigre até a Babilônia e integrava diversos reinos, alguns deles de antigas satrapias selêucidas que se haviam tornado independentes.

Por mais que se dissesse, assegurando que os romanos e os partas podiam viver em paz, que um conflito entre os dois impérios nada teria de fatal, persiste o fato de que, a partir de meados do século I a.C., a província romana da Síria viu-se à mercê das incursões que os partas – guerreiros do deserto, acostumados aos rápidos ataques de surpresa com o objetivo de pilhagem que faziam parte da tradição dos citas de quem eles descendiam – realizavam contra as províncias romanas. O primeiro confronto real entre eles e os romanos teve lugar na época em que o triúnviro Crasso atacou o Império Parta e foi derrotado e morto em Carras, em 53 a.C. Desde então, e apesar de alguns intervalos de paz, obtidos à custa de negociações difíceis, a guerra eclodiu, em várias ocasiões, entre as duas potências. Durante a guerra civil, Quinto

Labieno, filho do legado e amigo de César, retirou-se para a corte do rei parta e o incentivou a lançar seus cavaleiros contra a Síria e a Cilícia, retomando as tentativas abortadas dez anos antes. As populações da Síria uniram-se aos partas. O Império, nessa região, parecia prestes a se desmembrar sob a pressão externa. Foram necessários quatro anos para deter o avanço dos partas.

Coube a Antônio, após a divisão dos poderes entre Otávio e ele, no ano 40, "pacificar" o Oriente, ou seja, reconstituir o Império e reforçar as fronteiras. Para isso, tornava-se essencial ocupar a Armênia, ponto estratégico de onde poderiam surgir ataques tanto em direção ao oeste quanto ao sul. Uma primeira expedição, conduzida por Antônio, resultou em fracasso, mas uma segunda campanha permitiu retomar a Armênia, que foi abarcada pelo vasto reino que Antônio vinha organizando para si mesmo e para os filhos que Cleópatra lhe dera. A vitória de Otávio na batalha de Actium transtornou esse novo equilíbrio, o que não melhorou as relações entre Roma e os partas. O Império Parta, dilacerado por complôs incessantes, deixou de ser uma ameaça real. Existia ali um partido que buscava o apoio de Roma, o que permitia recorrer à diplomacia, e não às armas, e manter a paz. Assim é que o rei Fraates, na época de Augusto, deu aos romanos como refém um de seus filhos, Vonones, que tinha sido criado em Roma. No início dos *Anais*, Tácito analisa as razões dessa política e suas consequências. Fraates, no dizer dele,[51] enviou a Roma "alguns de seus filhos, para garantir sua amizade, menos por nos temer do que por desconfiar da lealdade de seus súditos". Assim, Roma afigurou-se aos partas o recurso contra suas dissidências internas, o único poder que poderia garantir a estabilidade de seu império!

Augusto, naturalmente, aceitou de bom grado desempenhar esse papel, que, por algum tempo, pareceu solucionar o problema parta, sem que fosse necessário recorrer às armas. Foi possível ter essa ilusão quando, após a morte de Fraates, embaixadores enviados pelos grandes senhores da Pártia, cansados dos assassinatos que se sucediam na casa real, foram pedir aos romanos (era o início do reinado de Tibério) que lhes devolvessem Vonones. O imperador assentiu nisso com alegria, diz Tácito, "estimando que para ele isso era um triunfo". Pôde ver aí não apenas uma satisfação do amor-próprio (Tibério não era sensível a isso, em geral), mas principalmente o começo, no Oriente, de uma política já comprovada e que parecia passível de melhorar as relações com os povos bárbaros, dando-lhes reis que estivessem habituados com os costu-

O Império no reinado de Antonino 101

mes romanos, como era o caso de Vonones. Faria ele com que seus súditos os adotassem? Essa esperança se frustrou. Ele próprio não conseguiu curvar-se aos costumes ancestrais dos partas, e estes não tardaram a desprezá-lo, porque ele "só raramente caçava, não se preocupava em montar a cavalo, fazia-se transportar numa liteira, toda vez que passava pelas cidades, e desprezava os festejos tradicionais. ... Além disso, a facilidade de sua abordagem e sua gentileza espontânea, todas elas qualidades desconhecidas dos partas, eram novos defeitos para eles ...".[52]

Durante alguns anos, a fronteira da Síria só foi atacada pelos partas. A Armênia, ao contrário, era um lugar disputado pelas duas potências, cada uma das quais impôs alternadamente a esse país um rei que lhes era devoto. Essa situação, muito instável, durou de Tibério a Cláudio. Os imperadores hesitavam quanto à escolha de uma política: será que podiam esperar que príncipes integrados à cultura romana fossem instrumentos de uma romanização imediata, ou conviria se resignarem a uma guerra? Nero abandonou a diplomacia e resolveu aplicar o outro método. Inicialmente, foi forçado a isso pela pressão da opinião pública, quando se soube que os partas haviam expulsado da Armênia o rei Radamisto, tolerado pelos romanos, e posto Tirídates em seu lugar. Essa afronta ao poder romano, ocorrida no início do novo reinado, pareceu intolerável. Nero mobilizou todas as forças disponíveis na Ásia e se preparava para a guerra quando, oportunamente, no dizer de Tácito, "um rival ergueu-se contra Vologases (o rei parta) e os partas retiraram-se da Armênia, como se adiassem a guerra".[53] Essa guerra viria a eclodir alguns anos depois. Dessa vez, realmente pareceu que Nero, desejoso de estender o Império até o Oriente, quis tomar a Armênia como base de partida. As operações, confiadas a Domício Córbulo, foram coroadas de êxito; tanto assim que, no ano 66, Tirídates teve de ir a Roma para receber solenemente sua coroa das mãos de Nero. Estava aberto o caminho para um novo avanço em direção à Índia. Mas esse grande projeto foi interrompido pela morte do imperador, dois anos depois, e os Flavianos não o retomaram. No entanto, a esperança de conquistar o país dos partas continuou a acossar os espíritos. Trajano, após o sucesso de sua guerra contra os dácios, tentou transformá-la em realidade. Será que queria apenas criar, para além do deserto da Síria, vulnerável pelas razões que expusemos, uma vasta zona de segurança? Seria isso, como sem dúvida foi para Nero, o desejo de imitar Alexandre – e, de fato,

Trajano também atingiu a Babilônia! –, ou tratava-se de realizar o destino de Roma evocado por Tácito, e de cumprir o vaticínio feito por Anquises a seu filho Eneias, no canto VI da *Eneida*, sobre a missão de Roma, encarregada pelos deuses de "vencer os orgulhosos"? Que povo ultrapassaria os partas em orgulho?

Como quer que fosse, a campanha contra os partas foi lançada na primavera de 114. Em poucos meses, a Armênia foi conquistada e tomada de seus reis. Em seguida, foi a vez da Mesopotâmia, que se tornou província romana, e, no ano seguinte, as legiões chegaram à orla do golfo Pérsico. Alguns anos antes, enquanto Trajano se engajava na segunda Guerra Dácica, um de seus lugares-tenentes, o legado da Síria, já havia anexado a Arábia Pétrea ao sul de sua província, o que dava acesso direto ao mar Vermelho pelo porto de Eilat. É possível que essa operação tivesse como objetivo facilitar as comunicações, tomando o deserto da Síria pelo lado contrário, ou impedir uma ofensiva dos partas em direção ao Egito e, com isso, ao menos por algum tempo, fechar os limites meridionais do Império.

Mas a conquista do Império Parta não foi duradoura. Surgiram rebeliões por toda parte. Trajano tentou manter ao menos uma aparência de suserania sobre os territórios que evacuou. Deu um rei aos partas, que não o reconheceram. Adriano, designado governador da Síria por Trajano, enquanto este, doente, deixava o comando efetivo, tentou salvar o que ainda podia ser salvo e abandonou todas as conquistas efetuadas a leste do Eufrates e do Tigre. Quando Adriano, que se tornara imperador por morte de Trajano, teve que ir à fronteira do Danúbio, onde se haviam produzido distúrbios, confiou a Síria a Lúcio Catílio Severo, o antigo cônsul, cuja neta, Domícia Lucila, a Jovem, dois anos depois, traria ao mundo o futuro imperador Marco Aurélio.[54]

No reinado de Antonino, as relações entre os romanos e o império dos partas não nos são perfeitamente claras. Parece que o rei parta Vologases III tencionava desencadear uma guerra contra Roma, mas foi dissuadido disso quando se enviaram tropas à Síria. Vologases estava menos preocupado em vencer uma revanche, que apagasse as derrotas sofridas pelos partas no reinado de Trajano, do que em se opor à política de Antonino, cuja diplomacia interferia de maneira cada vez mais ativa a leste do mar Negro. Farasmano, o rei dos iberos (um povo do Cáucaso), convidado a Roma por Adriano, havia recusado o convite. Novamente convidado por Antonino, aceitou-o. O imperador o recompensou, aumentando seu domínio e cumulando-o de honrarias.[55] Outro sucesso diplomático foi obtido na mesma região, quando Antonino deu como rei aos lazos (um povo estabelecido na costa sudeste do mar Negro, ao sul do Faso, atual Rion) o príncipe Pácoro, cujo nome revela suas origens partas. Era evidente que o imperador, embora conduzisse uma política de aparência defensiva, nem por isso deixava de dar continuidade à marcha para o Oriente, instalando reis vassalos ao redor de toda a Armênia. Assim, o reino parta viu-se ameaçado tanto no norte quanto no oeste, tanto na Armênia quanto na Síria. A reação do rei Vologases, longamente adiada, produziu-se a partir da morte de Antonino, em 161, e eclodiu uma nova guerra pártica, à qual Marco Aurélio deveria fazer frente.

As regiões situadas ao norte do mar Negro, as planícies da Rússia meridional, até o litoral do mar Cáspio, não foram mais tranquilas durante o reinado de Antonino. Já sob Adriano tinha sido preciso repelir as incursões dos alanos, que haviam atravessado o Cáucaso e atingido o norte da Armênia e a Capadócia.[56] Antonino, diz o autor da *História Augusta*, interviera em várias ocasiões contra eles e teria conseguido contê-los,[57] mas eles se encontraram novamente, no reinado de Marco Aurélio, entre os invasores da Ilíria, ao lado de tribos germânicas como os marcomanos, os hermonduros, os suevos e muitos outros, por ocasião do grande ataque dos bárbaros ao Império, depois de 166.[58] O sonho do império universal, o *imperium sine fine* (sem fim no tempo e sem fronteira no espaço), decerto não foi abandonado – jamais o seria, sob diversas formas –, porém era preciso ter paciência, lembrar que Roma, no correr dos séculos, havia atravessado provações ainda mais terríveis, e que o Império havia saído vitorioso. Nessas ocasiões, as lições da história, a acreditarmos na *Vida de Marco Aurélio*, não deixaram de reafirmar sua coragem.[59] Suas reflexões nas *Meditações* convidam-nos a admitir que, ao lutar, ele estava certo de cumprir a vontade dos deuses. Assim é que escreveu: "Minha cidade, minha pátria, para mim, como para Antonino, é Roma; como ser humano, é o universo. O que é útil a essas duas cidades, portanto, constitui para mim os únicos bens."[60]

O patriotismo de Marco Aurélio e sua energia para defender e promover o Império foram uma espécie de aposta, baseada em sua certeza de que, na perspectiva divina, não havia entre os interesses de Roma e os do universo contradição alguma, e sim, ao contrário, uma harmonia profunda. Essa convicção o sustentou durante as intermináveis campanhas que o levaram a combater no Oriente e no Danúbio; conseguiu manter sua fé num futuro em que as leis de Roma, estendidas à humanidade inteira, fariam o mundo não ser mais do que uma imensa cidade: "Se a faculdade de pensar", escreveu Marco Aurélio, "nos é comum, também nos é comum a razão, graças à qual somos seres racionais. Se assim é, a lei também nos é comum; se assim é, somos todos membros de uma mesma cidade; se assim é, participamos de uma mesma organização política; se assim é, o universo é como uma cidade."[61]

Tal era o vasto desígnio a que o imperador consagraria seus esforços e sua vida: permitir que no universo triunfasse a Razão.

4. O império dos sofistas

O IMPÉRIO DE ROMA, ampliado por Trajano, consolidado, em limites um pouco mais estreitos do que este havia desejado, pela política prudente e atenta de Adriano e, mais tarde, pela sabedoria de Antonino Pio, não era somente o espaço em que se exercia o poderio militar de uma cidade conquistadora. Nele, as forças armadas eram relativamente pouco numerosas. Consistiam num conjunto de 28 legiões, ao todo, e dispunham de tropas auxiliares: coortes de infantaria, recrutadas em princípio nos povos aliados, alas de cavalaria e destacamentos constituídos por corpos autônomos, os *numeri*, encarregados de missões especiais e dotados de objetivos limitados. Essas legiões, complementadas por suas tropas auxiliares, eram distribuídas pelas províncias fronteiriças, desde a Britânia (onde subsistia no norte, como vimos, uma zona insubmissa) até a Arábia e o Saara. Bordejavam o curso do Reno e o do Danúbio e o litoral do mar Negro na Dácia e na Capadócia. Eram encontradas na Síria, na Palestina e no Egito – onde tinham de enfrentar elementos da população mal integrados nas cidades. Mas não havia legiões nas "velhas" províncias, nem nas Gálias nem na Grécia, nem na Ásia Menor, nem na Itália. Na Espanha, uma única legião, a VII Gemina, tinha por missão prevenir as incursões, sempre possíveis, praticadas por mouros que transpunham o estreito de Gades [Cádiz] (nosso estreito de Gibraltar).

Essa distribuição é significativa e traduz um fato evidente. Ela implica que o exército romano não tinha por objetivo exercer qualquer coerção sobre as populações das províncias, e que estas aceitavam a lei romana. As legiões protegiam essas populações frente aos bárbaros do exterior, e formavam uma base inicial que permitisse levar a romanização mais adiante. A coesão do Império não repousava no medo e na força, mas no sentimento que ele oferecia, com suas instituições, de uma pátria comum, que salvaguardava os patriotismos locais e garantia não apenas a paz, mas também, tanto quanto fosse possível, o império da justiça. De modo ainda mais profundo, a vida urbana, que ele tendia a generalizar, distribuía pelas províncias todas as formas de cultura e a convicção de que a vida do espírito realizava a mais alta excelência humana. Pouco a pouco, estabeleciam-se as condições de uma união verdadeira, sentida como a do Império, independentemente de todas as justificativas metafísicas e ligada à própria natureza do Homem.

Foi no quadro muito geral dessa cultura humana que se situou a convicção que animava Marco Aurélio, sua fé numa cidade universal, baseada na existência, em todos os seres humanos, de um pensamento racional, idêntico à Razão que se descobria na alma do mundo. Sem dúvida, essa formulação foi tomada de empréstimo do estoicismo, e é fácil encontrar sua origem nos primeiros filósofos do Pórtico,[1] mas aquilo que era uma espécie de sonho, na *Política* (perdida) de Zenão, tornara-se realidade. Plutarco atribuiu a Alexandre o mérito de haver começado essa evolução, de tê-la provocado conscientemente por sua política em relação aos persas. Alexandre, longe de seguir o conselho que lhe dava seu mestre Aristóteles – o de tratar os bárbaros como escravos, de considerá-los animais ou plantas –, quis unir todos os seres humanos, como que em volta de uma cratera em que se bebesse a "taça da amizade", e os convidou a considerar como sua pátria toda a terra habitada e a considerar seu próprio campo como a fortaleza que os protegeria.[2]

Alguns anos depois, Arriano, que foi um dos companheiros de Trajano durante a Guerra Pártica e legado de Adriano na Capadócia,[3] sustentou a mesma tese, que também é encontrada em Dião Crisóstomo.[4] O elogio de Alexandre como unificador da humanidade é um dos temas da segunda sofística.[5] Essa visão do ilustre conquistador contradiz o julgamento feito sobre ele até então pelos estoicos, que só queriam lembrar-se dos atos de violência que ele havia cometido contra seus amigos mais íntimos, de suas paixões imoderadas e de seu fracasso final.[6]

Marco Aurélio estava ciente dessa contradição. Não poderia deixar de estar, pois fazia muito tempo que os senhores de Roma haviam tomado Alexandre por modelo, e ele próprio fora incitado a fazer o mesmo, como se depreende de uma passagem das *Meditações*. Ao refletir sobre a conduta que deveria ser seguida por um político, ele escreveu: "E agora, vamos, cita-me Alexandre e Filipe e Demétrio de Falera. Eu os seguirei, se eles se houverem instruído bem sobre aquilo em que a natureza comum consente, mas, se houverem apenas encenado a tragédia, ninguém me condena a imitá-los."[7]

O *império dos sofistas*

Os conselheiros em quem Marco Aurélio pensava e que procuravam arrastá-lo para uma política de conquista eram, evidentemente, os "sofistas" de discursos sedutores, mais sensíveis aos exemplos históricos prestigiosos do que aos raciocínios da metafísica. E eis que Marco foi colocado, mais uma vez, diante de uma escolha. O que venceria nele: a retórica ou a filosofia? Quando ele ainda era César e escutava as lições de Frontão, quando fazia para seu mestre os exercícios que este lhe impunha e, ao mesmo tempo, descobria os livros de Ariston, essa escolha era apenas teórica. Ele próprio ainda não era responsável pelo destino do Império, que repousava unicamente sobre Antonino. O mesmo já não se dava quando ele escreveu a frase que citamos, e que data da época em que estava reinando sozinho e, provavelmente, daquela em que, terminada a revolta de Avídio Cássio, ele retornava ao Ocidente para encontrar a frente da Germânia.[8] Era a ele, como *imperator*, que cabia decidir se imitaria Filipe e seu filho e buscaria conquistar o mundo, ou se se absteria disso, se escutaria os retóricos, sensíveis tão somente ao prestígio de um rei parecido com aqueles que os poetas trágicos mostravam em seus poemas, ou se iria associar-se à condenação que os estoicos impunham a esses "salteadores" afortunados. Marco Aurélio interrogou-se e buscou um critério para decidir.

No começo desse mesmo pensamento, Marco Aurélio assustou-se com a força com que "a causa universal" carregava tudo, como faz a torrente inflada pela tempestade, e achou muito ingênuos os políticos comuns, que tinham a pretensão de dirigir seu curso e, desse modo, conduzir-se como filósofos. Esses homens eram crianças. O verdadeiro político seria dócil às lições da natureza, isto é, da realidade em seu devir. Não procuraria saber se o olhavam e não esperaria realizar a República de Platão (a qual ele certamente pensava que cometia uma violência contra a natureza), mas se satisfaria se pudesse introduzir no mundo uma pequena modificação, por mínima que fosse. Os seres humanos eram cheios de preconceitos – dessa "opinião" contra a qual o estoicismo o punha em guarda. Eram esses preconceitos, dizia Marco Aurélio, que era preciso mudar; era preciso despertar os homens para uma compreensão mais correta deles mesmos e de sua condição; caso contrário, a ação do príncipe seria sentida como uma tirania, e a docilidade dos súditos não passaria, na realidade, da manifestação de sua escravidão, daquilo que eles julgariam como tal. O verdadeiro príncipe, aquele que Marco Aurélio queria ser, agiria com modéstia sobre os espíritos. Sua monarquia seria essencialmente alicerçada em valores espirituais. Talvez fosse útil recorrer aos discursos que arrebatavam os espíritos – os dos sofistas – e evocar grandes "modelos", mas eles só seriam seguidos em seus atos caso se descobrisse que estes tinham-se inspirado no conhecimento da "natureza", menos do que ela queria que daquilo que ela admitia, do que era possível fazer sem violá-la.[9] A ação do rei seria exercida, portanto, sobre o pensamento dos homens, e o faria com infinitas precauções, com modéstia, e sempre no sentido da natureza, seguindo as leis do real! Assim o exemplo de Alexandre poderia ser aceito, não por uma espécie de arrebatamento passional – o gosto insensato pelo sublime –, mas caso se revelasse conforme ao destino universal.

Ora, desde a queda dos Júlio-Claudianos, seguida pela dos Flavianos, com o assassinato de Domiciano, parecia que um dos grandes méritos reconhecidos em Alexandre tinha sido o de provocar a realização do sonho formado a partir dele pelos estoicos, de um universo onde a humanidade se integraria. Alexandre, portanto, havia caminhado na direção consentida pela natureza. Tornara-se um modelo possível. Alexandre havia criado, ou, na verdade, melhor dizendo, "cristalizado" a unidade espiritual do mundo grego, dado ao helenismo uma dimensão universal, ao menos potencialmente, e essa unidade se manifestava já fazia quase um século, quando Marco Aurélio iniciou seu reinado pessoal, através da renovação que, desde a Antiguidade, era chamada de segunda sofística.

Essa visão de mundo encontra-se exposta, com grande nitidez, no discurso proferido pelo "sofista" Élio Aristides nas panateneias de Atenas do ano 167.[10] Nelas, naturalmente, Aristides fez o elogio de Atenas, e para isso acumulou os mais variados argumentos. Enalteceu, entre outras coisas, sua situação geográfica, a vontade da Providência que a pusera no centro do universo. Por sua própria posição, Atenas revelava-se o lar comum da raça humana, o lugar onde, como nas residências privadas, os membros da família vinham honrar as divindades e rezar para elas. Ao mesmo tempo, recorrendo a antigas lendas de que os habitantes da Ática teriam "nascido do solo" e não teriam vindo de parte alguma, Aristides afirmou que os homens haviam surgido dessa terra "como a água de uma fonte". Em seguida, declarou (sem poder apoiar-se nas tradições mais comumente aceitas – mas será que os sofistas necessitavam realmente de garantias?) que a civilização tinha sido trazida ao mundo por Hércules, partindo, assegurou ele, dessa mesma Atenas. É claro, Hércules

O império dos sofistas

tinha sido ajudado por Teseu, o herói ateniense por excelência. Aristides não o negou, mas o filho de Egeu figura em seu *Discurso panatenaico* apenas como parceiro. Em razão de suas façanhas, Hércules havia recebido dos atenienses honrarias divinas; tais cidadãos tinham sido os primeiros a descobrir nele o deus. Por fim, argumento supremo, a primazia de Atenas e o lugar singular que lhe coubera no devir universal eram provados, indiscutivelmente, pelo magnífico presente que os deuses haviam ofertado à Ática, ao dissimularem em seu solo o mais belo mármore que existia!

Naturalmente, o passado histórico da cidade também foi evocado, em meio a seus títulos de glória, e esse viria a ser um dos argumentos mais sólidos a serem repetidos em seus discursos pelos sofistas da época. Todos viam Atenas como o lugar de toda a perfeição. Ao falarem dela, porém, referiam-se à cidade livre, gloriosa, antes da derrota e da dominação pelos reis da Macedônia. O tempo dessa liberdade era suficientemente antigo para que os discursos que a exaltavam não pudessem afigurar-se reivindicações políticas. A glória de Atenas pertencia ao mundo do mito; não comprometia de modo algum a unidade do Império Romano, mas antes a reforçava, na medida em que o poder imperial parecia permitir uma nova floração do helenismo.

Adriano havia consagrado a irradiação intelectual de Atenas ao fundar o Pan-helênio e ao instalá-lo nessa cidade, que assim se tornara uma capital espiritual, dominando das alturas o resto do mundo.[11] Era em torno dela que os escritores e pensadores que se exprimiam em grego – e que estavam em toda parte, de Roma a Alexandria, de Arles a Éfeso e a Esmirna – esforçavam-se por encontrar a continuidade do helenismo, por fornecer, digamos, sua imagem virtual no espelho do passado. O *Discurso panatenaico* de Aristides, evidentemente, não é desprovido de artifícios; os adornos da retórica prevalecem sobre a fundamentação dos argumentos. O papel atribuído a Hércules, que não pode deixar de causar surpresa, é muito significativo nesse aspecto. Na tradição da sofística a que se ligava Aristides, Hércules aparece como o protótipo do herói protetor, *alexikakos* (aquele que rechaça o mal), exatamente como era representado o imperador. Dião Crisóstomo, apenas uma geração antes, havia imaginado terminar seu *Primeiro discurso sobre a monarquia* com um longo apólogo, um mito à maneira de Platão, no qual ele mostraria Hércules conduzido por Hermes, sob as ordens de Zeus, ao cume de uma montanha; de lá o herói descobriria dois personagens, duas mulheres, uma das quais seria a personificação da Tirania e a outra, a da verdadeira Realeza.[12] A Tirania, nesse mito, exibia os traços de Domiciano.[13] A Realeza, ao contrário, era cercada por todas as virtudes que faziam "bons reis". Hércules, evidentemente, tomava-a como modelo e inspiração.

Ora, esse mito é muito claro. Alude à realeza de Trajano, desejada por Zeus e colocada pelo próprio imperador sob a proteção do herói tebano, que aparece na cunhagem de moedas desde o ano 100 d.C.[14] Aristides, portanto, não fez mais que continuar no caminho traçado por Trajano e Dião. Admitiu como postulado irrefutável que Roma, longe de haver sufocado o helenismo, reatava com a tradição que havia interrompido a fragmentação do império de Alexandre.

Com efeito, ao tomar a iniciativa, no fim do século II d.C., de expor a história da segunda sofística, Filóstrato distinguiria dois grandes momentos na evolução do pensamento grego: uma primeira sofística, nos séculos V e IV antes da nossa era, a de Górgias, Demóstenes e, depois, Esquino, e, sem transição, uma segunda, cujo representante máximo ele considerava ser Niceto de Esmirna, contemporâneo de Plínio, o Moço.[15] Esse resumo talvez tenha levado certos historiadores modernos a crerem que a vida intelectual das cidades gregas fora interrompida entre o século de Demóstenes e o de Trajano. Na realidade, Filóstrato só se interessava por um aspecto dessa vida intelectual: o papel desempenhado pela eloquência na vida política das cidades. Ora, é bastante óbvio que a fragmentação política da Grécia, quando se formaram os reinos dos sucessores de Alexandre nos quais as cidades foram integradas, ficando Atenas sob a dependência da Macedônia, acarretou uma modificação profunda na prática da eloquência. Os oradores deixaram de ser os onipotentes conselheiros dos cidadãos livres. Tornaram-se artesãos da palavra, mais virtuoses do que pensadores ou políticos.

Uma evolução análoga se havia produzido em Roma com o fim da República. Tácito fizera essa constatação no *Diálogo dos oradores*, publicado pouco depois do *Primeiro discurso sobre a monarquia* de Dião Crisóstomo. A eloquência romana periclitava, porque as condições políticas haviam mudado e os oradores já não tinham por tarefa defender a liberdade, garantir a justiça entre os cidadãos e controlar a ação dos magistrados. Era chegado o tempo dos retóricos. Ninguém estava mais convencido disso do que Marco Aurélio. Os ensinamentos que havia recebido de Frontão lhe mostravam isso. Ele compreendia bem que os discursos que o mestre lhe dava para redigir não passavam de exercícios de estilo, que encontravam sua razão de ser em sua perfeição formal, e não no pensamento que exprimiam, nem sequer no efeito persuasivo que pudessem surtir num auditório, aliás puramente fictício. A eloquência tornou-se uma das belas-artes, uma espécie de poesia em prosa que já não tinha por fim arrebatar os espíritos, fazer triunfar uma verdade ou provocar uma ação, mas se propunha apenas agradar a sensibilidade, como faria uma música.[16] O que aos poucos invadiu o mundo e, a partir da Grécia, a metade do mundo que era romana, foi a tradição dos rétores, que pretendia perpetuar os mais elevados momentos do helenismo. Se o Império Romano era o único capaz de realizar a unidade jurídica e institucional do mundo, a "sofística", por sua vez, realizaria sua unidade espiritual, com a mescla que impunha do "bem dizer" e de noções comuns popularizadas pelas filosofias.

Essa cultura, que se disseminava, repousava no culto dos modelos gregos, considerados insuperáveis. Assim, quando Marco Aurélio felicitou Frontão pelo discurso que este, investido do consulado, proferira no senado para agradecer a Antonino, escreveu-lhe: "Em todo caso, os gregos de outrora nunca escreveram nada parecido, não é? Que o decidam aqueles que sabem. Quanto a mim, se assim posso dizer, nunca encontrei Catão tão perfeito na culpabilização quanto tu no elogio. Ah, se meu Senhor podia ser suficientemente louvado, decerto o terá sido por ti. Um trabalho como esse não se faz nos nossos dias. Mais fácil seria imitar Fídias, mais fácil imitar Apeles, mais fácil, enfim, imitar o próprio Demóstenes, ou Catão, do que realizar uma obra tão perfeita, tão trabalhada."[17]

Marco "fez o jogo" de seu mestre. Aceitou a estética que era cara a este, a da segunda sofística, e, para parecer mais verdadeiro, imiscuiu em sua carta uma expressão retirada de Demóstenes.[18] O que equivalia a mostrar que, também para ele, os ensinamentos dos retóricos gregos eram familiares, e que ele sabia onde estava a perfeição.

Mas, apesar desse entusiasmo cortês de Marco Aurélio com a eloquência de Frontão, que ele bem sabia não ter outro propósito senão agradar, provocar na plateia exclamações de admiração, ele próprio só praticava esse gênero a contragosto, quando a tanto era forçado pelas exigências de seu personagem, do que ele representava no Estado.[19] Entre os gêneros obrigatórios da retórica tradicional figuravam os "protrépticos" – o que os rétores latinos chamavam de *suasoriae*, discursos destinados a aconselhar (Aníbal a marchar sobre Roma, Alexandre a conquistar o mundo etc.). Pois bem, nas *Meditações*, Marco Aurélio se felicitaria por nunca haver escrito nenhum, a conselho de Júnio Rústico,[20] o professor que o levara a conhecer Epicteto. Tinha mais a fazer do que ficar perpetuamente retomando esse tipo de exercício.

Várias razões desviaram Marco Aurélio de aceitar incondicionalmente a cultura da moda. Para começar, seu gosto pela filosofia, que o fazia considerar perda de tempo o cuidado dedicado pelos retóricos à escolha das palavras que iriam usar. Já maduro, ele escreveu a Frontão – numa carta que perdemos, mas para a qual possuímos a resposta do mestre – que objetava, não sem certa razão, a que todos os escritores, e até mesmo os filósofos, sempre se houvessem preocupado com a propriedade dos termos.[21] Mas isso não correspondia ao pensamento de Marco Aurélio: o que ele reprovava era a elegância puramente formal do discurso, a harmonia dos sons, a raridade das palavras. Não nutria a menor simpatia pela arte de Polemon.[22] Desdenhou dos rétores que ouviu proferirem panegíricos insípidos em Nápoles.[23] Apreciava muito a eloquência de Cícero, porém, mais do que seus discursos, sua correspondência – e nisso sua opinião coincidia com a de Frontão.[24] Pediu a este último que lhe enviasse tudo que pudesse encontrar de tais cartas, e o fez numa ocasião em que estava residindo no campo, tão ocupado com os assuntos de Estado quanto estaria em Roma. Apesar das poucas horas de lazer, queria que Frontão lhe indicasse as cartas que ele deveria ler, em especial, "para aperfeiçoar [seu] domínio da linguagem". Era uma preocupação essencialmente prática e que não vinha do campo da retórica, mas do simples vocabulário. O termo empregado por Marco Aurélio é *sermo*, que designa a própria língua, a da conversação, nua e sem adornos. Caso se tratasse de outra coisa, a palavra *oratio* é que teria sido conveniente.

Portanto, em 163, dois anos depois de suceder Antonino, Marco Aurélio ainda se preocupava com o enriquecimento de seu vocabulário, e assim confessou a Frontão. Será que se sentia pouco à vontade na língua latina, e por quais razões?

Vimos que preocupações análogas eram encontradas em Frontão,[25] que defendia o latim quando se deplorava, equivocadamente, a pobreza de seu vocabulário, e também que isso explicava, ao menos em parte, seu gosto pelos

O império dos sofistas

autores arcaicos. E eis que Marco Aurélio partilhou essa preocupação, da qual encontramos um eco nas *Meditações*: "Palavras outrora usuais", escreveu, "já não figuram hoje senão nos dicionários."[26] Era uma constatação um tanto melancólica, que lhe serviu para ilustrar a fragilidade da vida humana. Também Horácio dissera, na *Arte poética*, a que ponto era efêmera a vida das palavras. Mas não foi de Horácio que Marco Aurélio retirou essa ideia. Deveu-a a sua própria experiência e às lições de seu mestre. Se era tão sensível ao envelhecimento das palavras, era por vivenciar isso no cotidiano. Quando quis ler as *Cartas* de Cícero, no maior número possível, para nelas encontrar termos que já não fossem empregados e que ele desconhecia, não foi por curiosidade de antiquário, mas por uma necessidade ligada a seu papel no Estado. Cônscio de sua função de guardião numa cidade que lhe era confiada, ele devia preservar-lhe o espírito, a começar pela língua. Como *imperator*, devia zelar pelo conteúdo e pela forma das cartas que enviava a todas as províncias. O próprio Frontão lhe recordou isso, não sem vivacidade, numa carta talvez datada da mesma época. Criticou um édito de Marco a favor de jovens agricultores que se tratava de manter em seus pedaços de terra.[27] O édito começava assim: "Que floresça em suas terras uma juventude sem mácula."

Frontão julgou ridículo esse começo, indigno até de um livro mal-escrito. Não era o estilo que convinha a um imperador: "Para que tendem essas inversões e esses desvios ...? É melhor voltares a palavras próximas da realidade, em seu sentido próprio, carregadas de seu sumo. Pega-se sarna, ou tinha, com livros dessa espécie. Permanece fiel à moeda antiga. Peças de chumbo ou toda sorte de ligas de má qualidade se encontram com mais frequência nas novas moedas que nas de outrora, cunhadas com os nomes de Perpena ou Trebano." É certo, continuou Frontão, que essas velhas palavras eram sujas, desbotadas, cheias de manchas, "mais do que a veste de uma ama de leite", porém o que se precisava fazer era devolver esses termos arcaicos à língua corrente, não forjar palavras, porém utilizar as que vinham da noite dos tempos, e fazê-lo com mais harmonia, propriedade e alegria.

São duas exigências apenas aparentemente contraditórias: não se afastar da linguagem comum, respeitar o uso da língua, rejeitar o bizarro e qualquer afetação, mas, ao mesmo tempo, permanecer fiel ao latim de todos os tempos. Decerto era estreito o caminho entre os dois escolhos, mas existia, e Frontão mostrou como Salústio havia resolvido esse problema, numa passagem em que empregara a palavra *antiquitas* no sentido de "reverência", aplicando-a ao sentimento de respeito experimentado pelos romanos em relação à Itália. A palavra *antiquitas*, no dizer de Frontão, era comum, mas em parte alguma era usada no sentido que lhe deu Salústio nesse texto. Por isso este a havia precisado e complementado, acrescentando *"curaeque"*, de sorte que a dupla expressão assim criada ("de reverência e de afeição") já não deixava margem a dúvida alguma, e tinha a vantagem de devolver vida a um sentido esquecido, o qual seria lamentável deixar morrer, pois evocava a época em que, na Roma arcaica, a própria ideia de velhice implicava a de reverência.

Respeitar a língua latina dos tempos antigos, portanto, era para Marco Aurélio um dever político, que ele cumpria da melhor maneira possível. Salústio era um de seus modelos, e lhe sucedeu imitá-lo de modo surpreendente. Assim, lemos num rescrito que, se tinha sido possível estabelecer sem sombra de dúvida que um certo Élio Prisco achava-se em estado de demência ao matar sua mãe, o juiz poderia "silenciar sobre a natureza da pena", porém Marco empregou, para dizê-lo, uma expressão que encontrara na *Catilina* de Salústio, e que significava apenas que um dos cúmplices de Catilina, interrogado pelo cônsul, fingira nada saber sobre a conjuração.[28] Marco Aurélio equivocou-se quanto à expressão em si, que foi erroneamente empregada em seu rescrito. O desejo de imitar o velho estilo o havia dominado e explica seu erro.

Em diversas ocasiões, em contrapartida, Frontão advertiu seu aluno sobre o perigo que ele corria por imitar muito de perto o estilo e a maneira dos retóricos gregos. Lembrou-lhe que a eloquência de um César era um dos deveres de sua função,[29] que o *Comitium* e os rostros, onde ressoavam os discursos de Catão, Graco e Cícero, não deviam permanecer em silêncio.[30] A eloquência romana devia ter continuidade.

Mas não era apenas no campo do estilo e das palavras que essa eloquência devia ser salvaguardada. Ela se aplicava a realidades e não, como a dos sofistas gregos, a um mundo imaginário, frequentado por um passado que ficara para trás fazia séculos e por mitos cujo poder de sugestão continuava grande desde Homero; e, quando se tratava "de fazer o senado tomar as providências necessárias, de expor ao povo assuntos importantes, de corrigir regras injustas de direito, de enviar cartas incessantes ao mundo inteiro, de repreender reis de povos estrangeiros, de reprimir por éditos os erros cometidos em territórios dos aliados, de elogiar serviços prestados, de punir sediciosos e intimidar re-

O império dos sofistas

beldes",[31] a eloquência cerimonial já não era admissível. Uma anedota curiosa relatada por Filóstrato ilustra bem a situação em que ficavam os sofistas em relação aos príncipes. Trajano, durante seu triunfo, pusera Dião Crisóstomo a seu lado em seu carro e, em vários momentos, virou-se para ele, dizendo: "Não entendo o que me dizes, mas gosto de ti tanto quanto de mim mesmo."[32] A presença de um sofista ilustre junto a um imperador vitorioso contribuía para a glória das armas, porém as afirmações que ele pudesse fazer, os conselhos que pudesse dar, não tinham verdadeira importância.

Marco Aurélio, para quem o grego era familiar, que lia Epicteto e Ariston, que pensava e vivia o estoicismo em sua formulação grega, e que escrevia em grego para sua mãe,[33] nem por isso deixava de governar em latim.

VEMOS QUE O GRAVE problema das relações entre as duas metades do Império colocou-se para Marco Aurélio em sua própria vida. A conquista do Oriente por Roma tinha reanimado o helenismo e, ao mesmo tempo, feito surgir uma ideologia cujo primeiro esboço remontava a quase quatro séculos antes.

Quando, em 189 a.C., embaixadores de Rodes compareceram perante o senado, usaram a seguinte linguagem com os senadores, a acreditarmos em Políbio: "O objetivo de vossos atos não é o mesmo dos de outros homens, é diferente. Os outros, quando vão à guerra, propõem-se subjugar as cidades, anexá-las, com sua receita e seus navios. Os deuses fizeram com que vós não necessiteis disso, pois puseram em vosso poder tudo que existe na terra habitada. De que tendes necessidade? O que buscais acima de tudo? Evidentemente, a glória, a fama ... ."[34] Essa glória lhes era assegurada pela política que eles seguiam em relação aos gregos, e que consistia em lhes devolver a liberdade, subtraí-los da autoridade dos reis e permitir que as cidades recuperassem seu antigo esplendor.

Tito Lívio, relatando os mesmos acontecimentos, atribuiu aos embaixadores palavras ainda mais exatas. Não apenas, disseram os homens de Rodes, Roma dava liberdade aos gregos, como lhes protegia a cultura em todos os lugares em que ela se encontrava, em suas colônias mais longínquas, em Marselha, por exemplo, que graças a ela pudera conservar suas leis, sua língua e seus costumes, em meio a povos bárbaros.[35]

A ideia de que o poder de Roma, de certa forma, estava a serviço do helenismo tinha-se difundido entre os historiadores. Na época de Cícero, aparecia como uma evidência. Estamos lembrados da carta a Quinto em que Marco Aurélio disse a seu irmão que as populações da Ásia, pelas quais ele era responsável, deveriam ser tratadas com benevolência e cuidado muito especiais, porque era ali que se achava o berço da civilização – da *humanitas* –, e convinha retribuir a esses povos o que eles haviam ensinado aos romanos.[36]

No tempo de Augusto, o rétor Dionísio de Halicarnasso foi mais longe e não hesitou em anexar o mundo romano ao helenismo, pura e simplesmente. Constatando, não sem grandiloquência, que o império de Roma era o único que se estendia e já se estendera por tudo que era iluminado pelo sol, ele determinou-se a levantar sua história mais antiga e mostrar que os romanos, que se haviam tornado tão poderosos, de modo algum eram bárbaros, e sim helenos, e isso justificava seu poder. Este se baseava na razão e era conforme à ordem do mundo, que pretendia que "os inferiores obedecessem aos superiores".[37] Com essas palavras, Dionísio tencionou designar a superioridade moral. Os primeiros romanos, disse, deram os mais brilhantes exemplos de todas as virtudes: devoção, justiça, temperança e coragem, ou seja, precisamente as virtudes que os filósofos viam como os quatro pilares da sabedoria humana.[38] Essa superioridade moral dos primeiros romanos se explica. Na realidade, eles descendiam de colonos da Arcádia estabelecidos no Lácio nos tempos heroicos – o que os integrava ao helenismo, no sentido mais lato, e lhes conferia uma nobreza que não perdia em nada para a das mais ilustres cidades gregas.

De fato existia, portanto, algo que poderíamos chamar de imperialismo espiritual do helenismo, que considerava que a Fortuna de Roma era um desvio do Destino (ou da Providência) para realizar o que continuava a ser a mais alta finalidade do devir humano – a vitória do pensamento e, mais especialmente, a da cultura grega. O discurso pan-helênico de Aristides, em 167,[39] baseado nesse postulado, fora preparado pelo que o próprio Aristides havia proferido em Roma, nas Palílias de 143. Nele, Aristides havia retomado as colocações atribuídas por Políbio e Tito Lívio aos embaixadores de Rodes: só Roma, dentre todas as potências conquistadoras, dava liberdade aos povos que faziam parte de seu império.[40] Os lacedemônios e os atenienses disputavam a supremacia, que cada um desses povos obteve por algum tempo, mas nenhum dos dois conseguiu conservar.[41] Os tebanos, que vieram em seguida, não tiveram melhor sorte. E Aristides concluiu: "O que eu quis mostrar foi

O império dos sofistas

que, antes de vós (isto é, dos romanos), ainda não havia uma arte de comandar. Se houvesse existido, ela seria encontrada entre os gregos, que superavam em muito todos os outros na engenhosidade. Essa arte é uma descoberta que vos é própria e que levastes aos outros."[42]

Contudo, nada disso teria sido possível se os romanos não tivessem tido os gregos como "pais adotivos".[43] Os benefícios com que eles haviam cumulado os helenos eram os mesmos que as crianças deviam aos pais, de modo que, concluiu Aristides, "a vida civilizada de hoje se iniciou graças à cidade de Atenas e foi consolidada por vós, que viestes depois dela e, segundo dizem, lhe sois superiores".[44] Para Aristides, como para Dionísio de Halicarnasso, um século e meio antes, estava claro que os romanos encarnavam uma forma triunfal do helenismo. Assim se realizaria, mais uma vez, a lei natural que diz que "os superiores vencem os inferiores". E a verdadeira superioridade era a da cultura. Ela é que sairia vencedora; o poder romano teria sido apenas um momento do devir universal, preparando o advento de um mundo esclarecido e dominado pelo pensamento grego.

A invasão cultural de Roma por homens vindos do Oriente havia começado muito antes, na verdade, desde o início do século II a.C., desde que a vitória obtida sobre Cartago fizera de Roma a principal potência da bacia mediterrânea. "Intelectuais" gregos iam tentar a sorte na Itália, bem acolhidos nas residências de homens de Estado. Entre eles havia filósofos, como lembramos, e também poetas. Aqui, basta mencionarmos Árquias, protegido dos poderosos Licínios Lúculos na época da guerra civil entre Mário e Sula. Cícero, ao defendê-lo, lembrou que, naquela época, toda a Itália estava impregnada da cultura grega. Com o tempo, esse movimento, que atraía para a "rainha" do mundo os homens de talento, tinha-se ampliado. O encantamento pelos "sofistas" gregos não havia diminuído, ao contrário. Uma frase célebre de Juvenal diria que "o Oronte deságua no Tibre"[45] e que isso não era novidade. Foram sírios, ou homens oriundos das grandes cidades da Ásia Menor, que "marcharam para a conquista do Esquilino". Juvenal pensou em praticantes de todo tipo de arte: "gramático, rétor, geômetra, pintor, massagista, auguro, dançarino da corda, médico, mago, o primeiro a chegar dos gregos sabe tudo".[46] Os mestres de Marco Aurélio não eram muito diferentes dos personagens caricaturados por Juvenal, já que Diogneto era, ao mesmo tempo, filósofo e pintor! Meio século depois do poeta, a situação não havia mudado.

Graças a Plínio, o Moço, vislumbramos a figura de dois desses intelectuais da moda, o filósofo Eufrates e o rétor Iseu,[47] cujas atividades eram, precisamente, as que caracterizavam a segunda sofística. Eufrates se dizia estoico, mas durante a vida inteira recusou-se a vestir o traje tradicional do filósofo, o que atraiu para ele o desprezo e a cólera de Apolônio de Tiana. Quanto a Iseu, ele fazia conferências e ensinava a alunos as regras da arte oratória. Meditava a manhã inteira e, à tarde, fazia improvisos sobre o tema que lhe fosse proposto. Homens como esses foram os prenunciadores que prepararam a helenização do Império Romano. Vez por outra, um imperador expulsava alguns deles, mas chegavam outros, e os que eram enviados para o exílio aproveitavam a mudança de reino para tentar novamente sua sorte. E os "bons" imperadores não podiam fazer menos do que aceitá-los, visto que eles tinham sido vítimas da tirania. Os Antoninos, que rejeitavam um principado autoritário, vieram a se tornar seus protetores. Trajano acolheu Dião em seu carro triunfal. Protegeu Plutarco, e diz uma tradição (quase sempre rejeitada pelos modernos, mas talvez erroneamente)[48] que este teria recebido ornamentos consulares e até exercido uma procuradoria. Se isso é uma invenção, mesmo assim não deixa de ser sinal de que os biógrafos antigos julgavam-na verossímil.

Outro sofista que já encontramos, Polemon, também recebeu grandes honrarias, primeiro de Trajano, depois, de Adriano,[49] que mandou fornecer-lhe somas enormes, cujo emprego se recusou a conhecer. Tolerou que ele se portasse em Esmirna, onde morava, como um verdadeiro ditador. Arrogante e bruto, certa noite ele expulsou Antonino, que era então governador da Ásia e que, de passagem por Esmirna, instalara-se em sua casa. Adriano, que soube disso, não quis mover nenhuma perseguição contra o sofista. Mais ainda, como temia que Antonino, quando ele próprio já não existisse, viesse a se vingar dele, registrou em seu testamento que as decisões que tomava tinham-lhe sido inspiradas por Polemon.[50] Isso significaria que, de certo modo, Antonino deveria ao sofista a herança imperial! Já imperador, Antonino não tomou providência alguma contra Polemon, porém não se esqueceu daquela aventura. Por isso, quando Polemon, chegando a Roma, apresentou-se a ele, o imperador o abraçou e disse aos servos que se achavam presentes: "Dai uma acomodação a Polemon, e que ninguém o expulse."

Filóstrato atribuiu a clemência de Antonino nessa situação à boa índole e à doçura inata do imperador. Mas decerto terá havido outras razões para essa conduta. Os sofistas gregos, em razão da influência que sabiam assegurar em suas cidades, eram excelentes agentes do poder romano. Assim, não é de admirar que os imperadores os tenham cumulado de honrarias, acobertado suas malversações e lhes proporcionado vantagens materiais, como, por exemplo, fazendo com que fossem recebidos no museu de Alexandria, onde encontravam mesa franca. Sem contar as somas que lhes eram fornecidas, sem justificação, e que lhes permitiam posar de benfeitores da pátria.

Em contrapartida, esses sofistas, cujo principal talento era a habilidade para falar, tornavam-se porta-vozes dos príncipes. Alguns até recebiam missões mais precisas. Eram encarregados de administrar, a título disto ou daquilo, populações estabelecidas às margens das regiões helenizadas, e de preparar sua integração no Império, ou, pelo menos, garantir a segurança da fronteira. Tal foi o papel confiado por Adriano ao "sofista" Dionísio de Mileto, que tinha sido discípulo de Iseu[51] e que o favor imperial havia alçado à categoria de cavaleiro romano.

Assim, alguns aspectos do filelenismo de Adriano, que convém evocar quando se fala desse imperador, podem muito bem explicar-se como resultado de uma política: a vontade de posar de protetor da cultura oriental e, dessa maneira, reforçar a ideia, aceita desde longa data, de que Roma era e sempre tinha sido a grande potência filelênica por excelência. É certo que a cultura grega, nessa época, residia em grande parte nessa sofística que, a propósito de tudo, exaltava o passado longínquo da Grécia. Lisonjear a admiração que os gregos nutriam por eles mesmos, através dos grandes momentos de sua história, era uma política vantajosa, que contribuía para assegurar a paz no Império.

Parece, no entanto, que Adriano não era totalmente enganado por seu "filelenismo", se é verdade, como relata o autor da *História Augusta*, que ele se comprazia em ridicularizar os artistas e toda sorte de técnicos, e não dissimulava seu desprezo por eles. Todavia, depois de zombar bastante deles para sua satisfação pessoal, e de afirmar sua superioridade como gramático e como rétor, e também como arquiteto, ele os consolava, oferecendo-lhes algum presente.[52] Em contrapartida, na vida oficial, em Roma e no Palatino, bania tudo que pudesse lembrar o estilo de vida dos orientais. Como fizera Augusto no passado, ele impunha o uso da toga aos cavaleiros e senadores, sempre que eles apareciam em público.[53] E, o que era ainda mais significativo, substituiu por cavaleiros os libertos (quase sempre de origem grega) que até então dirigiam os gabinetes de seu secretariado, o que teve como resultado romanizar a corte imperial.[54] A despeito das simpatias que exibia pelo helenismo, Adriano não queria ser um novo Nero. Seu objetivo realmente parece ter sido o de realizar a união espiritual desse mundo romano cujas duas metades não falavam a mesma língua e não pensavam segundo as mesmas categorias.

Antonino deu continuidade à política cultural de seu pai. Também soube mostrar-se generoso para com os retóricos e os filósofos em todas as províncias, mas, evidentemente, sobretudo no Oriente, onde eles eram particularmente numerosos e influentes. O imperador lhes confiava funções políticas e lhes dava dinheiro.[55] Isso indica que, qualquer que fosse seu cuidado de poupar os recursos públicos, ele julgava ser essa uma despesa necessária, menos para encorajar os sofistas, sem dúvida, do que para evitar despesas mais pesadas. Seria difícil, na verdade, agir de outra maneira, sem fazer com que se erguessem contra o príncipe os homens que dominavam a vida política das cidades. Entretanto, Antonino não fechava os olhos para a arrogância e a avidez de alguns deles. Vimos como se vingou espiritualmente de Polemon, e também como deu uma lição no filósofo Apolônio de Calcedônia, que considerara indigno ir ao Palatino.[56] Em tempos idos, durante seu proconsulado na Ásia, ele havia tratado com merecida rudeza um outro filósofo, o platônico Alexandre. Este, um homem jovem, muito elegante e orgulhoso de sua beleza, tinha-se permitido interpelar Antonino, por lhe parecer que o procônsul não estava ouvindo o seu discurso com a atenção desejável: "Escuta-me, César", exclamou. Ao que Antonino lhe respondeu: "Eu escuto, e te conheço. És o homem que cuida dos cabelos, faz os dentes brilharem, lixa as unhas e tem sempre cheiro de perfume."[57]

Marco Aurélio teve por preceptores, como vimos, "sofistas" célebres e o mais ilustre dentre eles, Herodes Ático. Diogneto, a um tempo pintor e pensador,[58] tinha-lhe transmitido o gosto "pela educação à moda grega" e, o que talvez possamos aproximar do interesse de Adriano pelas atividades artísticas, o gosto pela pintura. Marco Aurélio parecera prestes a se assemelhar aos "sofistas". Reconheceu isso na maturidade, e agradeceu aos deuses por não lhe haverem permitido tornar-se um deles.[59] Essas foram as últimas palavras de seu exame de consciência, no fim do Livro I das *Meditações*. Donde podemos concluir que, no início de sua adolescência, ele viveu um período "sofístico", para o qual o predispunham tanto sua viva sensibilidade quanto

O império dos sofistas 121

seu gosto universal pelo saber e sua vaidade ingênua de criança; algumas confissões, no livro das *Meditações*, também deixam entrever que ele sentiu por muito tempo um arrependimento oculto de não se haver entregado a essa tentação, despertada nele por seus primeiros mestres e, sem dúvida, pelo prestigioso exemplo de Herodes Ático, que convivia na intimidade da casa de Catílio Severo.

Vimos que a influência de Júnio Rústico o desviou desse caminho, pelo qual ele ia enveredando.[60] Marco parece haver resistido, de fato, uma vez que confessou ter-se aborrecido muitas vezes com ele – a menos que se tratasse de algo totalmente diferente.[61] Por fim, ele se deixou persuadir, principalmente por ter reconhecido, talvez, que sua natureza não lhe permitiria fazer, nesse caminho da sofística, os progressos com que estava contando.[62] Por essa relativa incapacidade de praticar a poesia, a eloquência cerimonial e todas as artes dos sofistas, ele agradeceu aos deuses. Mas lhe sucedeu sonhar com o que poderia ter sido, se o céu lhe tivesse dado as qualidades necessárias: "Não há como te admirarem a sutileza? Pois que seja! Contudo, há muitas outras qualidades sobre as quais não podes dizer 'Não nasci para isto'. Adquire-as, porque elas dependem inteiramente de ti: a sinceridade, a seriedade, a resistência, a rejeição do prazer, a aceitação do teu destino, o te contentares com pouco, seres benevolente, livre, simples, inimigo da maledicência e da mesquinharia."[63] Todas essas qualidades não exigiam nenhum talento natural. Eram compatíveis com a lentidão do espírito e a preguiça intelectual pelas quais Marco Aurélio se censurava, e que o impediriam de se igualar aos sofistas que ele havia admirado na juventude.

Em certa medida, portanto, foi sob coerção que Marco Aurélio seguiu os conselhos de Júnio Rústico. Depois de escolher seu caminho, ele quis justificá-lo e transformou seu despeito em desconfiança. Ao procurar definir os verdadeiros valores, escreveu, por exemplo: "Não é transpirar como as plantas, nem respirar como os animais domésticos ou os animais selvagens, nem receber impressões pelos sentidos, nem ser titereado pelos impulsos, nem o juntar-se ao rebanho, nem se alimentar... O que é, então, que tem valor? Fazer-se aplaudir? De modo algum. Também não se trata dos estalidos da língua, porque os louvores da multidão não passam de um estalar da língua."[64] Depois ele acrescentou que a "cultura" em geral e os exercícios do espírito não poderiam ter por objetivo despertar a admiração das massas. Eram apenas meios que permitiam realizar em cada ser aquilo a que sua própria constituição o destinava. Dava-se com esses métodos o mesmo que com aqueles utilizados pelos vinhateiros e pelos adestradores de cavalos e de cães: eles levavam cada ser existente à perfeição que lhe era própria de acordo com a natureza, e a do homem era a Razão.

Aos olhos de Marco Aurélio, a sofística, concebida como arte de provocar o entusiasmo de um vasto público por discursos engenhosos e por uma argumentação brilhante, não possuía um valor verdadeiro na ordem do mundo. Um bom orador podia dar prazer a seus ouvintes, tal como um bom cozinheiro aos convivas de um banquete (e, nesse ponto, Marco Aurélio não estava longe de pensar como Platão), e o bom vinhateiro, por sua vez, obteria plantas que produziriam boas uvas e, por fim, um vinho de qualidade. Mas tudo isso pertencia à ordem dos indiferentes. A arte do sofista tanto podia estar na origem de um bem quanto de um mal. Tudo dependia da finalidade para a qual era utilizada.

Marco Aurélio escreveu essas reflexões na época em que havia conhecido a experiência do poder. Sabia da utilidade da eloquência na vida política. Frontão lhe ensinara isso, mas se tratava de uma eloquência romana! Foi assim que ele deu a si mesmo este conselho: "Fala, quer perante o senado, quer diante de qualquer um, com dignidade e de maneira inteiramente direta. Emprega uma linguagem sã."[65] Essa linguagem "sã" (epíteto que já aparecia nos poemas homéricos) era a da verdade, sem perífrases que obscurecessem o sentido e sem segundas intenções. Seria a expressão de uma alma pura, na qual não subsistiriam nenhuma intenção nociva, nenhum desejo, nenhuma perturbação passional – a linguagem de um homem que olhasse cada coisa tal como era e que a usasse segundo seu valor.[66] É significativo que o pensamento que citamos em relação à eloquência siga-se imediatamente a este último. As duas reflexões estão ligadas, exprimem o juízo que o imperador fazia dessa sofística, que fora para ele uma tentação, mas à qual ele havia renunciado quando seus deveres de César e, depois, de imperador, bem como os esclarecimentos de sua própria filosofia, o haviam impedido de ceder. Do mesmo modo, o "filelênico" Adriano ditava aos senadores a regra de usarem a toga!

Os sofistas, todavia, não eram apenas rétores, teóricos e praticantes de uma dada forma de eloquência. Propagavam também algumas ideias políticas

O *império dos sofistas*

e sociais e posavam de bom grado como conselheiros "dos reis". No passado, Dião de Prusa havia proposto um programa para remediar o estado de desolação em que se encontrava a Grécia no fim do século I d.C.[67] Também é possível que seu *Quarto discurso sobre a monarquia* tenha sido composto para desviar Trajano de sua política de conquistas.[68] Podemos supor, enfim, que os elogios feitos a Roma por Élio Aristides, em seu grande discurso de 143, implicam que as virtudes políticas dos romanos deveriam ser praticadas no presente tal como o tinham sido no passado. Será possível discernirmos se Marco Aurélio aprendeu a lição?

Uma ideia que era cara a Aristóteles, e com que também já deparamos,[69] é a da hierarquia que existe entre os seres, devendo os seres "superiores" suplantar os "inferiores". Aristides utilizou-a para justificar a supremacia do helenismo. Ora, o mesmo postulado se encontra nas *Meditações*. Marco Aurélio via nele uma lei da natureza. O mais alto grau na hierarquia dos seres pertencia aos que possuíam o pensamento e a razão.[70] Mas é evidente que Marco Aurélio não deveu a Aristides essa ideia, que era comum a toda a filosofia antiga e que encontramos tanto em Platão quanto em Aristóteles. Sabemos que o estoicismo havia construído sua antropologia e, em termos mais gerais, seu sistema do mundo em torno desse dogma.

No elogio de Roma, por outro lado, Aristides havia insistido na ideia de liberdade. Na sociedade romana, o "pequeno" era igual ao "grande",[71] e o imperador era o juiz comum de ambos. Houve quem pensasse[72] que essa observação dissimulava uma reserva a respeito dessa sociedade, na qual, desde Antonino, tinha-se criado uma distinção jurídica entre os "grandes" (*honestiores*) e os "humildes" (*humiliores*), não sendo as duas categorias iguais no tocante ao direito.[73] Parece-nos pouco provável que Aristides tenha feito alusão ao que ainda não era, de fato, senão um modo de aplicação da lei, baseada na *aequitas*. O homem estimado por todos na cidade era mais vulnerável – em razão de tudo que representava e daquilo que dependia dele – do que um *humilior*, cujo papel na coletividade era insignificante, e que, por conseguinte, tinha pouco a perder. O valor coercitivo da pena infligida a um ou ao outro era, portanto, muito desigual. O homem pobre só corria um risco muito pequeno, caso cometesse uma falta. O "rico", ao contrário, perderia sua categoria, desonraria os familiares e seria considerado socialmente morto. A igualdade perante a lei levava a uma desigualdade monstruosa. Não havia nada que contradissesse a máxima dos juristas romanos, que consideravam que a letra da lei (*summun jus*) era, na realidade (ou podia tornar-se), o cúmulo da injustiça (*summa injuria*).[74]

No Livro I das *Meditações*, Marco Aurélio, como vimos, expressa sua gratidão ao "irmão" Severo, por tê-lo levado a conhecer a verdadeira ideia de um Estado em que imperasse a igualdade. Os exemplos alegados por Severo para corroborar sua tese eram os de Trasea, Helvídio, Catão, Dião e Bruto.[75] Esses heróis da igualdade política, entre os quais muitas vezes nos surpreendemos, erroneamente, por ver surgir Dião, são todos grandes cidadãos que se rebelaram contra a tirania, e não apóstolos da igualdade social – Trasea e Helvídio Prisco contra uma tirania recente, Catão (de Útica) e Bruto contra a de César e Dião contra a de Dionísio, como havia lembrado Plutarco, então, na *Vida* que foi dedicada, precisamente, ao rebelado de Siracusa, posto em paralelo com o assassino de César. Nenhum desses grandes homens havia pensado em transtornar a hierarquia social. Sua ação tivera por objetivo apenas eliminar uma forma abusiva de monarquia e invocara, essencialmente, a "liberdade", definida como um Estado em que a lei não dependia do arbítrio de um homem, em que todos podiam exprimir suas opiniões e em que os julgamentos eram proferidos em nome do conjunto dos cidadãos. Não era outra coisa que Severo tinha ensinado ao jovem Marco, ao lhe mostrar que esse ideal podia ser atingido numa monarquia semelhante à que fora estabelecida por Augusto e, num passado mais imediato, à de Antonino.

Aristides usou a mesma linguagem ao abordar a "liberdade". Mostrou que o que os atenienses chamavam por esse nome não passava de uma falsa liberdade, tanto em seu império quanto na própria Atenas.[76] Somente os romanos, no tempo do Império, haviam conseguido assegurá-la de fato. Escreveu ele: "Somente vós (os romanos) sois aqueles que governam, de certo modo, de conformidade com a natureza."[77] Se aproximarmos essa formulação de outra em que Aristides reconhece como fato o direito dos seres "superiores" de dominar os "inferiores",[78] ficará evidente que o ideal político desse retórico não era, em nenhuma medida, o de uma república igualitária. Nem sequer é certo que ele se haja preocupado com o detalhe das instituições. Aristides reconheceu nos romanos o mérito de terem inventado uma arte de governar, e descrevê-la não entrou em seus propósitos. O que ele disse – que esse governo dos romanos era "conforme à natureza" – era uma justificativa filosófica geral, comum às escolas provenientes de Aristóteles. Este, no início

O *império dos sofistas*

da *Política*,[79] baseia sua descrição dos regimes no estudo da evolução natural dos grupos humanos, desde a família até a cidade, e no último livro, o sexto, analisa todas as formas de doença que podem ameaçar os diversos regimes, propondo remédios para cada uma delas. As sociedades, tal como as plantas e os animais, possuem uma "natureza" própria, e o estadista se atribui a tarefa de assegurar o funcionamento harmonioso, o desenvolvimento e, por fim, a sobrevivência do Estado. É isso que significa a formulação de Aristides, que nesse ponto não segue a doutrina de nenhuma escola em particular, mas se refere a uma ideia aceita, ilustrada por Políbio muito tempo antes, e que não implica nenhuma opção política precisa. O Estado pode ser próspero, quaisquer que sejam suas instituições, desde que estas sejam conformes, na prática, à "natureza" da sociedade considerada: o que é válido para uma tribo de citas não o é para uma antiga cidade grega.

Marco Aurélio aceitava essa ideia e sabia que o governo devia ser exercido no sentido da "Natureza",[80] mas a natureza a que se referia e que tomaria por guia não era a dos peripatéticos ou a dos epicuristas, e sim, evidentemente, a do Pórtico, isto é, a Razão, em todas as suas manifestações, desde a ordem cósmica, emanada da Providência divina, até a reflexão "correta", racional, a única com capacidade de conduzir o espírito a um conhecimento seguro. Ele escreveu, por exemplo: "Só uma coisa me faz mudar de direção: o temor de fazer, eu próprio, aquilo em que a natureza do ser humano não consinta, ou de fazê-lo de um modo ao qual ela não consinta, ou que não consinta neste momento."[81]

Se admitirmos que essa máxima se aplicava à vida política e que seu alcance não se restringia à conduta pessoal e privada do príncipe, ela nos fornecerá uma chave que nos dará acesso à concepção que Marco Aurélio tinha de seu poder, no ponto em que se uniam o estoicismo e as necessidades da ação. Ele meditou sobre as duas formas da ação "honrada": a ação correta e a ação conveniente.[82] Uma expressão da qual se serviu e com a qual já deparamos nos confirma isso. Cícero havia comparado a ação correta (a que brota espontaneamente da consciência do sábio) a uma dança, que possui por si mesma sua total perfeição,[83] independentemente de qualquer objeto. Marco Aurélio lembrou-se dessa passagem do *De finibus*, ou do livro que servira de fonte para Cícero, ao afirmar que a vida, na prática, mais se assemelhava à luta do que à dança.[84] Em cada situação concreta, a resposta tem que ser imaginada no ato. É de ordem técnica e não decorre de considerações teóricas, mas apenas de uma habilidade prática, aquela em que os romanos eram mestres rematados, e que conferia à sua arte de governar a eficácia singular enaltecida por Aristides. Nesse ponto, Marco Aurélio não se desviou da tradição que lhe haviam legado seus predecessores no poder, de Cipião a Augusto. Um ataque desencadeado por um povo bárbaro, como o dos costobocos contra Elêusis, no ano 170, ou uma decisão a ser tomada a propósito de uma solicitação apresentada por uma cidade ou uma província, clamavam sempre por uma resposta urgente. Esta devia ser conforme aos precedentes militares ou jurídicos. Às vezes se impunha, sem outra possibilidade. Mas, quando havia uma escolha possível entre várias soluções, o príncipe adotaria a que se coadunasse com os imperativos morais que lhe eram próprios e que, por sua vez, derivavam da ordem do mundo. Assim é que, na aplicação das medidas indispensáveis, ele usaria de moderação, sem se esquecer de que os seres que dependiam dele, cujos destinos ele regia, eram seres humanos, e não se esquecendo tampouco de usar de *philanthropia* para com eles. Marco Aurélio se mostraria moderado e se absteria de obedecer à cólera, à avidez ou a outra paixão. Foi esse o caso em 175, quando se tratou de reprimir a revolta de Avídio Cássio e, mais ainda, de atenuar as consequências dela. Nesse momento da ação, a técnica do governo se apagava diante dos argumentos da razão, baseados na consideração da Natureza – a dos homens em questão.

Assim, vemos que, se a linguagem de Aristides, que era a da sofística, e a de Marco Aurélio, que era a de uma escola filosófica, se assemelhavam nos termos, cobriam, na verdade, realidades muito diferentes. A "natureza" que o imperador tomava por regra não era, de modo algum, aquela de que falava o rétor.

MARCO AURÉLIO TIVERA POR MESTRE, para iniciá-lo na retórica da língua grega, como dissemos,[85] o célebre Herodes Ático, cuja personalidade simboliza o papel e as ambições da aristocracia ateniense no século II de nossa era, mas também os limites da cultura helênica naquele momento. Herodes Ático pertencia a uma família muito antiga do demo de Maratona, que se vangloriava de ter origem divina – o deus Hermes e uma ninfa seriam seus ancestrais –, e havia adquirido glória duradoura ao participar da luta contra os persas na época das Guerras Médicas.

O império dos sofistas

O primeiro dessa linhagem a se tornar cidadão romano fora o trisavô de Ático, chamado Policarmo, grande sacerdote de Tibério César Augusto, o imperador Tibério.[86] Ele havia recebido o direito de cidadania na época de Cláudio e, a partir daquele momento, todos os seus descendentes haviam usado os três nomes tradicionais dos romanos e se chamado Tibério Cláudio, tendo por *cognomen* o seu sobrenome grego. Assim, o bisavô de Ático chamava-se Tibério Cláudio Hiparco. Esse Hiparco fora comprometido num processo "de alta traição" (*de maiestate*), provavelmente no reinado de Vespasiano, e todos os seus bens haviam sido confiscados. Assim, a família ficara arruinada, mas, por um milagre, o filho de Hiparco, de nome Tibério Cláudio Ático, descobriu numa casa que ainda possuía em Atenas, perto do teatro de Dioniso, um tesouro que se encontrava escondido lá. O fato ocorreu no reinado de Nerva. Ático escreveu prontamente ao imperador, como mandava a lei, para informá-lo do seu achado. Os tesouros que eram descobertos, e que, por conseguinte, não tinham um proprietário, eram efetivamente considerados pertencentes ao imperador. A carta de Ático dizia: "Encontrei em minha casa um tesouro, imperador. O que me ordenas que faça com ele?" E Nerva respondeu: "Usa o que encontraste."[87] Como Ático, inquieto apesar dessa resposta, lhe escrevesse de novo, para dizer que o tesouro era considerável e estava muito acima do que convinha a um simples particular, Nerva confirmou sua decisão, respondendo: "Pois bem, abusa de tua bênção inesperada; o que encontraste te pertence."

Seja qual for a dúvida que possamos ter sobre a origem desse tesouro, tão oportunamente surgido após o confisco dos bens da família, a situação desta se restabeleceu e, mais do que nunca, ela se dedicou à causa romana. A benevolência de Nerva tornou seus membros gratos ao governo, que adquiriu o direito de contar com sua fidelidade. Sem dúvida, isso explica por que Trajano, que, como sabemos, foi o primeiro imperador a aumentar em grandes proporções o número de senadores originários do Oriente,[88] abriu as portas da cúria para o filho de Hiparco. Se a fidelidade deste último pudera ser posta em dúvida (em condições que desconhecemos), a de seus descendentes não mais poderia sê-lo, desse ponto em diante. A família tornou-se, graças a Nerva, a mais rica e mais poderosa de Atenas, e suas posses aumentaram ainda mais pelo casamento de Tibério Cláudio Ático (pai de Herodes) com uma de suas primas-irmãs, Vibúlia Álcia Agripina, também possuidora de um grande dote.[89]

Essa riqueza rendeu a Ático pai uma influência considerável em todo o Oriente. Tal influência foi transmitida a seu filho, que, desde os vinte anos de idade, tornou-se agorânomo em Atenas, um dos magistrados encarregados de supervisionar a polícia dos mercados. Depois, em 126, ele se tornou arconte.[90] Tinha então apenas 26 anos. Paralelamente a essa carreira política em Atenas, o jovem Ático se exercitara na arte de falar, o que, de início, não se dera sem certa dificuldade. No fim do ano 117 ou início do 118 (contava uns dezesseis anos, portanto), ele fora encarregado de saudar Adriano em Panônia, quando o novo imperador regressava vitorioso de sua expedição contra os sármatas. Ao se ver na presença do príncipe, entretanto, perturbou-se e foi incapaz de dizer uma só palavra. Por desespero, tinha querido atirar-se no Danúbio.[91] Ao regressar a Atenas, seu pai o entregou nas mãos do rétor Escopeliano de Clazômenas, então célebre, e que havia conduzido para cidades da Ásia diversas missões diplomáticas junto a imperadores[92] – justamente o papel que era destinado ao jovem Ático. Escopeliano ensinou-lhe a arte de improvisar, aquela que lhe havia faltado na presença de Adriano.

Entrementes, ele seguiu carreira política no âmbito do Império Romano. Assim é que exerceu, sem dúvida na qualidade de ex-pretor, as funções de *corrector* encarregado das cidades livres da Ásia, ou seja, inspetor da administração financeira dessas cidades. Uma passagem da *Vida dos sofistas* conservou-nos um episódio bastante significativo a respeito dessa função. Ao constatar que as termas da cidade de Alexandria de Tróade achavam-se em estado deplorável, ele decidiu mandar reconstruí-la. Isso ocorreu no reinado de Adriano. Por solicitação de Ático, este concedeu à cidade a soma de 3 milhões de sestércios. Os trabalhos foram executados por Herodes com tamanha magnificência, que o custo total da operação subiu para 7 milhões! Os sucessivos procônsules da Ásia escandalizaram-se ao constatar que se havia concedido a uma única cidade um crédito que teria bastado para várias outras, e puseram o assunto nas mãos do imperador. Adriano transmitiu a censura a Ático pai. Este lhe respondeu, simplesmente: "Príncipe, não te irrites por coisas pequenas; tudo que ultrapassar os 3 milhões, eu o darei de presente a meu filho, e ele o doará à cidade."[93]

Foi assim que os grandes senhores das cidades livres do Oriente retomaram as tradições de evergetismo outrora praticadas pelos reis sucessores de Alexandre – justamente aqueles cuja memória os sofistas se esforçavam por

O império dos sofistas 129

apagar. Essa situação explica a boa vontade demonstrada pelos imperadores para com esses mesmos senhores. Tal boa vontade era ainda mais necessária quando numa dessas famílias surgia um rétor, que assim se tornava detentor de um poder duplo – o do dinheiro e o da eloquência. Não nos causará surpresa, portanto, que Herodes Ático tenha sido cônsul epônimo (empossado no dia 1º de janeiro, como aquele que, junto com seu colega, dava nome ao ano) a partir de 143, aos 43 anos de idade. Foi uma honra considerável, que os historiadores modernos justificam fazendo observar que Herodes Ático era filho de um cônsul. Mas também é conveniente lembrar que outras circunstâncias podem ter interferido nessa decisão de Antonino.

Vimos que Herodes Ático, por ocasião da morte de seu pai, havia passado por dificuldades com seus concidadãos atenienses, a propósito da execução do testamento paterno.[94] Seus inimigos moveram contra ele um processo, que deveria ser julgado em Roma, e que assim aconteceu, nos últimos meses do consulado de Herodes. A atribuição de um consulado epônimo naquele ano dificultava uma condenação, ainda mais que, como dissemos, o réu tinha desposado, alguns meses antes, uma parenta de Antonino, Ápia Ânia Regila Atília. A intervenção de Marco Aurélio durante esse processo só poderia ser coroada de êxito.

Mas nem por isso terminaram as dificuldades de Herodes Ático em Atenas, e, mais uma vez, a proteção imperial revelou-se necessária. Os textos que mencionam esses acontecimentos são de interpretação delicada. O relato de Filóstrato praticamente não leva em conta a cronologia. Inscrições descobertas nas escavações norte-americanas da ágora de Atenas tornaram caducas quase todas as hipóteses anteriormente formuladas.[95] O que agora parece estabelecido é que, depois do processo de 143, os atenienses, ou alguns deles, ao menos, não aceitaram reconciliar-se com Herodes Ático. Um novo problema eclodiu em 170. Nessa época, segundo nos é dito, dois irmãos, os Quintílios, estavam encarregados de administrar a Grécia, reunindo sob seu poder não apenas a província de Acaia (a Grécia propriamente dita), como também a Macedônia e o Épiro. Essa medida destinava-se a enfrentar as dificuldades que surgiam em quase toda parte nessa região do mundo.[96] Tinha por efeito aliviar o imperador das preocupações cotidianas da administração, enquanto ele se achava na fronteira diante dos quados e dos marcomanos. Os Quintílios acolheram favoravelmente as acusações feitas a Herodes Ático pelos atenienses que lhe eram hostis e as transmitiram a Marco Aurélio. Entre Herodes Ático e os Quintílios, teria havido uma certa animosidade cujas causas, evocadas por Filóstrato, parecem ter sido variadas e bastante fúteis. Na realidade, os delegados do imperador ficaram visivelmente exasperados com a verdadeira tirania intelectual exercida por Herodes na Grécia da época, assim como pela ostentação com que mandava erigir, em vários locais, monumentos magníficos, tanto em Delfos quanto em Atenas e, como ele mesmo disse numa ocasião, em todas as partes do mundo.[97] Alguns incidentes envenenaram as coisas – uma divergência surgida entre eles a propósito do estilo de música conveniente às cerimônias píticas, depois, o ressentimento provocado nos Quintílios por um dito de Herodes. Os irmãos eram originários de Alexandria de Tróade (a cidade que, em tempos idos, Herodes havia dotado de termas suntuosas). Herodes fez alusão a isso ao dizer certo dia: "Também culpo o Zeus de Homero, porque ele é amigo dos troianos."[98]

Por isso, quando alguns atenienses foram à presença deles acusar Herodes de massacrá-los sob sua tirania, os Quintílios encaminharam o assunto a Marco Aurélio, a pretexto de se apiedarem do povo da cidade. Herodes fingiu-se então de vítima de um complô instigado pelos Quintílios, que teriam atiçado os atenienses contra ele, e prestou queixa ao tribunal do procônsul. Mas seus adversários enviaram uma delegação diretamente a Marco Aurélio, que se encontrava em Sirmio. Tinham confiança, disse Filóstrato, na bondade do príncipe, em sua "natureza democrática", isto é, em sua tendência a se deixar persuadir por aqueles que o invocavam. Mas eles também alimentavam uma intenção oculta. Sabiam ou acreditavam saber que Marco considerava Herodes cúmplice dos homens que, durante a guerra contra os partas, haviam tornado Lúcio Vero suspeito diante dele. Nessas condições, um ataque conduzido com habilidade contra Herodes teria toda a probabilidade de arruiná-lo definitivamente no espírito do imperador.

Será tudo isso uma lenda inventada por prazer? Podemos pensar que sim, mas as manobras desse tipo nada têm de inverossímeis. Apenas provam que a tradição das querelas e manobras políticas em Atenas sempre foi animada.

Assim, Marco viu-se intimado a julgar sem apelação o seu antigo mestre, por quem havia nutrido tanta afeição – um mestre que ele soubera reconci-

O império dos sofistas

liar com Frontão[99] e a quem, como o próprio Herodes lembraria, um pouco depois, enviava cartas tão frequentes que, numa dada circunstância, três portadores haviam chegado juntos num único dia.[100] Filóstrato preservou para nós a descrição do processo que se desenrolou em Sirmio, na presença de Marco Aurélio. Os adversários de Herodes tinham sido acolhidos "com civilidade" pelo imperador, que os recebeu em audiência e lhes indagou repetidas vezes o que desejavam dele. Permitiu até que eles defendessem sua causa perante sua mulher e sua filha, que tinha apenas três anos e lhe suplicou, em sua linguagem infantil, "salvar os atenienses para ela". Herodes, por sua vez, chegara à cidade e estava morando numa casa com uma torre num bairro de Sirmio, com um liberto e as duas filhas deste, que exerciam a função de servas. Ora, ocorre que um raio caiu sobre essa casa e as duas jovens morreram. Foi nesse momento que Herodes compareceu perante Marco Aurélio. Estava tão transtornado, que não dispôs de sua eloquência habitual. Não conseguiu dissimular o que pensava e se desfez em censuras a Marco, dizendo-lhe, em sua cólera: "Esta é a recompensa que recebo por haver acolhido em minha casa teu irmão Lúcio, a teu pedido; é assim que me julgas, que me dás de presente a uma mulher e a uma menina de três anos!"

O prefeito do pretório, Basseu Rufo, indignou-se com essa linguagem e fez uma ameaça de morte a Herodes, que retrucou: "Meu caro, um velho não teme grande coisa!" Ao que, embora não houvesse esgotado seu tempo para falar, retirou-se do pretório. Durante essa cena, Marco Aurélio se mantivera impassível. Herodes desapareceu e ele se voltou para os enviados de Atenas, dizendo: "Exponde vossa causa, mesmo que Herodes não esteja de acordo." Depois, enquanto os acusadores falavam e alegavam que Herodes procurava subornar os magistrados das cidades gregas "com muito mel" – alusão às benesses concedidas por Herodes a outros que não os atenienses –, Marco não pôde impedir-se de suspirar e dizer "Ah, mel amargo" e "Felizes os que morrem durante a peste", e finalmente, não pôde mais conter as lágrimas. Os atenienses, como de costume, acusaram Herodes de aspirar à tirania (crime de lesa-majestade, o mesmo pelo qual seu ancestral fora recriminado em tempos idos), dizendo também que os libertos de Herodes haviam cometido toda sorte de violências, a serviço de seu amo. Marco apoiou-se nisso para dissociar a causa de Herodes da de seus criados. Fez cair sobre estes toda a responsabilidade pelos fatos e os puniu, sem fazer qualquer menção a seu senhor, porém com as penas mais leves possíveis, o que, no dizer de Filóstrato, coadunava-se com seus princípios.

Ao relatar esse episódio, Filóstrato admirou a conduta de Marco Aurélio, na qual julgou reconhecer o efeito de sua filosofia. Elogiou-o por ter dominado seus sentimentos e por não se haver entregado à cólera, como faria um tirano. Mas não conviria irmos mais longe e nos perguntarmos se a decisão de Marco Aurélio – que violou visivelmente a justiça, ao punir (mesmo que com brandura) erros cuja responsabilidade era partilhada por Herodes, poupando o próprio Herodes – não terá sido tomada por motivos mais secretos que o desejo de poupar um velho amigo? Seria essa uma aplicação do princípio, recém-surgido na jurisprudência, que estabelecia uma distinção entre *honestiores* e *humiliores*?[101] Uma passagem das *Meditações* talvez permita compreender que a clemência de Marco Aurélio com seu antigo mestre não se deveu apenas a um gesto do coração, que o príncipe estoico não deu provas de piedade, e com isso faltou para com um preceito do Pórtico, mas que obedeceu a considerações ligadas a sua concepção dos laços espirituais que garantiam a união do Império.

Com efeito, lemos no Livro XI das *Meditações*: "Um galho arrancado do galho vizinho não o pode ser sem se separar da planta inteira. Do mesmo modo, o ser humano que se aparta de um só homem descobre-se, por isso mesmo, desligado de toda a comunidade."[102] Com isso, Marco queria mostrar que todo sentimento de ódio contra nosso semelhante nos separa não apenas dele, mas de todo o gênero humano; essa, porém, é apenas uma aplicação particular de uma verdade da experiência, da união quase biológica que existe no interior das sociedades humanas. Aos olhos de Marco Aurélio, o Império Romano só se realizava plenamente pela comunhão de pensamento e cultura que estabelecia na totalidade do mundo habitado. Herodes Ático era um dos que simbolizavam essa cultura. Extirpá-lo seria comprometer a vida da própria árvore.

É claro, acrescentou Marco, que é possível tornar a enxertar o galho arrancado na árvore de que ele proveio, mas sua vida se torna precária. Não convém comprometer a simbiose. Restabelecê-la, depois de ter sido interrompida, é apenas um expediente, ao qual mais vale não termos de recorrer. A carta dirigida por Marco Aurélio aos atenienses, depois do processo de Sirmio, e sem dúvida em 174-175,[103] mostra claramente o caráter político da sentença então proferida por ele: "Penso que agora está perfeitamente claro, em razão do que declarei, que tomei todas as providências, ausente de corpo, mas não em

O império dos sofistas 133

pensamento, para que, no futuro, Herodes obtenha dos atenienses uma participação alegre nos festejos divinos e nas questões humanas, considerando-se a ilustração de seu zelo pela cultura, e para que os atenienses, recordando-se da conhecida boa vontade de Herodes para com eles no passado, recuperem plena confiança na amizade recíproca que outrora os uniu, e para isso não necessitam da minha intervenção."[104]

Quaisquer que possam ter sido os erros de Herodes, suas artimanhas iniciais para não executar com sinceridade as cláusulas do testamento paterno, e posteriormente, seu orgulho e sua atitude despótica, que o colocava acima das leis, continuou a ser essencial que ele participasse da vida política e sobretudo intelectual de Atenas, que permanecia o centro de toda a cultura, o ponto de ancoragem da pátria humana. A pessoa de Herodes, tudo o que ele representava, era indispensável para a realização, no interior do Império, do ideal evocado anos antes por Aristides.[105]

Essa intenção de Marco Aurélio foi confirmada pela instituição, em Atenas, de quatro cadeiras de filosofia, para cada uma das principais escolas – estoicismo, epicurismo, aristotelismo e platonismo –, e uma cadeira de retórica. O próprio imperador escolheu o professor de retórica, Júlio Teódoto, mas aconselhou-se com Herodes para indicar os quatro filósofos. Isso se passou, muito provavelmente, pouco depois do regresso de Herodes e do processo de Sirmio. Era um momento favorável. No passado, Vespasiano havia criado em Roma duas cadeiras de retórica, uma de língua grega e outra de língua latina, mas se abstivera de instituir um ensino público de filosofia.[106] Naquele momento, os filósofos só lecionavam em caráter privado, tanto em Roma quanto em Atenas. Mas os tempos haviam mudado e, se não se julgava oportuno estabelecer cátedras de filosofia em Roma, o mesmo não se dava em Atenas, que assim se viu oficialmente consagrada como o centro de toda a *paideia*, a cultura humana sob a dupla forma que desde então passou a lhe ser própria – a filosofia e a retórica, indissociavelmente ligadas.

Se o próprio Marco escolheu o rétor Teódoto para ocupar a cátedra criada por ele, foi porque este se havia imiscuído na querela entre os atenienses e Herodes; havia até, a acreditarmos em Filóstrato,[107] redigido os discursos proferidos contra Herodes pelo principal de seus inimigos. Era difícil acreditar que Herodes pudesse ser generoso a ponto de esquecer tal conduta e fazer justiça ao talento daquele que tanto mal lhe quisera causar. Mas, por outro lado, não era inábil, por parte de Marco Aurélio, pôr à testa dessa "universidade" de Atenas, na retórica, um adversário de Herodes, e na filosofia, personagens que eram seus amigos. Assim se viu consagrada e tornada manifesta a reconciliação entre as duas partes. O ensino de Teódoto durou apenas dois anos, interrompido pela morte. Seu sucessor foi um fenício de Tiro, chamado Adriano,[108] que tinha sido aluno de Herodes. Ele já exercia a função quando o imperador foi a Atenas, no fim do verão de 176, para se iniciar nos mistérios de Elêusis. Herodes viria a morrer no ano seguinte. Marco havia conseguido restabelecer a concórdia em Atenas e evitado comprometer, desgraçando o mais ilustre de todos os sofistas, o prestígio da cidade em torno da qual se realizava, idealmente, a união espiritual do Império.

Já no ano anterior, entretanto, ele se havia reconciliado pessoalmente com Herodes. Este, cônscio do que houvera de deplorável em sua atitude em Sirmio, tinha-se resignado a escrever para Marco Aurélio, não para lhe apresentar suas desculpas, mas fingindo indagar por que razões já não recebia cartas dele. Marco compreendeu a mensagem e enviou uma longa resposta, falando de suas próprias atividades, que o retinham em seus alojamentos de inverno, deplorando a morte de sua mulher, Faustina, ocorrida poucos meses antes, aludindo a seus próprios problemas de saúde, e acrescentando, como que por acaso: "Quanto a ti, rezo para que estejas com boa saúde e convencido de meus bons sentimentos para contigo, e para que não consideres que cometi uma injustiça quando, havendo tomado conhecimento de que algumas pessoas de tua casa tinham cometido certos erros, eu as puni, da maneira mais branda possível. Não te encolerizes contra mim por isso, e, se te causei ou ainda te causo pesar, pede justiça contra mim no santuário de Atena na Cidade, durante os Mistérios. É que fiz um juramento, no auge da guerra, de me iniciar, e gostaria que fosses tu o meu parceiro nessa ocasião."[109]

E com isso, a antiga amizade entre os dois foi restabelecida.

5. Os deveres de um príncipe

1. A defesa do Império

A *Vida de Antonino*, na *História Augusta*, reproduziu os últimos momentos do imperador, que morreu em Lório, na residência que amava, em 7 de março de 161. Nascido em 19 de setembro de 86, no reinado de Domiciano, ele havia chegado aos 76 anos. Ficou doente por apenas três dias, durante os quais tomou todas as providências necessárias para garantir sua sucessão por Marco Aurélio. Mandou dar-lhe a estátua de ouro da Fortuna, que adornava o salão dos imperadores e representava *Fortuna Augusta*, a deusa de quem se esperava que assegurasse a "sorte" indispensável ao homem de quem dependiam a prosperidade e a sobrevivência do Estado. Tempos depois, Sétimo Severo, ao sentir a aproximação da morte, ordenaria que a estátua simbólica e meio milagrosa fosse alternadamente levada, dia sim, dia não, ao quarto de cada um de seus dois filhos, Geta e Caracala.[1] Esse talismã, portanto, passou a pertencer a Marco Aurélio. Quanto ao próprio Antonino, a última palavra de ordem que ele deu ao tribuno militar de serviço foi *aequanimitas*, "serenidade".

Mas o autor da *Vida* deu a entender que essa serenidade não fora alcançada sem esforço, pois, em instantes de delírio, sob a influência da febre, Antonino havia falado, e falado unicamente, "dos assuntos de Estado e dos reis com os quais se sentia irritado".[2] Ao que parece, a situação no Oriente já era inquietante. E não tardaria a se degradar ainda mais. Todavia, a responsabilidade caberia a Marco Aurélio. Ao tomar como lema de suas últimas horas a palavra *aequanimitas*, Antonino não poderia indicá-lo com mais clareza. Marco o compreendeu perfeitamente e, em suas *Meditações*, diria que seu pai, na morte, havia provado o equilíbrio e a invencibilidade de sua alma, tanto na sorte quanto no infortúnio.[3]

Marco não estava sozinho para enfrentar as provações que o esperavam. Sabemos que tinha a seu lado Lúcio Élio Vero, o filho de Lúcio Ceiônio Cômodo, adotado por Adriano.[4] O próprio Lúcio Vero tinha sido adotado por

Antonino, sendo, portanto, irmão de Marco, que era nove anos mais velho que ele. Todavia, enquanto Marco recebera de Antonino um grande número de honrarias, Lúcio fora menos favorecido. O autor de sua *Vida*, na *História Augusta*, recorda que, até os 23 anos de idade (em 154), ele não havia exercido magistratura alguma. Nesse ano, tornou-se questor, o que representou, para ele, o primeiro degrau de uma carreira senatorial, e lhe deu o direito de ter assento na Cúria. Até então, era considerado um *privatus*, um simples cidadão particular. Quando a corte se deslocava, ele não ocupava um lugar no carro de Antonino, como Marco Aurélio, mas no do prefeito da guarda.[5] Em seguida, imediatamente após seu questorado e contrariando o costume, Lúcio tornou-se cônsul.

Podemos interrogar-nos sobre as razões de Antonino. Propusemos algumas:[6] se Lúcio foi mantido na penumbra dessa maneira, enquanto Marco aparecia cada vez mais como o sucessor designado, foi porque, a nosso ver, contrariando a intenção inicial de Adriano, Antonino resolveu favorecer aquele dos dois jovens que lhe parecesse mais apto a exercer o poder. E, nesse momento, ou as qualidades de Marco revelaram-se tais que o designaram para reinar, ou a personalidade de Lúcio tornou pouco desejável que um dia ele fosse sagrado imperador.

As qualidades de Marco Aurélio eram inegáveis, e Antonino as conhecia bem; pudera prová-las durante o quarto de século em que os dois nunca se haviam separado. É desnecessário enumerá-las aqui. Talvez seja mais conveniente apontar os poucos traços de seu caráter que poderiam fazer Antonino hesitar: a seriedade excessiva e a evidente aversão que ele sentia por algumas obrigações do poder, como assistir a espetáculos, durante os quais ele lia ostensivamente algum livro.[7] Era possível julgá-lo duro, insensível e até desumano,[8] mas essas não passavam de impressões superficiais, fugazes, que não poderiam enganar Antonino.

Lúcio, ao contrário, sedutor e belo – como tinha sido seu pai –, foi objeto de julgamentos severos por parte dos historiadores antigos, sobretudo do autor da *História Augusta*, que, na biografia dedicada a ele, traçou do rapaz um retrato pouco lisonjeiro. Disse-o apaixonado (ao contrário de Marco) pelos jogos do circo e pelo teatro, assim como por combates de gladiadores, a ponto de comprometer sua saúde.[9] Mas isso, continuou o autor da *Vida*, não o alienou da afeição de Antonino, que nele apreciava a franqueza e a alegria

Os deveres de um príncipe – I

(o texto é incerto nesse ponto, mas o sentido geral deixa poucas dúvidas). Durante sua adolescência, as manifestações desse caráter não ultrapassaram os limites da decência. Ele gostava de brincar, jogar e aproveitar os prazeres, sem cair em qualquer excesso – pelo menos até então.[10] De resto, era um aluno dócil, que teve mestres comparáveis aos de Marco e, vez por outra, os mesmos: Herodes Ático, os filósofos Apolônio de Calcedônia[11] e Sexto,[12] mas principalmente Frontão, a quem logo se ligou por uma viva afeição, como fizera Marco Aurélio. Para os exercícios do espírito, não tinha os mesmos dons naturais deste último. O biógrafo da *História Augusta* chega até a dizer que Lúcio era "mais mau poeta que orador",[13] e que tudo o que escrevia deveu a amigos de quem soubera cercar-se e que o ajudavam. Pessoalmente, ele preferia a palestra e a caça.[14]

O que podemos entrever, graças à *Correspondência* de Frontão, sugere uma impressão um pouco diferente. Marco Aurélio, por exemplo, por volta de 153 ou 154, menciona um discurso de agradecimento dirigido por Lúcio a Antonino (talvez a propósito de sua questura, ou, mais provavelmente, de seu consulado) e considera que esse discurso era ainda mais digno de elogios, pelo fato de Lúcio ter tido pouco tempo para prepará-lo.[15] Teria Marco Aurélio escrito isso, se achasse que tal discurso tinha sido redigido por outra pessoa que não seu irmão? Frontão, por outro lado, numa carta de 163 (ocasião em que Lúcio se encontrava no Oriente), elogiou aquele que continuava a ser seu aluno pela eloquência atestada por uma mensagem dele ao senado. Frontão o fez em termos calorosos, que ficariam muito deslocados se a mensagem em questão não tivesse sido obra de Lúcio. Mais do que ninguém, Frontão era capaz de reconhecer o estilo que ele mesmo lhe ensinara a usar.[16]

A *Vida de Vero* denigre sistematicamente o jovem príncipe, por razões obscuras. O autor insiste na vida desregrada que ele teria levado depois de 161, quando se tornou, teoricamente, igual a Marco em dignidade. Nesse momento, diz o autor, seu nome era associado a toda sorte de escândalos, adultérios e também amores pederásticos. Em todas as ocasiões, tratava-se dos banquetes que ele organizava e depois dos quais distribuiria aos adolescentes encarregados do serviço presentes de grande valor, como taças de cristal e pratos e copos de ouro e prata. Um único desses banquetes teria custado 6 milhões de sestércios.[17] No dizer do biógrafo, o fato teria ocorrido depois da vitória sobre os partas e do regresso de Vero a Roma. Marco Aurélio tomou conhecimento do episódio, ao que parece, porém se haveria contentado em suspirar, gemendo pelo destino do Império!

Entre as censuras dirigidas a Vero pelo autor da *Vida*, há uma que sugere com que intenção foi redigido esse texto, que é um verdadeiro panfleto contra o irmão de Marco. Supostamente, Vero percorreria as ruas de Roma à noite, indo de um lugar suspeito para outro, disfarçado e entrando em brigas com quem encontrava, de modo que, ao regressar, era comum ter o rosto marcado pelos golpes recebidos. Certa vez, foi reconhecido, apesar de seu disfarce, numa taberna em que tentou se esconder. Ora, Tácito e Suetônio haviam atribuído a Nero uma conduta similar, com os mesmos detalhes. Oto teria feito o mesmo, porém antes de assumir o poder.[18] Assim, Lúcio também deveria ser classificado entre os "maus" imperadores, os que eram indignos de exercer o poder – o que permitia que fosse contrastado com seu irmão Marco, o "filósofo", que, "pela pureza de sua vida, superou todos os príncipes".[19] Tamanho contraste tinha motivos para seduzir um biógrafo mais preocupado com a retórica do que com a verdade, e que encontrava em lugares-comuns e maledicências tradicionais um pretexto para elaborações simplistas. O que lhe importava, evidentemente, era classificar Lúcio numa das categorias entre as quais eram distribuídos os imperadores. Lúcio pertencia ao número dos que haviam cedido às tentações do poder.

Não que fosse tudo fantasioso nessas narrativas, mas os fatos autênticos e os traços de caráter que se podia inferir deles eram apresentados de maneira tendenciosa. É verdade que o jovem príncipe, por natureza, era diferente de seu virtuoso irmão, e podemos supor que às vezes sentisse necessidade de escapar da atmosfera meio pesada que reinava no Palatino, durante a vida de Antonino e mais tarde, depois de 161, quando Marco Aurélio recebeu o poder e o fez partilhar dele. Essa necessidade de liberdade transparece no relato que possuímos de sua partida para o Oriente, para lutar contra os partas, na primavera de 162. Marco Aurélio o acompanhou até Cápua, a meio caminho de Brindisi, e regressou a Roma. Lúcio prosseguiu sozinho em sua rota. Mas a percorreu sem pressa, detendo-se em todas as aldeias encontradas no caminho e se entregando ao prazer. Isso permitiu ao biógrafo uma apóstrofe indignada: "Enquanto um governador de província era morto, legiões eram massacradas, os sírios se preparavam para desertar e o Oriente era devastado,

Os deveres de um príncipe – I

ele, em Apúlia, caçava; depois, em Corinto e em Atenas, prosseguia em sua navegação ao som de orquestras e cânticos, e se demorava em cada cidade do litoral da Ásia, da Panfília e da Cilícia, as mais famosas de que ali se tem notícia para os prazeres."[20]

Há nisso uma abreviação tendenciosa, que não leva minimamente em conta a sucessão dos acontecimentos e das realidades da situação militar, muito diferente, como veremos. O biógrafo prossegue acusando Lúcio de ter levado uma vida desregrada na Síria, passando o verão, durante quatro anos seguidos, em Dafne, no frescor desse bairro de Antioquia, e passando o inverno na Laodiceia (Latakieh), à beira-mar, onde o clima era mais ameno.[21] Mas o que sabemos da maneira como a guerra foi conduzida não justifica tais acusações. É certo que Lúcio deixou Antioquia várias vezes, viajou por sua província e soube coordenar as operações. Isso não o impediu de se preocupar com o que acontecia em Roma e de se perguntar, em particular, qual facção teria sido vitoriosa no Circo. Pessoalmente, ele torcia pelos Verdes. Tinha um cavalo que participava das corridas. Em suas cartas, preocupava-se com tudo isso, com uma liberdade de espírito que era reveladora do seu caráter.[22]

Durante a viagem de Roma a Brindisi, uma vez livre da presença de Marco Aurélio, Lúcio se demorou, como dissemos, nas aldeias da Apúlia. Na época, era costume abrir aos amigos em viagem as casas de campo, que serviam de *deversorium* – o que chamaríamos de "pousadas". Os servos ali mantidos tinham ordens de acolher os hóspedes da melhor maneira possível. Os banhos eram aquecidos, os banquetes eram preparados. Lúcio, no dizer do biógrafo, usufruiu desses prazeres com tão pouca moderação, que caiu doente em Canusium (Canosa), a meio caminho entre Foggia e Bari. Ainda teria mais de 120 milhas a percorrer (cerca de 180 quilômetros) antes de chegar a Brindisi. Marco se inquietou e logo correu para lá.[23] Uma carta de Frontão fornece alguns detalhes.[24] O alerta parece ter sido sério, mas uma sangria e uma dieta severa de três dias devolveram a Lúcio o uso dos sentidos. A crise, aparentemente, fora provocada por toda sorte de excessos, de modo que Frontão, a quem Lúcio tinha escrito assim que se restabeleceu, recomendou-lhe não ceder às tentações que pudessem assaltá-lo, mas, ao contrário, usar de comedimento. Talvez essa doença de Canusium já tenha sido o primeiro sinal da que se revelaria fatal para Lúcio, sete anos depois. Naturalmente, é impossível chegar a uma conclusão decisiva. Mas parece provável que Lúcio tenha pagado dessa maneira o preço pelos excessos mencionados (com exagero) pelo autor da *História Augusta*. Este baseou sua demonstração em fatos reais, sem dúvida, mas os interpretou de maneira tendenciosa e deles extraiu uma recriminação sem qualquer nuance.

Podemos fazer de Lúcio, no momento em que ele se associou ao Império, uma imagem bastante precisa – a de um *juvenis*, um homem na plenitude da idade (estava com trinta anos), ainda movido pelos ardores de uma adolescência que se prolongava, mas já ameaçado em sua saúde. Decerto devia essa fragilidade a seu pai, que morrera moço.[25] Também desse pai tinha herdado vários traços: o gosto pelo prazer, ou melhor, pelos refinamentos e pelo luxo, e um certo "dandismo" que o impelia a se cercar de servos de beleza admirável, os quais ele vestia com roupas aladas, à maneira dos Cupidos – Lúcio tinha como livro de cabeceira as obras de Ovídio. Ele próprio era bonito, vestia-se com elegância e se comprazia em compor versos. Este último detalhe talvez explique por que seu biógrafo julgou que devia deixar claro que Lúcio tinha sido um poeta medíocre!

Frontão nos deixou, em sua *Correspondência*, elementos para compor um retrato moral de Lúcio, de suas qualidades mais profundas, que eram dissimuladas pelos entusiasmos e paixões da juventude. Certa vez, falou da *bonitas* dos dois imperadores, isto é, de sua generosidade, de sua capacidade de retribuir a afeição que lhes era dedicada.[26] Nos *Principia historiae*, cujo prefácio, fictício, anunciava a *História da Guerra Pártica*, que ele se propunha escrever, Frontão estabeleceu um paralelo entre Lúcio e Trajano, inteiramente elogioso para o primeiro. Trajano se preocupava, antes de mais nada, com sua própria glória, e não em poupar o sangue de seus soldados. Lúcio, ao contrário, tentava obter pela negociação os resultados desejados. Além disso, os bárbaros concordaram em constatar que o irmão de Marco Aurélio era, a um tempo, justo e clemente,[27] o que nem sempre fora o caso de Trajano. "Ninguém jamais se arrependeu de haver confiado seu reino e seu destino à *fides* de Lúcio." O que quer que possamos pensar do tom desse elogio, é evidente que ele se baseou em fatos reais. A diplomacia de Lúcio certamente contribuiu para o sucesso que ele obteve no curso dessa guerra. Ele soube tranquilizar os reis "vassalos" e, desse modo, garantir a estabilidade no Oriente, ao menos por algum tempo.

Quanto aos prazeres de Lúcio durante sua temporada na Síria, o próprio Frontão reconheceu que ele gostava de chamar atores, mas acrescentou que

Os deveres de um príncipe – I

esse era um dos adornos da paz, e que os imperadores sempre souberam que o povo romano podia ser mantido no cumprimento dos deveres unicamente por duas coisas: pão e circo.[28] Lúcio, portanto, não fazia mais do que cumprir seu dever quando oferecia espetáculos aos sírios!

Essas afirmações de Frontão decerto constituem uma apologia de Lúcio, na qual podemos discernir certo exagero. Em face do rol de acusações montado pelo autor da *História Augusta*, Frontão garantiu a defesa. Fez isso em nome da afeição que unia os dois, de sua intimidade quase cotidiana, de uma amizade da qual o mestre era visivelmente ciumento e que pretendia exibir aos olhos de todos.[29] Será que esses sentimentos o desencaminharam? Na verdade, é evidente que o próprio Marco Aurélio nutria afeição e estima pelo irmão adotivo. Isso se evidencia, primeiro, por algumas indicações que encontramos na *Correspondência* de Frontão. Assim, ficamos sabendo que Marco Aurélio proferiu no senado, no ano de 163, isto é, depois das primeiras operações contra os partas, um discurso oficial em que elogiou Lúcio e declarou sua confiança nele.[30] E Frontão rejubilou-se com isso. Já no ano anterior, Marco havia declarado perante o conselho de seus amigos que, antes de tomar uma decisão num processo jurídico complicado (a questão levantada pelo testamento de Matídia, tia-avó de Marco e Faustina), ele queria consultar Lúcio (que estava na Síria), e confessou a Frontão que só confiaria em que a decisão era bem fundamentada se ela fosse aprovada por seu irmão.[31] Certa feita, numa carta a Frontão, Marco Aurélio declarou que não conseguia resistir aos pedidos de Lúcio e que, para satisfazê-lo, chegaria até a se mostrar descomedido e indiscreto.[32] Se, nos dois primeiros casos, é lícito pensarmos que essas declarações de Marco Aurélio tinham um caráter político, e que seu objetivo era proclamar publicamente o bom entendimento entre os dois imperadores – conforme estampavam as moedas cunhadas em 161 e 162, celebrando a *Concordia* dos irmãos[33] –, não podemos duvidar da sinceridade da confissão feita a Frontão pelo príncipe.

A afeição de Marco Aurélio por Lúcio é certa. Mas será que explica, por si só, o fato de ele haver associado o irmão ao Império, desde o seu advento, dando-lhe o título de Augusto, que fazia dele seu igual? Foi uma inovação grave. Nunca houvera mais do que um só Augusto, um só detentor do poder místico implicado na palavra *Augustus*.[34] É possível que o caráter de Lúcio, sua vivacidade, seu encanto e sua juventude tenham contribuído para seduzir

Marco, que via nesse irmão o que faltava em si mesmo. Contudo, seria essa simpatia pessoal suficiente para levar o novo imperador a tomar uma medida tão grave? Será que razões políticas mais profundas não pesaram na decisão de Marco Aurélio?

É frequente afirmar-se, seguindo Dião Cássio, ou melhor, seu abreviador, que, ao associar Lúcio o mais estreitamente possível ao seu poder, Marco Aurélio queria ter junto de si um homem moço, mais capaz do que ele de assumir o encargo das guerras que ele previa. Nessa ocasião, porém, o imperador tinha apenas quarenta anos, e não é nada certo que sua saúde estivesse cambaleando. Ao contrário, sua ação nas campanhas do Ocidente, que vieram alguns anos depois, mostra bem que ele tinha coragem e força física suficientes para se manter à testa das legiões e suportar as inevitáveis fadigas da vida militar. Que Lúcio tenha-lhe parecido um possível comandante na guerra, isto podemos admitir, mas não para uma guerra qualquer.

A Guerra Pártica

A situação no Oriente era ameaçadora. Já no reinado de Antonino havia provocado sérias inquietações, e eis que, a partir da mudança do reinado, o rei dos partas, Vologases III, invadiu a Armênia e ali instalou um novo príncipe, Pácoro, o que prenunciou uma guerra. As hostilidades eclodiram quando o governador da Capadócia, M. Sedácio Severiano, tomou a iniciativa de penetrar no território da Armênia. A tentativa fracassou. Seu exército foi atacado por Cosroés, o chefe parta, nas imediações da cidade de Elegeia, e totalmente massacrado. Severiano suicidou-se.[35] Roma precisava reagir sem demora e com o máximo de energia. Quem seria enviado ao Oriente?

Alguns precedentes não podem ter deixado de ocorrer ao espírito de Marco Aurélio. Fazia mais de um século que os romanos guerreavam com os partas, e pelo menos cinco *imperatores* tinham sido encarregados de conduzir as operações: Marco Antônio, Caio César (o neto de Augusto), Germânico, na época de Tibério, e por fim, Córbulo, antes que Trajano assumisse em pessoa o comando do exército. Pelo menos quatro deles tinham sido homens jovens, brilhantes e prestigiosos, o que nada tinha de acaso. Nos países do Oriente, a lembrança de Alexandre nunca se havia apagado. Sua imagem continuava

Os deveres de um príncipe – I

a ser a de um jovem conquistador, favorito da Vitória. Era inseparável da própria ideia de realeza, como mostram as efígies dos príncipes helenísticos.[36] Caio César, Germânico e, por fim, Córbulo, vítima da inveja de Nero, que se julgava capaz de desempenhar pessoalmente esse papel, também tinham sido jovens e prestigiosos. Lúcio era a indicação perfeita para tomar o lugar deles e assumir, na Síria, na Ásia e na Armênia, a tarefa que lhes coubera. Ao associá-lo ao poder supremo, em vez de fazer dele, como acontecera em sua própria vida, um César, substituto do Augusto, Marco Aurélio conferiu-lhe uma dignidade verdadeiramente real, e esse viria a ser um rei que, quando chegasse o momento, seria capaz de se dirigir de igual para igual ao rei dos partas. E, entre outras vantagens, isso teria a de não mais criar problemas de etiqueta como os conhecidos no tempo de Nero, quando Tirídates tivera que viajar até Roma para receber o diadema.[37] Mas sobretudo o poder romano estaria presente, em toda a sua majestade, na fronteira do Eufrates.

Sabemos também que, a partir de seu advento ao poder, Marco Aurélio celebrou o noivado de Lúcio com sua filha Ânia Lucila, de cerca de treze anos (idade a partir da qual as meninas podiam casar-se), que era a terceira de seus rebentos. Ao mesmo tempo, Lúcio recebeu o cognome de Vero, outrora usado por Marco. O autor da *Vida de Marco Aurélio* concluiu com acerto que isso fez de Marco uma espécie de pai de Lúcio,[38] que assim se tornou como que outro ele mesmo. Isso acarretou duas consequências: primeiro, um aumento de prestígio para Lúcio perante os partas, e segundo, talvez também uma garantia contra qualquer tentação que Lúcio pudesse ter de se mostrar independente demais em relação ao irmão.

Os acontecimentos da Armênia, como dissemos, tornaram inevitável uma guerra contra os partas. Mas também não desagradava a Marco Aurélio retomar uma política de expansão, como acreditamos ter conseguido mostrar.[39] Estando ele próprio retido na Itália, quem poderia personificar melhor do que Lúcio a *iuventas* de uma Roma que recuperava a plena força de uma nova adolescência, depois de se haver iniciado o século dos Antoninos? Tudo isso nos parece explicar a decisão de Marco Aurélio de convocar Lúcio para a categoria de Augusto.

Pela *História Augusta*, sabemos quais foram os primeiros gestos dos dois imperadores quando da morte de Antonino. Eles foram ao campo dos pretorianos, como mandava o costume, para receber o juramento dos soldados.

Mas o fizeram juntos. Foi Lúcio quem tomou a palavra para discursar para eles em nome dos dois.[40] O simbolismo foi claro: seria Lúcio quem asseguraria a ligação entre o poder e o exército. Assim, ninguém se admiraria se, na eventualidade de uma guerra, ele fosse encarregado de travá-la. E isso permitia prever que o novo reinado não seria tão pacífico quanto o de Antonino. Roma estava retomando a iniciativa das conquistas. A filosofia pessoal de Marco Aurélio não contradizia isso, de modo algum.

Os dois novos Augustos foram bem recebidos pela opinião pública romana, tanto pelos senadores quanto pela população da cidade. Deveram-no, em especial, a sua simplicidade, a seus modos "corteses" e a sua paciência para suportar as brincadeiras que um autor de comédias populares, chamado Marulo, permitiu-se fazer a respeito deles.[41] O mundo inteiro compreendeu que Marco e Lúcio não governariam como tiranos, e o que se sabia sobre os estudos filosóficos de Marco era ainda mais tranquilizador, visto que o estoicismo convidava seus adeptos a amarem os outros homens e a praticarem a *caritas* já pregada por Sêneca, no fim do tratado *Sobre a ira*.[42] Tanto assim que, em meio à euforia, foi possível cunhar moedas que enalteciam a felicidade destes Tempos (*Felicitas temporum*),[43] apesar da terrível cheia do Tibre, ocorrida pouco depois da morte de Antonino – certamente, no final de março ou abril. Essas inundações, muito destrutivas, eram geralmente consideradas um sinal da cólera dos deuses, irritados com a Cidade, sendo portanto maus presságios. Mas também era possível lembrar que o reinado de Augusto havia começado da mesma maneira, com uma cheia do Tibre que dera ensejo a uma ode de Horácio,[44] composta durante os primeiros meses do ano 28 a.C. Ora, que reino tinha sido mais glorioso que o de Augusto? Talvez tenha sido essa a razão por que Plínio, ao falar do Tibre, entre os rios do Lácio, sentiu necessidade de esclarecer que ele apenas desempenhava o papel de um adivinho, que alertava, mas não punia.[45] Curiosamente, Horácio, a propósito da cheia do rio no ano 28, relacionou-a com o dever sagrado de vingar a derrota de Crasso diante dos partas. Era a esse dever que o Tibre convocava os romanos. Mas nada nos diz que os romanos da primavera de 161 se recordassem da ode composta quase um século antes. De qualquer modo, essa cheia, tenha ou não anunciado a guerra da Armênia, que estava prestes a começar, causou grandes estragos, provocando o desmoronamento de numerosas residências nos bairros de Velabro e do Circo Máximo, e, o que foi ainda mais grave, interrompendo a subida do

Os deveres de um príncipe – I

rio pelos barcos cargueiros que levavam trigo para a Cidade. Seguiu-se um período muito grave de fome.[46] Os dois príncipes tomaram as providências necessárias para enfrentá-lo, o que aumentou ainda mais sua popularidade.

Entrementes, as notícias da frente oriental eram ruins. O governador da Síria, Atídio Corneliano, que, segundo podemos crer, havia tentado socorrer Severiano, ou, após o suicídio deste, barrar o avanço do exército de Cosroés, sofreu uma grave derrota, por sua vez.[47] A presença de Lúcio e dos reforços que o acompanhariam tornou-se urgente. Mas foi apenas na primavera de 162 que o jovem príncipe se pôs a caminho, acompanhado até Cápua, como dissemos, pelo próprio Marco Aurélio.[48] O resto da viagem foi lento, como sublinhou maldosamente o autor da *Vida de Vero*,[49] mas era impossível empreender uma ação ofensiva (e era essa a missão de Lúcio) antes de enfrentar longos atrasos. A derrota de Corneliano tinha revelado as fraquezas do exército da Síria, do qual Frontão traçou uma imagem muito sombria: "O exército que te enviaram", escreveu ele numa carta a Vero que podemos datar de 163,[50] "foi corrompido pelos prazeres, pela devassidão e por um ócio prolongado. Em Antioquia, os soldados estavam habituados a ir todos os dias aplaudir os atores e, na maioria das vezes, era mais comum encontrá-los no jardim da tasca vizinha do que em sua unidade. Os cavalos estavam sujos, por falta de cuidados, e os cavaleiros, por sua vez, depilados; era raro ver um soldado cujo braço ou perna fossem cabeludos … ."

Os mesmos indícios encontram-se na *Introdução à história* que Frontão se propunha usar como prefácio da narrativa da campanha de Lúcio. Trata-se aí do moral baixo das tropas da Síria, de sua indisciplina, sua insolência, sua propensão a desertar e a não permanecer no interior das fortalezas que elas tinham a missão de guardar. Pior ainda, embriagados desde a metade do dia, os soldados não aguentavam vestir suas couraças, de modo que, à simples visão de um parta, não tinham nada mais premente a fazer do que fugir, e, "quando ouviam as trombetas, achavam que era o sinal da derrota".[51]

Foi essa a situação que Lúcio teve de enfrentar. Ele conseguiu restabelecer a disciplina e tornar esse exército capaz de combater. Frontão o comparou aos grandes generais de outrora, o que lhe deu a oportunidade de citar Salústio e outros historiadores, mas, mesmo que o rétor tenha-se entregado aos efeitos estilísticos e às comparações que lhe eram caras, a realidade não devia ser muito diferente das descrições que citamos.

As medidas urgentes não podiam ser confiadas a esse exército abatido e indisciplinado. O ponto de maior ameaça, aquele em que era necessário concentrar o esforço, era a fronteira entre a Armênia e a Capadócia, onde fora mais grave a afronta feita a Roma. Em consequência disso, a província foi confiada a um militar tarimbado, Marco Estácio Prisco, cuja carreira nos é conhecida por uma inscrição encontrada em Roma.[52] Esse personagem, da categoria equestre, havia exercido sucessivos comandos como prefeito de coorte e, mais tarde, tribuno de legião em diversas unidades. Havia participado, no reinado de Adriano, da expedição da Judeia, e sua conduta lhe valera uma condecoração. Mais ainda, após uma função civil – uma procuradoria em Narbona e na Aquitânia –, ele havia seguido uma carreira senatorial, ao término da qual lhe coube, em 160, governar a Britânia, depois de seu consulado. Ao escolhê-lo, Marco Aurélio mostrou o conhecimento que tinha de homens experientes e aguerridos, capazes de corrigir a situação. Ele próprio, como sabemos, nunca tinha visto um campo de batalha, mas não tardaria a aprender como organizar e conduzir uma campanha. De momento, cercou-se dos melhores e mais eficazes colaboradores. Foi recompensado por isso quando Estácio Prisco, a partir da campanha de 163, tomou a cidade de Artaxata, capital da Armênia, e assim vingou seu predecessor.

Mas Lúcio também não tinha qualquer experiência militar. Marco o cercou de auxiliares seguros, a começar por um dos dois prefeitos do pretório, Tito Fúrio Vitorino, que já exercia essa função desde 159, no reinado de Antonino, após uma carreira bem-cumprida, na qual as funções militares tinham-se alternado com procuradorias e cargos civis, como a prefeitura da anona (a administração do abastecimento de Roma). Antes de 159, ele fora prefeito (isto é, governador) do Egito.[53] Sua experiência militar e civil era inegável. As coisas do mar não lhe eram estranhas, visto que ele tinha sido, sucessivamente, prefeito das frotas de Ravena e de Misena (ambas frotas de guerra com base na Itália).

No estado-maior de Lúcio figurava também um senador de nome Marco Pôncio Leliano Lárcio Sabino, cuja carreira duas inscrições nos fazem conhecer e que Frontão citou nominalmente na descrição que fez do exército da Síria.[54] Ex-cônsul, ele havia governado a Síria, embora suas funções militares tivessem sido exercidas na fronteira da Germânia, na Britânia e na Panônia (atual Hungria). Seu papel na guerra contra os partas viria a ser tão brilhante

Os deveres de um príncipe – I

que, depois da vitória, a pedido de Marco Aurélio, o senado lhe concedeu uma estátua que o representava de toga e seria erigida no fórum de Trajano. Esse Leliano participou muito ativamente da retomada do controle do exército da Síria, o qual aprendera a conhecer em seu tempo de governador da província. Frontão o qualificou como personagem "importante" (*gravis*) e severo, da velha escola. Foi ele que, para confundir os soldados que se recusavam a usar a couraça regulamentar, aproximou-se deles e, usando apenas um dedo, rasgou o tecido da couraça que eles tinham vestido. Também baniu o uso das selas acolchoadas, que se havia generalizado, e mandou abrir o cepilho por onde escapavam as penas que as preenchiam.[55]

Temos conhecimento um pouco menos preciso sobre a personalidade de outro companheiro de Lúcio, Marco Iálio Basso. Como senador no governo de Antonino, ele havia governado a província da Panônia Inferior, em contato com os bárbaros, e depois recebera um consulado sufecto. No advento de Marco Aurélio ao poder, foi-lhe confiada a província da Mésia Inferior. Depois da vitória sobre os partas, ele se tornaria governador da Panônia Superior, e foi nessa condição que recebeu os embaixadores das tribos germanas que haviam atacado o Império.[56]

Para substituir Atídio Corneliano no governo da Síria, Marco enviou um de seus primos pelo lado paterno, Ânio Libo, um senador, que havia exercido o consulado por volta do ano de 150 e que, portanto, ao assumir o governo da província, tinha pouco mais de quarenta anos. A escolha de Ânio Libo não se revelou afortunada. Libo e Lúcio entraram em conflito. A *Vida de Vero*, em consonância com sua tendenciosidade habitual, fez a responsabilidade por isso recair sobre Lúcio, cujo estilo de vida irritaria Marco Aurélio. Assim, este teria enviado Libo, aparentemente, para controlar Lúcio, talvez até para suplantá-lo em alguns assuntos. Pelo menos, é isso que sugere a narrativa da *História Augusta*, onde lemos que Libo se conduziu "com mais insolência do que conviria a um senador respeitoso, ao declarar que escreveria para seu primo, caso houvesse hesitação a respeito de algum ponto".[57] Lúcio teria então decidido mandar envená-lo e, de fato, Libo morreu pouco depois. Os boatos populares acusaram Lúcio, porém Marco Aurélio se recusou a acreditar neles, e o caso continua obscuro para nós. A semelhança com as circunstâncias em que havia ocorrido a morte de Germânico e com o desentendimento que havia surgido entre ele e Pisão, então governador da Síria, como o fora Ânio Libo, talvez tenha sugerido essa interpretação de uma morte inesperada. Teria Marco Aurélio mandado vigiar Lúcio? É evidentemente impossível de determinar. Se Libo tinha sido encarregado dessa missão, parece havê-la cumprido de maneira muito desastrada! Afora isso, o que sabemos do caráter de Marco Aurélio, o *Verissimus*, incita-nos a crer que ele jamais tencionaria espionar seu irmão.

É verdade que a vida que Lúcio levava na Síria – as festas e jogos que ele oferecia, seus prazeres com a caça e o clima ameno de Dafne – pode haver inquietado Marco Aurélio. Além disso, Lúcio exibia uma ligação com uma mulher originária de Esmirna, de nome (ou sobrenome) Panteia, que era uma das denominações da deusa Ísis. Luciano, que então se encontrava na Síria, chamou-a de "companheira do rei".[58] A intimidade entre os dois era tão conhecida que, nas *Meditações*, Marco Aurélio imaginou essa mulher sentada junto ao túmulo de Lúcio, pranteando sua morte.[59] Essa situação talvez explique a razão de Marco ter mandado para a Ásia sua filha Lucila, noiva de Lúcio, como dissemos, para que o casamento fosse celebrado sem aguardar o regresso dele. Porventura tinha a esperança de que isso o incitasse a usar de maior discrição? Outros motivos, no entanto, podem ter levado à determinação de Marco Aurélio: em primeiro lugar, a idade de Lucila, que havia chegado aos quinze anos em 164, e além disso, o desejo de efetivar o laço familiar projetado desde 161 entre os dois Augustos. Marco fez um anúncio público de sua intenção de levar pessoalmente a filha ao Oriente,[60] mas foi dissuadido de fazê-lo por alguns que suspeitaram abertamente de que ele queria apropriar-se da glória de uma vitória já então quase conquistada – como fizera Cláudio na Britânia. Se Marco fosse à Ásia, isso também poderia ter outra significação, sendo considerado uma marca de desconfiança em relação a Lúcio, uma falha na concórdia que reinava oficialmente entre os dois príncipes. Talvez para prevenir essa interpretação, cunharam-se, entre dezembro de 163 e dezembro de 164, moedas com o lema *Concordia*, retomando as de 162.[61] No mais, os desregramentos de Lúcio não deviam ser interpretados como uma tragédia. Tratava-se apenas da conduta de um rei, e eles não impediam que o jovem imperador cumprisse as tarefas impostas por sua categoria e preparasse a fase mais importante da guerra, o ataque direto planejado contra o Império Parta, agora que o desastre da Armênia tinha sido apagado.

Na Armênia, com efeito, a vitória de Estácio Prisco havia permitido instalar um rei, Sohemo, que pertencia à família dos arsácidas e era não apenas

Os deveres de um príncipe – I

cidadão romano, porém senador, e também tinha sido cônsul.[61bis] Aos olhos dos armênios, ele era seu rei; aos dos romanos, era um legado imperial, ocupando o cargo por um período limitado. Havia nisso uma espécie de ficção jurídica, que preparava para um futuro indeterminado, mas sem dúvida próximo, a transformação do reino em província.

ENVIAR À SÍRIA UM ESTADO-MAIOR capaz de secundar Lúcio não bastava, evidentemente. Era necessário dispor *in loco* de tropas numerosas e sólidas. Foi por essa razão que, no curso dos primeiros dois anos da guerra, várias legiões foram enviadas ao Oriente para reforçar o exército que ali se achava lotado e que, como dissemos, não estava em condições de combater. Foram elas: a legião I Minervia, que comumente fazia a guarnição de Bonn, na Germânia Inferior, e que foi conduzida ao Oriente por Marco Cláudio Frontão;[62] depois, a II Adiutrix, de Aquinco (Alt-Ofen [Óbuda]), na Panônia Inferior, conduzida por Quinto Antístio Advento;[63] a V Macedônica, que se encontrava na Mésia Inferior (na margem direita do Danúbio, na atual Bulgária), conduzida por Públio Márcio Vero à Capadócia, onde combateu, inicialmente, sob as ordens de Estácio Prisco.[64] A essas três legiões, que representavam um efetivo de quase 20 mil soldados de infantaria (desde a reorganização do exército por Adriano), foram somar-se elementos provenientes de diversas unidades e conduzidos à Capadócia por Públio Júlio Marciano.[65] É claro que esses reforços foram retirados às pressas de tropas localizadas o mais perto possível da região ameaçada, isto é, dos territórios ribeirinhos do Danúbio. Marciano, ao receber a missão de assumir o comando dos elementos legionários enviados à Capadócia, era legado da X Gemina, em guarnição postada em Viena (Vindobona). Esses reagrupamentos implicaram desguarnecer as fronteiras que separavam o Império dos países ocupados por povos germânicos. Isso foi feito com prudência: a Germânia Inferior, de onde saiu a I Minervia, estava em paz. O mesmo não se dava na Panônia, e por isso a II Adiutrix foi substituída pela IV Flávia, ou parte desta. Na província achavam-se outras três legiões, que balizavam o curso do rio: a X Gemina, em Viena, a XIV Gemina, em Carnunto (Petronell), e a I Adiutrix, em Brigécio (O-Szöny).[66] Assim, a fronteira do Danúbio conservava sua cobertura e era possível fazer frente a eventuais incursões de bárbaros vindos da margem direita.

Os chefes escolhidos para comandar as legiões levadas como reforço à Capadócia e à Síria foram selecionados em razão de sua carreira anterior, durante a qual tinham dado mostras de suas qualidades. Marco Cláudio Frontão havia comandado, no reinado de Antonino, a legião XI Cláudia, uma antiga unidade formada durante o segundo triunvirato (na época de Antônio, Otávio e Lépido) e lotada na Mésia desde o reinado de Trajano. Em contato quase permanente com bárbaros, essa legião podia ser considerada uma tropa de elite, bem-treinada. Seu comandante, Frontão, era um oficial muito competente. Era da classe senatorial e tinha feito o *cursus* até a categoria de pretor. Contava cerca de quarenta anos, sem dúvida. No Oriente, conduziu pessoalmente as operações, primeiro na Armênia, depois em Osroena (a região da atual Urfa, antiga Edessa, a leste do Eufrates, no nordeste da Mesopotâmia) e na Antemusia, não longe de Edessa. Antemusia, cidade helenizada, fora outrora entregue a Tirídates, o rei que Tibério havia desejado impor aos partas.[67] Assim, numa data que não podemos precisar, mas que sem dúvida foi bem no início da guerra (talvez em 163), Frontão foi encarregado de uma coluna formada por legionários e tropas auxiliares, que tinha por missão penetrar a fundo além das fronteiras da Síria, em direção ao norte da região dos partas.

Também estamos bem-informados sobre Quinto Antístio Advento, que comandava a II Adiutrix, uma legião já antiga, uma vez que fora constituída no ano 70, durante a guerra contra os batavos. Suspeitamos que ele tinha ligações na Numídia. Uma inscrição descoberta em Tíbilis, perto de Constantina, revela-nos, com efeito, que um de seus libertos, chamado Agathopus, havia erigido, precisamente em 164, em consequência de uma visão que tivera, um altar para Vitória Augusta, pela salvação de seu amo.[68] Seria temerário concluir disso que ele deveu sua carreira ao apoio de Frontão, que, nesse caso, teria sido seu compatriota. A propósito de seu papel na guerra dos partas, uma inscrição de Bostra[69] sugere que ele foi governador da província da Arábia sob o governo "dos dois Augustos". Se era esse o caso, Advento teria sido encarregado da ofensiva dirigida para o leste e o sul. Suas origens africanas decerto o teriam acostumado a enfrentar um inimigo semelhante ao que ele encontraria no deserto da Síria. Mas tudo isso é muito conjectural.

A personalidade de Públio Márcio Vero nos é mais conhecida. Um fragmento de Dião Cássio, conservado por Suidas, traça dele um retrato lisonjeiro: general capaz de decisões rápidas e hábil estrategista, ele era, ao mesmo

Os deveres de um príncipe – I

tempo, um excelente diplomata, que usava alternadamente contra o inimigo a força e a persuasão. Era dotado de grande encanto pessoal, dizem-nos, e sabia ser lisonjeiro, quando isso era oportuno, e se mostrar generoso, de modo que "os bárbaros logo se convenceram de que mais valia buscar sua amizade do que sua hostilidade".[70] Contudo, seu papel exato durante a campanha permanece bastante obscuro. Dião Cássio nos garante que ele encarregou um certo Tucídides de levar Sohemo à Armênia, embora a instalação desse rei costume ser atribuída a Estácio Prisco e date de 164.[71] Márcio Vero sucedeu Prisco no governo da Capadócia, mas somente em 166, depois do consulado sufecto que exerceu nesse ano,[72] e foi em 172 (data provável) que restabeleceu no trono da Armênia o rei Sohemo, expulso de lá por um certo Tirídates. No início da guerra, porém, e a partir do ano de 163, a questão armênia foi considerada resolvida. Cunharam-se moedas onde se via a personificação da Armênia em postura de luto. Essas moedas de áureos (*aurei*) traziam apenas o nome de Lúcio,[73] com o título de *Armeniacus*. Esse título só aparece para o próprio Marco Aurélio em moedas do ano seguinte.[74] A correspondência de Frontão nos explica a razão dessa diferença. Depois que Sohemo foi reinstalado no trono e após a destruição de Artaxata por Estácio Prisco, que havia fundado prontamente uma Cidade Nova a alguma distância, Lúcio se atribuiu o sobrenome triunfal de *Armeniacus*. Mas Marco Aurélio recusou-se a aceitá-lo, apesar das severas censuras do irmão.[75] Talvez porque para fazê-lo quisesse esperar que a situação ficasse realmente segura, o que só ocorreu em 164. Nesse ano cunharam-se então, em nome de Marco, denários em que se viam imagens de Marte[76] e da Vitória.[77] O fato de que realmente se tratou de uma vitória no Oriente foi confirmado por um áureo em que a Vitória apoia seu escudo no tronco de uma palmeira.[78]

Aos comandantes de legiões que enumeramos somou-se, a partir de 162, um outro personagem, Avídio Cássio, destinado a desempenhar um grande papel alguns anos depois. Nascido na Síria setentrional, em Cirro, a meio caminho entre o Eufrates e Antioquia, ele tinha por pai Avídio Heliodoro, que seguira carreira como cavaleiro romano, fora secretário *ab epistulis* de Adriano e, depois de 137, prefeito do Egito, um dos mais altos cargos do *cursus*. Permanecera nesse cargo até 142. É provável que fosse de origem real e descendesse de Antíoco IV de Comagena.[79] Seu filho, Avídio Cássio, nascido c. 120, foi inscrito na ordem senatorial e exerceu o questorado em 154, e depois a pretoria, numa data que ignoramos, mas que foi certamente anterior a 161. Nesse ano, é provável que ele tenha sido comandante de legião no Danúbio, na província da Mésia Inferior, e talvez tenha sido durante esse comando que se distinguiu, ao punir com extremo rigor os centuriões que haviam tomado a si a tarefa de atacar 3 mil sármatas, que vagavam desordenadamente pelas margens do rio.[80] Chamado à Síria em 162, recebeu o comando da legião III Gallica, lotada naquela província desde a vitória de Vespasiano na guerra civil. Essa era uma das legiões às quais a longa temporada naquela região levara ao esquecimento das virtudes militares. Ninguém melhor do que Avídio Cássio para fazer-lhes recordá-las.

A partir do ano 163, o exército se achava pronto para a principal iniciativa dessa guerra – um ataque frontal contra os partas. Antes de desencadeá-lo, porém, Lúcio fez uma última tentativa de fechar um acordo com Vologases e manter a paz. Escreveu ao rei e lhe propôs a paz, mediante algumas condições.[81] Vologases as recusou. Frontão, que relatou o fato, disse que Lúcio queria poupar o sangue de seus soldados. Com efeito, era natural que um líder romano fizesse tudo para evitar uma guerra. Isso era compatível com a "moral internacional" – com o direito dos povos – tal como Roma a compreendia. Era o *debellare superbos* de que fala Virgílio no Livro VI da *Eneida*. A paz constitui um ideal por si só, a paz, mais até do que a vitória. O desfecho de um confronto armado é sempre incerto. Lúcio, sobrecarregado de mil preocupações com a retomada do controle do exército, passou por momentos de desânimo que confessou a Frontão. Abstivera-se por muito tempo de lhe escrever, mas, por fim, não lhe escondeu que o peso dessas preocupações quase o levara a perder a esperança em toda essa empreitada.[82]

Marco Aurélio, por outro lado, estava igualmente ansioso, a ponto de não conseguir dormir. Suas férias em Alsium foram estragadas por isso.[83] Dividido entre os assuntos que lhe eram submetidos e as apreensões que lhe causava a guerra do Oriente, ele já não tinha sossego. Encontramos alguns ecos dessas preocupações numa carta de Frontão, que se esforça por aliviá-las, se não dissipá-las inteiramente. Marco Aurélio, como podemos adivinhar, tinha escrito ao mestre para lhe expor o perigo que havia em travar guerra contra os partas. Como prova disso, apontou as duas derrotas recentemente sofridas na Armênia. Frontão respondeu invocando exemplos históricos: Roma nunca fora tão grande quanto depois de uma derrota. E essa carta é muito instrutiva

Os deveres de um príncipe – I

para nós. Começa por uma citação do *Telamon*, uma tragédia de Ênio na qual o herói dizia a seus filhos, que estavam partindo para combater diante de Troia: "Quando vos gerei, eu bem sabia que um dia seríeis chamados a morrer, e foi para isso que vos criei; depois, quando vos enviei mundo afora para defender o Império, eu sabia que vos enviava a guerras mortais, e não a festins."

Frontão modificou o texto de Ênio, que tinha escrito: "Quando vos enviei a Troia para defender a Grécia." Agora, não se tratava de recapturar Helena, mas de "defender o Império". Dever que cabia ao estoico Marco Aurélio, colocado pelo destino, pela Providência divina, no cargo supremo. A alusão de Frontão à filosofia de Marco não pode ser desconhecida.

Os deuses, continuou o mestre, não raro quiseram provar a firmeza e a grandeza da alma dos romanos. "O próprio Marte usou muitas vezes essa linguagem com seu povo – na batalha do Ália, quando da invasão gaulesa, em Cáudio, durante as Guerras Samnitas, em Cannes, contra Aníbal, em Numância, durante a Guerra da Espanha, em Cirta, contra Jugurta, e em Carras, enfim, na tentativa de Crasso contra os partas –, mas, sempre e em toda parte, transmudou nossos infortúnios em sucessos e nossos pavores em triunfo."[84] O desastre que acabava de atingir as armas romanas na Armênia devia ser considerado um presságio da vitória!

Esse discurso consolador, hábil e um tanto sofístico encontra um comentário nas moedas cunhadas em 161 e durante os anos seguintes. A Providência aparece desde o advento de Marco e Lúcio. Foi ela que interveio para garantir o poder aos novos príncipes, e assim fez para maior bem do Império.[85] Marte, amplamente representado na cunhagem de moedas de Antonino, para celebrar as vitórias alcançadas sobre os rebeldes no interior do Império, reaparece no governo dos novos príncipes a partir de 163.[86] Marco Aurélio parece ter tido certa aversão a recorrer a Marte desde seu advento, e só haver consentido em fazê-lo depois de obtidas as primeiras vitórias. Ao contrário, a referência à Providência, da qual ele se considerava instrumento, correspondeu a sua convicção profunda, e Frontão, que o conhecia bem, utilizou essa fé para reanimar a confiança do príncipe no Destino de Roma.

Concluímos daí que a política de Marco Aurélio não lhe foi ditada, nesse caso, por suas convicções estoicas, mas que estas vieram a reforçar nele ideias familiares à consciência comum, e que encontravam confirmação na história de Roma. Por isso, não há razão alguma para supormos que as negociações que Lúcio tentou fazer com o rei parta lhe tenham sido impostas por Marco, que teria agido em virtude de princípios pacifistas, baseados na concepção estoica da *philanthropia*. Na realidade, o estoicismo de Marco Aurélio nunca lhe sugeriu renunciar ao que lhe parecia um dever, nem que fosse ao preço de uma guerra.[87] A hesitação de Lúcio proveio apenas dele, e era natural no momento em que se cometeria o irreparável. Nem por isso, contudo, ele deixou de manter a mente clara. Avaliou a capacidade do inimigo, recusando-se a temer seus cavaleiros encouraçados (*catafracti*); sabia que estes eram apenas combatentes, incapazes de fazer manobras e parecidos com monstros marinhos que só sabiam mergulhar no mar e fugir.[88]

As PRIMEIRAS OPERAÇÕES ATIVAS começaram, muito provavelmente, na primavera de 163. Frontão, numa carta que se costuma datar desse ano, citou três vitórias já conquistadas "sob os auspícios" de Lúcio: Dausara, Nicephorium e Artaxata.[89] A tomada de Artaxata data de 163, como dissemos; é provável que tenha sido anterior à de Dausara, que era uma fortaleza de Osroena, e à de Nicephorium, cidade fortificada na margem esquerda do Eufrates, um pouco mais ao sul que Dausara. Esses sucessos alcançados na Mesopotâmia setentrional deveram-se, provavelmente, a Marco Cláudio Frontão.[90]

Podemos deduzir da narrativa de Dião Cássio, tornada bastante confusa pelo abreviador, que Vologases fez uma contraofensiva a partir de 164 e Frontão teve de se retirar dos lugares que havia ocupado, se é verdade que, em 165, a direção da guerra nessa região foi confiada a Avídio Cássio, de quem ela era a pátria.[91] Várias batalhas foram travadas por Cássio contra Vologases, e os sucessos do romano tiveram por efeito levar o rei a ser prontamente abandonado por suas tropas, como era frequente acontecer entre os partas, quando os poderosos já não se consideravam ligados a um rei vencido. Mas foi no ano de 164, talvez na própria ocasião em que Vologases contra-atacou, que Lucila desembarcou em Éfeso. Lúcio foi prontamente a seu encontro e, em razão dessa circunstância, sabemos que se achava no Eufrates nessa ocasião.[92] A *Vida de Vero* faz questão de fingir que Lúcio só chegou tardiamente à região do Eufrates, e por insistência de seus generais; teria preferido, ao que nos diz o texto, permanecer em Antioquia e se entregar a seus prazeres. Mas há uma

Os deveres de um príncipe – I

outra interpretação possível e muito mais verossímil. Enquanto Frontão vinha logrando vitórias, a presença do Augusto não era necessária. Só veio a sê-lo quando Vologases contra-atacou. Isso confirma a cronologia que podemos deduzir de nossas fontes.

No ano seguinte, a derrota de Vologases permitiu aos romanos retomar a vantagem na terra dos partas. Cássio ocupou Edessa e Nísibis, depois de cruzar o Eufrates em Zeugma, na Mesopotâmia setentrional. Outra coluna, talvez comandada por Quinto Antístio Advento,[93] dirigiu-se para o sul, descendo pela margem esquerda do Eufrates. Enquanto isso, o general parta Cosroés bateu em retirada na direção leste, diante do exército de Cássio. Uma batalha foi travada na margem direita do Tigre, depois da tomada de Nísibis. Cosroés conseguiu escapar, atravessando o rio a nado.[94] Estava aberto o caminho para o sul, onde se encontravam as duas maiores cidades do reino, Selêucia e Ctésifon. Uma ou a outra coluna romana, ou talvez as duas, atacaram-nas e as ocuparam. O mérito dessa vitória é atribuído apenas a Cássio por Dião, que acrescenta que o exército romano retirou-se prontamente da Babilônia, e que Cássio teve muita dificuldade para retornar à Síria, em razão da falta de abastecimento, da fome que isso acarretou e também de uma epidemia que atingiu os soldados. Apesar desse desfecho dado à campanha pela Fortuna, Lúcio não hesitou em assumir o título de Pártico Máximo a partir de 165, e logo mandou que figurassem no verso de suas moedas diversos símbolos que exprimiam a vitória: uma imagem da Pártia com as mãos atadas nas costas, uma imagem de Roma de capacete e traje militar. Marco Aurélio só seria chamado de Pártico Máximo em 166.[95]

A expedição da Babilônia não foi seguida pela ocupação do lugar. Foi apenas uma semivitória. Os vencedores contentaram-se em assegurar a presença romana nas vias de acesso, instalando colônias romanas em Carras e Doura-Europos.

Mais ou menos na mesma ocasião (primavera de 166?), os romanos lançaram uma ofensiva contra a Média, isto é, a região situada entre a Armênia e o mar Cáspio, a sudeste deste último. Para chegar lá, era preciso que o exército cruzasse o Eufrates e, depois, o Tigre, em seu vale alto. Admite-se que o comando da operação foi confiado a Avídio Cássio, após seu regresso da Babilônia, o que é plausível, dado o lugar cada vez maior ocupado por ele nesse período. Lúcio assumiu então o cognome de Médico,[96] que Marco Aurélio também usou por algum tempo. Os sucessos logrados na Média decerto não foram duradouros.

Mas admitiu-se que Roma havia alcançado a vitória e foram cunhadas moedas para celebrar a paz.[97] Antes de encerrado o ano, Lúcio voltou a Roma, onde Frontão o acolheu com vivas demonstrações de afeto.[98] Houve também muitas comemorações oficiais. Os dois Augustos receberam o título de "pais da pátria", o que era uma homenagem à moderação e à vigilância de Marco Aurélio e aos sucessos logrados por Lúcio na Síria. Foram homenageados com uma coroa cívica, conferida a todo romano que houvesse salvado a vida de um cidadão. Em 12 de outubro, os dois desfilaram em triunfo, e no carro e na procissão figuraram os filhos de Marco Aurélio (entre eles Cômodo, que acabara de completar seis anos). Houve também jogos, oferecidos, como mandava o costume, por ocasião desse triunfo.[99] A cunhagem de moedas daquele ano atesta a euforia sentida pelos romanos: moedas com a efígie da deusa Roma portando o elmo e tendo em seus braços o Palladium, a estátua miraculosa à qual, como se acreditava, estava ligada a salvação da cidade;[100] um denário representando Anona, o símbolo do "abastecimento";[101] e ainda as imagens de Liberalitas, de Felicitas, da Vitória, da Piedade e da Paz.[102]

Na Ásia, Avídio Cássio, que nos meses de maio e junho havia recebido um consulado sufecto in absentia – isto é, no momento em que Lúcio contemplava a ideia de voltar a Roma no fim do verão –, recebeu o governo da Síria, com autoridade, a acreditarmos em Dião Cássio (ou em seu abreviador), sobre o conjunto da província da Ásia,[103] ou talvez sobre o conjunto das províncias orientais. A Capadócia foi confiada a Márcio Vero, também cônsul, nesse mesmo ano. Na mesma região, os locais situados em torno do Ponto Euxino (mar Negro) mudaram de estatuto. A Bitínia (ao longo do litoral sul e imediatamente a oeste da Capadócia) tornou-se província imperial, tendo à testa Lúcio Loliano Ávito, um homem experiente e já idoso, pois tinha sido cônsul em 144 e, mais tarde, procônsul na África, onde tivera de julgar Apuleio, quando este foi acusado de magia. Tratava-se de um homem seguro, culto e em quem Marco Aurélio podia confiar. A Vida de Marco Aurélio, na História Augusta, explica essas mudanças pelas "necessidades da guerra",[104] vindo as províncias imperiais a receber um exército comandado pelo governador, como legado do imperador. É certo que Marco Aurélio esforçou-se por tomar todas as medidas possíveis para assegurar a defesa do Império, mesmo depois de restabelecida a paz. Mas essa paz, tão duramente conquistada contra os partas e festejada com tanta alegria, sofreria uma perturbação ainda mais grave na própria Europa, nas fronteiras do Danúbio e do Reno.

As guerras do Ocidente

Lúcio e Marco mal haviam acabado de comemorar seu triunfo quando, na fronteira do Danúbio, produziu-se um grave incidente que veio perturbar o frágil equilíbrio mantido graças à diplomacia com os germanos. No fim de 166 ou início de 167, uma horda bárbara, composta por 6 mil langobardos (ancestrais dos lombardos) e úbios (pertencentes ao mesmo povo que os germanos instalados em Colônia, sendo que estes eram romanizados), cruzou o Danúbio e penetrou na Panônia Superior, provavelmente na região de Brigécio, um pouco acima da grande curva formada pelo rio. Em si, o fato não era de extrema gravidade, mas atestava uma instabilidade crescente entre os povos da Germânia. Os langobardos, com efeito, achavam-se instalados, fazia pelo menos um ou dois séculos, talvez mais, no curso inferior do Elba. Tibério bateu-se com eles no ano 5 d.C.; Veleio Patérculo, ao falar dessa campanha, qualificou-os de "nação mais bárbara que a bárbara Germânia";[105] e Tácito, na *Germânia*, garantiu que os langobardos eram pouco numerosos e que, por essa razão, tinham que estar sempre na defensiva e se mostrar mais belicosos que os outros.[106] Por isso, associados aos úbios, encontrados na passagem, esses langobardos, provavelmente expulsos de suas casas por invasores vindos do litoral do Báltico, entraram em choque com a fronteira romana. Ali foram recebidos e vencidos por um corpo de cavalaria, comandado por um oficial da categoria equestre chamado Macrínio Ávito Catônio Vindici, cuja carreira conhecemos por uma inscrição de Roma.[107] É provável que esse Vindici tivesse sob suas ordens, nesse ano, a Ala III Thracum. Mais tarde, serviria na Guerra da Germânia, receberia a categoria de senador, passaria a cônsul e, no fim do reinado de Marco Aurélio, governaria a província da Mésia, que então reunia a Mésia Superior e a Mésia Inferior. Com ele, em 167, estava um corpo de infantaria comandado por um certo Cândido, sobre quem desconhecemos tudo.[108]

Os povos germanos através dos quais os langobardos e os úbios tinham aberto uma passagem não estavam dispostos a acolher pacificamente esses turbulentos irmãos de raça. Por isso, após a derrota destes, apressaram-se em enviar uma missão diplomática ao governador da Panônia Superior, Iálio Basso, que já encontramos no momento em que, seis ou sete anos antes, havia figurado no estado-maior de Lúcio.[109] Terminada sua missão ao lado deste último, ele havia retomado a guarda do Danúbio, numa região que conhecia bem, graças a sua carreira anterior. Foi ao encontro dele que se dirigiram o rei dos marcomanos, Balomário, e delegados de outros dez povos, para protestar sua inocência na aventura temerária dos langobardos.[110] Assim, a paz parecia restabelecida. É possível, mas não certo, que a derrota dos langobardos tenha sido saudada como uma grande vitória. É o que indicaria o título de *imperator V* que figura numa inscrição e em várias moedas.[111]

O equilíbrio obtido após a derrota dos langobardos era precário. Marco Aurélio sabia disso e parece que, a partir desse momento, ele considerou uma expedição à Germânia. A *História Augusta* afirma que, para prepará-la, ele quis certificar-se da benevolência dos deuses, recorreu a ritos estranhos e purificou Roma de várias maneiras, chegando até a celebrar por sete dias a antiga cerimônia do lectistérnio, na qual as estátuas dos deuses eram instaladas em leitos, como os convivas, e lhes eram servidas iguarias. O primeiro lectistérnio, dizem, fora celebrado em 399 a.C., para conjurar uma epidemia. Mas também se havia recorrido a ele no pior momento da segunda Guerra Púnica, em 217. Caberá acreditarmos, com o autor da *Vida de Marco Aurélio*, que esse exagero de precauções religiosas se explica unicamente pela preparação da guerra contra os germanos?[112] O rito do lectistérnio tanto podia ser celebrado para conciliar os deuses durante uma epidemia quanto por ocasião de uma guerra. E em 167, justamente, eclodiu em Roma uma epidemia que, durante meses, ou até anos, fez um número considerável de vítimas.[113] A natureza dessa doença permanece incerta. Além das devastações que causou e das perdas de vidas humanas, ela surtiu o efeito de transtornar os espíritos. Para explicar sua origem, alegou-se que ela viera do Oriente, da Babilônia, e que era a punição de um sacrílego – um soldado que tinha aberto imprudentemente um pequeno cofre de ouro encerrado no templo de Apolo, em Selêucia, e deste deixado escapar a doença, para se espalhar por toda a terra. Ou então, ela teria saído de subterrâneos violados pelos soldados sob o templo do mesmo Apolo, ou, ainda, o autor de todo esse malefício teria sido Avídio Cássio, que saqueara e destruíra Selêucia, depois de ter assumido o compromisso de não fazer nada contra ela.[114] Alguns declararam que o fim do mundo estava próximo. Trepado numa figueira no Campo de Marte, um homem fez um sermão para a multidão, dizendo que o fogo do céu cairia sobre Roma, e que o fim do mundo viria quando ele próprio caísse da figueira e se transformasse numa cegonha.

Os deveres de um príncipe – I

Por fim, ele se deixou cair da árvore e soltou uma cegonha que trazia escondida sob a roupa. Levado à presença de Marco Aurélio, ficou envergonhado, mas, como confessou seu embuste, o imperador o perdoou.[115]

É possível que esse ano de 167 tenha assistido, como se supôs, a uma perseguição contra os cristãos, na qual pereceu Justino,[116] como uma consequência sangrenta do pavor provocado pela peste.

Marco Aurélio, em razão dessa situação tumultuada, adiou sua partida durante todo o ano de 167. Em 6 de janeiro de 168, ainda se achava em Roma, onde discursou para os pretorianos. Anunciou-lhes a outorga de alguns privilégios legais em benefício de seus sogros,[117] isto, em suas próprias palavras, "para que os veteranos das coortes pretorianas tenham mais facilidade de encontrar sogros". Isso implica que os pais das jovens núbeis de Roma eram avessos a entregar suas filhas a soldados pretorianos. Talvez se julgasse, na população, que a situação da esposa de um pretoriano não era invejável, por razões inteiramente práticas (ausências frequentes do marido, probabilidade de que este fosse obrigado a escoltar o imperador até longínquos teatros de operações, como havia ocorrido quando coortes da guarda haviam acompanhado Lúcio até a Síria). É notável que Marco, antes de sair de Roma, tenha tido que resolver tais problemas, e o tenha feito dando-lhe uma solução simples, eficaz e humana.

Foi em 168, portanto, provavelmente na primavera, que Marco Aurélio e Lúcio Vero puseram-se a caminho do Norte. Foram acompanhados por um estado-maior que compreendia, em primeiro lugar, o prefeito do pretório, T. Fúrio Vitorino, que, como vimos, acompanhara Lúcio ao Oriente,[118] onde havia recebido diversas e merecidas condecorações por suas façanhas durante a campanha, em especial, ao que parece, durante o cerco e a tomada de uma ou várias cidades. Os imperadores lhe haviam concedido, além disso, as "insígnias consulares" que lhe davam a categoria de ex-cônsul, sem que ele houvesse precisado exercer o cargo. Vitorino não pôde participar da guerra germânica. Morreu em 168, muito provavelmente da peste, que continuava a causar suas devastações. Essa, pelo menos, é a hipótese que melhor explica seu desaparecimento, porque as operações militares ainda não haviam começado em campo.[119] Com Vitorino, informa-nos a *Vida de Marco Aurélio*, pereceu grande parte do exército – da mesma doença, naturalmente. Lúcio foi de opinião que convinha voltar para Roma. Sem dúvida, julgou que era grande demais o risco de levar a empreitada adiante enquanto o efetivo ia diminuindo, em decorrência da epidemia. Ele também pôde fazer observar que, na fronteira, o perigo se afastava.

Sem dúvida, no começo do ano, talvez já em 167, os marcomanos e os quados, seus aliados instalados na Morávia, além de um outro povo germânico que então apareceu na história, os victóvalos – os quais mais tarde encontraríamos estabelecidos na Eslováquia –, haviam reiniciado a pressão e pediam para ser aceitos no interior do Império, mas as forças romanas e a diplomacia conseguiram detê-los, antes mesmo da chegada dos Augustos. Os chefes das tribos germânicas tinham mandado matar os agitadores. Os quados haviam perdido seu rei, não se sabe em que circunstâncias, e se comprometeram a só aceitar outro se ele tivesse a concordância dos romanos.[120] As reticências de Lúcio em prosseguir numa campanha que parecia já não ter objetivo são compreensíveis. Mas não era esse o julgamento de Marco Aurélio, e o exército, conduzido pelos dois imperadores, chegou a Aquileia, de onde se bifurcavam as estradas para o interior. Marco avaliou melhor que o irmão a gravidade e a natureza do perigo. Os povos que ameaçavam Roma não se pareciam com o que Lúcio havia combatido no Oriente. Não se estava diante de um império organizado e relativamente policiado, que conduzisse uma política mais ou menos coerente, e sim de populações mutáveis, em incessante movimentação, e era evidente que os distúrbios que haviam acabado de se produzir recomeçariam. Se nessa hora a fronteira fosse aberta, a Itália correria grande risco de ser invadida. Os bárbaros se precipitariam por ela e se apossariam de terras em que se instalariam. Mas que solução buscar?

Nossas fontes são fragmentadas e vagas demais para que possamos descobrir as verdadeiras intenções de Marco Aurélio. No entanto, elas permitem compreender que o imperador recorreu a vários meios – esforçando-se por aliar a força e a diplomacia – de fechar a fronteira do Danúbio, porém, ao mesmo tempo, admitindo nas províncias romanas certos elementos considerados capazes de se romanizar. Para isso, concedeu-lhes terras "na Dácia, na Panônia, na Mésia, na Germânia e na própria Itália".[121] Mas adivinhamos que, conforme o local dessas instalações, o objetivo buscado não era o mesmo.

Escolher a Itália para nela acolher alguns germanos não era uma completa inovação. Tibério havia instalado em Ravena, precisamente, a filha do querusco Segesto, esposa de Armínio,[122] mas havia uma grande diferença. Já não eram

Os deveres de um príncipe – I

apenas uma princesa e seus servos que estavam sendo introduzidos na cidade, porém homens agitados, que se recusavam a renegar seu passado de guerreiros. Os novos colonos logo se rebelaram e se apossaram da cidade. Marco Aurélio aprendeu a lição e desistiu de admitir bárbaros na Itália; chegou até a expulsar os que já se encontravam lá.[123] Se era possível esperar (erroneamente) que os germanos, em grande número, pudessem assimilar-se e se tornar parecidos com os camponeses da Emília, conceder-lhes terras próximas de sua pátria decorria, sem dúvida, de uma outra intenção. Ao favorecer alguns povos, despertava-se a inveja de outros, e era sabido que os germanos estavam sempre prontos para combater e massacrar uns aos outros. Tácito havia desejado que fosse sempre assim, para maior benefício de Roma.[124] Marco Aurélio usou esse procedimento deliberadamente, quando os asdingos, uma população do grupo dos vândalos, penetraram na Dácia (após 170) e ofereceram sua aliança em troca de dinheiro e terras.[125] O governador da província, Cornélio Clemente, recusou-se a recebê-los, mas os aconselhou a atacar um povo vizinho, os costobocos, que por seu turno, exatamente nessa época, haviam atacado a Grécia e penetrado tão profundamente na província que tinham devastado Elêusis.[126] Enquanto isso, Clemente garantiria a proteção das mulheres e crianças dos asdingos, que permaneceriam na Dácia. Os asdingos conquistaram a vitória sobre os costobocos, mas, por sua vez, começaram a saquear a Dácia. Ao que um outro povo germânico, os lacringos, estabelecido pelos romanos nas fronteiras da Dácia, temendo que Clemente aconselhasse os costobocos a atacá-los, para afastá-los de sua província, atacaram-nos de surpresa, lograram a vitória e, como garante Dião Cássio, depois disso os asdingos ficaram tranquilos. Concluíram um acordo com Marco Aurélio, obtendo dinheiro e o direito de receber terras, se obtivessem qualquer sucesso contra os povos então em guerra com Roma. E viriam a cumprir sua promessa, ao que nos é dito.

Temos aí um exemplo da "diplomacia" do próprio Marco Aurélio, que interveio nesse episódio. Tratou-se realmente da política imperial, e não da iniciativa de um governador de província. Essas manobras nem sempre eram coroadas de êxito. As negociações entabuladas com os cotinos (estabelecidos entre os rios Oder e Vístula), para fazê-los entrar em guerra com os marcomanos, terminaram em fracasso.[127] Era evidente que o jogo das alianças sempre frágeis com os germanos não bastaria para deter os ataques deste ou daquele povo contra Roma. Era inevitável um esforço militar.

A fronteira danubiana, uma vez terminada a Guerra da Pártia, havia recuperado todas as suas legiões: havia nove delas, escalonadas desde a foz até Ratisbona (Regina Castra), na confluência com o Regen. Ao longo do Reno havia quatro, desde Argentoratum (Estrasburgo) até Vetera (Xanten, na foz do rio Lippe). Por fim, lotadas na Dácia (as províncias conquistadas por Trajano do outro lado do Danúbio) ficavam duas legiões, uma delas a V Macedônica, que voltara do Oriente.[128] Elas garantiam a defesa avançada da fronteira.

A essa primeira linha de defesa Marco Aurélio acrescentou outra, que confiou a um dos comandantes que se haviam destacado na Síria, Quinto Antístio Advento, que se cobrira de glória no campo de batalha, já que havia recebido diversas condecorações:[129] um escalão de retaguarda, uma *praetentura Italiae et Alpium*, que devia cobrir o norte da Itália e impedir o inimigo de atravessar os Alpes. Na verdade, não sabemos exatamente em que data foi criada essa *praetentura*, que constituiu apenas uma medida provisória, certamente relacionada com a guerra que se preparava,[130] e tampouco sabemos no que ela consistia.

Com os imperadores encontravam-se diversos personagens tarimbados, veteranos da guerra pártica, em especial Marco Pôncio Leliano Lárcio Sabino, que reencontrava regiões que conhecia bem.[131] Lá estava também seu antigo condiscípulo, que assistira com ele às aulas de Frontão – Aufídio Vitorino, genro do mestre comum aos dois. Vitorino nos é muito conhecido graças à correspondência de Frontão e a uma breve oração fúnebre que Dião Cássio lhe dedicou.[132] Desde seu advento em 161, Marco Aurélio o havia encarregado de deter uma incursão dos catos que se havia produzido na Germânia e na Récia,[133] e, em consequência disso, tinha-lhe confiado o governo da Germânia Superior, cargo que ele conservaria até 165, antes de se tornar governador da província da África.

Vitorino tinha aproximadamente a mesma idade de Marco. Eles eram unidos por suas lembranças da adolescência, e a afeição que Frontão nutria por um e por outro era mais um laço. Frontão se divertia implicando com eles – por exemplo, afirmando a Vitorino que Marco era mais talentoso que ele, melhor orador, o que era apenas uma forma distorcida de incitar Vitorino a não relaxar seus esforços. Na realidade, Vitorino preferia a ação à conversa; em particular, gostava mais de julgar que de argumentar. Possuía uma sólida cultura jurídica e tinha horror à injustiça e à desonestidade. Na administração

Os deveres de um príncipe – I

das províncias que lhe eram confiadas, punha em prática os seus princípios. Se um de seus subalternos aceitava dinheiro em troca de algum favor, ele o obrigava a se demitir. Chegava a ser tão severo que os africanos, quando se falou em pôr o filho dele no governo de sua província, ficaram apavorados e rogaram que não se fizesse isso, a tal ponto a lembrança do pai havia permanecido viva entre eles.

O retrato que Frontão nos deixou de Vitorino – governador íntegro e, como Marco Aurélio, apaixonado pela verdade, preocupado acima de tudo com o bem do Estado – nos faz descobrir nele as qualidades mais amáveis: o senso de família, a meiguice e também a variedade de seus talentos, sua aptidão para praticar todas as atividades do espírito. Frontão indignou-se ainda mais pelo fato de um homem tão virtuoso ter sido atingido pela desgraça – a morte de um filho ainda pequeno (que era também neto do próprio Frontão) –, e, em sua tristeza, interrogou-se sobre a existência ou a ausência de uma Providência divina no mundo, e a propósito disso enunciou uma tese que merece nossa atenção. Ele menos fez acusar os deuses de injustiça, por terem ferido tão profundamente um homem de bem, do que se espantou ao constatar que a Providência, se existia, fizera perecer um menino "de boa raça", que poderia servir tão brilhantemente ao Estado quanto seu pai. Esse era um crime contra o Destino de Roma. Frontão talvez tenha pensado que tal argumento também abalaria Marco Aurélio, que, durante todo o seu reinado, preocupou-se em garantir a continuidade das famílias, estimando que somente ela asseguraria a da cidade e a permanência dos valores que esta devia fazer triunfar.

Mas sabemos que, se de um lado Marco Aurélio acreditava dever preservar a elite e nela apoiar a essência de sua política, nem por isso negaria ao argumento de Frontão todo o seu valor metafísico. Quando, nas *Meditações*, também ele refletiu sobre a morte, escreveu que a natureza do ser pretendia que cada uma de suas partes fosse útil ao conjunto e contribuísse para mantê-lo.[134] Tudo que se produz, disse ele, tanto a vida quanto a morte, integra-se à ordem universal. Existem ciclos, que se repetem infinitamente e dominam ou superam, sem nenhuma medida, cada existência individual.[135] Pouco importa que morra um ser particular, ele é imediatamente substituído: "Pela substância do todo, assim como por uma torrente, todos os corpos são arrastados, consubstanciais ao todo, participando de sua ação como as diversas partes do nosso corpo, umas em relação às outras."[136]

Tal é a postura dos estoicos. Frontão, por sua vez, preferia a de Platão e, para justificar os deuses, elogiava a morte, retomando a doutrina do *Fédon*: a morte é o fim dos males, leva-nos para lugares aprazíveis e pacíficos, onde desfrutaremos da companhia e da conversa das almas bem-aventuradas. No fundo, porém, isso não lhe importava. As consolações da filosofia, fossem quais fossem, não lhe pareciam eficazes: "Mesmo admitindo que fique provado que as almas são imortais, isto será tema de dissertação para os filósofos, nunca um remédio para a tristeza dos pais."[137]

A verdadeira consolação, foi Vitorino quem soube dá-la a sua mulher, Gracia, como marido atencioso e delicado, que conseguia, ora por suas palavras, ora por seu silêncio, abrandar a tristeza da jovem.

Assim, ao se dirigir para Aquileia nessa primavera de 168, Vitorino tinha em comum com Marco todo um passado quase familiar, que fazia dele, mais que um colaborador e um companheiro, um outro ele mesmo.

Marco Aurélio, nessa marcha para o Norte, teve a seu lado outro personagem muito íntimo, Pompônio Próculo Vitrásio Polião, marido de Ânia Fundânia Faustina, prima-irmã do príncipe[138] e irmã do Ânio Libo que morrera tão subitamente na Síria, alguns anos antes. Vitrásio Polião começara sua carreira sob Adriano. Tinha sido governador da Mésia Inferior e, mais tarde, da província da Hispânia Citerior. Exercera um consulado sufecto em data que ignoramos, provavelmente no reinado de Antonino, e depois o proconsulado da Ásia, mas não sabemos em que momento. Ao longo de sua carreira, mereceu um grande número de condecorações, mas desconhecemos se ganhou todas durante a campanha do Oriente, sob Lúcio, ou mais tarde. Ele viria a ser cônsul pela segunda vez em 176.

Entre os companheiros dos imperadores em 168, também conhecemos Lúcio Dasúmio Túlio Tusco, que tinha sido questor no reinado de Antonino Pio. Na juventude, ele servira como tribuno militar na legião IV Flávia, lotada na Mésia Superior,[139] e entre 161 e 169 governara a Panônia Superior. Tinha experiência, portanto, na fronteira do Danúbio.

Junto a Lúcio encontramos Marco Cláudio Frontão, de quem vimos os serviços prestados durante a Guerra Pártica.[140] Após seus sucessos no Oriente, ele havia realizado diversas missões, em especial o recrutamento de soldados legionários na Itália. Em 169-170, recebeu um governo que parece haver incluído as três Dácias e a Mésia Superior, provavelmente reunidas para fazer

Os deveres de um príncipe – I

face aos ataques dos germanos e iáziges. No entanto, morreu em ação no ano 170. Marco Aurélio mandou erigir-lhe uma estátua, representando-o em armas, no fórum de Trajano.

Os dois imperadores passaram o inverno de 168 a 169 em seu quartel-general de Aquileia, e Lúcio continuou tentando conseguir que o irmão abandonasse o projeto de ofensiva. A *Vida de Marco Aurélio* afirma que, nesse inverno, ou, mais provavelmente, no verão ou outono de 168, Marco e Lúcio haviam ultrapassado Aquileia, atravessado os Alpes e tomado todas as providências necessárias para defender a Itália e a Ilíria (o litoral dálmata e toda a região interiorana) de um ataque dos bárbaros. É provável que tenha sido durante esse período de expectativa que se organizou a *praetentura* confiada a Antístio Advento.[141] Por fim, Marco cedeu às instâncias do irmão e uma carta foi enviada ao senado, para anunciar o retorno próximo de Lúcio. Os dois puseram-se a caminho. Como de costume, Marco acompanhou Lúcio, ao menos durante o começo da viagem. Quando chegaram a Altinum (a atual Altino, na Venécia, na foz do rio Piave), Lúcio adoeceu de repente, tomado por um ataque de apoplexia – a mesma doença que o havia atacado em tempos idos, na época de sua partida para o Oriente. Foi imediatamente submetido a sangrias, mas em vão. Depois de passar três dias sem conseguir falar, ele faleceu.[142] Marco não podia retornar para o exército. A *pietas* lhe impunha levar a Roma o corpo do irmão e presidir os funerais.

Diversos rumores se espalharam. Murmurou-se que Lúcio fora assassinado por Marco ou por Faustina, a mulher de Marco, ou ainda por sua própria mulher, Lucila, e vários motivos foram imaginados. De acordo com alguns, Lúcio teria organizado um complô para matar Marco Aurélio e tomar seu lugar. Marco teria tomado conhecimento disso por um liberto de Lúcio, Agáclito, e com isso teria garantido sua própria segurança. A conduta de Marco Aurélio para com Avídio Cássio, algum tempo depois, assim como sua clemência, tornam essa história perfeitamente inverossímil. As outras versões são não menos fantasiosas. Faustina, dizia-se, tivera no passado relações impróprias com Lúcio. Este teria confidenciado o episódio a Lucila, e Faustina teria buscado vingar-se. Também se disse que Lucila, sentindo diminuir sua influência sobre o marido, tinha mandado assassiná-lo. Esses rumores, colhidos pelo autor da *História Augusta*, tiveram eco em Dião Cássio, cujo texto diz que Lúcio tinha querido assassinar Marco Aurélio, mas fora envenenado antes de poder realizar seu projeto.[143]

Entrementes, como era do seu feitio, Marco rendeu à memória de Lúcio todas as homenagens tradicionais: mandou depositar as cinzas do falecido no túmulo desde então dinástico, anteriormente construído por Adriano (o atual Castelo Sant'Angelo); declarou que seu irmão se tornara divino (*divus*) e cumulou de benesses todas as pessoas da casa dele.[144] Depois, sem sequer esperar que decorressem os dez meses de luto, casou Lucila com Cláudio Pompeiano, um homem idoso, filho de um cavaleiro romano e originário de Antioquia. Marco Aurélio quis esse casamento, que desagradou a Lucila e a Faustina, por apreciar muito as qualidades de Pompeiano, a quem havia confiado, durante esse período difícil, o governo da Panônia Inferior. Nessa situação, certamente ele havia contribuído muito para reprimir o ataque dos marcomanos, dos quados e dos victóvalos,[145] e é compreensível que Marco Aurélio tenha desejado ligar-se a ele por laços de família. Assim substituiria, talvez com vantagem, o irmão falecido, que mostrara tão pouco entusiasmo pela guerra. Por isso, tornou-se o companheiro de Marco no decorrer das campanhas que se seguiram, e houve quem quisesse apontá-lo, nos relevos da coluna de Marco Aurélio, ao lado do imperador.[146]

Marco Aurélio passou o verão de 169 em Roma e em sua residência de Praeneste (Palestrina). Sabemos disso graças ao autor da *História Augusta*, que nos informa que, quando se encontrava em Praeneste, Marco perdeu um de seus filhos, Marco Ânio Vero, então com sete anos. O menino, afetado por um tumor sob a orelha, foi operado, mas não sobreviveu. Marco só guardou o luto por sete dias, e mesmo assim apenas dentro de casa, e rejeitou qualquer manifestação pública, uma vez que estavam sendo celebrados os jogos em homenagem a Júpiter Ótimo Máximo e ele não queria interromper os festejos populares.[147] Podemos hesitar, quanto à data desses jogos, entre os Jogos Capitolinos de 15 de outubro ou os Grandes Jogos (*Ludi Magni*) de setembro. Estes últimos são os mais plausíveis, pois é lícito pensar que Marco, que havia apressado o casamento de sua filha com Pompeiano, não adiaria até meados de outubro sua partida para o Norte.

Com a morte do pequeno Ânio Vero, Marco Aurélio conheceu a mesma tristeza que, cerca de cinco anos antes, coubera a Aufídio Vitorino e a Frontão. Suportou-a com heroísmo, pedindo aos ritos da tradição romana que assegurassem pelo menos a sobrevivência mística e espiritual do menino, a quem mandou erigir estátuas – uma das quais, feita de ouro, passou a ocupar um lugar permanente na procissão oficial que conduzia ao Circo na abertura dos Jogos –, e ordenando ainda que o nome desse filho desaparecido fosse inserido no canto dos sálios, o que equivalia a fazê-lo figurar entre os heróis protetores de Roma.

Os efeitos da peste continuaram a se fazer sentir. Nas moedas, representava-se a deusa Salus alimentando uma serpente, estendendo-lhe uma taça grande.[148] Mas nem por isso a doença abrandou-se. O efetivo do exército diminuiu, tanto assim que foi preciso recorrer a um expediente muito antigo, ao qual se tinha aversão, mas que se tornou inevitável: a convocação de escravos, como tinha sido feito após o desastre de Cannes, durante a II Guerra Púnica. Também se convocaram gladiadores. Desse modo, graças ainda aos recrutamentos feitos na Itália, conseguiu-se não apenas completar as unidades existentes, mas também formar duas novas legiões, que assumiram os nomes de II Pia e III Concórdia, antes de se tornarem a II Itálica e a III Itálica[149] e servirem no Danúbio. Também foram criadas novas tropas de auxiliares com elementos recrutados mais ou menos em toda parte – no próprio território, na Dalmácia e na Dardânia (ao norte da Macedônia), nas cidades gregas, onde foram retirados homens das polícias locais, e entre os germanos sedentarizados.

No ano 170, a cunhagem de moedas foi de inspiração nitidamente militarista. Nelas vemos Roma de capacete e cercada de armas, lanças e escudos; Minerva brandindo dardos; Marte de capacete, carregando um troféu nos ombros; e Vitória, enfim, com guirlandas e palmas.[150] Nem Diana deixou de aparecer, segurando o arco com uma das mãos e uma flecha na outra, pronta para o combate. É evidente que tudo foi feito para impor aos espíritos a ideia de uma guerra, com vistas à qual Roma estava reunindo suas forças. Sabemos também, pela *Vida de Marco Aurélio*, que, para obter os recursos necessários a um esforço tão grande, o imperador mandou vender em leilão, no fórum de Trajano, os tesouros acumulados no palácio imperial – a baixela de ouro e os "vasos de murra" (esculpidos em blocos de fluorespato), as roupas de seda bordadas a ouro que pertenciam a Faustina e toda uma coleção de pedras preciosas reunidas por Adriano.[151] O produto desses leilões foi de tal forma considerável (a venda durou dois meses) que ultrapassou as necessidades da guerra, de modo que, segundo contam, depois da vitória Marco Aurélio ofereceu-se para reaver junto aos compradores as peças de que quisessem se desfazer, mediante indenização, mas sem se contrariar com os que preferissem conservar suas aquisições.

A partida de Marco para o exército foi acompanhada por moedas com sua efígie, representando-o armado e discursando para seus soldados do alto de sua tribuna, cercada por legionários que carregavam na mão direita as águias de sua unidade. Esse discurso marcou o momento decisivo, o começo da guerra; acompanhou a *profectio* – a partida daquele que, perante os deuses, é o responsável religioso pela iniciativa bélica.[152]

A ofensiva teve início na primavera de 170. Uma passagem de Luciano, em seu panfleto contra o falso profeta Alexandre de Abonoteico, afirmou que, antes de atravessar o Danúbio, o imperador, a conselho de Alexandre, lançou no rio dois leões, como vítimas expiatórias. Os dois animais chegaram à outra margem, onde se encontrava o inimigo, e foram abatidos.[153] A continuação da ofensiva parece mesmo ter sido desastrosa. Enquanto o exército romano atacava os bárbaros a partir da Panônia Inferior, os marcomanos e os quados penetraram muito acima em território romano e se dirigiram para a Itália, onde tomaram e destruíram a cidade de Opitergium (Oderzo, na Venécia) e, em seguida, montaram o sítio diante de Aquileia, cidade da qual não conseguiram apoderar-se, mas cujos campos circundantes devastaram.[154]

Ao mesmo tempo, os bárbaros atacaram as três Dácias e a Mésia Superior, que eram governadas por Cláudio Frontão,[155] e vimos que este morreu em combate durante o ano de 170. Além disso, a tribo dos costobocos penetrou na província de Acaia (a Grécia propriamente dita).[156] Assim, em dois pontos a fronteira do Império foi aberta à força e os "aliados" foram massacrados e saqueados. Fazia séculos que não surgia uma situação tão perigosa nem tão desonrosa. Os romanos, alguns anos antes, gostavam de proclamar seu império sobre a totalidade da Terra, como testemunham as moedas cunhadas no reinado de Antonino.[157] Nesse momento, viram-se reduzidos a defender suas províncias.

Marco Aurélio enfrentou esses perigos. Estabeleceu seu quartel-general numa das cidades militares da fronteira, certamente Carnunto (de onde viria a datar o segundo – mais que o terceiro – livro de suas *Meditações*, cuja redação ele continuou a fazer nessa ocasião).[158] De lá, dirigiu pessoalmente a totalidade

Os deveres de um príncipe – I

das operações. Encarregou seu genro Pompeiano de expulsar da Itália os invasores. Pompeiano confiou a um de seus protegidos – então procurador e, nessa condição, prefeito da flotilha romana do Reno –, Públio Hélvio Pertinax (o futuro imperador), a tarefa de formar, mediante recrutamento das legiões, *vexillationes*, isto é, unidades separadamente encarregadas de missões temporárias, com objetivos precisos.[159] Em pouco tempo, os bárbaros se retiraram e muitos foram massacrados durante essa retirada.

Na outra frente de combate, mais a leste, Marco recorreu a outro procurador, Lúcio Júlio Vehilio Grato Juliano, para obrigar os costobocos a se retirarem da Grécia. Conhecemos a carreira desse Juliano por uma inscrição encontrada em Roma.[160] Tal como Pertinax, ele tinha servido na Síria, primeiramente durante os últimos anos de Antonino Pio, depois comandando uma coorte de auxiliares panônios, na própria província (Panônia Superior) onde eles tinham sido recrutados. Então, foi novamente enviado à Síria, dessa vez como comandante de um corpo de cavalaria. Ao final da Guerra Pártica, teve sob suas ordens outro corpo de cavalaria, a Ala Tampiana, então lotada na Nórica. Foi nessa província que Marco Aurélio o encontrou, em 170. O imperador confiou-lhe *vexillationes* que operaram primeiro no *front* dos germanos e dos sármatas, para lhes impedir a retirada, e depois contra os costobocos, na Acaia e na Macedônia. Juliano logrou expulsar os costobocos, que tiveram de regressar a seu território, para além dos Cárpatos. Pouco depois, eles tiveram que se defender da invasão dos asdingos.[161] É provável que as operações de Juliano tenham ocorrido durante o ano 171, talvez desde o fim de 170. Como quer que fosse, no início do inverno de 171-172, a situação fora restaurada em toda a frente do Danúbio, uma vez que, nessa ocasião, Marco Aurélio recebeu sua quinta saudação imperial.[162]

Talvez o imperador houvesse tido, nessa ocasião, a possibilidade de regressar a Roma. Isso lhe daria a oportunidade de comemorar suas decenais – seus dez anos de reinado – no mês de março. Sabemos que não fez nada disso, porque, em seu retorno, no fim de 176, o povo para o qual fez seu discurso gritou que ele estivera ausente por oito anos, ou seja, desde o outono de 169, após o funeral de Lúcio (o ano inicial e o ano terminal entram ambos na conta).[163] Apresentou-se outra razão para o regresso a Roma: a invasão, por uma tropa de mouros, da província espanhola da Bética (atual Andaluzia). O imperador contentou-se em enviar ao local seu outro "eu mesmo", Aufídio Vitorino, que reuniu sob suas ordens duas províncias, a de Tarragona e a da Bética.[164] A seu lado ele tinha Júlio Juliano, que, depois da vitória sobre os costobocos, fora destacado na Hispânia e instalado no comando de *vexillationes*, como havia acontecido em Acaia.[165] É provável que a devastação causada pelos mouros na Hispânia tenha sido considerável, e a *Vida de Marco Aurélio* garante que ela se estendeu por toda a Hispânia – o que corrobora a união das duas províncias, Bética e Tarragona, conjuntamente confiadas a Vitorino.[166] Seja como for, as medidas tomadas pelo imperador revelaram-se eficazes e, em pouco tempo, tudo voltou a entrar nos eixos.

Os sucessos alcançados nos diversos campos de batalha afastaram provisoriamente os perigos, todavia não levaram a crer que a paz estivesse assegurada em definitivo. A fronteira do Danúbio e a do Reno, esta em menor escala, podiam ser ameaçadas a qualquer momento. Estava claro que uma política meramente defensiva seria insuficiente. Era preciso encontrar outros meios de resolver o problema criado pelos germanos e pelos sármatas iáziges, instalados entre o Danúbio e as províncias romanas da Dácia, na planície do rio Tisza. Para além dele, na direção norte, outros povos – aqueles de que Tácito, pouco menos de um século antes, fizera uma lista imprecisa – também podiam constituir uma ameaça. De imediato, os mais perigosos continuavam a ser os marcomanos e os quados: embora vencidos, sem dúvida, e obrigados a permanecer a uma boa distância do território romano, era impossível saber se não voltariam em massa, num futuro mais ou menos próximo.

Marco estava perfeitamente a par dessa situação, ao contrário das pessoas do seu círculo e também, sem dúvida, de um grande número de senadores, dentre aqueles que não haviam deixado Roma e pressionavam o imperador para que regressasse à cidade.[167] Ele não seguiu esse conselho. Sabia que, se não o destino imediato do Império, ao menos a confiança que os povos depositavam no poder romano estava em jogo nessa fronteira, e que a presença do imperador era indispensável, tanto para determinar as providências que pudessem impedir novos desastres quanto para salvaguardar o prestígio do nome romano. Mas que solução imaginar?

Primeiro, estar presente. Embora as indicações topográficas que lemos no final dos dois primeiros livros das *Meditações* não sejam muito precisas,[168] elas nos permitem concluir que, durante esse período, Marco Aurélio estabeleceu-se na região banhada pelo curso médio do rio Danúbio. Vimos que o Livro II

Os deveres de um príncipe – I

traz, na última linha, a referência "a Carnunto", e que o Livro I, também na última linha, menciona "no território dos quados, à margem do Grã" (rio também chamado de Hron, afluente da margem esquerda do Danúbio, que nele lança suas águas não muito longe de Brigécio). Essa referência ao Grã implica que Marco não havia hesitado em atravessar o rio e lançar uma ofensiva em terras inimigas. O fato de ela preceder a referência a Carnunto na ordem dos livros sugere que primeiro teria havido, num ou noutro momento, uma penetração no território dos quados, depois um retorno à Panônia, provavelmente durante os meses em que a estação do ano interrompia as operações militares.

Ecos dessas campanhas, mal ligados entre si, foram conservados para nós pelo abreviador de Dião Cássio e por alguns outros fragmentos, mas é extremamente difícil, se não impossível, ordená-los numa narrativa contínua e chegar a certezas. As indicações que podemos deduzir de outro documento – os relevos exibidos pela coluna de Marco Aurélio na Piazza Colonna, em Roma – também são incertas e de interpretação complicada, ao contrário das cenas da Guerra da Dácia apresentadas na coluna de Trajano, muito mais precisas.

Foi em 172, muito provavelmente, que Marco Aurélio atravessou o Danúbio e atacou os marcomanos, principais responsáveis pelas investidas contra o território romano. Ele parece ter aguardado a aliança ou, ao menos, a neutralidade de um povo vizinho dos marcomanos, os cotinos, os quais, segundo Tácito, falavam "gaulês"[169] e, por conseguinte, eram um povo celta, isolado entre os germanos. Marco despachara ao encontro dos cotinos Públio Tarrunteno Paterno – seu próprio secretário, encarregado da correspondência de língua latina – para concluir o tratado, já que eles haviam anunciado sua intenção de entrar diretamente em guerra contra os marcomanos. Na realidade, os cotinos não cumpriram suas promessas e maltrataram Paterno.[170]

Os romanos, portanto, lutaram sozinhos contra os marcomanos, e um dos prefeitos do pretório, Marco Macrínio Ávito Catônio Vindici, morreu num combate.[171] Finalmente, porém, a campanha saiu vitoriosa, como provam as moedas cunhadas em 172, nas quais vemos, por exemplo, Roma de capacete, segurando uma Vitória na mão direita e uma lança na esquerda.[172] Uma das moedas desse ano refere-se a um episódio mencionado em nossas fontes escritas, mas não sem graves imprecisões. Trata-se de um áureo em que Marco foi representado em trajes militares, segurando na mão direita um raio e na esquerda uma lança, com a ponta voltada para baixo.[173] Os historiadores concordam em ver nessa representação a comemoração de uma batalha durante a qual, através de suas preces, Marco Aurélio teria conseguido que os céus fizessem um raio cair sobre uma máquina de guerra inimiga.[174] No fim do ano, o imperador assumiu o sobrenome triunfal de *Germanicus*;[175] ao mesmo tempo, conferiu-o a seu filho Cômodo. Disso se concluiu, não sem probabilidade, que este último achava-se presente ao lado do pai, o mesmo se dando com a maioria dos membros da família imperial. Começou-se a vislumbrar que o senhor de Roma podia manter sua corte noutro local que não o Palatino.

Foi de Carnunto, sem dúvida, que Marco Aurélio resolveu o problema criado pelos pastores [*milites bucolici*], que se haviam rebelado contra Roma em seus pântanos a oeste da embocadura do Nilo. Sua rebelião é mencionada por Dião Cássio, que fornece alguns detalhes bastante romanescos: os homens, disfarçados de mulheres, foram ao encontro do centurião, induzindo-o a crer que lhe levavam dinheiro para resgatar seus maridos, provavelmente presos pelas autoridades romanas. O centurião os acolheu sem desconfiança; eles o mataram, bem como a seu ajudante, uniram-se por um juramento proferido sobre as entranhas das vítimas e devoraram essas mesmas entranhas! Seu líder, um certo Isidoro, formou com eles um verdadeiro exército, que desafiou os romanos em campo aberto e se aventurou a marchar contra Alexandria. Segundo o historiador, esse exército teria conseguido tomar a cidade, não fosse pela intervenção de Avídio Cássio.[176] Nada autoriza a pensar que esses acontecimentos tenham sido puramente imaginários, ainda que os pastores figurem na literatura romanesca, em Aquiles Tácio e nas *Etiópicas* de Heliodoro. Os "insubmissos", refugiados no labirinto dos pântanos e ilhas do delta, realmente existiram, e não é de admirar que, sob a direção de um líder dotado de iniciativa, tenham tentado ataques militares de surpresa contra aldeias, ou mesmo contra uma cidade como Alexandria, símbolo da ocupação estrangeira de séculos.

A intervenção de Avídio Cássio nada tem de surpreendente, se é verdade que ele havia recebido um *imperium maius* – uma autoridade que lhe subordinava os governadores das diferentes províncias do Oriente.[177] Também não é de espantar que ele não haja respeitado a regra, estabelecida por Augusto, de que personagens da classe senatorial não deveriam penetrar no Egito. A situação era suficientemente grave para que isso não fosse levado em consideração. Todavia, esse desrespeito à regra não deixou de ter consequências, visto que,

Os deveres de um príncipe – I

três anos depois, o Egito não hesitaria em seguir as ordens de Avídio Cássio, em adotar como rei o homem que lhe fora mostrado!

A cronologia das operações no Danúbio é muito incerta e permite apenas uma reconstituição muito hipotética dos acontecimentos. Os inimigos de Roma, juntos ou em sucessão, eram os marcomanos, os quados e os iáziges. A despeito do sucesso inicialmente obtido contra os marcomanos, Marco Aurélio julgou necessário iniciar uma nova campanha na primavera de 173, dessa vez contra os quados. No ano anterior, com efeito, estes haviam acolhido e protegido em seu território marcomanos derrotados. Também tinham em seu poder prisioneiros romanos, provavelmente desde o grande ataque de 170. Quando os romanos, após sua vitória sobre os marcomanos, cobraram deles esses prisioneiros, os vencidos demonstraram enorme má vontade para devolvê-los.[178] Além disso, expulsaram seu rei, chamado Fúrcio, que fizera um acordo de paz com Roma, e escolheram outro, Ariogeso (cujo nome parece indicar origem celta), sem pedir a concordância de Roma. O imperador Marco Aurélio recusou-se a reconhecê-lo e pôs sua cabeça a prêmio, prometendo mil peças de ouro a quem o entregasse vivo e quinhentas a quem o matasse e entregasse sua cabeça.

Provavelmente, foi durante o verão de 173 (mas outras reconstituições inclinam-se para o ano de 172) que se produziu o "milagre da chuva", sobre o qual possuímos testemunhos divergentes,[179] e que foi comemorado por diversas cunhagens de moedas do ano "tribunício" de 172-173, o que concorda com a data que propomos.[180] Dião Cássio conta que o exército romano tinha sido cercado pelos quados, em número muito superior, num terreno inteiramente desprovido de nascentes. Estava muito quente e os soldados sofriam com o calor e a poeira. De repente, nuvens carregadas se acumularam e a chuva começou a cair com violência. Todos os homens puseram-se a recolhê-la em seus escudos e capacetes, e a bebê-la com tanta avidez que já nem pensaram em rechaçar o ataque dos inimigos. Mais uma vez, foram salvos por um milagre: armou-se uma tempestade e uma terrível saraiva de granizo abateu-se sobre os quados, e apenas sobre eles; ao mesmo tempo, os raios atingiram os bárbaros em várias ocasiões. Os quados suspenderam o combate.[181]

A lenda apoderou-se imediatamente desse episódio. Afirmou-se que Marco obtivera esse milagre através de suas orações e graças às encantações de um sacerdote egípcio, chamado Harnufis ou Arnúfis, que se achava ao lado dele.

Esse sacerdote, ao que se dizia, tinha buscado a intervenção de um deus do seu país, um certo Hermes aéreo. Mostrou-se que esse deus não era outro senão Tot-Chu, deus da atmosfera e dos meteoros.[182]

Na realidade, parece mesmo que Marco Aurélio não comandou pessoalmente o exército que foi cercado pelos quados, mas que este se achava sob as ordens de um legado, talvez Pertinax.[183] Com efeito, constatamos que, no relevo da coluna em que é representado o milagre da chuva, o oficial comandante não poderia ser Marco Aurélio. Não tem qualquer semelhança com ele. Por outro lado, a chuva nesse relevo não é acompanhada por uma tempestade. Ali vemos apenas o espírito da chuva, com grandes asas sombrias e molhadas. Houve de fato um "milagre do raio", mencionado por nós e que foi anterior em vários meses,[184] porém ele é distinto do outro. Na versão relatada por Dião, os dois episódios foram confundidos. Isto ainda não havia acontecido quando a coluna foi erigida (no máximo sob o reinado de Cômodo), e ela de fato mostra os dois milagres em duas cenas distintas.[185] A realidade ainda era respeitada.

No entanto, uma versão "cristã" espalhou-se alguns anos depois. Os apologistas afirmaram que o milagre tinha sido alcançado graças às preces dos soldados convertidos ao cristianismo, e que o imperador, por essa razão, deu à legião deles o cognome de fulminata – o que certamente é inexato. De fato existiu uma legião cognominada Fulminata. Ela levava o número XII, mas seu cognome era muito anterior à guerra com os quados, e ela já o portava no reinado de Augusto.[186] A origem dessa denominação é obscura. Talvez provenha de uma imagem de Júpiter *Fulminator* nas insígnias da legião; talvez aluda a algum episódio em que os soldados, ou os estandartes, ou melhor, o *sacrarium* dessa legião, foram atingidos por um raio. Não há nenhuma certeza, por outro lado, de que a XII Fulminata tenha estado presente no *front* do Danúbio na época de Marco Aurélio.

Qualquer que tenha sido, na sequência, a exploração feita do milagre da chuva, não há dúvida de que o acontecimento em si, cuja realidade é inegável, foi considerado uma intervenção dos deuses a favor do imperador, sob cujos auspícios se desenrolava a campanha. Todas as moedas com a efígie de Mercúrio, já citadas por nós, trazem, após a indicação da data, as palavras REL(*igio*) AVG(*usti*). O mérito de todo esse episódio pertence ao próprio príncipe, a uma de suas virtudes: a atenção que ele dedicava à observância de seus deveres para com os deuses. Não divindades estrangeiras, mas as do panteão romano.[187]

Os deveres de um príncipe – I

Mas a simples presença de Marco Aurélio na frente danubiana, por mais salutar que fosse, não bastava para solucionar o problema acarretado pela incômoda vizinhança dos bárbaros. Vimos que nem a diplomacia nem os esforços para opor umas às outras as nações desses povos proporcionavam resultados duradouros. Restava apenas uma solução: estabelecer, do outro lado do Danúbio, uma nova província, ou talvez duas, como fizera Trajano ao conquistar a Dácia. A *Vida de Marco Aurélio* garante que era exatamente essa a intenção do imperador: constituir uma província chamada Marcomânia e outra de nome Sarmácia.[188] Teria sido impedido de fazê-lo pela usurpação de Avídio Cássio, ocorrida em 175.

Diversos indícios nos parecem confirmar essa tese. Primeiro, há uma série de sestércios, emitidos em 173, nos quais vemos o imperador em trajes militares, de pé, estendendo o braço direito para reconstruir a Itália, coroada por torres, ajoelhada e segurando um globo na mão esquerda.[189] Abaixo dessas imagens vemos a data e a legenda: *Restitutori Italiae*. Marco teria "restabelecido" a Itália após a invasão recente e, ao mesmo tempo, parecia prometer-lhe o império universal.

Depois de subjugar os quados e lhes impor um tratado pelo qual eles se comprometiam a pelo menos se manter neutros, firmado em 173 ou no começo de 174, Marco tratou de subjugar os sármatas iáziges, cujo território seria anexado e formaria uma nova província, a Sarmácia. Isso teria a vantagem de cobrir o flanco ocidental das três Dácias. E com isso a conquista de Trajano seria consolidada. Dessa guerra contra os sármatas conhecemos apenas um episódio, uma batalha travada sobre o Danúbio congelado. Os romanos teriam surpreendido o inimigo no momento em que ele atravessava o rio sem molhar os pés. A acreditarmos no relato que nos deixou Dião Cássio, os iáziges haviam penetrado em território romano e se retiraram ao serem atacados pelo exército romano. Ao ser travada a batalha, os soldados romanos fizeram uma formação em quadrado no gelo, para aguardar o ataque dos iáziges, que combatiam a cavalo. Os legionários tinham posto seus escudos no chão, à sua frente, o que lhes proporcionava um apoio e evitava que escorregassem. Quando os bárbaros atacaram, chocaram-se com a linha romana. Diante do obstáculo, os cavalos escorregaram e caíram, ou os soldados da infantaria romana os seguraram pelas rédeas derrubando os cavaleiros das selas. Foi um combate corpo a corpo, feroz, no qual os romanos levaram a melhor.[190]

Tal episódio nos ensina que essa guerra se estendeu ao menos durante um inverno (o de 174 a 175, provavelmente) e que se desenrolou de maneira descontínua, cada um dos dois adversários tentando penetrar no dispositivo inimigo. Num momento que não sabemos precisar, Marco Aurélio deve ter assumido a ofensiva contra os quados, que não tinham mantido seus compromissos e haviam ajudado os iáziges. Foi então, provavelmente, que ele pôde apoderar-se do novo rei que eles haviam escolhido, Ariogeso – aquele cuja cabeça fora posta a prêmio. Ao tê-lo em seu poder, contudo, Marco se contentou em enviá-lo para Alexandria, onde deveria ser mantido sob vigilância,[191] o que se coadunava com a política seguida pelos imperadores em relação aos reis bárbaros vencidos. Isso também significa que, no momento em que Ariogeso foi feito prisioneiro, o Egito ainda continuava em paz, de modo que isso se deu antes da rebelião de Avídio Cássio.

Durante a guerra contra os iáziges, Marco Aurélio havia transferido seu quartel-general de Carnunto para Sirmio. Foi lá que Herodes Ático defendeu sua causa, como vimos.[192] A escolha de Sirmio é uma clara indicação de que o imperador tencionava conduzir uma campanha de longa duração nessa região. É possível que o combate travado no Danúbio congelado tenha estado na origem das moedas de bronze cunhadas em 174, nas quais se vê um deus-rio, a não ser que se trate do Tibre tranquilizado, no qual chegavam os navios da anona.[193] A vitória sobre os sármatas foi comemorada com várias cunhagens monetárias em 175. Marco Aurélio passou a usar o sobrenome triunfal de *Sarmaticus*, ao lado do que o identificava como *Germanicus*.[194]

Dião Cássio afirma que, durante esse período, Marco Aurélio estava doente, tinha dificuldade para suportar o frio e a fadiga, comia pouco, fazia apenas uma refeição por dia, a noturna, e, quando ingeria algum alimento durante o dia, não passava de um pouco de teriaga. Essa palavra designa (na origem) toda sorte de remédios compostos com substâncias animais. Aplicava-se sobretudo aos antídotos destinados a prevenir o efeito de venenos, em particular o de cobras. Foi por isso que Dião tomou o cuidado de esclarecer que não havia nenhum temor dessa natureza, mas que a teriaga acalmava as dores sentidas por Marco na região do estômago e no peito.[195] A que foi usada por ele, a conselho de Galeno, continha ópio, mas isso não justifica a hipótese de que a droga se apoderara então do imperador, a ponto de modificar totalmente sua personalidade.[196]

Também não é verossímil supor que Marco Aurélio, àquela altura, fosse apenas um doente que se obrigava a exercer sua função de príncipe. As conclusões que alguns querem extrair das *Meditações* mostram-se falsas, porque eles se recusam a estabelecer a distinção, familiar aos estoicos desde Ariston até Sêneca e Marco Aurélio, entre o mundo interno e o mundo da ação, que concerne apenas a "indiferentes",[197] e esses dois domínios são muito fáceis de conciliar! Por outro lado, se a saúde e o vigor de Marco Aurélio, passados os cinquenta anos, já não eram – o que nada tem de certo – o que tinham sido mais de vinte anos antes, e inclusive se ele sofria de uma úlcera gástrica,[198] decerto é um grande exagero afirmar que o imperador morreu esgotado, cansado de viver, deixando a seu filho Cômodo a tarefa de cuidar de um poder que ele teria passado a odiar.

Tudo indica, ao contrário, que nesses anos Marco Aurélio perseguiu ativamente a conquista dos territórios bárbaros do outro lado do Danúbio. Os iáziges lhe enviaram uma delegação para pleitear a paz, porém foi em vão, no dizer de Dião Cássio.[199] O imperador só se permitiu ceder quando o rei deles, Zântico, apresentou-se diante dele, suplicando.[200] Por sua vez, os marcomanos e quados também haviam pedido a paz. O imperador a concedeu, mas sob a condição de que eles não se instalassem a menos de cinco milhas (isto é, cerca de oito quilômetros) do Danúbio, e estabeleceu locais e datas para a realização das feiras. Outra passagem de Dião nos informa que, mesmo além dessa linha, os romanos estabeleceram postos.[201] No futuro, eles acabariam dispondo de uma base de partida, e não seria necessário iniciar uma campanha, como havia acontecido desde o reinado de Trajano, para atravessar o rio. Assim, uma medida aparentemente defensiva pôde servir para preparar uma progressão posterior, talvez até a romanização desses povos.

Os iáziges acabaram obtendo condições análogas, mas tiveram de evacuar uma zona duas vezes maior do que a que fora imposta aos marcomanos e aos quados.[202] Além disso, parece que os quados e marcomanos (e também os iáziges, provavelmente) viriam a ser submetidos a um recrutamento anual, o que tinha por efeito diminuir os efetivos de que poderiam dispor, não apenas para eventualmente atacar o Império, mas também para se defenderem dele. A contribuição dos iáziges, que tinham sofrido menos com a guerra do que os quados e os marcomanos, foi de 8 mil cavaleiros, dos quais 5.500 foram mandados para a Britânia.[203] Foi nesse momento que ocorreu a revolta de Avídio Cássio, no Oriente.

A rebelião

Essa revolta, a acreditarmos em Dião Cássio, foi provocada por Faustina, que se encontrava em Sirmio com o marido e acreditou que ele estava gravemente enfermo e à beira da morte. Ela sempre vivera na corte imperial, primeiro na de seu pai, Antonino, depois na de Marco Aurélio, e temia cair na condição de cidadã privada. Custasse o que custasse, tinha de se tornar esposa daquele que sucederia Marco Aurélio. Cômodo, o filho deles, era jovem demais para ser imperador. Haveria um regente, cuja personalidade empurraria Faustina para o ostracismo. Ela achou que, se desse a Avídio Cássio – a quem conhecia bem, desde antes da Guerra Pártica – a possibilidade de tomar o poder e substituir Marco, ele lhe ficaria grato e, a título de recompensa, ela poderia tornar-se sua mulher. Por isso, enviou-lhe uma mensagem secreta, convidando-o a se preparar: se ele agisse depressa, poderia obter o Império e ela própria!

Algum tempo depois, Avídio recebeu outra mensagem, dessa vez lhe anunciando que Marco Aurélio estava morto. Cássio acreditou nisso e se proclamou imperador, acrescentando, o que era mentira, que os exércitos da Panônia haviam-se pronunciado a seu favor.[204] Depois, quando soube da verdade – que Marco estava vivo –, Avídio julgou impossível recuar e entrou em franca rebelião. Sabia poder contar com o exército do Oriente (exceto com o da Capadócia, comandado por Públio Márcio Vero). Sabia também que muitas simpatias o aguardavam no Egito, onde, como vimos, ele tinha restabelecido a paz, pondo fim à revolta dos *milites bucolici*.[205] O prefeito do Egito era C. Calvísio Estaciano, outrora secretário de correspondência latina de Marco Aurélio e Lúcio Vero. Ele logo tomou o partido de Avídio, o que fez pesar uma grave ameaça sobre o abastecimento de Roma[206] e decerto contribuiu para provocar o pânico que se apossou da cidade ao ser divulgada a notícia da rebelião.[207] De sua parte, Avídio tratou de conquistar para sua causa as legiões que se achavam "ao sul do maciço de Tauro", isto é, na Síria.[208] Sua origem na realeza certamente contribuiu para atrair muitos partidários. Ele foi particularmente bem acolhido em Antioquia, assim como na região de Cirro, berço de sua família.[209]

Alertado por Públio Márcio Vero, Marco dissimulou a notícia da rebelião por alguns dias e, em seguida, como se multiplicassem os boatos, discursou para suas tropas. Dião Cássio relata o que foi mais ou menos seu discurso.

Os deveres de um príncipe – I

Marco Aurélio retomou os temas habituais nessas situações, exaltando o valor de seus soldados e minimizando o dos adversários. Expressou também algumas ideias caras aos estoicos romanos, falando do horror da guerra civil (como fizera Catão, na época de César). Disse ainda que se recusava a sentir cólera em razão da situação em que se achava, pois, em suas palavras, "cabia irritar-se com o ser divino que tudo pode?". O que o afligia era descobrir que já não havia nenhuma lealdade entre os homens. Depois, como se já discernisse o que seria o futuro (mas, nesse ponto, talvez seja o historiador quem fala), disse temer que alguém, ao matar Cássio, viesse a privá-lo, ele próprio, da possibilidade de perdoar, de continuar amigo de um homem que se mostrara infiel. A única vantagem que os males do presente poderiam oferecer, concluiu, "seria proporcionarem a oportunidade de mostrar aos homens que haveria um bom uso até mesmo das guerras civis".[210]

É possível, sem dúvida, que tudo nesse discurso tenha sido inventado por Dião. Entretanto, nele não se encontra nada que não se coadune com o que lemos nas *Meditações*, a exemplo do que, já antes da rebelião de Avídio Cássio, Marco dizia sobre a amizade e o dever que temos de restabelecê-la quando ela fica comprometida.[211] Ou a ideia de que tudo que nos parece ruim neste mundo encontra sua justificativa numa decisão tomada pela Providência.[212] É pouco provável que Dião Cássio tenha encontrado sozinho, para compor a preleção de Marco, a inspiração das *Meditações*.

Seja como for, Dião observou que em momento algum, nem no discurso aos soldados nem na carta que escreveu ao senado, para dar a informação oficial sobre a rebelião, Marco rebaixou-se para insultar Cássio. Limitou-se a chamá-lo de "ingrato"; e Cássio, por sua vez, jamais insultou Marco Aurélio, nem na fala nem por escrito.[213] Foi como se ambos não tivessem outro interesse senão o bem do Estado.

O primeiro cuidado de Marco Aurélio foi chamar Cômodo a Sirmio. Era quase chegado o momento de fazê-lo assumir a toga da virilidade. A cerimônia realizou-se em Sirmio no dia 7 de julho,[214] aniversário da data em que, nove séculos antes, Rômulo havia desaparecido dos olhos dos homens e se tornado deus. O biógrafo assinalou essa coincidência, que certamente não se deveu ao acaso. Ela deveria sublinhar o caráter sagrado da realeza e de sua continuidade. Marco Aurélio realmente tencionou reafirmar a primazia do sangue, da hereditariedade, para assegurar a sucessão no Império. Já não se tratava de colocar este último nas mãos do "melhor". Essa fantasia, já frágil no passado,[215] estava abandonada. Durante muito tempo, censurou-se Marco Aurélio por isso, acusando-o de, em sua afeição por um filho indigno, ter dado a Roma o pior dos imperadores. Mas sabemos que ele possuía esse senso de família, que avaliava a importância dele para a continuidade da sociedade romana. Sabemos também que, como seu mestre Frontão, ele julgava necessário introduzir nas relações sociais e políticas a ternura (φιλοστοργία) cuja ausência todos lamentavam nos nobres romanos,[216] e que deveria fazer de todos os cidadãos membros de uma só família.

Por outro lado, as circunstâncias quase não lhe davam escolha. Era importante, ao mesmo tempo, assegurar sua sucessão, caso a guerra com Avídio Cássio o tornasse necessário, e afirmar que não havia necessidade alguma de recorrer a um estranho. Marco tinha a seu lado o genro, Tibério Cláudio Pompeiano, o homem mais capaz de governar e, por seu casamento com a filha do príncipe, o mais próximo do trono.[217] Mas ele próprio se sentia forte o bastante para exercer o poder até o momento em que Cômodo ficasse em condições de se tornar imperador. Por isso, tomou de imediato as providências habituais, cumulando o filho de títulos e honrarias. Já no triunfo sobre os partas, em 166, Lúcio Vero havia conseguido que Marco Aurélio conferisse a Cômodo, então com seis anos, e a seu irmão Ânio Vero (que viria a morrer três anos depois)[218] o nome de César, o que, por si só, era uma promessa. A morte de Lúcio Vero dera a essa promessa uma importância maior. Em 175, surgiram moedas com o nome de *Commodus Caesar Augusti Filius Germanicus*,[219] ao qual se acrescentou o título de *princeps juventutis*, príncipe da juventude, outrora usado pelos netos de Augusto, prometidos à sua sucessão.

Quando Cômodo chegou à Panônia, no mês de julho de 175, Marco não apenas o fez assumir a toga da virilidade, como dissemos, mas também distribuiu ao povo, para festejar esse acontecimento, um congiário (as moedas desse ano em nome de Cômodo César mostraram-no acompanhado por *Liberalitas*, sentado numa cadeira curul, enquanto ao pé da tribuna vê-se um cidadão estendendo a prega de sua toga para recolher as moedas). Em seguida, antes de partir com ele para o Oriente, conferiu-lhe o título de cônsul designado, embora, de acordo com a regra do *cursus*, não se pudesse exercer o consulado antes dos 33 anos. Cômodo foi cônsul em 177, efetivamente, aos dezessete anos.[220] Além disso, Marco Aurélio o apresentou aos soldados e o recomendou a eles.[221] Ninguém mais poderia duvidar das intenções do imperador.

Pessoalmente, parece que Marco nunca teve dúvidas quanto ao desfecho da aventura de que Cássio havia tomado a iniciativa. A *Vida de Avídio Cássio* nos dá a conhecer um dito de Marco Aurélio a uma pessoa que o censurou por sua indulgência para com o rebelde: "E se Cássio tivesse sido o vencedor?", tinham-lhe perguntado. Ao que ele teria respondido: "Não temos honrado tão mal os deuses nem levado uma vida tal que ele pudesse nos vencer."[222] A biografia de Avídio Cássio não é uma fonte em que devamos confiar cegamente. Todavia, nada há nela que não combine com o pensamento de Marco Aurélio. Para ele, toda ação conforme aos desígnios da força criadora que habitava todos os seres só podia obter êxito: "Um instrumento, uma ferramenta, uma máquina qualquer, quando fazem aquilo para o qual foram criados, logram êxito, mesmo que o homem que os fabricou já não esteja presente. Quando se trata de seres construídos pela natureza, porém, a força que os organizou permanece neles. Por isso deves reverenciá-la ainda mais e convencer-te de que, se te conduzires segundo a vontade dela ..., tudo se passará como quiseres."[223]

Marco Aurélio, um instrumento forjado pelo Destino, isto é, pela vontade organizadora do universo, para governar o Império, e que estava cônscio, por outro lado, de que sua própria conduta sempre fora conforme à ordem do mundo, e portanto, aos desígnios da Providência, não tinha como pensar que um rebelde pudesse abatê-lo. Quando um imperador era assassinado, disse ele, a acreditarmos na *História Augusta*, era por não cumprir, por uma razão ou outra, o papel que lhe coubera – uns por serem maus imperadores, como Calígula, Nero ou Domiciano, outros por nunca terem querido reinar e não haverem aceitado o poder em seu íntimo, como Vitélio e Oto. Marco Aurélio, ao contrário, sabia que nada tinha a temer. Nenhuma dessas colocações contraria o que sabemos do pensamento do príncipe.

Os preparativos da partida para o Oriente ainda não haviam terminado quando Marco soube que Cássio havia morrido. Fora morto por um centurião de nome Antônio, que tinha desferido contra ele um golpe de sabre, mas que, arrastado por seu cavalo, apenas o havia ferido. Um "decurião" (suboficial da cavalaria) que acompanhava Antônio é que tinha dado fim a Cássio.[224] Assim, concluiu Dião, o pretendente ao trono, após um sonho que durara apenas três meses e seis dias, estava morto, e um de seus filhos (provavelmente Meciano, *juridicus* de Alexandria) foi morto logo depois.[225] Segundo a *Vida de Marco Aurélio*, um outro filho de Avídio Cássio, chamado Heliodoro, foi simplesmente mandado para o exílio pelo imperador.[226]

Os assassinos de Avídio quiseram levar sua cabeça para Marco Aurélio, mas este se recusou a vê-la e ordenou que a enterrassem, antes mesmo que seus portadores chegassem até ele.

A usurpação havia começado, provavelmente, no fim do mês de abril ou início de maio. Terminou com a morte de Avídio Cássio, no começo do mês de agosto.[227]

As causas que a provocaram e seu próprio desenrolar estão longe de ser claros. Não parece que ele houvesse atendido aos anseios de um partido que desejasse derrubar Marco Aurélio. Os senadores, tão logo foram informados, aprovaram uma moção que declarou Avídio Cássio "inimigo público", ou seja, que o colocou fora da lei, de modo que, nesse aspecto, o gesto do centurião, ao matá-lo, nada mais fez do que executar o senátus-consulto. É pouco provável, por outro lado, que os protestos de Marco, ao dizer de sua intenção de perdoar o rebelde, tenham sido fingidos. Isso não combinaria com aquele que merecera ser chamado de *Verissimus*, o muito verídico.[228] As manobras de Faustina talvez tenham influenciado. Especulando sobre a ambição que pressentia em Cássio, ela o teria escolhido por ele haver conquistado um lugar preponderante no Oriente, primeiro em razão de sua origem, depois, por suas vitórias, e por fim, pela missão que lhe havia confiado o imperador, de quem Cássio era uma espécie de "duplo" nas províncias orientais. Ainda não se concebia que pudesse haver dois imperadores, um governando o mundo helenizado, o outro, o mundo latino, mas já era possível discernir que as diferenças evidentes entre as duas metades do Império podiam traduzir-se numa rivalidade secreta, cuja realidade entrevimos ao evocar o império dos sofistas. Acaso Vespasiano não tinha sido conduzido ao poder pelas legiões – e adivinhos – do Oriente? A história poderia recomeçar.

Todavia, um homem que então simbolizava esse mundo oriental, tanto pelo poder econômico que representava quanto pelo prestígio de sua cultura – Herodes Ático –, escreveu a Cássio, ao saber da usurpação, uma carta em que figuravam apenas estas palavras: "Estás louco."[229] É que eram grandes as diferenças entre a época de Vespasiano e a de Cássio. Quando as tropas da Palestina e as do Egito haviam proclamado Vespasiano imperador, Roma ainda estava mergulhada na guerra civil, e Vespasiano, por suas origens italianas, não era um homem do Oriente, como Avídio. Estava refazendo a seu redor a unidade do Império, ao passo que este último a rompia. E isso foi bem percebido por Herodes Ático. Marco Aurélio era um "bom imperador". O autor da *História Augusta* lembra que, no momento da usurpação, ele podia dizer-se o salvador da Itália, pois tinha vencido todos os povos que a ameaçavam, desde os marcomanos até os costobocos.[230] Isso lhe conferia grande prestígio. Ademais, ele parecia prestes a anexar duas novas províncias. Em seu interior, praticava os princípios outrora adotados por Augusto, afirmando não tomar nenhuma decisão por si, mas consultando "as autoridades". Gostava de repetir: "É mais justo eu seguir a opinião de tantos e tão bons amigos do que eles fazerem unicamente a minha vontade."[231] Com isso, evitava que se pudesse acusá-lo de tirania. É verdade que seu estilo de vida era excessivamente austero, aos olhos de muitos, tanto em sua condução das operações militares quanto na vida cotidiana. Sabemos que ele preferia ler ou até trabalhar enquanto assistia ao espetáculo dos jogos, o que passava por sinal de desprezo em relação ao povo. Mas isso se traduzia apenas em epigramas e maledicências. E Marco, também nesse caso, dava mostras de paciência e espírito cívico. Em vez de punir os autores dos libelos, ou mesmo de ignorá-los, ele tinha o cuidado de lhes responder, fosse na fala, fosse em escritos, sem dúvida em éditos.[232] Uma censura mais grave lhe era feita: as guerras incessantes faziam perecer numerosos grandes personagens, o que era verdade, e vemos pelas inscrições que eram perpétuas as mudanças no pessoal dirigente. Marco Aurélio então mandava erigir aos que haviam morrido em serviço (civil ou militar) uma estátua no fórum de Trajano.[233] Assim, esse fórum tornou-se o local das glórias romanas, onde era imortalizada a memória dos mais ilustres servidores do Estado, da Nova Roma que havia nascido depois do século dos Antoninos. Ele desempenhava um papel análogo ao que Augusto havia atribuído a seu próprio fórum, estabelecido em volta do templo de Marte Ultor, onde se viam as estátuas dos grandes homens do passado.

A divindade do fórum de Trajano era o próprio Trajano, para quem Adriano mandara construir um templo (hoje completamente desaparecido) na abside noroeste, depois da coluna. As cinzas do imperador estavam contidas, como se sabe, na base da coluna que traçava suas conquistas. É lícito supor que Marco Aurélio pretendesse sublinhar a continuidade da política iniciada por Trajano, que figura como o padroeiro, ou, se preferirmos, o "demônio" protetor da dinastia.

Roma nunca estivera mais sólida, mais firmemente ancorada em sua eternidade. É compreensível que Marco Aurélio não tenha julgado realmente temível a usurpação de Avídio Cássio.

QUANDO CÁSSIO FOI MORTO, a guarnição de Alexandria impôs o mesmo destino ao *juridicus* da cidade, Avídio Meciano, filho de Cássio. Esses *juridici*, auxiliares do prefeito do Egito, eram mais especialmente encarregados de administrar a cidade e seus arredores. O fato de Meciano ter sido assassinado é uma clara indicação de que o exército do Egito recusava-se a continuar a seguir o prefeito, Calvísio, na secessão. O próprio Calvísio escapou da morte. Rendeu-se a Marco Aurélio, que se contentou em destiná-lo a residir numa ilha, sem privá-lo de seus bens. Dião Cássio acrescenta que ele mandou queimar o dossiê já preparado contra o ex-prefeito.[234] Ao mesmo tempo, Marco escreveu ao senado para lhe solicitar que não desse uma punição severa aos cúmplices de Avídio Cássio. Rejeitava a ideia, dizia, de que algum senador fosse condenado à morte, "para que seu poder imperial não fosse maculado". É evidente que se lembrava, assim como todos os senadores, da condenação à morte dos três personagens que, no reinado de Adriano, haviam inquietado o imperador enfermo e próximo do fim, bem como, talvez, dos quatro cônsules executados em 118, no começo de seu reinado.[235]

Com essas medidas, Marco Aurélio afirmou sua clemência, uma das virtudes imperiais.[236] Também evitou inquietar o senado. Tomou o cuidado de mandar que se apresentassem diante dos Padres Conscritos os senadores sob suspeita de haverem favorecido as maquinações de Cássio, em vez de julgá-los pessoalmente.

As etapas da viagem de Marco ao Oriente não são conhecidas com precisão. Mas é possível fixá-las, aproximadamente, assim:[237] tendo partido de Sirmio com o "conselho de seus amigos" e um exército suficientemente importante para impor, onde fosse necessário, o retorno à legalidade, Marco Aurélio seguiu a rota terrestre, primeiro ao longo do Danúbio; depois, atravessou o Bósforo em Bizâncio, dirigiu-se para Ancira (Ancara) e de lá para Tarso, na Cilícia, onde Avídio Cássio encontrara homens prontos para segui-lo.

Os deveres de um príncipe – I 185

Foi na Cilícia, na cidadezinha de Halala, que morreu Faustina, sem dúvida no outono de 175. Essa morte, ocorrida alguns meses depois da de Avídio Cássio, naturalmente pareceu suspeita aos historiadores antigos. Dião Cássio propôs várias hipóteses: ela teria morrido de uma doença, atacada pela "gota" (mas não há como saber o que essa palavra dissimularia; teria sido uma flebite, talvez?), ou teria cometido suicídio, para evitar a vergonha de ficar desconcertada quando o imperador encontrasse os papéis de Avídio na Síria, para onde a corte e o exército se dirigiam naquele momento.[238] Mas esse motivo também não se afigura muito plausível, se é verdade que Públio Márcio Vero, o governador da Capadócia que tinha prevenido Marco sobre a revolta, precedera-o na Síria e, por sua própria autoridade, havia destruído todos os papéis comprometedores.[239] Faustina, concluiu-se, não se suicidou.[240] É provável que não tenha desempenhado papel algum na rebelião de Cássio. Sua morte foi natural, sem dúvida alguma. Ela estava com cerca de 46 anos (talvez menos),[241] porém dera ao marido doze filhos! – o que explicaria sua morte, numa época em que a expectativa de vida das mulheres era inferior à de hoje. Mas o mistério permanece intacto.

Marco Aurélio solicitou ao senado honrarias divinas para Faustina. Os senadores decidiram que, no templo de Vênus e de Roma (o que Adriano mandara construir, ao pé do Palatino), seriam erguidas duas estátuas, uma de Marco e outra de Faustina. Também seria construído, no mesmo templo (ou diante dele?), um altar em que as moças que se casassem na cidade iriam com os maridos oferecer sacrifícios. Além disso, uma estátua de ouro, representando Faustina, seria transportada ao teatro todas as vezes que o imperador assistisse a um espetáculo, e seria colocada no lugar em que a imperatriz costumava sentar-se, devendo as grandes senhoras agrupar-se em volta dela.[242] Será que tudo isso não passou de uma farsa do príncipe, feita para abafar os boatos negativos que corriam sobre Faustina? É difícil acreditar. Marco, como veremos, sempre se recusou a crer nos boatos que punham em dúvida a fidelidade de sua mulher. Nutria por ela uma afeição certamente sincera. A divinização, a seus olhos, não era um ato desprovido de significação. Os romanos tinham aprovado vivamente a insistência com que Antonino Pio obtivera do senado, apesar das resistências, as honrarias divinas concedidas a Adriano.[243] A primeira Faustina tinha sido homenageada, em 141, da mesma maneira, e para ela fora construído um templo não muito distante do fórum:

foi lá que, ao morrer, Antonino recebeu um culto, no que é hoje a igreja de San Lorenzo in Miranda.

Mesmo que tenha sido apenas isso, a divinização da segunda Faustina decerto também foi um ato político, comemorado por um grande número de moedas nas quais a imperatriz foi representada, tendo à direita uma legenda que dizia, ora DIVAE FAVSTINAE AVG(ustae) MATR(i) CASTROR(um), ora DIVA FAVSTINA PIA,[244] e que exibiam no reverso vários símbolos: *Pietas, Aeternitas,* um pavão ou uma fênix, o primeiro como a ave de Juno ("padroeira" dos casamentos felizes), a segunda por jamais conhecer a morte, porém renascer de suas cinzas. Essa consagração da imperatriz manifestava sua essência divina, que ela devia a seu pai e sua mãe. Implicava também o carisma divino de seu filho Cômodo.

Mas a consagração dos imperadores não era apenas, aos olhos de Marco Aurélio, uma habilidade dos sábios para governar os menos sábios. Ele acreditava, como veremos, na existência dos deuses e na presença deles no mundo sensível.[245] Sabia existir em nós um componente divino, um "demônio", e sabia que o verdadeiro objetivo da vida era conservá-lo, favorecê-lo, desenvolvê-lo e, para retomar uma terminologia cristã, ser "testemunha" dele. O que não garantia a sobrevivência individual da alma. Como bom dialético, Marco Aurélio escreveu: "A propósito da morte: ou é dispersão, se somos átomos, se existe uma unidade, ou é extinção ou transmigração."[246]

Ora, ele bem sabia que o mundo era um todo organizado. Logo, ou a morte era muito parecida com o apagar de uma chama, ou marcava uma partida para outro lugar. Entre essas duas hipóteses não havia contradição alguma; eram duas possibilidades que se realizavam conforme as circunstâncias. Essa concepção é perfeitamente conforme ao pensamento dos estoicos, inclinados a admitir que apenas algumas almas acederão à imortalidade astral – aquelas que houverem imitado Deus.[247] A concepção da imortalidade astral acha-se presente, como sabemos, na crença em uma apoteose dos príncipes.[248] É simbolizada em algumas moedas com a efígie da segunda Faustina, às vezes se expressando de forma explícita.[249] Ao divinizar sua mulher, Marco Aurélio não agiu contra suas convicções, mas escolheu, entre as convicções possíveis, aquela que melhor se harmonizava com as crenças já tradicionais, e que também satisfazia secretamente, podemos crer, a ternura que ele sentia.

Os deveres de um príncipe – I

A aldeia em que Faustina morreu recebeu o nome de Faustinópolis, o que fez da falecida o equivalente a um "herói fundador", e portanto, objeto de um culto, segundo os costumes helênicos. Aos ritos propriamente romanos Marco Aurélio justapôs os do Oriente.

A *Vida de Marco Aurélio* situa a morte de Faustina e a fundação de Faustinópolis após a visita e a temporada em Alexandria,[250] o que não é muito verossímil. Depois de transpor os montes Tauro e de atravessar a Síria, onde Márcio Vero o esperava, Marco chegou à Palestina, onde parece haver-se encontrado com o patriarca Judá I, com quem teria mantido diversas conversações.[251] Mas esse episódio, se é que é real, logo foi cercado por lendas, e os historiadores modernos não concordam quanto à pessoa do imperador que o patriarca teria encontrado. Já falamos da reflexão que a turbulência dos judeus inspirava em Marco Aurélio.[252]

Por fim, o imperador chegou ao Egito, onde, diz a *História Augusta*, "conduziu-se democraticamente e como um filósofo em todos os Estados (ou locais de estudo, *studia*, melhor dizendo), nos templos e em toda parte".[253] Infelizmente, não possuímos nenhuma indicação das relações que o imperador possa ter mantido com os estudiosos, os sacerdotes e os homens que conservavam as tradições religiosas daquele país. Mas existia em Alexandria uma enorme atividade intelectual, não orientada para o passado, mas para o presente. Os "pensionistas" do Museu gozavam de grande prestígio, e os imperadores não regateavam a proteção deles. Não havia erudito, gramático, filósofo, rétor e outros que não fossem passar uma temporada lá.

Marco Aurélio passou nessa cidade o inverno de 175-176; pelo menos, esta é a cronologia mais provável. Uma inscrição datada de sua trigésima potência tribunícia (10 de dezembro de 175 a 9 de dezembro de 176) é uma dedicatória que lhe foi consagrada por um tribuno da legião II Traiana Fortis, lotada em Alexandria.[254] Decerto corresponde à presença do imperador. Foi o momento da reconciliação total entre ele e os habitantes tão comumente turbulentos dessa cidade, na qual o passado nacional do Egito era fecundado pelo helenismo, mas onde as outras correntes espirituais do Oriente, em especial o judaísmo, também eram representadas e estavam bem vivas. Em parte alguma era possível realizar-se melhor que em Alexandria essa síntese cultural, que era, para o Império Romano, uma justificação histórica, e, para Marco Aurélio em si, uma exigência de seu próprio pensamento.[255] Diz-nos o autor da *História Augusta* que Marco, ao sair da cidade, ali deixou uma de suas filhas.[256] Em geral se admite ter-se tratado de seu nono rebento, uma filha de nome Cornifícia, nascida em torno do ano de 160. Ela teve por marido Marco Petrônio Sura Mamertino, que viria a ser cônsul em 182 e cujo pai tinha sido (talvez) prefeito do Egito, uns vinte anos antes.[257] Ao pedir que Cornifícia permanecesse nessa cidade, onde seu marido tinha recordações, laços e, sem dúvida, interesses, Marco Aurélio deu mostras de sua confiança na amizade resgatada com os alexandrinos.

É provável que o imperador tenha deixado Alexandria na primavera de 176, dirigindo-se para o norte através da Síria. Chegaram-nos alguns ecos dessa viagem imperial. A presença do príncipe viria a apagar em definitivo a lembrança da revolta. Até Antioquia, com a qual Marco se havia enfurecido e que se recusara a visitar no ano anterior, a qual havia punido severamente, privando-a do direito de oferecer jogos e realizar qualquer assembleia, fosse qual fosse – o que equivalia a lhe retirar o estatuto de cidade "livre" –, até mesmo essa Antioquia recebeu seu perdão, na viagem de volta,[258] e, ao mesmo tempo, a visita do imperador. Durante a viagem, ele menos se mostrou como chefe das legiões, detentor da força e do poder político, do que como amigo, discípulo dos grandes retóricos do Oriente, homem que falava a linguagem deles. Em Tarso, onde voltou a fazer uma parada, ele quis ouvir o jovem Hermógenes, um prodígio – uma curiosidade local que, aos quinze anos, era um virtuose da fala e capaz de proferir discursos sobre qualquer assunto, sem preparação anterior.[259] Hermógenes brilhava particularmente por suas *sententiae*, as formulações que inventava para provocar encontros surpreendentes de palavras. Marco o ouviu com indulgência, admirou-o e lhe ofereceu presentes magníficos. Para Filóstrato, porém, aquilo não passava de bufonarias! Mas, qualquer que pudesse ser a opinião do imperador, ele não podia permitir-se ofender as pessoas de Tarso, que se orgulhavam de seu jovem prodígio.

Em Esmirna, para onde foi em seguida, Marco Aurélio ouviu Élio Aristides, que se achava então em plena glória. Ao contrário de Hermógenes, Aristides não proferia discursos improvisados. Já fazia três dias que Marco se encontrava em Esmirna, e Aristides ainda não fora apresentar-se com a multidão de cidadãos que acorreram para saudar o imperador. Este ficou surpreso e, como nunca vira esse sofista (não havia, portanto, assistido aos discursos ante-

Os deveres de um príncipe – I

riormente proferidos por ele em Roma, em 143),[260] perguntou aos Quintílios, que o acompanhavam, se o tinham visto. Aristides apareceu no dia seguinte, trazido por eles, e ofereceu como desculpa o fato de haver estado imerso numa meditação, e de que, como bem sabia o imperador, não convinha arrancar o espírito de suas reflexões.[261] Marco Aurélio se absteve de reagir à insolência e à pretensão do sofista e lhe perguntou quando poderia ouvi-lo: "Proponde-me um tema hoje e escutai-me amanhã", respondeu Aristides, pedindo em seguida permissão para levar seus alunos a essa conferência. Marco Aurélio consentiu. Ao que o sofista acrescentou desejar que eles tivessem permissão para aplaudir. "Isso depende de ti", respondeu Marco, sorrindo. O imperador não era ingênuo. Sabemos que nem sempre fazia um juízo favorável dos rétores, que, na juventude, havia criticado Polemon violentamente,[262] e que avaliava o vazio desses discursos que retomavam incansavelmente as mesmas elaborações.[263] Felicitava-se por ter resistido à tentação de se juntar a esses artesãos da fala.[264] Mas em Esmirna, Aristides era considerado um homem divino. No Egito, haviam mandado erigir-lhe uma estátua de bronze. Ele era a voz da cidade e, após o tremor de terra que a danificou gravemente, em 178, todos se regozijaram pelo encontro que tivera lugar, dois anos antes, entre o sofista e o imperador. Esse encontro, diziam, tinha sido providenciado pelo Destino, para tornar Marco Aurélio mais sensível às súplicas que Aristides lhe fez quando se tratou de reconstruir Esmirna.[265]

De Esmirna, Marco Aurélio seguiu para Atenas, onde passou o verão de 176. Encontrava-se lá quando se realizou, em setembro, a cerimônia anual dos Mistérios em Elêusis. Sua chegada foi precedida por uma longa carta, que já citamos,[266] dirigida a Herodes Ático, que consagrava a reconciliação dos dois, depois do processo de Sirmio. Nela, Marco Aurélio declarou haver feito um juramento de se iniciar nos Mistérios e, nessa circunstância, querer ter Herodes como padrinho, o que era um gesto carregado de sentido. Os atenienses, com efeito, haviam acusado Herodes, entre outros malfeitos, de ter causado a morte de sua mulher, Regila. Em sua defesa, Herodes havia respondido que, se fosse culpado, não teria consagrado às duas deusas (Deméter e Coré) os adornos de Regila, no santuário de Elêusis, pois isso teria sido um ato de provocação que atrairia para ele, merecidamente, a vingança divina.[267] Ao tomar Herodes como "padrinho", Marco Aurélio proclamou a inocência do amigo, assim como a dele mesmo, porque o iniciado tinha que ser puro, livre de qualquer crime. Nero, em sua viagem à Grécia e conspurcado por seu parricídio, não ousara desafiar essa proibição. Também é possível que a iniciação tivesse uma significação adicional. Ocorrendo após a morte de Faustina, ela punha fim aos boatos que responsabilizavam o imperador por esse falecimento. Marco tomou todo o cuidado de sublinhar, em sua carta a Herodes, que fizera votos de se iniciar nos Mistérios "quando a guerra estava no auge do ardor", ou seja, provavelmente quando os povos germânicos ameaçavam a Itália, logo, muito antes da morte de Faustina. Todavia, mesmo que nos recusemos a pensar em Marco Aurélio como um homem preocupado com essas habilidades, fica claro que o imperador, que acabara de pedir aos Padres Conscritos que poupassem o sangue dos senadores, e que se contentara em impor penas leves até aos mais culpados, queria afirmar sua pureza religiosa e moral, justificar aos olhos de todos, sobretudo aos dos helênicos, a vitória que havia acabado de conquistar. Essa iniciação, menos puramente formal que a de Lúcio, dez anos antes, era um verdadeiro ordálio.

Dião Cássio data da passagem de Marco Aurélio por Atenas a fundação das cátedras professorais.[268] Na realidade, essa fundação ocorreu vários anos antes,[269] mas o imperador quis escutar alguns dos mestres que tinham sido escolhidos e assistiu a uma aula do fenício Adriano, a respeito de quem ouvira algumas críticas.[270] Por fim, depois de ele mesmo propor um tema ao orador, Marco Aurélio ficou satisfeito com o que ouviu e lhe ofereceu ricos presentes. Esse cuidado do imperador com todas as atividades do espírito, e acima de tudo com as artes da fala, certamente não era de ordem política. Vimos que desde a infância ele tivera essa curiosidade e que, mesmo depois de receber o poder, havia frequentado os rétores e os filósofos de renome. Assim, não se pode supor que, em sua passagem por Atenas, tenha apenas querido lisonjear o povo que se considerava o mais culto e mais inteligente do mundo. Os rétores e os sofistas o fascinavam, e a seu ver, ao mesmo tempo, concorriam para realizar a união da raça humana que era desejada pela ordem do universo e pela Natureza.

No OUTONO DE 176, Marco regressou a Roma. Seu navio foi açoitado por uma violenta tempestade[271] cuja lembrança foi perpetuada numa moeda que mostrava um navio com quatro remadores e, de pé na popa, Netuno, com o tridente na mão:[272] estava garantida a proteção divina do imperador.

Os deveres de um príncipe – I

A cunhagem do ano de 176 foi particularmente rica em símbolos, cada um dos quais definia um aspecto do reino: a *Clementia*, da qual o príncipe acabara de dar um exemplo deslumbrante, e a *Aequitas*, que consistia em abrandar o direito estrito: Marco não havia despojado os filhos de Avídio. Clemência? Com certeza, mas sobretudo recusa a fazer inocentes compartilharem o erro de um pai. Já alguns anos antes (durante a vida de Lúcio), Marco havia escrito aos cidadãos de Hierápolis para relembrar-lhes que "a culpa de um pai ou o castigo sofrido por este não podem acarretar desonra para o filho, pois cada um tem a sorte merecida por seus atos e não se torna sucessor da culpa de outrem".[273] Nessas moedas encontramos também a *Pietas* – a devoção de que o príncipe deu mostras ao atribuir honrarias divinas a sua esposa morta. A *Securitas* afirmava que o Império, a partir daquele momento, nada teria a temer no exterior nem no interior, e que os riscos de guerra civil tinham sido afastados. Os exércitos, tranquilizados, eram leais; não mais se arriscariam a se opor os do Oriente contra os do Ocidente. Era exatamente esse o sentido do lema, surgido a partir da cunhagem de 175, que proclamava a "Concórdia dos Exércitos" (*Concordia exercituum*). E ainda uma promessa, com as palavras *Pax aeterna*, a paz para sempre.[274] Após a crise provocada pela rebelião, os pavores tinham desaparecido. Mais do que nunca, o imperador surgiu como protetor do Estado. Apresentou-se e se afirmou tal como também queria ser aos olhos de sua própria consciência. Não foram apenas virtudes, nem virtudes tipicamente estoicas, as que ele evocou. Foram virtudes reconhecidas e esperadas da parte dos príncipes. Os predecessores de Marco se vangloriavam de praticá-las. Com Marco Aurélio interveio uma diferença: elas já não eram simples "palavras de ordem", temas de propaganda, mas regras da vida pessoal, das atitudes íntimas, que não teriam por finalidade criar a "felicidade" de terceiros, mas harmonizar a alma do príncipe com a ordem do mundo. A excelência daquele que tinha por tarefa governar os homens não consistiria nos resultados materiais de sua ação, mas na retidão de sua vontade: "Em primeiro lugar, não te perturbes; tudo é conforme à natureza do universo, e em breve já não serás ninguém em parte alguma, como já não são Adriano e Augusto. Depois, fixa os olhos em teu mister, observa-o e, lembrando-te de que precisas ser um homem de bem, e lembrando-te daquilo que a natureza humana reclama, faze-o sem desvios e da maneira que te parecer mais justa, porém também com doçura, com discrição e sem fingir teus sentimentos."[275]

Desse modo, a alma do imperador conheceria a calma, a serenidade; e o Império, a felicidade.

Para mostrar com clareza que colocava acima de todos os outros valores os da paz, ele vestiu a toga, ao desembarcar em Brindisi, e fez com que seus solados também a portassem.[276] Talvez se lembrasse do gesto análogo de Pompeu, em seu retorno do Oriente, para mostrar claramente que seu poder teria como respaldo apenas as leis, e não a força das armas.

Porém nem tudo podia voltar a ser como antes. O imperador tinha envelhecido durante a provação que constituiu para ele a rebelião de Cássio. E também havia associado seu filho ao exercício do poder, antes da partida de ambos para o Oriente.[277] Ao regressarem, os dois foram aclamados *imperatores* pelos soldados, a 27 de novembro, pouco menos de um mês antes da celebração de sua vitória comum, em 23 de dezembro.[278] Por fim, a partir de 1º de janeiro de 177, Cômodo exerceria o consulado que lhe fora prometido um ano e meio antes. O autor da *História Augusta* não deixa de lembrar, para deplorá-lo, o gesto realmente estranho de Marco Aurélio durante o triunfo. Em vez de permanecer no carro ritual, ao lado de Cômodo, que nele ocupara seu lugar, atravessou o Circo a pé.[279] Teria sido um gesto de humildade? Um apagar-se diante daquele que lhe sobreviveria? Uma apresentação para o povo, e sobretudo para os deuses, para Júpiter Ótimo Máximo, em cuja homenagem eram celebrados os triunfos? Talvez tenha sido, mais simplesmente, o cansaço de Marco Aurélio, que, ao regressar do Oriente, tinha-se apressado a ir não para o Palatino, mas para Lavinium.[280] Após oito anos de ausência, sentira necessidade de reencontrar a si mesmo, antes de retomar o contato direto com o povo e o senado, fontes reais do poder. Estava voltando vitorioso. Sabia ser esperado. O regresso de um imperador não podia deixar de ser alegre. Marco Aurélio estivera ausente por oito anos, e concordou em elevar para oito moedas de ouro o congiário distribuído ao povo: cada cidadão receberia oitocentos sestércios, o que não era uma soma desprezível.[281] Além disso, as dívidas deles para com o tesouro seriam canceladas. Marco Aurélio estava renovando uma decisão anteriormente tomada por Adriano: o passado estava abolido, tudo recomeçava e nenhuma esperança era proibida.

A associação de Cômodo com o poder era o sinal e a garantia dessa nova juventude de Roma, como atestam as moedas cunhadas entre 175 e 177, que traziam como lema a palavra *Hilaritas*, que designa não apenas a alegria, mas

Os deveres de um príncipe – I

também o ardor de viver, como o de uma árvore vigorosa na primavera. Essas moedas exibiam, no anverso, umas a efígie de Cômodo, outras, a de Marco Aurélio.[282] Este fora homenageado da mesma forma no já distante momento em que tinha sido associado ao Império, em 140.[283]

Esse sentimento de segurança e força expressa-se numa inscrição, lamentavelmente mutilada, gravada em nome do "senado e do povo" em 176, e dedicada a Marco Aurélio, "por haver superado a glória de todos os imperadores que o antecederam, destruindo ou subjugando povos muito belicosos".[284] O nome de Cômodo não figura nessa pedra. Ali se encontra apenas o de Marco Aurélio, com seus dois sobrenomes triunfais: *Germanicus* e *Sarmaticus*, este último referente à vitória sobre os iáziges. Como de costume, o nome do imperador foi acompanhado por sua filiação desde o "deus Nerva": exprimiu-se ali a continuidade dinástica, da mesma forma que em torno dos monumentos de Trajano, como vimos. Por fim, a usurpação de Cássio reforçou o poder e o prestígio de Marco Aurélio e fez todos os romanos se conscientizarem de sua felicidade.

Em 177, a paz retornou em todas as regiões do Império, não apenas no *front* do Danúbio, mas também através das províncias em que se haviam produzido movimentos locais, em momentos diversos, mas sem consequências graves: na Britânia, logo no início do reinado; na Hispânia, durante o ano de 171-172;[285] a seguir, um pouco depois, houvera a expulsão de Sohemo, o rei instalado na Armênia pelos romanos, mas que não tardara a ser reinstaurado no trono pelo governador da Capadócia, Públio Márcio Vero, o qual, como vimos, desempenhou um papel muito importante durante a usurpação.[286] No Egito, Cássio pusera fim à agitação causada pelos *milites bucolici*.[287]

Mas não nos enganemos, acreditando que a ordem romana reinasse por toda parte. Se já não havia guerra nem revolta aberta nesse ano de 177, algumas regiões eram percorridas por bandos de salteadores que tornavam inseguras as estradas e desafiavam os soldados encarregados do policiamento. Uma inscrição nos ensina que certo Marco Valério Maximiano, cuja carreira foi longa e ativa, recebeu a missão de pôr fim aos assaltos praticados por *brises* nos confins da Macedônia e da Trácia.[288] As *Metamorfoses* de Apuleio[289] trazem-nos um testemunho do que seriam e fariam esses salteadores, precisamente na mesma época. Militarmente organizados, eles desferiam ataques de surpresa contra as cidades, até ao centro da Tessália e mesmo da Grécia, tomavam de assalto as casas em que acreditavam encontrar um rico butim, sequestravam os viajantes, só vindo a libertá-los mediante o pagamento de resgates, e se dispersavam quando havia uma aproximação perigosa dos soldados. Mas os bandos desfeitos não tardavam a se reunir. E assim sucedia com todas as regiões próximas dos limites do Império. O único remédio consistia em empurrar esses limites para o mais longe possível, e foi exatamente essa a política seguida por Marco Aurélio. A experiência mostrava que as regiões integradas desde longa data e as que não ficavam distantes do Mediterrâneo conheciam uma paz profunda, e que no próprio mar "os piratas desapareceram".[290]

ESSA PAZ, entretanto, logo seria perturbada. A partir do ano seguinte, foi preciso retomar a guerra na fronteira do Danúbio. Foi o que os contemporâneos chamaram de *expeditio Germanica secunda*. O governador da Panônia, Sexto Quintílio Condiano, e seu primo-irmão Sexto Quintílio Valério Máximo não se mostraram em condições de fazer respeitar o pacto firmado com os iáziges.[291] Marco Aurélio decidiu acabar com o acordo e conduzir uma guerra em regra, na boa e devida forma religiosa. Dião Cássio relata que ele começou por solicitar oficialmente ao senado os créditos necessários, "não porque as verbas em questão já não estivessem a [seu] dispor", escreve o historiador, "mas porque ele dizia que todo dinheiro, esse e o outro, pertencia ao senado e ao povo", e que ele próprio não possuía nada. Era um retorno às formas antigas e à regra que, na República, pretendia que o senado votasse a aprovação dos créditos imprescindíveis às necessidades dos magistrados, quando eles partiam em campanha ou em missões diplomáticas.

Depois, em outro arcaísmo, Marco Aurélio foi ao templo de Belona (situado no Campo de Marte, não muito longe do Capitólio), apanhou a hasta de corniso ali conservada e a lançou contra o lugar que supostamente representaria o território inimigo. Esse era o antiquíssimo rito dos feciais, sem o qual não podia haver *justum bellum* – uma guerra legítima, conforme à lei divina. Que significação podia o imperador atribuir a esse cerimonial meio esquecido, ou, pelo menos, visto como uma curiosidade, e sem outro valor que não sua antiguidade? Seria isso uma simples afetação ou gosto por um formalismo análogo ao que, ainda muito pequeno, ele havia atestado, ao participar com extrema seriedade das cerimônias dos sálios?[292]

Os deveres de um príncipe – I

Não há dúvida de que havia nisso mais do que um retorno às emoções da infância. Aproximado de suas declarações ao senado sobre as relações entre o imperador e o povo, esse zelo de repor em uso um rito obsoleto manifestou uma vontade de arcaísmo semelhante à que o havia incitado, como constatamos, a buscar as formas "puras" do discurso, as mais antigas, aquelas de que se tinham servido os homens que haviam feito a grandeza do nome romano. O arcaísmo, para ele, não era um simples estilo literário, porém a manifestação de uma vontade política e moral cuja origem era o desejo de manter vivo o próprio espírito de Roma. O Estado podia haver assumido a forma de monarquia – assim impunha a ordem do mundo e era impossível escapar a isso –, mas essa monarquia não podia fazer outra coisa senão conservar o que produzira a grandeza da *libera respublica*. Marco Aurélio, portanto, continuava a manter a conciliação entre monarquia e liberdade saudada por Tácito no governo de Nerva.

Além disso, havia os deuses em si. Essa guerra, ao término da qual o Império se veria ampliado por duas províncias, devia ser conduzida com a concordância dos deuses. Acaso não era concebível que, se ela não parava de renascer já fazia mais de dez anos, e se parecia nunca dever terminar, a razão disso seria que não se haviam respeitado as formas da lei divina? Já vimos que Marco Aurélio atribuía os sucessos que conquistava à sua maneira de se conduzir em relação aos deuses.[293] Se queria que a guerra acabasse, convinha estar em dia com eles!

Antes de partir para essa nova guerra, Marco teve o cuidado de dar uma esposa a Cômodo. Escolheu uma jovem pertencente a uma família de cônsules surgida no círculo de Adriano; chamava-se Brútia Crispina, e desconhecemos as razões por que se tornou esposa de Cômodo; Marco Aurélio julgava o filho um tanto jovem para o casamento, mas não quis adiar o que considerava uma necessidade para assegurar a continuidade de sua família. Esse casamento era um evento dinástico, que foi celebrado pela cunhagem de numerosas moedas. Nelas, Crispina é prontamente chamada de *Augusta* (título que Augusto havia recusado a Lívia durante muito tempo) e é acompanhada pelas deusas do casamento, Ceres (a quem se oferecia um sacrifício por ocasião da cerimônia), Vênus, Juno e as *Dii conjugales* – as divindades do matrimônio em geral, deuses e deusas anônimos que eram globalmente invocados, de maneira a não se esquecer aqueles cujo nome era desconhecido, mas que nem por isso deixavam de existir e que seria perigoso não mencionar. Do mesmo modo, vemos nessas moedas os *Dii genitales*, divindades que regiam a procriação.[294] Por último, se invocam os sentimentos habitualmente ligados à juventude – *Laetitia*, *Hilaritas*, a alegria de um início de reinado, de uma afortunada manhã. Ressurge também uma palavra, *Concordia*, que parece garantir a harmonia entre os cônjuges.

Essa sacralização da casa imperial contrasta com o respeito religioso à legalidade republicana de que Marco dera provas em suas relações com o senado. Existe aí toda a ambiguidade de um regime em que o príncipe é dotado de um carisma sobre-humano, que lhe é conferido pelos deuses, enquanto o poder em si é tido como pertencente ao conjunto do *populus*. Enquanto se admitisse, ou se fingisse admitir, que o príncipe era o "melhor", escolhido como tal, a contradição podia ser resolvida, uma vez que as "virtudes" do imperador lhe garantiam a benevolência divina, faziam dele um ente divino. Suas decisões lhe eram ditadas pela divindade, harmonizavam-se com a ordem do mundo. E essa era realmente uma convicção íntima de Marco Aurélio. Mas será que Cômodo e seus sucessores, frutos desse casamento, realizado quando o novo príncipe ainda tinha apenas dezessete anos, saberiam descobrir que era esse o segredo do qual tudo dependia?

O casamento mal acabara de ser celebrado quando Marco Aurélio e seu filho partiram, em 3 de agosto de 178, para a fronteira do Danúbio.[295] Somos muito mal informados sobre o desenrolar da campanha que se seguiu. Dião diz-nos apenas que Marco Aurélio confiou uma tropa numerosa a "Paterno, e o mandou para a batalha".[296] Esse Paterno não é outro senão Tarrunteno Paterno, então prefeito do pretório, que no passado fora secretário do imperador para a correspondência em latim. Ele havia acompanhado Marco Aurélio durante a primeira guerra contra os marcomanos e, como vimos, fora encarregado de uma missão diplomática junto aos cotinos, em 172, mas não pudera ou não soubera levá-la a bom termo.[297] Dessa vez, saiu-se vitorioso, após um combate que durou um dia inteiro. Essa vitória rendeu a Marco sua décima saudação imperial. Infelizmente, não sabemos contra que povo foi conquistada.

Os acontecimentos seguintes parecem ter sido sobretudo de ordem diplomática. Os povos germânicos, quados e marcomanos, eram os mais perigosos e os mais agitados. Por isso, os romanos estabeleceram fortalezas no território deles para vigiá-los e, na verdade, assediá-los e forçá-los pelo cansaço a desejar

Os deveres de um príncipe – I

que sua região se tornasse uma província romana. Vinte mil soldados ocupavam esses fortes e não permitiam que os habitantes cultivassem suas terras em paz, nem tampouco que apascentassem seus rebanhos;[298] por isso, numerosos bárbaros iam apresentar-se aos soldados para serem aceitos no Império. Essas fortalezas, precisou Dião Cássio, eram verdadeiros vilarejos, dotados de tudo que então compunha a vida urbana. Havia até banhos, esse luxo necessário em que se encerrava cada dia, antes da refeição noturna. A vida no estilo romano precedia e preparava a conquista militar. Essa situação pareceu insuportável aos quados, que fizeram um projeto de abandonar sua região para reencontrar a tranquilidade e, acima de tudo, seu estilo de vida tradicional. Sabiam que os atrativos da "civilização" se tornariam irresistíveis e que aconteceria com seu povo o que outrora havia acontecido com os bretões, apanhados na armadilha das "delícias" que descobriam nas cidades. Assim, decidiram partir para o norte, a fim de se instalarem na região dos semnons, entre o Elba e o Oder. Marco Aurélio soube do seu projeto e mandou bloquear as estradas, de modo que os quados não puderam emigrar. Marco não queria aniquilá-los nem vê-los desaparecerem. Não queria cair na armadilha denunciada por Cálgaco no discurso que Tácito lhe atribuiu: "Onde [os romanos] criam um deserto, dão-lhe o nome de paz."[299] É evidente que a política que ele seguia era calculada, consciente: atrair os bárbaros de modo a fazê-los desejarem uma vida mais humana. Marco Aurélio queria que chegasse um tempo em que os quados já não fossem a caça de que ele fala nas *Meditações*.[300]

Na realidade, o que parece é que os povos germânicos tinham medo, acima de tudo, de que os romanos não levassem a guerra até a vitória. Uma passagem de Dião é significativa a esse respeito. Após a grande batalha de 179, os vizinhos dos quados enviaram uma delegação a Marco Aurélio para lhe informar que eles próprios se recusariam a se aliar aos romanos até terem a garantia de que os quados ficariam sem condições de prejudicá-los.[301] Isso mostrava de forma evidente que a calma e a paz só retornariam à região se o imperador conseguisse resolver, em seu conjunto, os problemas suscitados pela coexistência de povos turbulentos e inclinados a anexar o território de seus vizinhos. Marco imaginou várias soluções. Enquanto favorecia a romanização dos quados e lhes proibia emigrar para longe, acolheu um povo menos numeroso – os nariscos, que viviam do outro lado do Danúbio, não muito longe da confluência com o Naab e o Regen, ao pé da floresta da Boêmia,[302] e que haviam sofrido muito com seus vizinhos poderosos: os hermonduros da atual Baviera e os marcomanos da Boêmia. Três mil deles foram pedir asilo aos romanos. Marco lhes concedeu terras, o que, sem muitos inconvenientes, eliminou uma causa de distúrbios naquela parte da Germânia.

Por sua vez, os iáziges, que prometiam aliar-se aos romanos quando nada mais tivessem a temer dos quados, obtiveram um abrandamento das condições que lhes tinham sido impostas em 175, na ocasião em que Marco tivera de interromper as operações nesse setor para enfrentar a usurpação de Avídio Cássio.[303] Marco Aurélio consentiu em tornar essas condições menos rigorosas, mas deixou várias delas persistirem: a proibição de realizar assembleias e de comerciar (com os romanos), bem como a de possuir navios no Danúbio e desembarcar nas ilhas do rio. Em contrapartida, ele os autorizou a atravessar a Dácia (sempre mediante autorização do governador) para visitar seus irmãos de raça, os roxolanos, então estabelecidos nas planícies situadas ao norte de Odessa.[304] É evidente que Marco Aurélio estava tentando prevenir eventuais ataques de surpresa no território romano, bem como evitar a infiltração de elementos passíveis de criar desordem nas feiras. Essas precauções tiveram como consequência eliminar os lucros provenientes das aduanas, os *portoria*. Cômodo se apressaria a restabelecer as relações comerciais com os bárbaros estabelecidos do outro lado do Danúbio e a reorganizar a administração do *portorium publicum*, sacrificando os interesses da romanização aos lucros imediatos.[305]

Nessa última campanha de sua vida, Marco Aurélio preocupava-se em atrair os bárbaros, prepará-los para uma romanização próxima. Dião Cássio nos informa que ele recebia de bom grado enviados provenientes das diversas nações e lhes concedia condições variáveis, conforme "eles fossem dignos", isto é, conforme seu grau de evolução. Isso ia do direito de cidadania à isenção de impostos e até a concessão de subvenções perpétuas.[306] A proibição de que os iáziges comerciassem com os romanos foi, na verdade, uma incitação a que, no futuro, eles merecessem livre acesso aos centros urbanos próximos da fronteira.

Essa política complexa, destinada a preparar a anexação, era complementada por ações militares em profundidade. Vimos um exemplo delas na que foi confiada a Marco Valério Maximiano e que o conduziu até o território da atual Tchecoslováquia, onde se acantonava um destacamento de soldados

Os deveres de um príncipe – I

legionários, em Laugarício (perto de Trencin, 120 quilômetros ao norte do Danúbio), que sem dúvida era um dos rigorosos "acampamentos de inverno" de que falou Dião Cássio.[307]

No início do mês de março de 180, Marco Aurélio adoeceu. Achava-se então em Viena, a acreditarmos em Aurélio Victor e seu *Livro dos Césares*.[308] Outra tradição indica Sirmio como o local de sua morte. É Tertuliano quem a situa em Sirmio, o que nos parece mais plausível, primeiro porque Tertuliano, então com uns vinte anos de idade, certamente teve conhecimento direto de um evento tão considerável, segundo porque Sirmio era o local mais bem adaptado para o prosseguimento das operações contra os iáziges, que parecem ter sido as mais ativas na ocasião.[309]

Quanto à causa dessa morte, as tradições também divergem. A *História Augusta* sugere, implicitamente, que se tratou da peste. Com efeito, lemos nesse texto que, ao perder a esperança de recobrar a saúde, Marco Aurélio mandou chamar Cômodo e lhe pediu que não abandonasse a guerra e não traísse dessa forma os interesses do Estado. Cômodo respondeu-lhe que, de sua parte, tinha primeiro a preocupação de não adoecer. Marco pediu-lhe que apenas esperasse alguns dias antes de partir – que esperasse sua morte, sem dúvida. Desse momento em diante, absteve-se da alimentação. Ao cabo de seis dias, convocou os amigos e lhes disse: "Por que chorais por mim, em vez de pensardes na peste e na morte de todos nós?" E, como os outros quisessem retirar-se, disse-lhes, gemendo: "Se agora me derdes licença, eu vos digo adeus, precedendo-vos." E, ao lhe perguntarem a quem confiava seu filho, respondeu: "A vós, se ele for digno disso, e aos deuses imortais."

No sétimo dia, sentiu-se pior e mandou chamar o filho, porém o despachou muito depressa, por medo do contágio. Partido o filho, cobriu a cabeça, como se quisesse dormir e, durante a noite, exalou seu último suspiro.[310]

Muito depressa nasceram e se disseminaram lendas de toda sorte. Uma delas, sem dúvida nascida no reinado de Cômodo, dizia que Marco Aurélio teria desejado a morte do filho, por temer que ele se tornasse um novo Nero, Calígula ou Domiciano. Dião Cássio, por outro lado, não hesita em garantir que Marco Aurélio foi morto por seus médicos, os quais queriam granjear a gratidão de Cômodo, que o próprio imperador estava cônscio disso e que, se recomendou o filho aos soldados, foi para que sua morte não se afigurasse um parricídio.[311] Diz a mesma tradição que, quando o tribuno militar que comandava a guarda nesse dia perguntou-lhe pela última vez qual era a palavra de ordem, Marco Aurélio lhe respondeu: "Caminha para o sol levante, pois eu estou no poente" – o que era uma alusão transparente ao dito de Tibério em circunstâncias análogas.[312] Isso equivalia a assemelhar Cômodo a Calígula. É difícil imaginar que o próprio Marco Aurélio tenha sido de tamanha clarividência.

Marco morreu em 17 de março de 180. Até o último suspiro, trabalhou pela defesa e o engrandecimento do Império, dois objetivos inseparáveis, como havia mostrado a expedição dos germanos de 170. Conservar o "dote" que Faustina lhe trouxera – o poder que ele exerceu não para sua própria satisfação, mas para fazer com que todos os seus atos fossem conformes à ordem do mundo – permaneceu como sua única preocupação. Um pensamento nos revela que, para ele, o dever primordial de um ser humano, na medida em que ele participava da Razão universal, era "o político".[313] Se isso era verdade a respeito de todo ser humano, quão mais devia sê-lo a respeito daquele a quem os deuses haviam confiado o Império Romano, o qual, no futuro, deveria abarcar a humanidade inteira?[314]

6. Os deveres de um príncipe

II. O legislador

NA ÉPOCA DE MARCO AURÉLIO, o imperador era visto em todo o mundo romano como o juiz supremo, aquele de quem se esperava que fizesse reinar a justiça. Era a ele que se podia, ao menos teoricamente, recorrer em qualquer violência, qualquer ato iníquo, tanto proveniente de particulares quanto de magistrados locais ou representantes do poder central, como governadores de província, por exemplo. Arrastado a contragosto por salteadores, Lúcio, o herói das *Metamorfoses* de Apuleio, tenta invocar o nome de César no momento em que atravessa um mercado cheio de gente. Se conseguir proferi-lo, ficará imediatamente sob a proteção daquele a quem chama de um "Júpiter".[1] Infelizmente, é-lhe impossível proferir palavras humanas, e a libertação só virá muito depois!

Esse papel de juiz supremo, reconhecido no imperador, era a herança indireta do sistema jurídico que se havia originado nos tempos mais remotos, mas que Adriano havia acabado de modificar. Cícero constatou que a legislação romana estava em grande desordem e ansiou por sua reordenação. No entanto, essa mesma desordem tinha suas vantagens, fazia com que o direito fosse vivo, capaz de se adaptar a novas situações, sem ser fixado de uma vez por todas. Lembremos que, no direito tal como existia ao final da República, diversas fontes permitiam inventar, em cada situação, a solução que parecesse a mais justa, a mais conforme à equidade. Seus elementos eram encontrados não apenas no que era chamado de *jus civile* (as regras que determinavam o estatuto das pessoas e dos bens), mas também nas respostas dos *prudentes*, isto é, dos jurisconsultos, que de fato eram simples cidadãos privados, mas conheciam bem o direito e os precedentes, e também eram capazes de julgar por si a *aequitas*. Esses *prudentes* tinham qualificação para interpretar as leis e auxiliar os juízes e os queixosos. Suas respostas, cuidadosamente conservadas, eram outros tantos precedentes e serviam de referência.

Além das respostas dos *prudentes*, os éditos dos magistrados formavam outra fonte do direito vivo. Com efeito, todo magistrado tinha o poder de expedir éditos no exercício de suas funções, para precisar as regras que tencionava seguir. Essa faculdade revestia-se de particular importância no caso do pretor, cuja função principal, desde a República, era "enunciar o direito" e, através disso, presidir a administração da justiça. Por isso, no começo de sua magistratura, o pretor publicava um édito que era um verdadeiro contrato firmado entre ele e os cidadãos. A base jurídica desse poder era o *imperium* de que se revestia o pretor. Teoricamente, ele podia dar a seu édito o conteúdo que quisesse. Na verdade, caso se arriscasse a tal, seria impedido de fazê-lo, de um modo ou de outro – por exemplo, seria chamado à ordem pelo senado. Ademais, na prática, o conteúdo do édito era o mesmo de um ano para outro, com as modificações eventualmente sugeridas pela experiência. Adriano confiou a um jurisconsulto, Juliano, o cuidado de estabelecer o édito do pretor, de uma vez por todas. Essa reforma produziu-se entre 125 e 138, durante a juventude de Marco Aurélio, portanto.

Na República, e ainda no início do Império, o senado intervinha expedindo senátus-consultos, que podiam ou não tornar-se verdadeiras regras obrigatórias. No Império, esses senátus-consultos só podiam ser expedidos mediante proposta do imperador. E nesse momento, ele próprio se tornava a fonte viva do direito. Em virtude de seu *imperium*, ele publicaria os éditos. Cercado pelo conselho de seus amigos, apoiando-se no parecer dos jurisconsultos, daria respostas (*responsa*) às demandas submetidas por pleiteantes e tomaria decisões (*decreta*) que seriam outros tantos julgamentos sem apelação; por fim, enviaria instruções (*mandata*) a governadores de toda ordem e a seus procuradores. Essa extrema centralização da justiça constituía para o príncipe um fardo esmagador, do qual a correspondência parcialmente conservada entre Plínio, o Moço, e Trajano pode dar-nos uma ideia. O imperador decerto era auxiliado por seus gabinetes administrativos, que preparavam seus dossiês e a correspondência, porém a decisão só podia ser tomada por ele, caso não quisesse incorrer na censura – tantas vezes dirigida a alguns de seus predecessores, em especial a Cláudio – de ser um joguete de seus libertos.

Marco Aurélio havia começado a assumir essas tarefas bem antes do seu reinado pessoal. Por volta de 144, queixou-se de haver ditado até trinta cartas num único dia, muitas, sem dúvida, constituindo respostas sobre as-

Os deveres de um príncipe – II

suntos submetidos pelos provincianos.[2] Ora, ele ainda era apenas César, e não Augusto! Não tinha plena e completa autoridade sobre a administração da justiça, mas esta nunca esteve longe de suas preocupações. Assim constatamos a propósito do processo de Herodes Ático, que se desenrolou em Roma, provavelmente em 142.[3] Aprisionado entre sua *pietas* para com um homem que pertencia a seu círculo familiar, e que ele considerava amigo, e as exigências da justiça, ele se esforçou por discernir o que competia a esta última e o que podia falsear o julgamento, ultrapassar a estrita verdade e, graças ao poder da eloquência, acarretar consequências desproporcionais, contrárias à equidade. Durante toda a sua vida, Marco Aurélio meditaria sobre a justiça, como atestam as numerosas reflexões que encontramos no livro das *Meditações*.

Para ele, bem como para todos os filósofos, a Justiça era a base de todas as virtudes, era, como havia assinalado Cícero, a qualidade que definia o homem de bem (*bonus vir*).[4] Marco Aurélio a considerava um dos maiores bens da condição humana, a própria expressão da "reta razão".[5] Estava convencido de que o universo era regido pela Providência de acordo com a justiça: "Tudo que se produz", escreveu, "produz-se justamente."[6] Foi em virtude dessa fé que, no momento da revolta de Cássio, ele *soube* que nenhum aborrecimento poderia suceder-lhe.[7] Quanto a isso, portanto, convinha ao Homem imitar a ação divina, preocupar-se apenas com a verdade e, libertando-se de todos os arrebatamentos passionais – os que podem decorrer da carne, da maldade alheia ou de palavras ouvidas –, escutar apenas o "guia interior", chegar à independência total definida por Empédocles, ao comparar o sábio a uma "esfera perfeitamente redonda, orgulhosa de sua circularidade solitária".[8]

Mas não diferia a justiça ideal daquela que devia ser exercida pelo príncipe, na realidade da ação, em virtude da função que lhe cabia? Com certeza, essa justiça prática teria alicerces filosóficos, responderia a imperativos absolutos, e isso teria como consequência ela não ser dominada por considerações materiais, como por exemplo a avaliação forçosamente contingente das consequências – perigo que ameaçava os juízes, submetidos à razão de Estado –, e quem mais que um imperador seria mais forçado a levá-la em conta? Todavia, outro perigo a ameaçava. Porventura ligar tão estreitamente a justiça do príncipe à própria imagem, ao conceito teórico de Justiça, não levaria Marco Aurélio a aplicar uma justiça desumana, abstrata, que teria o efeito de romper com a administração tradicional do direito, de revolucionar um campo em que a própria Roma se reconhecia com predileção?

Esse perigo não havia escapado ao príncipe. Ele sabia que deveria inserir sua ação nas formas que lhe eram propostas e impostas por sua pátria, pelo fato de ele mesmo ser romano e dever conformar-se à imagem implicada por esse nome. Já deparamos com o pensamento em que esse sentimento se exprimia.[9] Ao ocupar o assento de juiz, Marco Aurélio não se afastaria das qualidades do romano – a seriedade (*gravitas*) e a independência –, mas lhes acrescentaria a "ternura", a benevolência, essa ternura da qual lhe pareciam carecer os grandes personagens do Império. A contribuição pessoal de Marco Aurélio, no mundo da justiça e do direito, foi precisamente essa benevolência, que viria a temperar a justiça. Vimos que ele havia criado no Capitólio um santuário da *Indulgentia*, provável nome latino dado à φιλοστοργία, que era, a seus olhos, uma virtude indispensável na vida familiar, social e política.[10] Dião Cássio constata, a esse respeito, que "a maior parte de sua vida foi dedicada à beneficência".[11] Não se trata apenas de instituições de caridade, mas de uma atitude geral do príncipe na prática do governo e portanto, essencialmente, na aplicação da justiça. Assim, não é à toa que, nas *Meditações*, a ideia de justiça é associada com muita frequência à de doçura, de bondade. Assim, querendo definir o homem de bem, Marco Aurélio escreveu que este seria o que se contentaria com o papel que a divindade lhe atribuísse, e que, ao mesmo tempo, "por conta própria, em sua própria prática, faria questão de ser justo e de se manter benévolo em sua disposição".[12] Num outro momento, recordando que os homens "não são maus voluntariamente, mas pecam por ignorância", ele concluiu que essa era uma razão para nos mostrarmos indulgentes para com eles.[13]

Essa ignorância em que se achava a maioria dos homens confirmou Marco Aurélio no sentimento de sua própria superioridade espiritual, e era essa superioridade que lhe dava o direito de ser juiz: "Nada nos engrandece tanto a alma", escreveu, "quanto poder discernir com clareza, na razão e na veracidade, cada uma das coisas que se produzem em nossa vida, e sempre as considerar perguntando a nós mesmos qual é sua utilidade, e para que tipo de mundo, qual é seu valor em relação ao conjunto e seu valor em relação ao homem, como cidadão da mais vasta cidade, da qual as outras cidades não passam de moradias ... . Por isso convém dizer a propósito de cada uma: isto me vem de Deus, aquilo provém do encadear dos acontecimentos, de um encontro nascido ao acaso; e aquilo outro vem de um ser da minha tribo, da minha raça, de um associado, mas que ignora o que é conforme à sua natureza. Eu, porém, não o ignoro, e por isso o trato de conformidade com o estatuto da nossa comunidade, com benevolência e justiça. Ao mesmo tempo, entretanto, no que concerne aos indiferentes, o que tenho em vista é o valor."[14]

Tal página revela como Marco Aurélio punha em prática, em seu papel de juiz supremo, a doutrina de seus mestres estoicos. As noções a que ele se refere são justamente as da escola, em especial a distinção entre as diferentes ordens de valores: a que concerne apenas ao ser interior, e "concorre para uma vida em harmonia com ela mesma", e as que não passam de ajudantes, auxiliares que facilitam nossa existência material.[15] A justiça humana concerne apenas às consequências do ato. A justiça do filósofo considera apenas a alma, é toda feita de compreensão e amor. A primeira move-se no campo dos "indiferentes", tem por finalidade permitir a realização material e a sobrevivência da sociedade, graças aos "preferíveis".

A sociedade é o objeto de todos os nossos atos; é seu interesse que define a justiça, porque o "bem social" faz parte da nossa natureza,[16] e praticá-la é sermos coerentes com nós mesmos. Desse modo, o imperador poderá *compreender* os cristãos, mas não lhe será possível abandoná-los a suas aberrações, que põem a Cidade em perigo. Assim, em outras épocas se perdoarão os hereges, mesmo condenando-os às chamas. Não se pode negar que existe certa convergência entre a concepção de justiça de Marco Aurélio e a dos cristãos. Impõe-se uma aproximação entre a fala de Cristo, ao pedir ao Pai que perdoe seus perseguidores, "pois eles não sabem o que fazem", e o pensamento que citamos de Marco Aurélio. Tal como os cristãos, o imperador estabelece uma distinção muito clara, fundamental, entre o ser interior e a ação, entre o que é de César e o que é de Deus. Ele sentia tão mais vivamente essa necessidade na medida em que era César e, ao mesmo tempo, voltava os olhos a todo instante para Deus.

OS HISTORIADORES ANTIGOS INSISTEM na maneira como Marco Aurélio ministrava a justiça. Dião Cássio nos garante que era a ela que o imperador dedicava todos os seus cuidados, sempre que não estava ocupado numa expedição ou numa guerra;[17] que lhe consagrava todo o tempo necessário, que concedia "muita água" (isto é, tempo) aos advogados das duas partes, e fazia se estenderem as investigações preliminares, de modo a descobrir com certeza de que lado estava o direito. Tanto assim, constatou Dião, que um processo podia durar até onze ou doze dias, e que às vezes o tribunal se reunia mesmo à noite. Era extrema a minúcia de Marco Aurélio no tocante aos mínimos detalhes, nos quais ele se detinha longamente, porque, segundo dizia, um imperador não devia fazer nada às pressas. Não sem razão, ele calculava que um erro que cometesse quanto a um ponto, por menor que fosse, poderia pôr em dúvida a fundamentação de todo o resto.

O autor da *História Augusta* usa mais ou menos a mesma linguagem e traz alguns esclarecimentos suplementares. Informa-nos, por exemplo, que Marco Aurélio acrescentou ao calendário dias em que se pudesse ministrar a justiça, de modo que houvesse ao todo 230 por ano;[18] que presidia pessoalmente os tribunais diante dos quais eram evocadas questões que punham em jogo a vida do réu, quando este era de categoria social elevada; e que, em geral, infligia penas mais leves do que as previstas pelas leis, embora não hesitasse em se mostrar inexorável para com réus que houvessem cometido faltas graves.[19] O testemunho do historiador confirma, portanto, o que podemos induzir das confidências contidas nas *Meditações*: a vontade, amiúde afirmada por Marco Aurélio, de temperar com a benevolência os rigores da lei, porém, ao mesmo tempo, de pôr os "maus" fora de condições de causar prejuízos. É que, escreveu ele, "quem comete uma falta comete-a contra si; quem comete uma injustiça comete-a contra si, porque a si mesmo perverte".[20] Essa é uma tese sustentada não apenas pelos estoicos, como testemunha Plutarco,[21] mas já por Platão, a propósito da alma do tirano.[22] Restabelecer a justiça é restabelecer a ordem do mundo, perturbada pela injustiça. Para chegar a isso, convém decidir se a alma do acusado está empenhada no mal em caráter temporário ou definitivo. No primeiro caso, uma pena leve bastará para fazê-lo descobrir a verdade; no segundo, o juiz não hesitará em riscar o perverso do rol dos vivos. Do mesmo modo, em tempos idos, Cipião Emiliano, após o cerco de Numância, mandou vender como escravos os defensores que haviam matado alguns de seus companheiros para se alimentar da carne destes. Avaliou que esse crime subtraíra deles o caráter de seres humanos, que eles se haviam retirado da comunidade dos homens.[23]

Os deveres de um príncipe – II

Essa justiça ideal – que ao mesmo tempo leva em conta exigências da razão, da natureza humana e da natureza do universo, mas também as necessidades da vida social –, como poderia o imperador fazê-la traduzir-se em atos, em todas as inúmeras e imprevisíveis circunstâncias em que lhe caberia julgar, estabelecer novas regras, corrigir as antigas, decidir sobre o destino de pessoas e bens? Como terá ele assumido todas essas tarefas?

Já lembramos os documentos que nos informam sobre a legislação de Marco Aurélio: essencialmente, inscrições, sobretudo concernentes à administração provincial, e os rescritos, respostas e julgamentos reunidos no *Digesto*,[24] bem como o *Código Justiniano*, os *Fragmentos do Vaticano*, as *Institutiones* etc.; foram estes últimos que nos deram o conhecimento dos princípios seguidos por Marco Aurélio para tomar suas decisões sobre questões de direito civil. Deles é possível deduzir a ideia que ele fazia da vida cívica, sua concepção das estruturas sociais, o papel que ele atribuía às instituições municipais etc. Algumas indicações, finalmente, são fornecidas pelas fontes narrativas; concernem sobretudo aos juízos formulados pelos contemporâneos e por historiadores posteriores sobre a atitude geral do príncipe em matéria de justiça, mais do que nos informam sobre atos particulares e fatos objetivos. Estes só são alegados de maneira bastante vaga e como prova de afirmações pelas quais o autor se esforça por qualificar globalmente o reinado do imperador filósofo, mencionando, por exemplo, o papel conferido ao senado (ponto doloroso na evolução do regime imperial), a moderação do sistema fiscal, a assistência aos mais pobres, as regras estabelecidas para assegurar o serviço da anona (provisão de mantimentos), o grau de liberdade concedido aos simples cidadãos.[25] No entanto, quanto às medidas em si que deviam assegurar a realização desse ideal, quase sempre se faz silêncio.

Vez por outra, no entanto, mesmo nas fontes narrativas encontram-se algumas anotações que permitem entrever o "estilo" pessoal do imperador em sua atividade jurídica. É o caso de quando o autor da *História Augusta* escreve que Marco Aurélio, "mais do que criar um novo direito, restabeleceu o antigo".[26] Isso concorda com o que sabemos de suas tendências "arcaizantes", que não foram apenas a manifestação de uma moda e uma estética, mas um posicionamento político consciente.[27] Mais do que tudo, ele admirava o velho Catão,[28] seu senso de justiça, sua fidelidade ao direito e sua desconfiança das inovações cujo perigo não era imediatamente avaliado. No retrato que traçou de seu pai, Antonino Pio, Marco Aurélio trouxe claramente à luz as qualidades que faziam do príncipe como que um novo Catão. Elogiou-o por ter sido um "bom agricultor",[29] o que alude, evidentemente, ao *De agricultura* do velho censor, que lembra que este era o mais belo elogio que se podia fazer a um romano nos tempos de outrora. Antonino gostava de cultivar suas vinhas. Aos olhos de Marco Aurélio, isso era indício das virtudes profundas dos romanos, as que ele mesmo gostaria de praticar na administração do Império, em particular na gestão das finanças. Um "bom cultivador" saberia administrar seu dinheiro e, com mais razão ainda, o do Estado.[30] Foi o que fez Antonino, e também o que fez Marco Aurélio quando, para financiar a guerra contra os germanos e os sármatas, vendeu os tesouros pessoalmente pertencentes à família imperial[31] e respeitou escrupulosamente a separação entre o fisco (o tesouro imperial) e o *aerarium Saturni*, o tesouro público, gerido por um magistrado dependente do senado. Foi com esse espírito que ele reprimiu as denúncias caluniosas que tanto mal haviam causado aos regimes de "tirania", nos quais elas eram favorecidas em razão dos lucros que rendiam ao fisco, beneficiário dos bens confiscados.[32]

Marco Aurélio também combateu um outro tipo de desperdício, que arruinava sobretudo os cidadãos privados: as despesas provocadas pelos espetáculos. Um texto célebre – a inscrição de Itálica, que já citamos[33] – mostra como o imperador submeteu esse problema à deliberação do senado, provavelmente em 177. A tarifa das remunerações era acertada com grande minúcia, de acordo com o número de gladiadores apresentados e com sua qualidade, bem como com sua beleza! E havia uma previsão de que, nas cidades menos ricas, as somas previstas nesse texto seriam reduzidas de modo proporcional aos recursos locais. Essa regulamentação aplicava-se não só à Espanha, mas ao conjunto das províncias e à Itália. Outra inscrição, descoberta em Sardes, na Ásia Menor, retoma prescrições análogas.[34] O objetivo era, em primeiro lugar, aliviar os encargos dos membros da aristocracia local (os "decuriões", que tinham assento no "senado" municipal), que arcavam com as despesas acarretadas pelos jogos. Isso também tinha a vantagem de relembrar uma moderação maior àqueles dentre os provinciais que, como tinha feito no passado o pai de Herodes Ático e, em data mais recente, o próprio Herodes Ático, rivalizavam em magnificência e desdenhavam do que ainda pudesse subsistir da tradicional "*parsimonia*" dos romanos. Havia nisso um efeito moraliza-

Os deveres de um príncipe – II

dor análogo ao que se quisera obter, amiúde em vão, ao promulgar leis suntuárias, e com isso se beneficiava a *temperantia* (moderação), uma das quatro virtudes cardeais, segundo os filósofos. Mas surgiu outra consequência: essa regulamentação restringia, de fato, a autonomia das cidades, submetendo-as mais estreitamente ao poder central. Os governadores das províncias, os procuradores imperiais, os encarregados de missões judiciárias (*juridici*) e outros detentores de uma parcela da autoridade imperial, bem como os comandantes das frotas de Ravena e Misena, estavam aptos a aplicá-la. Como se via, a "providência" do príncipe tinha como efeito limitar a liberdade.

Essas ampliações do poder central, que davam continuidade a medidas análogas, tomadas por Adriano algum tempo antes – como a criação de cônsules encarregados de ministrar a justiça, cada um numa região da Itália, suprimidos por Antonino para atender às reclamações dos senadores, mas restabelecidos por Marco Aurélio, com algumas modificações –, decerto se justificavam por razões práticas, pelo desejo de promover uma aproximação entre os representantes do príncipe e do senado e os administrados, de encurtar as demoras da justiça, e também de aliviar, sem dúvida, a tarefa dos serviços burocráticos do imperador; e será que não podemos também indagar se a filosofia pessoal de Marco Aurélio o incitaria a "normalizar" a vida pública, a torná-la conforme às regras da Razão? E, para isso, acaso o melhor meio não era submeter o máximo possível das questões ao julgamento daquele que, no Império, equivalia a Júpiter, organizador de tudo? Já Sêneca, no *Tratado sobre a clemência*, havia esboçado esse paralelo,[35] e sabemos que a Providência do imperador figura nas moedas dos Antoninos.[36] A intervenção direta ou indireta do príncipe, já reconhecida pelas instituições desde os Júlio-Claudianos, era favorecida, justificada pelo racionalismo filosófico do "estoico" Marco Aurélio.

Foi assim que, passado mais de um milênio e meio, a filosofia do Século das Luzes veio a conduzir a França ao jacobinismo, redutor das particularidades regionais e das faltas para com as evidências da racionalidade. Mas a *República* de Platão já havia mostrado, a ponto de chegar à caricatura, o que podia ser uma política fundamentada na razão. Decerto seria perigoso afirmar que as medidas centralizadoras e autoritárias tomadas por Marco Aurélio, a regulamentação que ele impôs ou confirmou a respeito de muitos pontos, foram-lhe ditadas pelo estoicismo. Na verdade, trata-se de ações concernentes aos "indiferentes" e, por conseguinte, aos "preferíveis", mas os próprios princípios da doutrina do Pórtico podem ter sido um fator "favorecedor", para acelerar uma evolução já começada.

Outra inovação de Marco Aurélio, destinada a se perpetuar em nosso mundo até os dias atuais, em si muito razoável e compreensível, acarretou consequências da mesma ordem. Preocupado em preservar e garantir o *status* das pessoas livres, o imperador instituiu o que veio a se transformar no registro civil, ao ordenar que todos os cidadãos declarassem, num prazo de trinta dias, o nascimento de seus filhos de "casamentos legítimos". Essa declaração devia ser feita aos "prefeitos do tesouro de Saturno", cujo papel financeiro já mencionamos. Mas o Tesouro que eles presidiam havia-se tornado, já fazia muito tempo, o lugar em que eram conservados os arquivos do Estado. A medida era válida para Roma e sua região. Nas províncias, do mesmo modo, previu-se que os nascimentos de crianças de condição livre fossem registrados nos arquivos oficiais locais.[37] Dessa maneira, Marco Aurélio queria prevenir qualquer contestação eventual, bem como impedir que cidadãos livres (em especial mulheres) fossem ilegalmente reduzidos à escravatura e vendidos longe de sua pátria, sem que tivessem qualquer meio de fazer valer seus direitos. Medidas análogas, com certeza, já existiam desde longa data em algumas cidades, como mostra o debate em torno do poeta Árquias, cuja causa foi defendida por Cícero, mas é evidente que o estabelecimento de um registro civil uniforme, em todas as províncias do Império, acarretou em vários lugares a modificação de costumes locais muito antigos, de caráter religioso (por exemplo, a inscrição nas fratrias, em regiões gregas), e não deixou de influenciar a própria estrutura das famílias.

Mas, com certeza, não foi o estoicismo que levou Marco Aurélio a instituir um registro civil! Cremos discernir outras influências, mais pessoais e afetivas, que podem ter agido nessa questão. Nas *Meditações*, o imperador agradece a seu irmão Severo por ter-lhe inspirado o amor à família,[38] e, por outro lado, revela-nos no primeiro livro tudo que deveu à sua família, ao longo da infância e da adolescência. A experiência pessoal veio reforçar as considerações teóricas. Ao proteger a família como instituição (e a condição jurídica dos filhos era o próprio fundamento dela), Marco Aurélio seguiu, de certa maneira, um instinto que trazia em si, tanto ou mais do que as exigências da razão. E ocorre que esse instinto combinava com a tradição romana. Se um "velho romano" era e devia ser um "bom agricultor", ele

Os deveres de um príncipe – II

era também um bom pai de família. Quanto a isso, mais uma vez, o censor Catão tinha dado o exemplo.

Entre as medidas particulares tomadas por Marco Aurélio, muitas concerniam à defesa da família. Assim é que ele promulgou novas regras para a atribuição de tutores, encarregados de substituir pela sua a autoridade do pai ausente ou falho. As regras existentes remontavam à *Lex Plaetoria*, que datava do início do século II a.C., no máximo. Concerniam à proteção dos jovens de menos de 25 anos contra tentativas de fraude que pusessem seus bens em perigo, pois, se o patrimônio fosse ameaçado, a continuidade da família ficaria muito comprometida. Marco Aurélio determinou que as pessoas que entrassem nessa categoria poderiam obter diretamente um tutor, mediante uma simples demanda, ao passo que, até então, tinham que fornecer um motivo e aguardar que o cônsul decidisse. Foi criado um pretor especial, com o título de *praetor tutelaris* (pretor encarregado das tutelas), para tratar de questões dessa natureza,[39] o que indica tanto o volume quanto o interesse que o príncipe lhes dedicava. Esse interesse também se manifestou por inúmeras respostas que foram conservadas para nós e que ele formulou a respeito desses problemas.

Com frequência, a designação de um tutor acarretava dificuldades concernentes à escolha feita pelo magistrado. A pessoa escolhida relutava, por vezes, em aceitar. Por isso, o imperador fazia questão de definir com a maior exatidão possível os casos de dispensa legítima, e os critérios invocados eram às vezes significativos. Admitia-se, por exemplo, que a pobreza extrema, por tornar a pessoa incapaz de suportar os encargos acarretados pelo exercício de uma tutela, era um desses casos;[40] entretanto, a pobreza não tinha apenas esse inconveniente: ela implicava uma condição social modesta demais e, por conseguinte, trazia o risco de fazer o pupilo descer da posição que tinha até então. Precisamente, um outro texto, que remonta a Adriano e Antonino, mas foi confirmado por uma carta de Marco Aurélio e Lúcio Vero, prevê como causas de recusa a *mediocritas* (isto é, a inferioridade social), a notória falta de cultura (*rusticitas*) e também a existência de conflitos no seio da família,[41] estando previsto este último caso na eventualidade de o proposto tutor pertencer a um ramo em notória desavença com o ramo a que pertencesse a pessoa que se queria proteger.

Assim, a designação dos tutores tinha que levar em conta a hierarquia social, não menos do que as conveniências de cada caso particular. O mesmo se aplicava aos curadores, que eram administradores impostos a pessoas incapazes de gerir pessoalmente os seus bens, e também indicados a menores saindo da tutela, para zelarem pela prestação de contas do tutor. Também nesse caso, Marco Aurélio interveio e prescreveu, por exemplo, que o curador de uma mulher que depois se tornasse sua nora deveria demitir-se da função,[42] isto, evidentemente, para não haver o risco de favorecer, nesse casamento, os interesses do marido, em detrimento (eventual) dos da esposa.

Sucedia a um pai de família designar em testamento a pessoa a quem desejava que fosse confiada a tutela de seus filhos. Nesse caso, Marco Aurélio estimava que a vontade do falecido devia ser respeitada, a menos que a pessoa assim nomeada se beneficiasse de uma isenção justificada; também nesse caso, porém, a existência de laços familiares prevalecia sobre as causas legítimas de isenção. Assim, um liberto podia ser escolhido como tutor dos filhos de seu patrão, "mesmo que se beneficie de algum privilégio" (o qual, em geral, seria dispensado).[43] Fica claro que o liberto pertencia ao grupo familiar e que a tutela dos filhos decorria de seus deveres para com ele. Nesse caso, a coesão da família prevalecia sobre a consideração das posições sociais.

O imperador estabeleceu também que a tutela devia ser exercida por uma pessoa pertencente à mesma cidade do pupilo. Quando era impossível encontrar num pequeno burgo provinciano alguém que fosse capaz de exercer essa função, os "irmãos divinos" (Marco e Lúcio) decretavam que os magistrados do vilarejo deveriam informar-se nas cidades vizinhas, preparar uma lista de todos os que satisfizessem as condições necessárias e transmiti-la ao governador da província, que tomaria a decisão; eles não podiam reivindicar o direito de nomear diretamente o tutor.[44] Nessa lista figurariam, dizia a "resposta" dos irmãos divinos, *"honestissimum quemque"* – "todos os mais honrados" –, isto é, os homens ilustres da cidade em questão. A preocupação evidente era preservar a posição social dos pupilos, evitar que o tutor os fizesse decair, fosse em razão de uma excessiva pobreza, fosse por falta de cultura. Por esse motivo, previa-se que os senadores não podiam ficar isentos, em razão de sua categoria, de ser designados tutores de pupilos de classe social inferior.[45] Os "senadores" e, nas cidades provinciais, os decuriões desempenhavam, portanto, por vontade de Marco Aurélio, o papel que lhes era tradicionalmente reconhecido na sociedade romana. Os cidadãos particularmente ilustres por nascimento, por sua fortuna, seus vínculos familiares, sua influência social

Os deveres de um príncipe – II

ou seus talentos tinham o dever de proteger, socorrer e guiar os que não possuíam as mesmas vantagens, e assim era desde os tempos mais remotos, como prova a instituição da clientela e do patronato. Cícero, no *Pro Murena*, descreve esse estado de espírito e insiste nos sentimentos do "vulgo" (*tenues*) pelos membros do que chamamos, de maneira bastante vaga, de aristocracia – por todos os que possuíam alguma *auctoritas* e pelos *honestissimi*.[46] A intenção de Marco Aurélio foi bem clara. Tratava-se de manter o que persistia dos costumes, mas também das relações afetivas que existiam na antiga Roma no seio da sociedade, desde os tempos da *libera respublica*. Qual foi, nessa política, a influência do Pórtico?

Poderíamos alegar o dever de auxílio mútuo, imposto por Deus a todos os que porventura gozassem de algum privilégio. Cícero, ao expor a doutrina estoica, escreveu que o fato de possuírem alguma superioridade incitava os homens a utilizá-la pelo bem de seus semelhantes, e que a nossa própria natureza levava-nos a reforçar, tanto quanto estivesse ao nosso alcance, os laços sociais.[47] Ora, vimos que Marco Aurélio não pensava de outra maneira.[48] Está claro que a tradição romana, tanto nesse aspecto quanto em muitos outros, conformava-se aos ensinamentos dos estoicos, mas, naturalmente, não derivava deles. Por isso, não há por que pensarmos que, nesse aspecto, Marco Aurélio tenha-se inspirado na filosofia estoica.

Outra disposição adotada por ele e concernente à atribuição dos tutores confirma esta nossa opinião, ao mostrar que, quanto a esse ponto de sua legislação, o imperador levou em conta, essencialmente, estruturas sociais tradicionais, e respeitou o que hoje nos parece um preconceito próprio do mundo antigo. Com efeito, ele estabeleceu uma distinção muito precisa entre os libertos e as pessoas que nasciam livres: "Os governadores", escreveu, "não darão a pupilos libertos tutores ou curadores de nascimento livre"[49] – um preceito que parece contradizer aquele que concedia a pupilos de posição inferior tutores pertencentes às ordens superiores da cidade, o que nos convida a indagar sobre a integração dos escravos e ex-escravos na sociedade. Está claro que Marco Aurélio estabelecia uma distinção de natureza entre os libertos e os *ingenui*, pelo menos no tocante a seu estatuto jurídico. Ora, vimos que um liberto devia aceitar ser tutor dos filhos de seu patrão. Não se tratava, portanto, de uma incapacidade de natureza, que atingisse o liberto pelo próprio fato de ele ter sido escravo, mas de uma cláusula circunstancial, cuja explicação pode ser fornecida por um dos textos citados: os governadores só estariam autorizados a dar tutores de nascimento livre a libertos se, no local em que surgisse o problema, houvesse uma falta absoluta de libertos. O discurso de Marco Aurélio citado no *Digesto* a esse respeito (sem dúvida, a proposta feita pelo imperador ao senado e adotada sob a forma de um senátus-consulto) previa, de fato, que a pupilos libertos só se dessem libertos "da própria localidade".[50] Se o imperador levasse em conta apenas a pessoa, essa distinção não seria compreensível. Mas, na verdade, ele levava em conta a pessoa "na situação", isto é, pensada no interior da sociedade a que pertencia. Trata-se de uma consideração da alçada dos "indiferentes", da oportunidade, não do valor absoluto. Na realidade, o que motivou a decisão do imperador parece ter sido de ordem puramente material: como os encargos do tutor eram bastante pesados (já que, como se vê pela legislação, muitas pessoas procuravam isentar-se deles), não seria razoável impor encargos excessivos aos cidadãos sobre os quais pesava um grande número de responsabilidades – os membros do "senado" local, por exemplo –, impondo-lhes a tutela de crianças de nascimento servil, libertas por testamento quando da morte de seu senhor. Tratava-se de uma medida de bom senso, adotada em virtude da política geral seguida por Marco Aurélio – a que lhe foi ditada pelas restrições introduzidas nas despesas acarretadas pela multiplicação dos espetáculos. Para cada comunidade, era essencial que subsistisse uma aristocracia local em condições de assumir seu papel tradicional.

UM DOS MAIS GRAVES PROBLEMAS então formulados à consciência dos filósofos, bem como à sabedoria dos legisladores, era o da escravidão. Fazia muito tempo que as teses de Aristóteles a esse respeito tinham sido abandonadas. Os romanos não acreditavam (se é que algum dia haviam acreditado) que os escravos fossem "instrumentos animados", máquinas, diríamos hoje, dotadas de memória e inteligência. Os escravos pertenciam à *familia*, ao grupo social formado em torno do pai. Participavam do culto das divindades da casa e do lar. Mesmo que, na prática, sua condição fosse comumente dura, e mesmo que ela se houvesse agravado nos *latifundia* – as grandes propriedades em que seu número impunha uma disciplina rigorosa e os mantinha longe do que hoje chamamos de "família" –, a opinião geral recusava-se a lhes negar a qualidade

Os deveres de um príncipe – II

de seres humanos, feitos da mesma essência que as pessoas livres. A carta a Lucílio em que Sêneca expressou esse sentimento continua a ser justificadamente célebre: "São eles escravos?", escreveu. "Não, mas homens. São eles escravos? Não, mas amigos de condição mais humilde. São eles escravos? Não, mas companheiros de escravidão, se considerares que, contra eles e contra ti, a Fortuna tem o mesmo poder."[51]

Aproximadamente na mesma época, no tratado *Dos benefícios*, o próprio Sêneca mostrou existir entre o escravo e seu amo um contrato moral, e mostrou que amiúde o escravo tinha a oportunidade de prestar serviços àquele que, em princípio, detinha todo o poder sobre ele, exceto o de constranger seu ser interior.[52] O estoicismo certamente favoreceu essa evolução, e foi como estoico que Sêneca escreveu as páginas que lemos; no entanto, o conjunto do povo, e não apenas os filósofos, pensava do mesmo modo. Isso já fora visto em 57 d.C., quando um senhor foi assassinado por seus escravos. Mandava a tradição que, em tais circunstâncias, todos os escravos da casa fossem condenados à morte. Cabia acatar isso? A pergunta foi formulada ao senado, que concluiu pela afirmativa, considerando que era preciso "dar o exemplo", caso se pretendesse garantir a segurança pública.[53] Mas essa decisão pareceu tão injusta e cruel que, no dia da execução, uma multidão considerável reuniu-se para tentar impedi-la, e os condenados foram conduzidos ao suplício entre duas fileiras de soldados. Portanto, é certo que a opinião pública era favorável a um abrandamento da condição servil, fora de qualquer consideração teórica.

Na época, porém, ninguém desejaria que essa instituição em si desaparecesse. Um número demasiadamente grande de interesses e tradições opunha-se a isso. Tal medida, absolutamente inconcebível, acarretaria transtornos dramáticos. Tudo se resumia, portanto, em organizar a servidão, e para isso fazia muito tempo que os costumes estavam preparados. Desde o último século da República, pelo menos, as alforrias tinham-se multiplicado. Qualquer pretexto servia para os senhores libertarem seus escravos: os que se distinguiam por algum talento, ou que sabiam criar para si um lugar privilegiado junto a seus senhores, os *vernae*, nascidos na casa e que, na infância, eram vistos brincando com os filhos e filhas dos amos. As inscrições fúnebres nos mostram que os escravos levavam uma vida comparável à dos homens livres, e que suas uniões com escravas, apesar de não serem reconhecidas como "núpcias legítimas", eram duradouras e se transformavam em verdadeiros casamentos. Por isso, com muita frequência, após anos de escravatura, vinha a alforria que legalizava um estado de fato.

Tal era a situação no século II da nossa era. A opinião pública era, ao menos confusamente, favorável à integração dos escravos na sociedade civil. Marco Aurélio partilhava esse sentimento, como provam numerosos textos. Sempre que era possível decidir a favor do escravo e lhe conceder a liberdade, era nesse sentido que o imperador concluía. Quando havia dúvida, era o escravo quem se beneficiava. Temos, por exemplo, conservado no *Digesto*, o relato de uma sessão realizada pelo conselho do príncipe no ano 166 da nossa era: "Um personagem de nome Valério Nepote, depois de fazer um testamento em boa e devida forma, havia anulado o documento e excluído o nome dos herdeiros originalmente registrados. Marco Aurélio tomou uma primeira decisão a esse respeito: 'Posto que Valério Nepote, havendo mudado de opinião, anulou seu testamento e excluiu o nome de seus herdeiros, decido, em virtude da constituição de meu divino Pai, que a herança não cabe àqueles cujos nomes tinham sido registrados.' Em seguida, voltando-se para os advogados do fisco, disse-lhes: 'Quanto a vós, eis que tendes vossos juízes' (ou seja, a partir dali, o fisco poderia reivindicar a herança). Ao que um assistente, chamado Víbio Zenão, interveio e disse: 'Eu te rogo, imperador, que me escutes com paciência; no que concerne aos legados (feitos a outras pessoas que não os herdeiros principais), o que decidirás?' Disse Antonino César: 'Estás convencido de que aquele que excluiu os nomes dos herdeiros queria que seu testamento fosse válido?' Cornélio Prisco, o advogado de Zenão, respondeu: 'Ele se limitou a excluir os nomes dos herdeiros.' Calpúrnio Longino, o advogado do fisco, disse: 'Nenhum testamento pode ser válido quando carece de herdeiros.' Prisciano disse: 'Ele alforriou algumas pessoas e lhes deixou legados.' Antonino César mandou todos se retirarem e, depois de haver deliberado, ordenou que voltassem e lhes disse: 'Concluí que a presente causa pode ser interpretada no sentido mais humano, ou seja, consideremos que Nepote quis anular apenas aquilo que excluiu.' Ora, ele também havia excluído o nome de um escravo sobre quem dera ordens de que fosse alforriado. Nem por isso Marco deixou de decidir, em sua resposta, que ele seria livre, evidentemente em razão de seu pendor favorável à liberdade."[54]

Os deveres de um príncipe – II

Quando um testador pedia para alforriar um ou mais escravos, essa cláusula era sempre considerada válida por Marco Aurélio,[55] mesmo quando, por imperícia ou outra razão, o pedido de alforria não era explicitamente formulado: "Posto que vós, que sois escravos", disse numa resposta a A. Aufídio (um dos juristas desse nome), "fostes designados herdeiros sob o nome de libertos, essa denominação deve ser considerada, em virtude de uma interpretação benevolente, como se tivésseis sido simultaneamente declarados herdeiros e livres. Mas isto não se aplica ao caso de legados."[56] Marco Aurélio considerava, portanto, que bastava a presunção de que um testador quisera alforriar seus escravos para que estes se tornassem homens livres. O mesmo não podia dar-se com um legado em dinheiro ou em bens de raiz, a propósito dos quais era necessária a vontade expressamente declarada.

No caso que citamos como submetido à deliberação do conselho, apenas o fisco foi lesado, ou seja, o próprio imperador. Com efeito, se o testamento não tivesse sido reconhecido como válido em qualquer de suas estipulações, toda a fortuna do testador, inclusive seus escravos, passaria a ser propriedade do tesouro imperial. Foi essa a tese defendida pelo advogado do fisco. Marco Aurélio renunciou ao que teria sido um benefício para ele, agindo, nesse sentido, de forma contrária a muitos de seus predecessores, sempre à espreita de meios e pretextos para se apropriarem dos bens de particulares. Ele sacrificou o lucro à "interpretação mais humana".

Na prática, Marco Aurélio facilitou, se necessário por artifícios jurídicos, a libertação das pessoas. Alguns escravos pertenciam a coletividades, cidades ou *collegia* (associações privadas). As cidades dispunham desde sempre da faculdade de alforriar seus escravos (o pai de Horácio, por exemplo, tinha-se beneficiado da liberdade nessas condições). Marco Aurélio concedeu o mesmo privilégio aos *collegia* "que têm permissão para se reunir",[57] o que equivalia a reconhecer neles uma personalidade civil que até então só lhes era parcialmente concedida. É significativo que a evolução do estatuto dos colégios, iniciada a partir de Nerva e Trajano e continuada sob Adriano, tenha prosseguido sob Marco Aurélio com o reconhecimento do direito de eles alforriarem seus escravos.

Diversas "respostas" do imperador, do mesmo modo, decidiram a favor dos escravos algumas dificuldades particulares surgidas a propósito de sua alforria. Por exemplo, ele estabeleceu que, se um patrão, depois de receber de seu escravo a soma necessária para sua compra, se recusasse a libertá-lo, o escravo tinha possibilidade de apresentar um recurso contra ele.[58] Considerado vítima da má-fé do patrão, ele podia citá-lo – em Roma, perante o prefeito da cidade, e nas províncias, perante os governadores. Entretanto havia uma precaução: o escravo que movesse esse tipo de ação e perdesse o processo seria condenado a trabalhos forçados nas minas, a menos que o patrão o requisitasse, para lhe infligir pessoalmente um castigo; nesses casos, porém, mais uma vez, o imperador precavia-se contra o risco de eventuais crueldades, estipulando que o castigo não poderia ser mais grave do que o trabalho nas minas!

Os escravos não ficavam sujeitos apenas à autoridade patronal. Quando eram acusados de delitos contra a sociedade em geral, de roubo, violência etc., podiam ser punidos pelas autoridades de Roma ou da província e, por exemplo, condenados à prisão. Durante todo o período de sua pena, eles perdiam o direito de se beneficiar de legados ou de obter alforria. Todavia, uma vez cumprida a pena, recuperavam esses direitos, pois, segundo uma resposta dos "irmãos divinos", "a servidão temporária que resulta da sentença acarreta a abolição da pena".[59] Assim, Marco Aurélio (e Lúcio Vero) reverteu uma disposição estabelecida por Antonino, segundo a qual os escravos que tivessem sido aprisionados não poderiam alforriar-se. Eles estabeleceram uma distinção, limitando essa impossibilidade ao período durante o qual os condenados cumpriam sua pena. Isso significava que o escravo julgado culpado e consequentemente punido não era considerado "irrecuperável", mas conservava o que lhe era concedido de personalidade jurídica.[60]

Todo contrato em que se previsse a alforria de um escravo devia ser cumprido, não importava como a respectiva situação das partes em questão pudesse modificar-se – por exemplo, se os bens de que os escravos constituíam uma parte passassem para as mãos de herdeiros. No momento da compra do escravo, talvez seu proprietário anterior houvesse previsto que essa venda seria apenas temporária – que, ao cabo de determinado prazo, ele seria alforriado. Marco Aurélio (desta vez com Cômodo) estabeleceu que essa alforria devia ocorrer, ainda que o comprador que houvesse assumido esse compromisso morresse nesse meio-tempo.[61] A liberdade era vista por ele como um bem irrevogável, e nesse ponto ele se mostrou mais liberal que Adriano, como prova uma "resposta" mencionada no Digesto:

Os deveres de um príncipe – II

Alguém tinha vendido dois escravos, Pamphila e Stichus, a um certo Seius, estipulando que eles não deveriam ter outro senhor senão esse Seius, e que, caso este falecesse, os dois deveriam tornar-se livres. Em razão dessa cláusula restritiva, o preço de venda tinha sido reduzido. Quando da morte de Seius, os herdeiros se opuseram à alforria dos escravos em questão e recorreram a Adriano. O imperador decidiu que Pamphila e Stichus não deveriam tornar-se livres, por não terem sido alforriados em boa e devida forma. Algum tempo depois, Marco Aurélio, diante de quem o caso foi evocado, manifestou uma opinião contrária: os dois escravos deveriam ficar livres, mesmo na ausência de uma libertação segundo as regras estabelecidas.[62]

E, assim como o escravo que era vítima da má-fé do seu amo podia recorrer ao imperador, podia também, se o testamento que previa sua alforria viesse a ser fraudulentamente suprimido, mover uma ação "por supressão de testamento",[63] o que era um grau a mais na evolução que tendia a reconhecer no escravo uma personalidade jurídica. Nesse ponto, o imperador mais acompanhou as mudanças produzidas na opinião pública do que as provocou. Já lembramos os eventos ocorridos em 57 d.C., no reinado de Nero, e o escândalo causado pela decisão do senado.[64] Um evento similar produziu-se, sem dúvida, por volta de 177 ou 178, visto que Cômodo foi associado a seu pai na "resposta":

Um certo Júlio Donato foi atacado por salteadores. Apavorado, fugiu e se refugiou em sua casa no campo – sua *"villa"* –, mas não sem ser ferido pelos agressores. Uma vez a salvo, mas cônscio de não lhe restar muito tempo de vida, Donato redigiu seu testamento, justificando seus escravos e os desculpando por não terem conseguido socorrê-lo. Seu herdeiro pleiteou a punição dos escravos. Marco Aurélio respondeu que nem o sentimento familiar nem as inquietações que ele pudesse conceber a respeito de sua própria segurança autorizavam o herdeiro a ter ganho de causa.[65] Assim, esse antigo e cruel hábito foi oficialmente abandonado. Os costumes tinham prevalecido sobre a lei.

A proteção do imperador não se limitava a assegurar aos escravos a salvação da própria vida por ocasião desses acontecimentos dramáticos, embora, provavelmente, muito raros. Ela também os poupava de vinganças excessivas. Já vimos isto a propósito dos atos de má-fé intentados contra os senhores e reconhecidos como sem fundamento. De maneira mais geral, Marco Aurélio esforçou-se por limitar o poder dos senhores, mas o fez seguindo a linha já traçada por seus predecessores. Quando proibiu que se vendessem escravos, fosse diretamente, fosse por intermédio de um intendente, a empresários de espetáculos, para que eles lutassem contra animais selvagens, o imperador retomou a *Lex Petronia* – que, desde os tempos de Augusto, proibia que um senhor entregasse um escravo "às feras" sem motivo justo, e preceituava que tal decisão fosse confirmada por um magistrado –, mas suprimiu a cláusula restritiva. Os senhores não mais teriam direito, sob qualquer pretexto, de aplicar esse castigo. Era esse o espírito da época. Já fazia mais de um século que Cláudio decidira que os senhores que abandonassem seus escravos enfermos, recusando-se a tratá-los, perderiam o direito de propriedade sobre eles. Caio salientou que, sem dúvida, era um costume universal os senhores terem direito de vida e morte sobre seus escravos, mas observou que, em sua época (que era precisamente a dos Antoninos), "não é permitido aos cidadãos romanos, nem a qualquer ser humano que esteja submetido ao poder do povo romano, maltratar de forma desmedida e sem motivo os seus escravos". E citou as constituições de Antonino Pio – uma previa, contra quem matasse sem razão válida o seu próprio escravo, as mesmas penas impostas a quem matasse um escravo pertencente a terceiros; a outra, atendendo às solicitações dos governadores provinciais a respeito dos escravos que se refugiavam nos templos e junto às estátuas dos imperadores, ordenava que os senhores que se constatasse serem de uma crueldade intolerável contra seus escravos fossem obrigados a vendê-los. E Caio concluiu como jurista, e não como filósofo, que essas duas regras eram boas, pois, em suas palavras, "não devemos fazer mau uso do nosso direito; é da mesma maneira que proibimos os perdulários de administrarem seus bens".[66]

O espírito de todas essas medidas – as de Augusto, Cláudio, Antonino e Marco Aurélio – era o que, em termos muito gerais, animava os juristas romanos: o espírito de equidade que eles opunham de bom grado ao direito estrito. Em si mesmo, o *jus* possuía apenas um valor relativo. Sua aplicação devia ser controlada por considerações sugeridas pela Razão, ou pelo bom senso, ou por sentimentos como a *pietas* para com os homens ou os deuses. Esse sentido da *aequitas*, esse instinto do justo e do injusto, era um dado imediato da consciência, uma intuição muito anterior a qualquer ensinamento dos filósofos. Ela era percebida pelo *bonus vir*, aquele que não cedia aos arroubos da paixão, fosse ela qual fosse; era anterior ao direito, cuja existência justificava. O direito não tinha outro objetivo, com efeito, senão estabelecer a igualdade entre os

Os deveres de um príncipe – II

cidadãos – uma igualdade teórica, diferente do que comumente se entende por isso hoje em dia,[67] e que resultava da natureza deles, de seu próprio ser. A *aequitas* seria uma forma da justiça, e os filósofos viriam a integrá-la nessa virtude. Mas não ensinaram sua existência aos romanos. Para estes, ela era um ideal do qual o direito era apenas uma aproximação.

Que Marco Aurélio quis adoçar a condição da servidão, referindo-se mais à *aequitas* do que à *philanthropia*, ou a um dogmatismo teórico que ele teria recebido de seus mestres estoicos e de suas leituras, parece-nos ser a hipótese mais provável. É ainda mais arriscado supor que, levado pela lógica de sua filosofia, ele tenha considerado em algum momento abolir a escravatura.[68] Por exemplo, constatamos que, retomando algumas disposições anteriores, ele introduziu limites nas alforrias. Anulou aquelas que eram impostas ao senhor pelas aclamações da multidão (no circo ou no teatro) e se recusou a validar a liberdade concedida por um senhor a um ator, mesmo espontaneamente, no decorrer de um espetáculo.[69] Por outro lado, decidiu que quem estivesse em busca de um escravo fugido estaria autorizado a penetrar tanto nas propriedades imperiais quanto nas de particulares, tanto nas de senadores quanto nas de camponeses, e de investigar em todos os locais passíveis de ser utilizados como esconderijo.[70] Porventura ele o teria feito, se não julgasse que a escravidão era um elemento essencial da cidade, que a posse de escravos era um direito fundamental que seria injusto abolir?

Mas, sem questionar o princípio, ele se esforçou por atenuar os abusos, por tornar a servidão menos pesada, e também por facilitar os meios para se sair dela. Essa política não podia deixar de produzir resultados práticos. Ela incitaria os senhores a se mostrarem mais clementes, mais "equânimes", a se absterem de crueldades que os expusessem a sanções por parte da autoridade imperial, a começar por serem privados de seu direito de propriedade sobre seus escravos. Mas ela também encorajaria os próprios escravos a obterem sua alforria, comprando sua liberdade graças a seu pecúlio e merecendo, pelos serviços prestados, tornarem-se homens livres. Como se poderia esperar, Marco Aurélio estava mais preocupado em agir sobre o ser interior do que sobre as instituições, e acima de tudo evitou perturbar estas últimas, acreditando ser preferível controlar-lhes o modo de funcionamento.

O exame das medidas gerais e particulares tomadas por Marco Aurélio a propósito da escravidão mostra, portanto, que não existia nele nenhum espírito de sistema, porém, ao contrário, um evidente pragmatismo. Assim é que não contestou o princípio, aceito desde sempre, de que os escravos podiam ser interrogados no curso de investigações judiciais, porém estabeleceu as regras a serem seguidas nesses casos. Estabeleceu, por exemplo, que não se poderia confiar em confissões obtidas dessa maneira de um único escravo. Sabia que o medo podia provocar confissões imaginárias, até por parte do interessado e contra ele mesmo.[71] A tortura devia ser apenas um elemento do processo.

Uma regra bem-estabelecida rezava que não se podia torturar escravos para obter depoimentos contra seu senhor num processo capital. Nem por isso Marco Aurélio deixou de decidir que, nos casos em que o escravo fosse público (escravo de uma cidade provincial, por exemplo), a tortura seria admissível em qualquer circunstância, pois o escravo não pertenceria a determinado membro da comunidade e, por conseguinte, poderia ser submetido ao interrogatório tanto a favor de um cidadão quanto contra ele.[72] Outro rescrito autorizou a aplicação da tortura diversas vezes.[73]

O PRÓPRIO MARCO AURÉLIO HAVIA estudado direito na adolescência. Fizera-o com tamanha paixão, diz-nos o autor da *História Augusta*, que havia comprometido sua saúde.[74] Um de seus mestres, como vimos, tinha sido Lúcio Volúsio Meciano, de origem modesta, que iniciara sua carreira sob Adriano, exercera diversos cargos sob Antonino e havia chegado às mais altas funções equestres: secretário do príncipe, prefeito da anona, prefeito das vigílias (a polícia urbana de Roma) e, em 160, prefeito do Egito.[75] Marco Aurélio o promoveu à categoria de senador e fez dele um cônsul. Tratava-se de um estudioso. No reinado de Antonino, havia administrado as bibliotecas imperiais (as do Palatino, uma dedicada às obras de língua grega, outra, às obras de língua latina). Uns dez anos mais velho do que Marco, fazia parte do conselho do príncipe. Um texto conservado no *Digesto* o mostra em seu papel de conselheiro jurídico a propósito da forma como se deveria aplicar uma lei juliana: Marco Aurélio inclinava-se a seguir a interpretação dada por Próculo no século anterior; Meciano partilhou a mesma opinião, a princípio, mas nem ele nem Marco ficaram satisfeitos. Aprofundaram juntos a questão com outros jurisconsultos e, por fim, adotaram a opinião inversa.[76] Para essa deliberação, o imperador

Os deveres de um príncipe – II

chamara outro de seus "amigos", o jurista Sálvio Juliano, senador que havia iniciado sua carreira como questor de Adriano, era amigo de Frontão[77] e, segundo constava, de tendência estoica.

O que sabemos desses amigos nos permite vislumbrar o ambiente em que Marco Aurélio elaborava suas decisões. Havia no interior do grupo uma afeição recíproca. Eles não apenas tinham em comum seus conhecimentos técnicos, sua ciência de jurisconsultos, como também partilhavam uma certa ideia das relações humanas e, por último, da sociedade, e era ela que se traduzia nas decisões a que eles chegavam, após longas reflexões. A sensibilidade e o "bom senso" intervinham. A letra da lei, os precedentes, os textos, que eles conheciam melhor que ninguém, não determinavam automaticamente o seu julgamento. Eles conservaram a preocupação com a *aequitas*, como queria a tradição dos juristas romanos. Marco Aurélio e seus conselheiros pretendiam primeiramente continuar a ser, com toda a sua ciência, *boni viri*, capazes de inovar, segundo sua consciência, para fazer com que as relações entre os homens fossem mais humanas.

Marco Aurélio não acreditava que a verdadeira justiça pudesse estabelecer-se caso o poder judiciário não interviesse para acertar as divergências passíveis de surgir. Desconfiava das "soluções amigáveis", nas quais sempre suspeitava que se dissimulasse alguma coerção. Não acreditava que um simples particular pudesse aceder à sensibilidade à *aequitas* que seus amigos e ele buscavam sem cessar. Existe um decreto no qual ele declarou: "O melhor, se calculas ter alguma reivindicação a formular, é fazê-lo por vias legais", e, como lhe respondessem "Mas não exerci a violência!", ele retrucou: "Crês que convém entender por violência apenas os casos em que haja feridos? Há também violência toda vez que alguém não reclama o que acredita lhe ser devido por intermédio de um juiz ..."[78]

É claro que o que Marco Aurélio temia e queria evitar eram as pressões morais, os abusos de autoridade, as manobras de intimidação, e também os erros cometidos de boa-fé. Cabia unicamente ao juiz decidir "conforme o que é bom e justo", com plena liberdade.[79] O pleiteante, como é natural, estava convencido do seu legítimo direito, o que o tornava incapaz de saber onde estava a equidade. A paixão e a ignorância o cegavam. O juiz exerceria o papel de que se valiam os filósofos, que era descobrir a verdade. Nesse ponto, a filosofia e a tradição romana se uniam.

Deduz-se daí que, numa sociedade que seguisse esses princípios, as leis escritas, os textos de toda sorte e as constituições do próprio príncipe teriam menos peso do que a consciência e o sentimento do juiz, distinguindo-se cada caso a ele proposto de todos os demais. Mas que juiz poderia chegar melhor que o imperador a uma independência total, à liberdade da alma que é condição necessária para se alcançar a Justiça? Tal concepção reforçava a centralização inerente ao regime imperial. Era o espírito do monarca que tudo regia no Império, e isto era conforme aos princípios do Pórtico. Há aí uma convergência notável, que já assinalamos.[80] Marco estava convencido de que era esse o seu papel, o de uma Providência entre os homens. Também sabia que só poderia exercê-lo se conseguisse manter em si uma atitude interna duradoura – uma *diáthésis*, no dizer dos estoicos – que o habilitasse a ser o Juiz por excelência e a exercer a função para a qual o Deus o havia convocado.

Segundo essa concepção, o estoicismo pareceria ser realmente uma "propedêutica", preparando o príncipe para discernir entre o Justo e o Injusto, desenvolvendo nele uma sensibilidade *a priori*, mas sem lhe ditar ações particulares. Marco Aurélio se manteve fiel aos ensinamentos de Ariston, que rejeitava a parenética e considerava absurdo dar conselhos precisos, mas estimava que toda a vida moral repousava em conquistarmos, em nós mesmos, uma dinâmica, ou, se preferirmos, um instinto pelo qual aceitamos ou recusamos essa sugestão vinda dos outros, do mundo incerto dos seres e das coisas, conforme ela nos pareça ou não compatível com a imagem do Bem e conforme a tenhamos conseguido formar para nós mesmos.[81] Como não reconhecer que esse ensinamento preparou Marco Aurélio, muito oportunamente, para ministrar a Justiça, permanecendo fiel à tradição romana, que a queria mais equitativa do que legalista?

Tal atitude permitiu ao imperador acolher no direito as inovações que lhe eram sugeridas pela evolução dos costumes, ou que lhe eram recomendadas por sua *indulgentia* natural.[82] Suas respostas concernentes à posição e ao destino dos escravos dão evidentes mostras disso. O mesmo se aplica às modificações que ele introduziu na situação jurídica das mulheres. A propósito destas, os estoicos faziam colocações variadas, que nem sempre eram de total coerência. Reconheciam que as mulheres, por serem seres humanos, participavam da excelência humana e eram, por conseguinte, capazes de "virtude",[83] mas isso não trazia nenhuma consequência prática para a situação delas em

Os deveres de um príncipe – II

Roma. Zenão, retomando a tese defendida por Platão na *República*, sustentou que as mulheres deviam ser comuns, pelo menos, entre os Sábios.[84] Crísipo manifestou a mesma opinião; assim, diziam ambos, cada um deveria amar todas as crianças como se fossem seus filhos, e o ciúme, nascido da posse de uma mulher singular, não mais teria razão de ser. Isso contribuiria para manter a paz na cidade.

Nem por um instante Marco Aurélio podia pensar em acolher ideias desse tipo. Vimos que era profundamente apegado ao grupo familiar, e que sua educação, que se desenrolara no meio materno,[85] após a morte de seu pai, havia criado entre a mãe e ele uma grande intimidade.[86] Por isso, não é de surpreender que um grande número de suas respostas, na condição de imperador, tenda a conferir às mulheres, muito particularmente às mães, uma personalidade jurídica mais afirmada. O estoicismo nada teve a ver com isso.

Sabemos que, em 178 d.C., Marco Aurélio propôs ao senado um projeto que foi adotado sob a forma de um senátus-consulto – o *senatus consultum Orfitianum*, que rompeu com um princípio antiquíssimo do direito quiritário, já formulado na Lei das Doze Tábuas (em meados do século V a.C.): "Segundo a Lei das Doze Tábuas", escreveu Ulpiano, "a herança da mãe falecida sem testamento não pertencia a seus filhos, porque as mulheres não tinham herdeiro próprio (*heres suus*); todavia, após um discurso feito no senado pelos imperadores Antonino e Cômodo, ficou decidido que a herança legítima das mães pertenceria a seus filhos, sem levar em conta parentes consanguíneos nem outros agnados."[87] Esse discurso foi a proposta que resultou no senátus-consulto em questão. Nele, com efeito, reconheceu-se a capacidade materna de deixar herança não apenas para os filhos varões, mas também para as filhas, mesmo que eles ou elas estivessem sujeitos ao pátrio poder. E ela também foi estendida aos filhos nascidos de pai desconhecido.[88] Assim, a mãe tornou-se verdadeiramente chefe de família, no que lhe dizia respeito. Sua personalidade jurídica não se fundamentava na do marido nem na do pai. Numa resposta dada a propósito da situação familiar de um ex-pretor de Esparta, Brasidas, Marco Aurélio decidiu que a vontade expressada por uma mãe devia ser cumprida, mesmo após a dissolução do casamento. Os direitos maternos tinham sido adquiridos de uma vez por todas, e eram imprescritíveis.[89]

Essa preocupação de garantir os direitos das mulheres manifestou-se de diversas maneiras. Assim, uma certa Flávia Tertúlia fora dada em matrimônio a um tio materno, o que era considerado uma união incestuosa (o casamento com um tio paterno, desde o de Cláudio com sua sobrinha Agripina, fora legitimado por um senátus-consulto). Tertúlia vivera quarenta anos com o marido e, desconhecedora do seu erro, tivera vários filhos varões com ele. Essa situação foi levada ao conhecimento do imperador, não se sabe por quem e em que circunstâncias. Marco Aurélio respondeu que não seria humano aplicar a lei e romper esse casamento, o que transformaria os filhos em bastardos, quando a única responsável era a avó de Tertúlia, que havia arranjado o casamento sem se preocupar com a proibição, e que estava morta desde longa data.[90]

MARCO AURÉLIO JAMAIS QUIS perturbar as instituições, em nenhum aspecto. Contentou-se em organizá-las, a fim de obter, ao mesmo tempo, a estabilidade da sociedade e as melhores condições de vida possíveis para todos. Deu continuidade, por exemplo, à política de assistência iniciada por Nerva, que tinha organizado e tornado permanentes as formas de auxílio concedidas às famílias cujos recursos não lhes permitiam alimentar seus filhos, política esta seguida por Trajano, Adriano e Antonino. Esse era um ato de evergetismo praticado de modo corrente e espontâneo por particulares nas cidades provinciais. A inovação consistiu no fato de que os imperadores o tomaram para si. Fizeram-no por várias razões: a fim de contribuir para sua glória, sem dúvida, afirmar sua presença na vida cotidiana, materializar sua "providência", e também assumir o papel que a tradição helenística atribuía aos monarcas, e que o discurso dos sofistas contemporâneos referia aos senhores de Roma. Os meninos e meninas que se beneficiavam dos *alimenta* tornavam-se como que pupilos e afilhados da casa imperial. As *puellae Faustinianae*, por exemplo, na época de Antonino, eram colocadas sob a proteção direta de Faustina, a Velha. De reinado em reinado, o número desses "pupilos" foi aumentando, como por ocasião do casamento de Lucila, filha de Marco Aurélio, com Lúcio Vero,[91] ou quando da morte de Faustina, a Jovem.[92]

Marco Aurélio, como vemos, não rejeitou esse aspecto da monarquia antonina. Esse evergetismo, em sua própria forma, obviamente satisfazia um dos imperativos da moral estoica, segundo a qual "fazer o bem" era um ato moralmente perfeito, um κατόρθωμα,[93] mas os estoicos também ensinavam que o caráter virtuoso do bem praticado não consistia no valor material de seu

Os deveres de um príncipe – II

conteúdo, mas na intenção e no espírito que moviam seu autor. Ao tomar para si a instituição dos *alimenta* e desenvolvê-la, Marco Aurélio pôde considerar que agia como discípulo de Zenão, porém isso não exerceu a menor influência sobre seu ato em si, que tivera, na época de seus predecessores, outras motivações. A filosofia, mais uma vez, nada mais fez do que justificar, para a consciência pessoal do imperador, uma política já existente na tradição romana.

É certamente a essa mesma tradição que convém referir diversas medidas pelas quais, no campo da prática, Marco Aurélio mostrou-se um "bom pai de família". Como fizera Adriano, ele proibiu o costume dos banhos mistos – aqueles em que homens e mulheres se banhavam juntos –, o qual tendia a se generalizar.[94] Do mesmo modo, censurou os costumes de vida das grandes damas e dos jovens da aristocracia, que se haviam tornado relaxados demais.[95] Não o fez como estoico, mas como "velho romano". Em muitas ocasiões, medidas semelhantes tinham sido adotadas ao longo dos séculos. Sempre exprimiam a aspiração persistente, mas meio mítica, que levava os romanos a buscarem resgatar a antiga austeridade, sem jamais chegarem a fazê-lo!

Foi como bom administrador, como "bom pai de família", que Marco Aurélio controlou o mercado de gêneros alimentícios, aplicando, de acordo com cada caso, princípios opostos, conforme o tesouro imperial estivesse ou não implicado.[96] Deu ampla liberdade aos produtores de vinho para se entenderem diretamente com os comerciantes.[97] No entanto, em se tratando do trigo, proibiu os decuriões das cidades provinciais de vendê-lo a seus concidadãos por um preço inferior ao do mercado oficial (a anona), bem como de taxar pessoalmente o trigo importado, pois isso causaria prejuízos, conforme o caso, ao fisco ou ao *aerarium Saturni*.[98] Como muitos outros antes dele, o imperador esforçou-se por limitar o arbítrio dos publicanos.[99]

Portanto, não se pode pretender que Marco Aurélio tenha querido transformar a sociedade romana, inspirando-se para isso na doutrina do Pórtico. Ele se contentava com medidas particulares, sempre a propósito de determinados problemas. Quando surgia uma nova situação, esforçava-se por lidar com ela munindo-se dos meios jurídicos que a tradição lhe oferecia. Assim, conhecemos um rescrito dos "irmãos divinos" que remonta ao período da guerra pártica e à fase que enfrentou as graves dificuldades, de que mencionamos nas fronteiras com os germanos. Esse rescrito previu que os bens dos reféns e prisioneiros (isto é, dos bárbaros que viviam em residência forçada no interior do Império) se beneficiariam do mesmo *status* que os bens dos cidadãos, mas com a condição de que esses indivíduos aceitassem o uso da toga e sempre se portassem como cidadãos romanos. Mediante esse preço, poderiam legar a seus herdeiros o que possuíssem.[100] Essa disposição, que se aplicou aos reféns partas e aos germanos instalados no norte da Itália (em torno de Ravena), preparou a romanização desses bárbaros, fazendo com que participassem do direito quiritário. Harmonizou-se com o que sabemos pelos historiadores sobre a política adotada pelo imperador.[101]

Nas províncias, Marco Aurélio reforçou as estruturas tradicionais e as confirmou, apoiando-se nas aristocracias locais, cujos encargos aliviou tanto quanto lhe foi possível. Não poupou ajuda às províncias, isentando de tributos por vários anos as aldeias atingidas por alguma calamidade, como tremores de terra ou incêndios, anulando as dívidas contraídas com o fisco por muitos anos, e zelando para que, em caso de venda forçada, os bens imóveis fossem avaliados não por seu preço de compra, mas por seu valor real, pois, no dizer de um rescrito dos "irmãos divinos", "as terras bem-cultivadas adquirem mais valor, ao passo que, quando são negligenciadas, seu valor diminui".[102] A "boa vontade" do príncipe era evidente. Atestava sua bondade natural, mas também seu espírito de equidade, que, como dissemos, era uma das formas dessa bondade.

Uma das consequências dessa onipresença do príncipe nos negócios do Império, de suas intervenções nos detalhes da vida econômica, que chegavam a fixar no terreno o traçado de uma linha de outorga para o pagamento de rendas devidas pelos comerciantes,[103] foi uma centralização certamente excessiva da vida pública. Mas essa centralização não foi inventada por Marco Aurélio. Ele recebeu seu princípio de seus antecessores. De modo algum foi responsável, se a proliferação burocrática que a centralização acarretou foi uma das causas do declínio do Império.

7. A intimidade

Graças à correspondência de Frontão e Marco Aurélio, somada às indicações que nos são fornecidas pelo primeiro livro das *Meditações*, é-nos dado ao menos vislumbrar o que foi a vida íntima, familiar e pessoal do imperador. O Livro I das *Meditações* é feito de lembranças que remontam aos anos da juventude, e os personagens evocados são fixados pela memória, como acontece com uma galeria de retratos desvinculados da existência cotidiana. Em contrapartida, a *Correspondência* com Frontão nos introduz no dia a dia da vida do príncipe e de sua família, às vezes com grande riqueza de detalhes, e nos revela alguns traços de caráter que a vida pública do imperador fazia passar despercebidos. É verdade que essa *Correspondência*, lacunar nos manuscritos que nos permitem conhecê-la, abrange apenas parte da vida e do reinado de Marco Aurélio. A carta mais antiga não é anterior ao ano 138, talvez 139, quando Marco tinha dezoito anos. A mais tardia talvez date de 166, quando Frontão, enfermo e acabrunhado pela tristeza que lhe causaram lutos sucessivos, teve como última alegria a vitória de Lúcio Vero no Oriente.[1] Quanto à vida pública, as partes da *História Augusta* dedicadas a Marco Aurélio, Lúcio Vero e Avídio Cássio acrescentam alguns fatos, porém nem todos autênticos. Mais uma vez, a lenda apossou-se do mais justo e mais filosófico dos imperadores, ora para exaltar sua memória, ora para ridicularizá-la, em particular quando se tratava da vida conjugal do príncipe.

Percebemos, graças às *Meditações*, como foi a infância de Marco: uma infância marcada pela ausência do pai, herói distante, certamente vislumbrado pelo que dele lhe dizia sua mãe, Domícia Lucila,[2] e depois, pela busca instintiva, inconsciente, de um "outro" pai, a necessidade de um meio familiar estável, que a casa do monte Célio não lhe fornecia. Foi à mãe que ele se apegou, e foi através dela que se iniciou na língua grega, mas, antes mesmo disso, foi através dela que aprendeu a ver as coisas da natureza. Foi ela, no dizer de Frontão, que lhe revelou a existência de uma flor "apaixonada pelo sol, mas que sofre o destino dos apaixonados, erguendo-se quando o sol se levanta, seguindo-o em seu curso e se voltando para o outro lado quando ele se deita, mas isso de nada lhe serve".[3] E podemos imaginar os deslumbramentos do menino passeando com essa mãe pelos jardins do Célio. Depois, vemos que a intimidade entre os dois prosseguiu no decorrer dos anos. Ela partilhava suas férias nas casas de campo imperiais, em Centumcellae, em Lório, como sugere uma carta provavelmente datada de 144 (quando Marco Aurélio tinha 23 anos).[4] Nenhuma mensagem era trocada entre Marco e Frontão sem que este "saudasse" a *Dominam matrem* (a senhora sua mãe) e sem que Marco transmitisse a seu mestre os cumprimentos de Lucila. Esta era cercada de respeito e afeição. Em 143, quando Frontão ficou retido em Roma por sua função consular, mandou a Nápoles sua mulher, Graça, para comemorar com Marco e sua mãe o aniversário de Lucila.[5] Alguns meses depois, uma carta de Marco a Frontão contou como sua mãe e ele haviam passado a noite anterior. Marco, após o dia ocupado com a vindima, tivera com ela uma longa conversa, com a mãe sentada em sua cama antes do jantar. "Eis o que eu dizia", escreveu Marco: "'Que achas que está fazendo o meu querido Frontão?' E ela: 'E tu, que achas que está fazendo a minha querida Graça?' E eu: 'E a nossa avezinha querida, a pequenina Graça?'" (a filha de Frontão). Ao que então Marco e Lucila fingiram brigar para saber qual dos dois amava mais Frontão e seus familiares.[6]

Durante todos os anos em que Marco permaneceu em Roma, junto ao pai adotivo, Antonino, Lucila esteve perto do filho. Mas ela nunca é mencionada ao mesmo tempo que Faustina, a mulher do imperador. Terá sido efeito do acaso, ou caberá deduzirmos que a mãe e a nora não se relacionavam nos melhores termos? Não se sabe. Será que um dito de Marco Aurélio, ao falar de sua mãe e afirmar que ela era incapaz não apenas de fazer mal, mas até de conceber essa ideia,[7] permite supor que com isso ele refutava, implicitamente, qualquer acusação de Faustina contra Lucila? É possível, mas, naturalmente, continua incerto.

Lucila morreu em 155 ou 156, após uma doença que parece ter sido bem longa e que angustiou seu filho: "A saúde precária de minha mãe", escreveu ele a Frontão, "não me permite repouso algum."[8] Nessa ocasião, fazia pelo menos seis anos que Marco havia desposado Faustina, e o casal tivera vários

A intimidade   231

filhos, porém nada sabemos das relações que pudessem ter-se estabelecido entre Lucila e os filhos de Marco Aurélio.

VIMOS QUE ELE SE FELICITOU por ter tido, graças a seu bisavô, preceptores particulares.[9] Essa circunstância "afortunada", no entanto, teve como consequência fazer com que o menino vivesse inteiramente sozinho os primeiros anos de sua educação, sem nenhum colega da sua idade. Se os houvesse tido, não teria deixado de denominá-los no livro de suas lembranças. Pois bem, ali não encontramos nenhum. Quem compunha seu círculo eram homens-feitos. Seu irmão adotivo, Lúcio, era dez anos mais novo que ele, o que excluía entre os dois uma verdadeira intimidade de companheiros. Além disso, no princípio, Lúcio não teve os mesmos mestres de Marco Aurélio, ao menos no início de sua adolescência. Só mais tarde ele recebeu lições de Herodes Ático e sobretudo de Frontão, que sempre teve a seu respeito a atitude mais afetuosa e mais paterna, e que o defendeu, como vimos, nos dias difíceis da Guerra Pártica, sem dar ouvidos aos boatos que corriam.[10] No entanto, mesmo que a idade dos dois tivesse sido mais próxima, a grande diferença de sua natureza os teria separado.

Daí resultou que Marco Aurélio foi não apenas solitário, mas também se dedicou desde muito cedo a atividades que, comumente, não eram próprias das crianças de sua idade. Disso Frontão se apercebeu muito depressa. Escreveu-lhe que, desde antes de ter idade para fazer sua aprendizagem como orador, ele possuía todas as qualidades necessárias.[11] Disso o próprio Marco, ao se julgar, não ficaria totalmente convencido.[12] Mas é certo que suas brincadeiras na casa materna não eram as da sua idade.[13] No fim da vida, ele se felicitaria por isso, mas que pensar de um menino que nunca teve outro desejo senão mostrar-se sério em tudo? Podemos recear que, desde sempre e durante toda a sua vida, ele tenha-se sentido distinto dos outros, separado, se não excluído da sociedade comum a que pertencia e à qual queria com todas as forças pertencer. Por isso, é muito compreensível que, numa reação contra si mesmo, contra essa solidão que não era preenchida pelas afeições que o cercavam, ele sempre tenha aspirado a amar e ser amado, que tenha, mais tarde, elevado no Capitólio uma capela à *Indulgentia*,[14] e que, dentre as grandes ideias que inspiraram sua ação política, tenha figurado em primeiro plano o desejo de sociabilidade.[15]

A partir de sua adoção por Antonino, em 138, como dissemos, Marco deixou a casa do Célio e foi para a do Palatino. Estava encerrada a adolescência. A vida meio tímida, na atmosfera criada por Lucila, permaneceria para Marco Aurélio como um paraíso perdido, que ele se esforçaria por recuperar, na medida do possível, em férias como as que evocamos, na época da vindima. Na relembrada noite memorável, Antonino estava presente nas terras da propriedade, e mãe e filho roubaram alguns instantes de suas obrigações oficiais para com o imperador. As horas passadas na companhia de Lucila foram preciosas. É significativo que a conversa tenha tido Frontão por objeto. É que ele ocupava um lugar enorme no espírito e no coração da mãe e do filho. Para Marco Aurélio, ele era não somente um mestre, porém um amigo que o liberava momentaneamente das já pesadas tarefas que lhe impunham suas funções junto a Antonino, e lhe permitia viver a vida do espírito.

A primeira carta da coletânea da *Correspondência* (provavelmente datada de 139) é uma longa dissertação enviada por Frontão a seu discípulo sobre o bom uso do vocabulário, e nela vislumbramos quais eram as leituras do jovem César, as que lhe eram implicitamente recomendadas por seu mestre. Ali se misturam Catão, o Censor; Salústio, Plauto, Ênio e seu contemporâneo, o analista Célio Antipater, um dos mais antigos historiadores romanos; o poeta épico Névio, anterior a Ênio, e em seguida Lucrécio, que vivera cerca de um século e meio depois; poetas autores de tragédias, como Ácio, e de comédias, como Cecílio, e depois Labério, que se celebrizou por seus mimos ricos em sentenças morais. Frontão também elogiava poetas menores, dados a gêneros menos elevados, como a comédia atelana, com Nóvio, Pompônio, Atta, que soube explorar a veia popular, Sisena e, por último, Lucílio, em quem Frontão admirava não o pensamento, mas a habilidade no emprego de vocabulários técnicos.[16] Por fim, como se poderia esperar, veio uma análise dos discursos de Cícero, "ápice e fonte da eloquência romana", mas em quem Frontão censurava a falta de cuidado suficiente na escolha das palavras. Cícero por certo dispunha de um vocabulário muito extenso, mas nele não se encontravam termos "inesperados, surpreendentes, que só podem ser descobertos por força do trabalho, do zelo, da vigilância, e tendo em mente a lembrança de numerosos poetas antigos".[17]

Vimos que Marco seguiu os conselhos de seu mestre, que se impregnou profundamente das lições dele, e já tentamos destacar a significação política

A intimidade

233

dessa preferência pelo arcaísmo, sugerida por Frontão e em harmonia muito profunda com a visão do próprio Marco Aurélio.[18] Basta-nos constatar aqui quais eram as diversões do jovem César. Eram diversões estudiosas, totalmente ocupadas pelo desejo de atingir a perfeição formal do discurso. Esse período de sua vida foi dominado por preocupações de ordem literária e estética. É possível que ele tenha pensado em escrever, desde esse momento, uma obra histórica, uma História romana e grega, projeto que só viria a abandonar muito tarde, em seus últimos anos de vida.[19] Durante sua vida inteira, Marco Aurélio teve o senso da beleza. Vimos que deu mostras de gratidão a seu mestre pintor, Diogneto.[20] Admirava a perfeição, onde quer que ela se encontrasse e se manifestasse: uma rosa, uma fruta[21] ou qualquer objeto que realizasse seu próprio fim. A beleza, a seu ver, era um valor em si, tanto a de uma pedra preciosa quanto a de um objeto de marfim ou um tecido de púrpura, uma espada, uma árvore.[22] Marco Aurélio era fascinado pela beleza do mundo e por sua luz viva. A beleza literária era apenas um aspecto dessa beleza.

Muitas passagens das *Meditações* revelam nele essa atração pelo prazer estético, na própria medida em que Marco tenta desvincular-se dela, pois tal atração dirige-se primeiramente aos sentidos e, às vezes, exclusivamente a eles. Marco Aurélio exorta-se a remontar à ideia da qual a beleza é apenas a roupagem carnal, à Ideia que é, em cada objeto, a realização de uma "natureza".[23] Para conseguir desapegar-se das coisas dessa maneira, ele se impõe a repetição de que os objetos criados são perecíveis, fadados a uma inevitável aniquilação, e o vigor e o empenho que ele dedica a essa ascese atestam bem a atração exercida nele pelo mundo das aparências.

Vimos que Frontão havia composto, em honra de Marco e sem dúvida nos primeiros tempos de seu ensino, um "Discurso sobre o amor",[24] uma de cujas intenções, acreditamos, era desvincular o jovem César da sedução nele exercida pela filosofia. Esse discurso, no qual triunfa a retórica, talvez dissimule um propósito mais secreto, que responderia ao que realmente parece ter sido uma crise moral atravessada pelo adolescente. Recorrendo ao senso da beleza que descobrira em seu aluno, Frontão escreve: "Somos formados pela Natureza para louvar e admirar, mas não para amar todos os presentes dos deuses, que eles nos ofereceram para nossas necessidades, nosso prazer e nossa utilidade, digo, os que são realmente divinos, como a terra, o céu, o sol, o mar."[25]

Provavelmente, tal discurso não foi gratuito. Se Frontão fez tanta questão de estabelecer uma distinção rigorosa entre o amor ao belo e o amor carnal, se condenou este último, tal como a tradição queria que fosse praticado pelos gregos, e o fez dirigindo-se aos rapazes, não terá sido porque seu aluno sentia essa tentação? No Livro I das *Meditações*, como sabemos, Marco Aurélio se felicitaria, muito tempo depois, por não se haver entregado a esse gênero de afeição,[26] e nomeou a esse respeito um certo Teódoto. Foi uma precisão significativa. O tentador tinha nome. No entanto, esse nome foi citado ao mesmo tempo que uma certa Benedita, o que sugere que a ternura de Marco Aurélio por Teódoto era mais sentimental do que carnal. Dos arrebatamentos da carne, passada a época da adolescência, ele não tardou a se libertar.[27] Poucos anos depois, em 145, casou-se com Faustina.

O QUE SABEMOS DA VIDA íntima de Marco Aurélio no curso desses anos se deve, como já dissemos, à correspondência com Frontão. Como consequência, isto faz com que esse testemunho se refira sobretudo aos momentos em que mestre e aluno estavam separados, em particular quando Marco se ausentava de Roma, acompanhando o pai adotivo pelas residências de Alsium e Centumcellae (Cività Vecchia) ou pela Campânia. Trata-se de situações bastante excepcionais, porém algumas alusões permitem adivinhar como era a vida cotidiana do jovem príncipe no Palatino e em Roma. Uma vida de trabalho. Em alguns dias, quase trinta cartas a escrever, as quais era preciso redigir depois de estudar os dossiês dos casos em questão. As "distrações" constituídas pelos jogos, aos quais ele tinha de assistir, não eram apreciadas por Marco. No início de suas relações com Frontão, este o julgou "mais soturno do que conviria em público", achou pouco conveniente que ele lesse no teatro ou nos banquetes e, em caráter privado, não se furtou a qualificá-lo de indivíduo fatigante, mal-adaptado e até abominável.[28] Depois viria a julgá-lo com mais serenidade. Os banquetes de que se tratava eram os do Palatino, à mesa de Antonino, que faziam parte dos costumes e da etiqueta da corte. Marco tinha dificuldade de suportá-los e apreciava o liberalismo de Antonino, que às vezes sabia dispensar deles os seus amigos.[29] O tempo que assim furtava de sua vida oficial, Marco o dedicava à leitura.

Com os anos e com o papel cada vez maior que assumiu nos assuntos de Estado, Marco Aurélio passou a dispor de períodos mais e mais reduzidos de

A intimidade

lazer, porém, ainda assim, encontrava tempo para dar continuidade a suas leituras. Em 161, quando começou seu reinado pessoal, ele pediu a Frontão que lhe enviasse livros: "Li um trechinho do discurso de Célio e do de Cícero, mas como que às escondidas e, de qualquer modo, apenas por fragmentos, a tal ponto uma preocupação não espera por outra, ao passo que meu único repouso é segurar um livro nas mãos." Depois, pensando nas recreações que poderia ter, acrescentou, sem transição: "Neste momento, nossas meninas estão hospedadas na casa de Matídia, no burgo; por isso, à noite elas não podem vir me ver, porque é muito frio o vento que sopra."[30] Ao que parece, Marco estava fora de Roma, talvez numa das propriedades imperiais, mas as preocupações do governo o acompanhavam e, mesmo durante essas aparentes férias, sua vida pessoal era quase inexistente. Observe-se que, embora tão amada, a leitura vinha depois da vida familiar: era por não poder ter as filhas pequenas a seu lado que ele se refugiava nos livros.

No mais, suas preferências literárias não se alteraram depois da adolescência. Ele queria que Frontão lhe arranjasse alguma coisa escrita por ele mesmo, ou por Catão, ou Cícero, Salústio ou Graco – a rigor, por um poeta, sem maiores precisões. Depois, reconsiderando, voltou a seus favoritos, Ênio e Lucrécio, "versos que soem bem e tenham forte significação moral".[31] Ele sempre gostou das obras dos oradores de antanho, da idade áurea da eloquência romana, e, entre os poetas, daqueles cujos versos eram harmoniosos, mas, ao mesmo tempo, incitavam o leitor a descobrir algum aspecto da vida moral. Lucrécio foi escolhido, apesar de seu epicurismo, exatamente por oferecer uma reflexão sobre os sentimentos mais profundos da alma humana – o medo da morte, as tentações da riqueza e dos prazeres sensuais –, e também, provavelmente, por ser o poeta da *natura*, daquilo que existia, dessa criação cujas leis o estoicismo se propunha descobrir e convidava a imitar, em espírito e na conduta cotidiana. Temos nisso um depoimento precioso. Marco Aurélio não era e jamais quis ser um homem de escola. Isto já se nos evidenciou muitas vezes. Sua meditação tirava proveito do que estava à mão. Ênio, cuja obra se ligava a uma inspiração pitagórica, foi associado a Lucrécio nesse ponto, sem dúvida não em razão de sua filosofia, mas por se afigurar o poeta por excelência de Roma e de sua história. Achava-se na própria origem da tradição política que Marco Aurélio se esforçaria por manter, tanto fora do Império quanto dentro dele.

Esses livros antigos nem sempre eram fáceis de achar. Frontão ajudava a fazê-lo, graças a sua própria biblioteca, bem como intervindo junto ao conservador da biblioteca que Tibério havia reunido em sua residência do Palatino. O próprio Marco tomou numerosos empréstimos dos volumes que conseguiu descobrir nas outras duas bibliotecas imperiais estabelecidas por Augusto perto do templo de Apolo Palatino.[32]

Uma carta datada (aproximadamente) do ano 144 descreve uma das jornadas em que o jovem César esforçou-se por conciliar suas obrigações e seu prazer. No campo com Antonino e a corte, ele contou a Frontão que se havia levantado "na segunda hora do dia", ou seja, na estação do ano em que isso foi escrito, por volta das cinco horas da manhã. Durante uma hora inteira, vestindo uma simples túnica e calçando sandálias, passeou diante de seu quarto; depois, calçou sapatos de marcha, vestiu uma capa e foi apresentar seus cumprimentos ao imperador, que, nesse dia, havia mandado organizar uma caçada. Acompanhá-lo era uma das funções de Marco Aurélio. Após a manhã passada na correria (sem sucesso) atrás de javalis, todos voltaram à casa no começo da tarde e, enquanto os outros repousavam, Marco foi procurar seus livros e passou duas horas lendo, estendido em sua cama, e depois tentou escrever, se bem que em vão. As canções dos vindimadeiros, que chegavam até ele, impediram-no de se concentrar por inteiro no que fazia. O fim do dia foi, sem dúvida (embora Marco Aurélio não o tenha dito), dedicado a seus deveres oficiais. Quando enfim ele pôde se deitar, percebeu que se havia resfriado, e estava tão cansado que, quebrando a monotonia, não acendeu seu candeeiro para ler, como era de costume.[33]

Nessa fase de sua juventude, Marco Aurélio trabalhava muito em sua cama. Quando se achava em Nápoles (por volta de 139), aproveitou uma longa sesta, de uma às quatro horas da tarde, para redigir dez "comparações", de acordo com o método pedido por Frontão.[34] Nessa época, confessou necessitar de muito sono. Durante uma viagem com a corte (talvez para ir a Centumcellae), ele se queixou de que todo o seu tempo estivesse ocupado, tanto pela lentidão da estrada quanto pelas sessões durante as quais Antonino presidia seu tribunal e ministrava a justiça. À noite, ele caía de sono. Dormia tanto quanto possível, porque, em suas palavras, *"sum multi somni"* – sou um grande dorminhoco; mas o frio era tanto que ele não conseguia nem mesmo tirar a mão de baixo das cobertas.[35]

A intimidade 237

Mais adiante, aos poucos ele perderia o sono. Trabalharia até tarde da noite, depois de terminado o jantar oficial a que tinha de assistir.[36] Já então havia ultrapassado os trinta anos. Mas ainda tinha apenas 22 anos quando já se censurava por dormir demais. Endereçou a seu mestre um verdadeiro protesto contra o sono: "Escuta agora uns pouquíssimos argumentos contra o sono e a favor da insônia, ainda que eu creia não estar sendo inteiramente honesto, pois, constantemente, tanto de dia quanto de noite, sou partidário do sono. Não o abandono e ele tampouco me abandona, a tal ponto somos amigos. Mas desejo que, em razão da acusação que movo contra ele, o sono sinta-se ferido e me abandone aos poucos, e enfim me dê alguma chance de trabalhar à noite."[37]

Segue-se uma longa brincadeira, na qual alguns argumentos são tomados de empréstimo, como então gostavam de fazer os "sofistas", primeiro dos poemas homéricos – da *Odisseia* (como teria Ulisses levado tanto tempo para reencontrar Ítaca, se o sono não o houvesse impedido de fazê-lo?); da *Ilíada* (acaso o filho de Atreu, Agamêmnon, não foi enganado por um sonho, que o impeliu a não tomar as precauções necessárias e resultou num desastre?); e, posteriormente, de Ênio, que deveu sua inspiração, segundo disse, a um sonho, mas, se não houvesse despertado deste, porventura algum dia teria escrito? Ao que Marco Aurélio declarou a seu mestre que, pessoalmente, ia se deitar.

Essa luta entre o sono e a vigília continuou por longos anos. Marco cedeu cada vez menos à sua tendência natural e dormiu cada vez menos. Em 162, quando reinava sozinho, Frontão endereçou-lhe uma longa carta a esse respeito. A corte estava em Alsium, na vila imperial. Marco Aurélio dizia-se "de férias" e Frontão imaginou de que maneira se passavam elas. Sabia que o imperador se privaria de quase todos os prazeres, exceto o da leitura, e que suas refeições seriam frugais; temia também que os assuntos que Marco devia julgar não ocupassem apenas seus dias, mas também suas noites. A *História Augusta* e Dião Cássio insistem no zelo dele em ministrar a justiça. O testemunho de Frontão mostra que isso lhe tomava muito tempo e invadia seu sono. Mas isto se dava em detrimento de sua saúde: "Se de fato declaraste guerra às distrações", escreveu-lhe Frontão, "ao lazer, à boa mesa, ao prazer, ao menos dorme, eu te rogo, tanto quanto deve fazer um homem livre … . Mas, enfim, se ninguém houvesse roubado o fogo do céu, o sol não te bastaria para julgar? … Eu te suplico, tanto brincando quanto falando sério, que te deixes persuadir, que não te prives do sono e respeites os limites do dia e os da noite". Segue-se um longo discurso, no estilo habitual da sofística – aquele de que Marco se servira em seu protesto contra o sono, uns vinte anos antes –, e, como fazia Dião Crisóstomo em sua época, Frontão inventa um mito: no começo, Júpiter dividiu o tempo em duas partes, uma dedicada às atividades, outra, ao repouso, e, para assegurar esta última, gerou o deus Sono e, depois, misturou com as próprias mãos o sumo de diversas ervas capazes de adormecer o espírito dos humanos: as plantas da serenidade e do prazer vinham dos pequenos bosques celestes, e a da morte era colhida nas pradarias do Aqueronte. Dessa erva da morte, Júpiter pingou apenas uma gota, não maior que a lágrima de uma pessoa que tentasse dissimular que estava chorando. E o sono que ela proporcionava era repleto de sonhos maravilhosos: ou se via um ator, ou se ouvia um flautista, ou se assistia a uma corrida de carros; os soldados sonhavam com a vitória, os comandantes do exército com o triunfo, os viajantes com o retorno à casa. E esses sonhos, no dizer de Frontão, quase sempre se realizavam. "Por isso, Marco, se doravante precisares de um sonho, aconselho-te a dormir de todo o coração, até obteres o que desejas e aquilo por que anseias."[38]

Ao evocar a possibilidade de Marco Aurélio, que obviamente sofria de insônia, recorrer a remédios que o fizessem recuperar o sono, será que Frontão alude à teriaga, que, a acreditarmos em Dião Cássio, viria a constituir, quinze anos depois, o único alimento que o imperador conseguia tolerar?[39] É uma hipótese sedutora, porém bem pouco provável. O uso de soníferos era suficientemente difundido na Antiguidade para que a ideia de aconselhar Marco Aurélio a recorrer a eles ocorresse espontaneamente a Frontão. Além disso, há uma grande diferença entre uma preparação vegetal, como aquela de que se trata nessa carta, e a teriaga, essencialmente composta de substâncias animais, às quais Galeno acrescentava o ópio, que não era um componente comum dos soníferos. Todavia, talvez tenha sido a partir de 161 ou 162, quando as tarefas do imperador tornaram-se particularmente pesadas e o obrigaram a lhes dedicar grande parte de suas noites, que a perda do sono conduziu Marco Aurélio a usar soníferos, e a brincadeira de Frontão, esse "elogio do sono" – semelhante ao da poeira, por exemplo, que ele havia composto em época anterior – dissimularia um conselho especialmente oportuno nessa data. Marco o compreendeu muito bem, como se depreende da resposta que

A intimidade 239

endereçou a seu mestre. Essa resposta foi ditada com vagar, invadindo sua refeição e seu sono! Enquanto todos jantavam, ele trabalhava, mas, no futuro, prometia seguir o conselho dado por Frontão e dormir mais. No entanto, o imperador acrescentou: "Mas quem melhor do que tu sabe a que ponto é imperativo cumprir os deveres?"[40] O debate entre o sono e a vigília estava longe de terminar. A poção destinada a garantir pelo menos o equilíbrio entre os dois logo se tornaria insuficiente. Mas isso não se produziu antes da intervenção de Galeno, e este só foi chamado de Esmirna, onde residia, à Itália pouco antes da morte de Lúcio Vero, ocorrida, como sabemos, em 169.[41]

Se, durante os anos em que exerceu pessoalmente o poder, de 161 até sua morte, Marco Aurélio levou uma vida ascética, comendo muito pouco e dormindo mal, isso não foi efeito de convicções filosóficas que lhe tivessem imposto a renúncia aos prazeres mais legítimos, porém, mais simplesmente, resultado das múltiplas obrigações que ele tinha de enfrentar. Ainda jovem, nós o vimos renunciar a participar do jantar dos membros de sua casa para ganhar um pouco de tempo e, em sua cama, escrever, ditar e ler, em vez de dormir. O estoicismo interveio apenas na medida em que lhe impôs exercer plenamente o papel que os deuses lhe haviam confiado. Seu trabalho e os esforços que ele devia fazer achavam-se inscritos na ordem do mundo. As *Meditações* têm uma profusão de exortações a que ele pautasse sua conduta por esse princípio. Nelas encontramos, por exemplo, esta citação extraída da *Apologia de Sócrates*: "Sim, atenienses, é isto mesmo, na verdade. Ali onde nós mesmos nos colocamos, no lugar que havíamos julgado o melhor, ou naquele em que nos pôs nosso comandante, é ali, a meu ver, que é preciso permanecermos e aceitarmos o perigo, sem levarmos em conta a morte nem coisa alguma, a não ser a desonra."[42]

Essas palavras tomadas de Sócrates são bem anteriores ao nascimento do estoicismo, e refletem uma moral independente de qualquer filosofia doutrinária: a de Roma, que tinha por modelo a ideologia militar, a distinção entre o que era honroso – o Bem e o Belo – e o que desonrava. Os romanos, desde os tempos mais remotos, também aceitavam esses valores. Quanto a isso, Marco Aurélio não difere dos heróis do passado, que sacrificavam sua própria pessoa ao bem da comunidade.

Às vezes, por trás de uma *Meditação*, adivinha-se a consciência dos limites impostos pelas deficiências do corpo. Por exemplo, ao lermos "Não te acanhes por receber ajuda; tens como tarefa cumprir o que te cabe, como um soldado durante o ataque a uma muralha. O que farias se, sendo coxo, não pudesses escalar sozinho as ameias, mas se, com a ajuda de outro, isto te fosse possível?",[43] não podemos deixar de pensar na situação do próprio Marco Aurélio quando, depois da morte de Vero e forçado a combater no Danúbio, mandou chamar Cômodo na Panônia, antes de partir com ele para o Oriente, a fim de apagar as consequências da usurpação.[44] Já então, após a morte de Lúcio, Marco Aurélio tinha-se privado do auxílio de Galeno, deixando que ele se instalasse em Roma e lhe solicitando que cuidasse da saúde de Cômodo. Ele sentiu que sua própria saúde tornava-se frágil e quis providenciar, no futuro, uma ajuda graças à qual pudesse "escalar as ameias". Galeno foi testemunha, nesse momento, da equanimidade, da moderação, da benevolência e da meiguice de Marco Aurélio.[45] Quanto ao próprio imperador, ele continuou a levar a mesma vida e, alimentando-se muito mal, não ingeria alimento algum durante o dia, a não ser um pouco de teriaga. As *Meditações* aludem com frequência às dificuldades que ele enfrentava para conciliar o sono. Como ocorre com muitos insones, o repouso só lhe vinha de manhã, e então, era um custo levantar-se: "De manhã, quando o despertar te é penoso, diz prontamente a ti mesmo que te levantas para fazer um trabalho de homem … ."[46]

Esse sono, conquistado com tanta dificuldade, era perturbado por pesadelos.[47] Mal nutrido e dormindo pouco, Marco Aurélio temia o frio e só com grande sofrimento deixava o calor de sua cama.[48] O inverno da Panônia lhe era particularmente cruel. Dião Cássio conta que, certa vez, já durante a primeira guerra contra os sármatas, ele havia reunido os soldados com a intenção de lhes fazer uma preleção, mas, no momento de tomar a palavra, paralisado pelo frio, mandou-os embora sem dizer coisa alguma.[49] Nessa ocasião, a fraqueza do corpo venceu a vontade.

A boa saúde, o vigor de adolescente que havíamos reconhecido nele,[50] agora havia desaparecido. Dião Cássio, como dissemos, tinha notado esse contraste e acrescentou que a debilidade física do imperador, no fim da vida, explicava-se pela "falta de lazer e por uma atividade considerável".[51] Será que se tratava apenas, como se quer na maioria das vezes, de estudos, de leituras feitas por Marco Aurélio? Dião não o deixa claro, e o que sabemos da vida levada pelo imperador durante muitos anos, de sua recusa a conceder a seu "pobre corpo" (*corpusculum*) – segundo a expressão de que se serviu numa

A intimidade

carta a Frontão, por volta de 155[52] – o descanso e os cuidados indispensáveis, mostra que, para ele, esse corpo não passava de um instrumento da ação. Não possuía outro valor. Na época da guerra contra os marcomanos, Marco disse a Galeno que "os imperadores recebem seu poder dos deuses e, de bom grado, fazem com que todos os homens se beneficiem de todos os bens", e que sua felicidade é tornar feliz o maior número possível de pessoas.[53] Pouco importa que nessa tarefa eles corram o risco de perecer. O corpo, afinal, não passa de um conjunto de matéria, um pouco de fogo, de água e de terra submetidos às leis do universo.[54] Apenas o espírito nos pertence.

Como vimos, houve tentativas de detectar as doenças de que o imperador teria sofrido.[55] Os documentos de que dispomos pouco se prestam a esses diagnósticos. Teria ele uma úlcera gástrica? As dores que ele experimentou num ou noutro momento, mas que não perduraram, não permitem fazer essa afirmação. O que se evidencia, ao contrário, são as restrições prolongadas que Marco Aurélio se impôs – a vida ascética em que ele consentiu, para cumprir seu destino de príncipe. Ele poderia ter tomado uma distância maior dos assuntos de Estado. Não tinha de conduzir pessoalmente as campanhas contra os partas; a rebelião de Avídio Cássio não teve outra consequência senão dar-lhe a oportunidade de uma viagem tranquila ao Oriente; as guerras do Ocidente foram conduzidas, em grande parte, por seus representantes, e, uma vez dominada a incursão da Aquileia, já não punham em jogo o destino do Império. Não foi a necessidade que obrigou Marco Aurélio a impor tantas restrições a seu corpo, e sim seu ser interior, seu "demônio", a ideia que ele fazia de si e do mundo.

NA IDADE EM QUE MARCO DECERTO experimentava suas primeiras efervescências por Teódoto e Benedita, Adriano ajustou o noivado dele com Ceiônia Fábia, filha de Lúcio Ceiônio Cômodo, de quem queria fazer seu sucessor. Ceiônia era irmã daquele que, com o nome de Lúcio Vero, viria a reinar juntamente com Marco. Lúcio havia nascido em 15 de dezembro de 130. Ignoramos em que data nasceu sua irmã. Sem dúvida era mais velha que ele, a julgarmos pela ascendência que parecia exercer sobre o irmão.[56] No momento de seu noivado com Marco, em 138, ela devia ter uns dez anos, idade normal para que as meninas ficassem noivas (a partir dos oito anos), só devendo o casamento ocorrer quando elas atingissem treze anos. A união de Marco e

Ceiônia não podia ser um casamento por amor. Tratava-se apenas de uma combinação política, a qual, aliás, não viria a se consumar, já que, depois da morte de Adriano, Antonino quis que Marco se casasse com Ânia Galéria Faustina (Faustina, a Jovem), sua própria filha e única sobrevivente, em 138, dos quatro filhos que Faustina, a Velha lhe dera.[57] Ao ficar noiva de Marco, em 138, Faustina, a Jovem devia ter uns seis anos, o que não era a idade normal, mas esse noivado foi mantido como um ato particular, que conviria solenizar dois anos depois. Outro empecilho, este mais grave, resultava do fato de a noiva, desde a adoção de Marco por Antonino, vir a ser irmã de seu futuro marido. Para remediar isso, bastava um rescrito imperial declarando que não havia incesto e autorizando o casamento. E decerto foi o que se deu. Até seu noivado com Marco, Faustina, a Jovem tinha sido destinada a Lúcio, que tinha mais ou menos a mesma idade que ela. O casamento de Lúcio com Faustina tinha sido desejado por Adriano, cuja vontade não foi respeitada, portanto.

Marco Aurélio casou-se com Faustina em 145, sete anos depois do noivado oficioso de 138. Logo, Faustina estava com treze anos nessa ocasião, o que seguia as normas legais. Uma regra da tradição cívica romana ditava que os cidadãos, ao contraírem matrimônio, fizessem-no "com a intenção de gerar filhos legítimos", e os censores, a cada lustro, lembravam-lhes esse compromisso moral, ao qual Marco viria a se conformar muito amplamente, uma vez que de seu casamento com Faustina nasceram treze filhos, sendo seis meninas e sete meninos. É verdade que Herodiano reconheceu apenas dois filhos varões dele e "diversas filhas"[58] – apenas dois filhos porque a história só havia conservado a lembrança dos dois últimos, que sobreviveram por muito tempo: Marco Ânio Vero César e seu irmão um ano mais velho, Lúcio Aurélio Cômodo, o futuro Cômodo. Já as filhas, menos importantes para o historiador, uma vez que não desempenharam nenhum papel direto na vida política, nem foram nominalmente identificadas!

A primeira filha a nascer foi Ânia Aurélia Galéria Faustina, que veio ao mundo em 147, cerca de dezoito meses depois do casamento dos pais. Passados mais dois anos, veio ao mundo a segunda filha, Ânia Aurélia Galéria Lucila. A primeira teve por *cognomen* o de sua avó materna, a imperatriz Faustina, esposa de Antonino; a segunda, o de sua avó paterna, Domícia Lucila, muito próxima de Marco. Junto com Domícia Lucila, filha de Marco Aurélio, nasceu seu irmão gêmeo, que não sobreviveu.

A intimidade

Muitos filhos nasceram em seguida: três varões – Tito Aurélio Antonino, Tito Élio Aurélio e Adriano – e, por fim, uma menina, Domícia Faustina, todos os quais morreram muito cedo. Em 159, provavelmente, nasceu Fadila, sobre quem temos poucas informações. Ela viria a desposar Marco Peduceu Pláucio Quintilo, cônsul em 177. Um pouco mais nova, Cornifícia nasceu em 161, no máximo. Recebeu o cognome de sua tia, irmã de Marco Aurélio. Casou-se com Marco Petrônio Sura Mamertino, cônsul em 182. Ao enviuvar, quando este foi morto por ordem de Cômodo, ela voltou a se casar, mas foi morta por Caracala, por haver chorado a morte de Geta. Já então, era muito idosa. Em 161, dois gêmeos vieram ao mundo: Tito Aurélio Fulvo Antonino e Lúcio Aurélio Cômodo. O primeiro morreu aos quatro anos de idade. Seu irmão tornou-se o imperador Cômodo.

O último filho varão de Marco e Faustina foi Marco Ânio Vero César, nascido em 162. Morreu em 169.[59] O último rebento do casal foi uma menina, Víbia Aurélia Sabina, mulher do cônsul de 181 Lúcio Antístio Burro e, mais tarde, de um fidalgo romano, Lúcio Aurélio Agáclito. Era ela, muito provavelmente, que estava com a mãe em Sirmio quando Herodes Ático compareceu perante Marco Aurélio.[60] A acreditarmos em Filóstrato, ela estava, nessa data (provavelmente 174, ou, pelo menos, antes da rebelião de Avídio Cássio), com três anos de idade; ainda não tinha a fala fluente, apenas "balbuciava". Logo, nascera em 171 ou 172. Seu primeiro marido, portanto, era vinte anos mais velho que ela, talvez um pouco menos, se foi elevado ao consulado antes da idade legal, pelo beneplácito de seu futuro sogro, em 181. Víbia Sabina contava então uns dez anos. Assim, podia tornar-se noiva de Burro a partir desse momento, mas o casamento só seria possível a partir de 183, no mínimo.

Dos treze filhos de Marco e Faustina, apenas cinco filhas sobreviviam em 161, quando teve início o reinado do novo Augusto. Entre os meninos, três ainda estavam vivos, porém dois – Tito Aurélio Fulvo Antonino e Marco Ânio Vero César – não tardariam a morrer, o primeiro em 165, o segundo em 169, como dissemos. Restou, portanto, apenas Lúcio Aurélio Cômodo, o futuro Cômodo, e é compreensível que Marco tenha depositado nele todas as suas esperanças.

Nas *Diatribes* de Epicteto, Marco poderia ler (e certamente o fez) um capítulo sobre as "afeições familiares", a φιλοστοργία que ele censurava os romanos por não praticarem.[61] Epicteto conta a história de um homem que não era feliz em família; recentemente, dizia ele, sua filha, ainda muito pequena, havia adoecido seriamente, ao que parecia. E ele, em sua dor, não pudera tomar a si a tarefa de permanecer à cabeceira da criança enferma; havia fugido e só voltara para casa ao lhe anunciarem que ela estava passando bem. Epicteto respondeu que esse homem não havia agido bem. Deixara-se levar por um impulso, certamente compreensível, comum a muitos pais, mas que resultava de um juízo equivocado. A ternura por um filho é um sentimento natural, e não ficar ao lado de um filho quando ele está doente é não se conformar à natureza.[62] Essa moral de Epicteto, nesse ponto em particular, era praticada por Marco Aurélio. A *Correspondência* com Frontão dá-nos um testemunho disto. Ali se evidencia que o imperador vivia em grande intimidade com seus filhos. Assim, por volta de 155, Frontão lhe escreveu: "Que comemores muitos aniversários de teus filhos com felicidade, amado pelo povo, estimado por teus parentes, querido por teus amigos ... eu pagaria por isto com o preço da minha vida"; e, ao terminar a carta, Frontão pede ao discípulo que beije por ele *"matronas nostras"*, "nossas mocinhas", nos pés e nas mãos, como era seu costume fazer.[63]

Cada aniversário, para Marco e Faustina, era um dia de festa.[64] Numa ocasião em que Faustina estava prestes a dar à luz mais um filho, Marco Aurélio ficou angustiado. Apelou para os deuses, mas nem por isso fugiu de casa, como fizera o interlocutor de Epicteto. Quando a criança nasceu, Frontão foi vê-la. Era uma menina, e Frontão disse que foi como se visse diante de si, "ao mesmo tempo, Marco e Faustina quando pequenos, a tal ponto a perfeição visível num e noutro era reencontrada em seu rostinho".[65] E Marco alegrou-se por Frontão ter ido visitá-lo. Orgulho de pai satisfeito![66]

Quando suas filhas, ainda pequenas, estavam com saúde, Marco não pedia mais nada aos céus. Durante um verão tórrido, escreveu a Frontão: "Ainda temos experimentado a canícula do verão, mas, já que todas as nossas pequeninas (que me seja permitido dizê-lo!) gozam de boa saúde, julgamos estar desfrutando do tempo mais saudável que há e de uma temperatura primaveril."[67]

Marco escreveu essas palavras por volta de 149, após o nascimento de suas duas filhas mais velhas, Faustina e Lucila. O vigor delas o consolava pela morte do gêmeo de Lucila.

A morte de um filho é dolorosa, sem dúvida, mas faz parte da ordem do mundo. A vida dos que subsistem, por sua vez, é pura fonte de alegria. Num

A intimidade 245

momento em que Marco estava particularmente ocupado, em que os assuntos a tratar se acumulavam e não podiam ser adiados, ele encontrou tempo para escrever algumas palavras a Frontão, para lhe anunciar que "a pequerrucha [provavelmente Cornifícia, a quinta filha] está passando melhor e começa a correr um pouco por todo o quarto".[68] Entre 147 (dezoito meses depois do casamento de Marco e Faustina) e o momento em que a morte de Frontão pôs fim à correspondência, a presença das crianças adivinha-se a todo instante, tanto em Roma quanto durante as temporadas passadas nas vilas imperiais. Em contrapartida, não há qualquer alusão à morte dos que se foram, durante esses mesmos anos, e eles foram seis! Marco Aurélio se manteve fiel à tradição romana, que ditava que o pai aceitasse com aparente impassibilidade o desaparecimento de seus filhos, em especial dos filhos varões. Certamente ele se lembrava de Paulo Emílio, que havia enterrado seu filho justamente na véspera do dia em que deveria celebrar seu triunfo, e enterrara o segundo dois dias depois, mas que pusera seus deveres de cidadão acima de seus lutos pessoais,[69] considerando que a Fortuna, ao atingi-lo pessoalmente, havia compensado o bastante a felicidade trazida para Roma pela vitória sobre Perseu. Como quer que fosse, Marco Aurélio silenciou sobre a perda de seus filhos. Frontão, como vimos, foi menos discreto ao tomar conhecimento da morte de seu neto,[70] e foi com um longo discurso que tentou consolar-se, sem grande sucesso, ao que parece. Já Marco devia sua firmeza de espírito a dois tipos de razões: o exemplo dos velhos romanos e as teses dos estoicos. Os primeiros tornavam manifesta a sua vontade de perpetuar as virtudes da Cidade; os últimos correspondiam ao instinto do Bem e do Mal que ele desenvolvera em si, depois de descobrir a doutrina de Ariston. Ele sabia que, na ordem do mundo, a morte não era um mal. Deplorá-la, mesmo quando se tratava de um ente querido, era uma fraqueza.

Todos os membros da família imperial uniam-se entre si por laços de ternura. Gostavam de ir à casa uns dos outros. Assim, mais ou menos em 146 (um ano depois do casamento de Marco), vimos reunidas com o imperador, em Lório, sua mãe e sua irmã Ânia Cornifícia, além de Faustina.[71] Em 161, provavelmente quando da morte de Antonino, as filhas de Marco Aurélio foram acolhidas por Matídia, a tia-avó do imperador.[72]

Essa união da família imperial traduz-se pela escolha dos nomes dados às filhas de Marco Aurélio. Já vimos isto no tocante às duas primeiras, Faustina e Lucila. A terceira, Cornifícia, recebeu o *cognomen* de sua tia, irmã de Marco. Fadila, nascida um pouco antes de Cornifícia, recebeu o que tinha sido usado pela mãe e por uma das filhas de Antonino. Víbia Sabina, a última, recebeu esse nome em homenagem ao da esposa de Adriano, filha de Matídia.

A coesão e a continuidade familiar dos Antoninos, traduzidas pelo retorno dos mesmos nomes, geração após geração, decerto satisfaziam a necessidade de ternura, a φιλοστοργία de Marco Aurélio, e, ao mesmo tempo, podiam tranquilizar a opinião pública. A tradição patriarcal, ainda inscrita nas leis, os laços de sangue e os que eram criados pelas adoções exerciam um papel essencial na sociedade romana. Nesse aspecto, a "família" imperial aparecia como uma espécie de arquétipo. Mas havia um perigo. Havia a lembrança de que, um século antes, com os Júlio-Claudianos e, posteriormente, com os Flavianos, parecera que o povo romano e seu império iam tornar-se como que a herança de uma única família, que se elevaria a tal ponto acima de todas as demais, que nada subsistiria da antiga liberdade nem da igualdade de todos os cidadãos perante a lei.

Em 162, pouco tempo depois da morte de Antonino, esse problema foi levantado pela morte de Matídia. Sobrinha de Trajano e sogra de Adriano, ela estava à testa de uma fortuna considerável. A acreditarmos em Frontão, possuía sozinha grande parte dos "tesouros de Antonino".[73] Ela havia legado esses tesouros a Marco e Faustina, como convinha, porém, nos últimos anos de vida, tinha acrescentado a esse testamento codicilos que favoreciam alguns de seus libertos, pelos quais Frontão não nutria qualquer estima. Ela fizera isso de maneira desordenada, sem levar em conta as proporções que cabiam por lei aos herdeiros principais, e depois revogara pelo menos alguns desses codicilos, de modo que, quando de sua morte, a situação era muito complexa. Os beneficiários dos legados secundários negaram que a revogação de codicilos fosse válida e tentaram fazer valer seus direitos. Se lograssem êxito, seria preciso vender toda a herança, a fim de repartir as somas resultantes nos termos da lei Falcídia, um texto que datava da República e continuava em vigor, e nisso residia o perigo. Cabia a Marco, em seu conselho, tomar a decisão final. Ora, escreveu Frontão, ao se aplicar a lei, "quantas maledicências, quantas queixas se levantarão, quando esses bens se dispersarem, em virtude da lei Falcídia? O colar de pérolas tão célebre, tão enaltecido, e os outros adornos de preço tão elevado, quem os comprará? Se tua mulher os comprar, dirão que ela fez deles seu butim, que os obteve por preço vil, e que isso diminuiu a parte daqueles que têm direito. Mas, dirás tu, Faustina não comprará esses adornos. Quem, então, comprará essas pérolas, que foram legadas a tuas filhas? Despojarás o pescoço de tuas filhas para que elas adornem o colo obeso sabe-se lá de quem? ... Até aqui", prosseguiu Frontão, "tu te mostraste em todos os assuntos um juiz justo, sério, imparcial. Começarás agora, numa causa que concerne a tua mulher, a julgar de maneira equivocada? Assim te assemelharás ao fogo, se queimares os que te são próximos e iluminares os que estão longe de ti".[74]

O conflito de deveres era evidente e, ao redor de Marco Aurélio, temeu-se que, dominado pelo desejo de parecer justo, ele cometesse uma injustiça com os seus. Iria sua afeição pela mulher e pelas filhas ceder diante do que Frontão considerava uma ilusão de justiça? Nesse episódio, ele mesmo tomou sua decisão, depois de consultar "os dois seres que lhe eram mais caros",[75] Frontão e Lúcio, e, segundo disse, logo mostrou a Faustina a carta de Frontão, na qual este havia "defendido a causa deles", e lhe agradeceu por ter sido a ocasião que havia provocado tamanha argumentação de defesa por parte de seu mestre.[76]

Esse caso do testamento de Matídia nos permite discernir os sentimentos complexos e contraditórios que dividiam o coração e o espírito de Marco Aurélio. Preocupado em evitar tudo que pudesse dar a impressão de injustiça, ele se dispunha a recusar, para os seus, o que Matídia lhes havia destinado. A preocupação com o Estado suplantava suas afeições mais legítimas. Ele não queria recomeçar os erros que tinham levado seus predecessores à perdição, a avidez que os fizera aproveitar-se de seu poder para acumular tesouros. Não queria que sua mulher e filhas pudessem ser comparadas, na opinião pública, às imperatrizes de outrora, a Agripina, por exemplo, cuja avidez e paixão por adornos eram muito conhecidas.[77] Dezesseis anos depois, antes de seguir para a fronteira com a Germânia, ele mandaria vender em leilão os tesouros da casa imperial, para financiar a campanha contra os germanos.[78] Nessa ocasião, porém, Faustina já não estava viva e não havia mais nenhum conflito entre a ternura e a dedicação ao Estado. Tornara-se possível proclamar que o que pertencia ao imperador lhe era concedido pelo Estado, na realidade. Assim, já não se poderia suspeitar que o príncipe considerava o povo romano como sua herança.

O casamento de Marco Aurélio e Faustina tinha sido uma aliança política, a qual havia permitido a Antonino proporcionar-se um sucessor de sua escolha.

Isso era conforme não apenas à tradição estabelecida desde os Júlio-Claudianos, como também, em termos mais gerais, às da aristocracia romana, na qual pouco se levavam em conta os sentimentos ou inclinações que os noivos pudessem experimentar. Marco Aurélio seguiu os mesmos princípios para casar suas filhas, mas com algumas diferenças. Com efeito, Herodiano escreveu: "No que concerne às filhas, ele [Marco] as deu, quando se tornaram núbeis, aos personagens mais ilustres do senado. Queria ter por genros não aristocratas saídos de longas sucessões de avós, nem tampouco cidadãos cujo brilho viesse das riquezas que os cobriam, mas homens que se recomendassem pela harmonia de seu caráter e pela temperança de sua vida, porque essas qualidades, exclusiva e inalteravelmente espirituais, constituíam, a seu ver, os únicos bens verdadeiros."[79]

A intenção, atribuída por Herodiano a Marco Aurélio, de só ter por genros personagens de valor já confirmado, e que parece ter sido real, acarretou a consequência de suas filhas só virem a desposar maridos sensivelmente mais velhos que elas. Nada de casamentos por inclinação. A razão de Estado ou os cálculos políticos, na falta dela, prevaleciam. Tal postura não era contrária às tradições romanas, longe disso! Sabemos que Faustina, a Jovem, mulher de Marco Aurélio, tinha uns onze anos menos que ele. Vimos também que o marido de Víbia Sabina, a última dentre as filhas do imperador, devia ser uns vinte anos mais velho que ela. O da filha mais velha, Faustina, foi o senador Cneu Cláudio Severo, cuja família era originária da Paflagônia. Ele havia iniciado sua carreira no reinado de Antonino, de quem fora questor. Nasceu em 133, provavelmente, e seu primeiro consulado se deu, ao que parece, em 166. Era pelo menos quinze anos mais velho que sua mulher. Lucila, a caçula, casou-se com Lúcio Vero em 164. Tinha quinze anos, e Lúcio, 34. Após a morte de Lúcio, ela se casou com Tibério Cláudio Pompeiano, apesar da repugnância que ela e a mãe nutriam por ele.[80] Pompeiano era de origem síria e provinha de uma família da categoria equestre. Tinha pelo menos vinte anos mais que Lucila. Dissemos as razões que guiaram a escolha de Marco Aurélio nessas segundas núpcias: Pompeiano tinha experiência da frente danubiana, e era um dos oficiais mais antigos e mais respeitados do exército engajado na guerra contra os germanos e os sármatas. Estava perfeitamente a par das intenções de Marco Aurélio, de seu grande projeto de estender o império até as margens do oceano[81] e, depois da morte do imperador, tentou em vão fazer com que Cômodo não abandonasse esse projeto.

A intimidade

Fadila, provavelmente nascida em 159, recebeu como marido Marco Peduceu Pláucio Quintilo, sem dúvida nascido em 144, o que estabelece entre os cônjuges uma diferença de pelo menos quinze anos. Não se sabe por que razão Marco o escolheu. Sabemos apenas que ele era filho de Ceiônia Fábia, que outrora Adriano havia tornado noiva de Marco Aurélio. Terá sido por esse motivo, e por uma espécie de compensação, que o imperador o fez casar-se com Fadila? Ignora-se. Não convém pensarmos num resto de ternura do imperador por sua ex-noiva, uma vez que quando esta, após a morte de Faustina, tentou fazer com que ele a desposasse, Marco se recusou a tal e, em vez de tomar uma nova esposa, contentou-se com uma concubina.

Vimos que o primeiro marido de Cornifícia foi Marco Petrônio Sura Mamertino, filho de um antigo prefeito do pretório e provavelmente nascido em 149. Era, portanto, dez ou onze anos mais velho que sua mulher, nascida em 160. O casamento ocorreu após a rebelião de Avídio Cássio e depois do retorno de Marco a Roma. Petrônio, ou o pai dele, associara-se a Frontão,[82] mas isto não explica por que o imperador o teria querido como genro.

Nenhum dos maridos que ele deu a suas filhas parece ter sido filósofo. Outros motivos intervieram, certamente. Nota-se que as origens familiares deles eram variadas: um veio da Ásia Menor, outro, da Síria; Lúcio Antístio Burro, o primeiro marido de Víbia Sabina, nasceu em Tíbilis, na África, na região de Cirta (Constantina), pátria de Frontão. Muito curiosamente, nenhum espanhol figura nessa lista. Mais uma vez, parece que as "raízes" provinciais tinham pouca importância nesse império de vocação universal. Os novos laços, criados pelo casamento ou pela adoção, eram muito mais importantes. O parentesco com a família imperial tornava-se um título de nobreza e desígnio para funções elevadas.

Ao utilizar os casamentos das filhas da maneira que vimos, Marco Aurélio quis cercar-se, primeiramente, de colaboradores eficazes e dos quais pudesse estar seguro; além disso, ele tentou fazer com que Cômodo se beneficiasse de apoios similares. Todos os genros escolhidos eram mais velhos que o cunhado deles. Marco podia esperar que assegurassem a continuidade de seu próprio reinado. Pois bem, nada disso aconteceu, uma vez que o mais prestigioso dentre eles, Pompeiano, teve de se curvar à vontade de Cômodo!

Nem a *Correspondência* com Frontão, que se interrompeu muito cedo, nem as *Meditações* nos informam sobre as relações de Marco Aurélio com suas filhas após as respectivas bodas. Lemos apenas, no Livro I das *Meditações*, entre os benefícios dos deuses para com ele, "que aos filhos que me nasceram não tenham faltado qualidades naturais e que eles não tenham sido fisicamente disformes".[83] Entretanto, todas as reflexões de Marco Aurélio, nessa ocasião, orientavam-se para o passado, para aquilo que o fizera ser quem era. Ele estava preocupado com seu próprio encaminhamento espiritual. Também não fez qualquer alusão, exceto uma ou duas, muito fugazes, aos eventos que então se desenrolavam diante dos seus olhos, à guerra, à rebelião de Avídio Cássio, os quais, no entanto, eram-lhe importantes. Do silêncio que ele guardou sobre os seus não devemos depreender indiferença. Ele apenas sabia que toda a vida que vivera havia mergulhado no nada: "Revê em espírito", escreveu, "por exemplo, o tempo de Vespasiano. Verás tudo isso: pessoas que se casam, criam filhos, adoecem, morrem, guerreiam, festejam, dedicam-se ao comércio, trabalham a terra, lisonjeiam, são malevolentes, rezam pela morte de outrem, murmuram contra o presente, amam, acumulam dinheiro, desejam ser cônsules ou imperadores. Pois bem, de toda a vida dessas pessoas, nada mais existe."[84]

Do mesmo modo, de todos os filhos que Faustina lhe dera, e muitos dos quais mal tinham visto a luz do dia, os sobreviventes estavam agora longe dele, misturados ao curso do mundo. Assim, o imperador permanecia em sua solidão, preparando a existência deles com o que tinha de melhor, mesmo estando ciente de que tudo aquilo estava fadado ao esquecimento, e se interrogava: "Para que, então, trabalhar com seriedade? Unicamente para isto: uma vontade de justiça, atos de alcance social, uma linguagem que nunca possa ser mentirosa, uma atitude espiritual de acolhida àquilo que sobrevém como algo necessário, já conhecido, decorrente do mesmo princípio, da mesma fonte."[85]

Marco Aurélio tinha consciência de em tudo haver agido de acordo com os mais elevados interesses. Seus filhos, na medida em que eram parte dele mesmo, também contribuíram para essa obra que o deus lhe impusera. A ternura pertence à ordem do efêmero.

GOSTARÍAMOS DE ESTAR MAIS INFORMADOS do que estamos sobre a vida conjugal de Marco Aurélio. A *Correspondência* com Frontão e a *História Augusta*, assim como Dião Cássio, trazem-nos alguns esclarecimentos a esse respeito, por vezes enganosos, não sendo fácil discernir o que foi real e o que é apenas lenda.

A intimidade 251

O nome de Faustina, a Jovem, aparece pela primeira vez numa carta de Antonino a Frontão, durante o consulado deste último, em 143. Em seu discurso de agradecimento, Frontão tinha feito uma alusão à menina. Antonino foi muito sensível a isso, e sua resposta, que já citamos,[86] diz muito da afeição que ele nutria por essa criança, então com uns dez anos de idade. A mãe dela havia morrido dois anos antes (numa data situada entre 10 de dezembro de 140 e o mês de junho de 141), e ela se tornara a companhia cotidiana de seu pai na casa do Palatino. Noiva de Marco Aurélio desde o início do reinado, ela estava prometida ao lugar de imperatriz e, com efeito, dois anos depois do casamento, que se realizou em 145, assumiu o título de Augusta. Podemos indagar se, após a atmosfera de ternura que havia conhecido junto ao pai, ela encontrou uma afeição compatível no marido. Faustina ainda tinha apenas, ao que se supõe, uns treze anos. Sua saúde não parece ter sido excelente, pois, no próprio ano em que se tornou Augusta (enquanto Marco ainda era apenas César, assim devendo permanecer até 161), Frontão rogou aos deuses que ela se restabelecesse de uma doença que não é precisada de outras maneiras.[87] Essa saúde precária talvez explique o fato de o nascimento do primeiro rebento (Ânia Aurélia Galéria Faustina) só haver ocorrido em 147.

Desde o início do casamento, na casa de Domícia Lucila, sua sogra, Faustina conheceu a mulher de Frontão, Graça, que, mais ou menos nessa época, havia trazido ao mundo uma menina, Graça *minor*. Todavia, a mulher de Frontão tinha uma ligação mais estreita com Lucila, devido à idade de ambas e à antiga intimidade existente; Faustina era menos próxima dela. Recémchegada a esse pequeno círculo de amigas, ela não podia deixar de se sentir submetida à autoridade das mais velhas. Durante sua enfermidade, que se seguiu ao casamento e se traduziu numa febre recorrente, ela se mostrou obediente e submissa, com o que seu marido rejubilou-se.[88] Comumente, era essa a situação das "esposas-meninas" nos primeiros anos do casamento.

Mais tarde, pouco a pouco, Faustina ocupou um lugar cada vez maior na casa de Marco Aurélio. A *Correspondência* quase não a menciona, mas o Livro I das *Meditações* cita-a nominalmente com louvor, entre as dádivas que Marco devia aos deuses: "O ter (ou ter tido) uma mulher como a minha, tão dócil, tão afetuosa, tão simples."[89] Foi um elogio mais positivo do que o feito por ele a seus filhos, e que era essencialmente negativo! Pela brevidade, o elogio lembra a antiga fórmula dos epitáfios dedicados às mulheres romanas, enaltecidas por haverem fiado lã e cuidado da casa. Marco Aurélio acrescentou a isso a menção da "ternura" dela, e sabemos da importância que atribuía a esse sentimento, no qual via o laço social por excelência. Sabemos também que, se o velho Catão, cujas obras ele tanto apreciava e que era um de seus modelos, sentia uma ternura real por sua mulher, abstinha-se de demonstrá-la. Plutarco assegura, com efeito, que Catão nunca tomava a mulher em seus braços, a não ser quando trovejava forte e ela o procurava.[90] Marco Aurélio, por sua vez, gabava-se de ter sido ternamente amado e não sentia qualquer vergonha de confessá-lo, mas o fez com grande discrição, e numa obra que não se destinava a ser lida. Adivinha-se nele o desejo de não imitar a maioria de seus predecessores, cujas mulheres tinham levado uma vida pouco discreta, muito distante do antigo pudor.

Quando se tratou de acompanhar Lucila à Síria, onde ela deveria desposar Lúcio, não foi Faustina a encarregada dessa missão, como teria parecido normal, e sim uma "irmã" que não sabemos quem foi, já que, como mostramos, não pode ter sido a irmã de Marco Aurélio, Ânia Cornifícia, morta havia muito tempo.[91] Convém pensarmos, antes, em Ceiônia Fábia, a irmã de Lúcio que tinha sido noiva de Marco Aurélio. Qualquer que tenha sido o caso, como explicar que Faustina tenha permanecido em Roma? Provavelmente, a razão não foi, como se disse, ela ter de permanecer junto aos filhos pequenos,[92] mas sim o desejo do imperador de não cercar o evento familiar em que consistia o casamento de sua filha de um fausto e uma solenidade que ele julgava inconvenientes. Ele próprio acompanhou Lucila e seu séquito até Brindisi, onde ela embarcou, e em seguida retornou a Roma e escreveu ao procônsul da Síria para que não se reservasse à noiva uma recepção oficial.[93] Estava-se muito longe do tempo de Agripina!

Ignoramos quais eram os sentimentos da própria Faustina, assim mantida na sombra. Será que não experimentava certo rancor? Marco Aurélio, como vimos, elogiou-a por sua "obediência". No entanto, sabemos que, passados cinco ou seis anos, depois da morte de Lúcio, ela se esforçou por impedir o novo casamento de Lucila, que deveria uni-la a Pompeiano.[94] A razão dessa repugnância está indicada na *Vida de Marco Aurélio*. Nem Lucila nem Faustina julgavam que Pompeiano fosse de situação suficientemente elevada para desposar uma Augusta, filha de uma Augusta (isto é, dela mesma[95]). Marco não tomou conhecimento. Podemos assim entrever as ambições ocultas, às vezes

A intimidade 253

confessas, das mulheres da corte, e as reservas que elas podiam ter a respeito da política seguida pelo imperador, que não levava em conta esses sentimentos. Caberá concluirmos daí que o casamento de Marco Aurélio com Faustina, apesar do otimismo oficial ou até das ilusões semivoluntárias do imperador a esse respeito, foi semelhante ao de Cláudio e Messalina?

Quando da morte do imperador, corria toda sorte de rumores em meio ao povo. Diziam que Faustina levara uma vida dissoluta, que, em certa ocasião, nutrira uma paixão irresistível pelos gladiadores que via passar, que tivera um deles como amante, e que Cômodo havia nascido desses amores.[96] Segundo uma outra versão, a libertinagem de Faustina teria ocorrido em Gaeta, onde Marco Aurélio gostava de passar temporadas. A imperatriz, diziam, ali escolhia seus amantes, entre gladiadores e marinheiros.[97] Ainda outra versão lhe atribuía romances com atores de pantomimas[98] e, em meio ao povo, repetia-se que Marco Aurélio estava a par disso e que, uma manhã, havia surpreendido sua mulher tomando o desjejum com um certo Tertúlio, o que não o impedira de favorecer a carreira deste (vários personagens notáveis, ao longo desse período, tinham esse *cognomen*).[99] A ligação amorosa com esse Tertúlio havia sido tão conhecida, que um autor de pantomimas teria feito alusão a ela em cena. Diziam também que Marco fora informado de tudo isso, mas que assim respondera aos que o aconselhavam a repudiar Faustina: "Se mandarmos embora nossa esposa, que também lhe entreguemos seu dote."[100]

Em tudo isso entra uma grande parcela de lenda. Por exemplo, a de que Faustina, enferma, teria um dia confessado a Marco Aurélio a sua má conduta e sua paixão por um gladiador. Marco teria consultado os adivinhos. A resposta destes foi que era preciso matar o gladiador em questão e colher o sangue dele, no qual Faustina deveria banhar-se antes de se unir a seu marido.[101] A história é pouco digna de crédito. Pode ter sido imaginada durante o reinado de Cômodo, na época em que este se mostrava apaixonado pelos jogos do anfiteatro. Faz parte da tenebrosa lenda de que logo foi cercado o sucessor de Marco Aurélio.[102] Os amores entre uma grande dama e um gladiador eram um tema – já retomado e ilustrado por Juvenal na *Sátira contra as mulheres* – que alimentava a imaginação popular. Nada nos autoriza realmente a supor que Faustina tenha tido tal conduta.

Quanto à complacência de que Marco Aurélio teria dado mostras, também nesse caso não se pode alegar nenhuma indicação realmente decisiva.

O dito atribuído a ele, ainda que tenha sido autêntico, pode ser interpretado de várias maneiras. É certo que, através de seu casamento, Marco foi herdeiro de Antonino. Repudiar Faustina romperia a continuidade dinástica do regime. O poder, em certo sentido, era realmente o "dote" da imperatriz. Mas não estava ligado à pessoa dela, e Marco não podia estar falando sério em sua tirada espirituosa. Talvez quisesse apenas dizer que esse casamento tinha sido importante demais, na evolução do império, para que fosse possível rompê-lo sem que daí sobreviessem graves consequências. Simples mexericos não podiam prevalecer contra a razão de Estado. Era melhor ignorá-los. A brincadeira, neste caso, poderia simplesmente significar que o imperador se recusava a participar do que, de qualquer modo, seria um mau negócio; de Faustina ele preservou a imagem que posteriormente ofereceu nas *Meditações*, e que já relembramos.

Podemos também interrogar-nos sobre o papel que ela teria desempenhado durante a rebelião de Avídio Cássio. Já apresentamos a versão colhida por Dião Cássio, que atribui à imperatriz a ideia inicial da revolta.[103] Mais uma vez, será que isso é crível? O autor da *Vida de Avídio Cássio* afirma que Faustina desconhecia as intenções deste,[104] mas é provável que as cartas que ele alega para corroborar sua tese não sejam autênticas. Faustina estava em Sirmio na ocasião em que Avídio pegou em armas contra Marco Aurélio. Teria ela temido pela vida do marido e, cedo demais, solicitado o apoio de Cássio? Talvez ela nada tenha tido a ver com todo esse drama. Marco Aurélio, pelo menos, agiu como se assim fosse e, tendo-a levado consigo para o Oriente, fez com que lhe fossem prestadas, por ocasião de sua morte, honras divinas.[105] Parece difícil pensar que tudo isso não tenha passado de encenação por parte do príncipe, do mesmo modo que teria sido apenas encenação o seu ostentado desconhecimento de seus infortúnios conjugais. Teria a razão de Estado, que o obrigava a manter a ficção de uma perfeita harmonia no seio da casa imperial, prevalecido sobre a parcialidade em relação à verdade e sobre o horror à mentira, que remontavam à infância do imperador? Ter-se-ia o *Verissimus* de Adriano transformado no mais maquiavélico dos monarcas? Ou será que foi o mais cego e mais ingênuo deles?

As acusações feitas a Faustina foram retomadas (ou talvez imaginadas) por Mário Máximo na época dos Severos.[106] Explicam-se bem pelo contexto político desse período. Tratava-se, aparentemente, de deslustrar a memória

A intimidade

do imperador filósofo e de seus parentes, sobretudo a de Faustina, a quem não se podia perdoar por ter sido mãe de Cômodo.

Seja como for, Marco Aurélio recusou-se a se casar, embora sua ex-noiva, Fábia, irmã de Lúcio, tenha tentado fazer-se desposar por ele. "Ele tomou uma concubina, filha de um de seus procuradores, para não dar uma madrasta a tantos filhos."[107] Mas terá sido essa a verdadeira razão? Não se trataria, antes, de não comprometer a posição de Cômodo, se de um segundo casamento nascesse outro filho varão?

8. O livro das Meditações

EM MUITAS OCASIÕES, ao longo das páginas anteriores, fizemos referência ao livro das *Meditações*, dando-lhe este título, que se tornou tradicional, mas que decerto não remonta ao próprio Marco Aurélio.[1] Nele encontramos certo número de informações precisas, pontuais, sobre o que foi a infância do futuro imperador, a atmosfera familiar em que ele viveu e cuja lembrança sempre permaneceu viva em seu espírito e em seu coração. Houve muitos momentos em que buscamos em tais informações uma indicação destinada a apoiar tal ou qual interpretação proposta por nós, em relação a uma atitude ou ação que as fontes narrativas ou jurídicas nos davam a conhecer. Elas nos ajudaram, então, a resgatar a "paisagem" interior de Marco Aurélio, a que ele trazia dentro de si, ao menos em dado momento de sua vida. Que momento? Tentaremos precisá-lo, o que não constitui o menor dos problemas levantados por esse livro, quase único na literatura antiga.

Todos os depoimentos relativos à biografia de Marco Aurélio figuram no Livro I da obra. Os outros livros encerram "meditações" aparentemente atemporais, de caráter teórico, concernentes à condição humana, à vida, à morte, à ordem do mundo, à criação do seu conjunto (o que Marco Aurélio chama de Natureza), às divindades, ao deus supremo, a toda sorte de problemas morais decorrentes da conduta pessoal ou dos comportamentos sociais, à Fortuna, isto é, ao conjunto das circunstâncias, aparentemente fortuitas, mediante as quais se realiza a finalidade do universo, e por fim, aos valores reconhecidos pelos seres humanos, como a glória, a riqueza, tudo que os homens desejam e que ficam muito infelizes por não obter. Essas considerações, apresentadas sob a forma de parágrafos desiguais, sem ligação aparente entre eles, começam no início do Livro II e se encerram somente no XII, o último.

A impressão produzida por esse conjunto de numerosos pontos díspares não deixa de ser desconcertante, e justifica a opinião, aceita de modo muito ge-

O livro das Meditações   257

ral pelos comentaristas modernos, de que as *Meditações* não foram concebidas como uma obra coerente e como a realização de um dado objetivo, desejado em algum momento, mas são, na realidade, uma série de reflexões surgidas ao acaso, no decorrer de um período bastante longo, quer espontaneamente, quer por ocasião de algum evento sobre o qual tudo desconhecemos, porque Marco Aurélio não julgou conveniente mencioná-lo e porque sua intenção não era contar a leitores tal ou qual episódio de sua vida, que tinha a ver apenas com o transitório e o contingente, e sim, a propósito desse evento, elevar-se à significação que ele podia apresentar para seu ser interior. Tratava-se, para ele, de ir além do véu das aparências e descobrir a essência, o ser real das coisas. Para isso, entretanto, não era necessário ordenar essas reflexões, apresentá-las a terceiros de acordo com algum encadeamento que as tornasse inteligíveis. Todo o valor delas residia no próprio fato de ele as haver concebido.

A verdadeira unidade dessa obra deve ser buscada, portanto, na atitude espiritual do próprio Marco Aurélio, na maneira de acolher sua vida e apreender o real. Ele procede sempre a partir de um dado. Em momento algum encontraremos nas *Meditações* uma exposição sistemática de sua filosofia. Em particular, só muito excepcionalmente ele se refere aos grandes clássicos do estoicismo. Crísipo só aparece no livro, na verdade, uma única vez, com uma alusão pouco explícita a um aspecto doutrinário, inteligível apenas graças a uma passagem de Plutarco.[2] Seu nome ressurge uma outra vez, mas apenas entre os dos grandes homens que, como ele, foram tragados pelo tempo.[3] Em contrapartida, em vão procuraríamos Zenão, Cleanto ou o próprio Ariston, cujo pensamento havia desempenhado um enorme papel no encaminhamento espiritual de Marco Aurélio.[4]

Apenas um pequeno número dos outros filósofos, os não pertencentes ao Pórtico, aparece citado nas *Meditações*, e raramente por sua doutrina. Platão é mencionado somente duas vezes, de passagem: a primeira é uma simples alusão a sua "república"; a segunda, uma citação do *Teeteto*, porém mais é um trocadilho que uma referência a uma ideia integrada ao raciocínio desenvolvido no diálogo.[5] Aristóteles está totalmente ausente. Epicuro aparece explicitamente em dois momentos, uma vez com a célebre formulação que assegura aos humanos que a dor, quando é insuportável, não dura, e que, quando dura, só pode ser suportável; o outro momento é uma passagem em que Epicuro conta que, durante uma doença recente, os males de seu corpo não o haviam impedido de conservar a perfeita liberdade de espírito. A citação que Marco Aurélio faz dessa passagem é bastante longa, e podemos imaginar que tenha correspondido a seu estado de ânimo no momento em que a comentou, quando a doença trazia o risco de perturbá-lo no cumprimento de seus deveres.[6] Por fim, há uma máxima epicurista que ele relata, a propósito do interesse dos aspirantes à sabedoria em escolher um guia no qual tenham fixado seus olhos.[7] Marco, por outro lado, não desconhece a física dos epicuristas; faz diversas alusões a ela, mas como a uma tese conhecida, uma possibilidade puramente teórica, que ele rejeita e que serve de ponto de partida para um raciocínio pelo absurdo.[8] Demócrito, a quem os epicuristas deviam o atomismo, só é mencionado em razão de sua morte, provocada por piolhos[9] – embora possa não se tratar de Demócrito, e sim de Ferécides de Siro, discípulo do "sábio" Pítaco.[10]

Heráclito é citado com mais frequência que Demócrito, o que é explicável, já que sua física tinha sido retomada pelos estoicos e combinava bem com o sistema de mundo concebido por Marco Aurélio. Ela ilustra o devir universal, a transformação incessante dos elementos entre si, e também o retorno dos seres a seus componentes. É "o caminho sobre o qual não devemos esquecer aonde nos conduz",[11] é ainda a necessidade de os homens conquistarem sua autonomia intelectual e moral, de não serem sempre "filhos de seus pais", e também de não falarem "como quem dorme" e desconhecerem a presença, na vida cotidiana, da Inteligência que governa o universo. Não é certo que Marco Aurélio tenha tido conhecimento direto da obra de Heráclito. É mais fácil acreditar que teria descoberto o pensamento dele através de algum intermediário estoico, e que tal pensamento seria, para ele, mais uma ilustração da visão de mundo própria do Pórtico que um conjunto de argumentos destinados a fundamentá-lo como verdade.

As *Meditações* contêm um grande número de alusões a Sócrates: onze, no conjunto dos livros. Nelas, Sócrates é proposto como um exemplo para os filósofos, ou, pelo menos, para os homens desejosos de libertar seu ser interior. É uma espécie de medida da autonomia moral. Antonino, por exemplo, diz Marco Aurélio, igualou-se a ele por seu autodomínio.[12] Sócrates é a prova viva de que é possível os homens se desligarem de suas paixões.[13] Toda sorte de lendas e anedotas tomavam-no por herói e eram repetidas nas escolas. Marco não desconhecia isto e fez alusão a algumas,[14] porém o importante, "o que

O livro das Meditações

259

convém examinar, é em que disposições Sócrates mantinha sua alma, se sabia contentar-se com o mostrar-se justo para com os homens e devoto para com os deuses, sem se indignar com a perversidade daqueles nem se escravizar ao seu desconhecimento de um destes, sem acolher nada do que constitui sua parcela no interior do Todo como algo estranho a ele mesmo, nem suportá-la como intolerável, não deixando o espírito exposto ao contágio das paixões de sua carne miserável".[15]

O Sócrates de Marco Aurélio, como vemos, é muito estoicizado, talvez até romanizado. Não é o Sócrates de Platão nem o de Xenofonte. Tampouco há qualquer pesquisa para tentar encontrar um Sócrates "histórico". Não há nenhuma erudição nesse retrato daquele que esteve na origem de todas as filosofias gregas, de Platão a Zenão, a Epicuro e a seus discípulos. Ele era um exemplo sentido como vivo, para além da morte, um modelo ideal que se era convidado a imitar em tudo na vida. Seu próprio pensamento permanecia rebelde a qualquer conformação, flexível o bastante para que diversos sistemas pudessem recorrer a ele e servir-se dele como garantia.

Esse exemplo de Sócrates nunca deixou de inspirar os filósofos, desde o século IV a.C. Parece, de fato, que entre o jovem príncipe e o Sócrates da lenda alimentada pelos filósofos, o intermediário foi Epicteto, que sabemos mais ter sido um "praticante" da vida moral do que um teórico. Tal como Marco Aurélio, Epicteto insurgiu-se contra os filósofos ligados à dialética. Acusou os Acadêmicos, em particular, de enaltecer nos jovens um niilismo intelectual que os fazia negligenciar as verdadeiras virtudes.[16] A leitura das *Diatribes*, nesse aspecto, preparou a de Ariston de Quios, que viria mais tarde na vida de Marco Aurélio. Com efeito, o imperador havia conhecido os textos de Epicteto graças a Q. Júnio Rústico, cônsul sufecto em 133 e, por conseguinte, uns vinte anos mais velho do que ele. Na ocasião, Marco não passava de um menino e Rústico tinha conseguido corrigir algumas falhas dele.[17] Na época, ainda não se tratava de iniciar o jovem no estoicismo, mas apenas de prepará-lo para um dia vivê-lo, o que aconteceu. Epicteto forneceu a Marco Aurélio a base sobre a qual se ergueria sua filosofia. As *Meditações* nos trazem a prova disso.

Com efeito, Marco Aurélio parece haver encontrado em Epicteto certo número de máximas, vindas de outros lugares, que ele fez suas e cuja origem não se preocupou em precisar, a tal ponto elas se integraram ao seu pensamento. Nas *Diatribes*, Epicteto havia citado duas vezes o dito platônico de que "é sempre a contragosto que a alma, qualquer que seja, é privada da verdade".[18] A formulação é idêntica nas duas passagens. Marco Aurélio a retomou nos mesmos termos, acrescentando uma única palavra, "dizem", o que a transformou numa espécie de provérbio, ou melhor, de axioma. Depois, à ideia de "verdade" ele acrescentou as outras virtudes, o que generalizou seu alcance.[19]

Um conjunto de notas, no Livro XI das *Meditações*, mostra claramente como era o método de Marco Aurélio. Ele ia anotando ao longo de suas leituras, ou encontrava na memória, passagens que lhe pareciam passíveis de alimentar sua meditação; em seguida, ligava a elas outras formulações, que acabavam por formar uma espécie de constelação. Assim, no Livro XI, ele começa por um verso de um poeta trágico (hoje desconhecido): "Por teu nascimento, és escravo; não tens direito à palavra", e vem em seguida uma citação da *Odisseia*: "E a rir se pôs meu coração";[20] segue-se um verso de Hesíodo: "Ataca-se o mérito, proferindo contra ele palavras contundentes."[21] Depois disso, há empréstimos extraídos de Epicteto, uns após outros, embora eles não sejam sequenciais nas *Diatribes*,[22] e por fim, vemos três citações de Epicteto pertencentes a uma obra hoje perdida. As citações das *Diatribes* falam de figos que em vão seriam procurados no inverno, de uma criança que não se verá crescer, do trigo que é colhido, da uva que a princípio é verde, depois amadurece e em seguida murcha. Surge então, bruscamente, um pensamento estranho, também tirado de Epicteto, que nos garante que "não existe ladrão da nossa faculdade de escolha",[23] depois, um preceito, também de Epicteto, sobre a necessidade de descobrir a arte de dar assentimento (às impressões que nos são transmitidas pelos sentidos),[24] e por fim, um retorno a Sócrates (através de Epicteto) sobre a questão de saber se somos loucos ou não.[25]

Para além dessa desordem, surge uma certa ordem, que Marco Aurélio não sente necessidade de enunciar. Trata-se, primeiro, da evocação da felicidade íntima, da expansão do coração, do riso da alma de que fala Homero. Vem então um retorno aos múltiplos perigos que ameaçam essa felicidade, aos ataques, aos ditos maldosos vindos de terceiros e aos golpes do destino que nos ameaçam a todo instante. Epicteto havia escrito, no contexto de uma das passagens citadas: "Se desejas teu filho ou teu amigo quando já não te é concedido tê-los, fica sabendo que é como se desejasses um figo no inverno."[26] Marco Aurélio diz apenas: "Buscar um figo no inverno é ser louco, e louco é também quem busca seu filho pequeno quando já não o tem."[27] A variação é

O livro das *Meditações*

significativa. Marco Aurélio sofreu muitas vezes a morte de um filho pequeno. Sua meditação relaciona-se com sua experiência pessoal. Epicteto havia desenvolvido todos esses temas, porém de maneira impessoal. Marco Aurélio os integra ao que há de mais profundo em seu ser.

O livro das *Diatribes* criou em Marco uma atitude espiritual que podemos qualificar de "socrática", uma espécie de dúvida metafísica a respeito de tudo que não é o ser interior, um questionamento de todas as certezas aparentes. Epicteto, nas elaborações aqui citadas pelo imperador, havia tomado como ponto de partida o cinismo de Diógenes, centrado na ideia de liberdade. Marco Aurélio faria o mesmo e iniciaria sua meditação citando o verso que reproduzimos, sobre a escravidão do homem em seu nascimento. Mas Epicteto, seguindo Diógenes, havia mostrado que somos livres, na medida em que nos é facultado usar nossas representações como quisermos.[28] É essa faculdade que Marco Aurélio designa pela formulação que relembramos – a de que não existe ladrão capaz de nos roubar nossa "faculdade de escolha", outro nome dado à liberdade do pensamento.

Assim, nas *Meditações*, Marco Aurélio limita-se a anotar os diferentes momentos de sua reflexão, apoiando-se em reminiscências que nem sempre ele se preocupa em deixar claras para um leitor. Mas será que acreditava realmente que haveria leitores?

RESULTA DESSA ESCOLHA arbitrária que – deixando de lado o Livro I, que é uma galeria coerente de personagens reais, evocados em sua realidade objetiva – o resto da obra assemelha-se a um espelho partido, no qual se reflete em fragmentos uma imagem do príncipe, um retrato que ele traça involuntariamente de si mesmo e que é difícil de recompor. A unidade do livro, em seu conjunto, deve ser buscada na atitude moral da qual ele proveio, mas que permanece não formulada, virtual. Nada é mais tentador do que nos interrogarmos sobre o que lemos, do que tentarmos penetrar em sua significação, descobrir as condições em que foram conduzidas e inicialmente concebidas essas *Meditações*, que até hoje continuam a ser, para nós, uma espécie de enigma a ser decifrado.

Conforme a ideia que possamos fazer delas, nossa visão do príncipe se modificará. Será que Marco Aurélio foi um indeciso que repetia incansavelmente os mesmos raciocínios já formulados e reformulados por seus antecessores, em especial Epicteto, as mesmas exortações a conquistar uma liberdade que ele mesmo não estava convencido de um dia poder possuir? Terá ele realmente aceitado a tarefa que uma série de acasos o levara a assumir, obrigado pela Fortuna a desempenhar um papel histórico que não desejava? Será que, como se afirmou algumas vezes, ele foi um "pobre homem", um intelectual perdido no meio dos campos militares? Porventura voltava realmente para o mundo o olhar desesperado que certa tradição lhe atribui, a partir de tal ou qual página das *Meditações*? Não será possível decidirmos, se antes não conseguirmos resolver pelo menos alguns dos problemas levantados pelo livro em seu conjunto, a começar pelo da sua cronologia.

Já dissemos, ao fazer o inventário das fontes que nos informam sobre a personalidade e a obra de Marco Aurélio, que esse problema não podia ser resolvido com total certeza, e lembramos a hipótese mais geralmente aceita – a de que o Livro I teria sido o último a ser escrito, havendo os onze seguintes sido redigidos ao longo do tempo, um após outro.[29] Dissemos também que as duas indicações de lugar, uma figurando no fim do Livro I, a outra no do Livro II, permanecem muito confusas, mesmo que sugiram que esses dois livros foram escritos durante campanhas de Marco na Germânia e no Danúbio, isto é, a partir de 171, no mínimo. Apesar disso, o problema talvez não seja totalmente insolúvel, graças a outros indicadores aos quais, a nosso ver, não se dedicou atenção suficiente.

Impõe-se uma primeira constatação. Esse livro, tal como o possuímos, não foi, para Marco Aurélio, um companheiro da vida inteira. É bastante óbvio que começou a ser escrito durante o reinado pessoal do imperador e, mais precisamente, após a morte de Lúcio. O capítulo dedicado a Antonino é posterior ao ano 161, já que consiste num verdadeiro discurso fúnebre.[30] Do mesmo modo, o que é dito sobre Lúcio refere-se ao passado, a um tempo em que não mais existe lembrança senão das boas qualidades do outro, e no qual ele já não é o colaborador que tinha sido até 169.[31]

Essa datação tardia do Livro I, como dissemos, é geralmente aceita. Ao menos naquele momento, o homem que temos diante de nós é o imperador, já com experiência do poder, e não alguém que procura conhecer a si mesmo.

Mas se, coisa em que não acreditamos, o Livro I foi o último a ser escrito, só pode ter sido para dar um prefácio ao conjunto. Isso implicaria que,

O livro das Meditações

em algum momento, Marco Aurélio teria tido a intenção de publicar suas *Meditações*, o que, como veremos, é muito pouco provável. Mesmo nessa hipótese, não pode ser esse o caso do Livro I, que inicia a série de meditações que prosseguem ao longo dos livros seguintes. Ora, é quase certo que esse livro tenha sido escrito em Carnunto. Logo, foi posterior ao início das operações contra os quados, em 172, e também à vitória obtida contra eles pelo exército romano, já que foi por ocasião dessa campanha e de seu sucesso que o imperador instalou seu quartel-general em Carnunto.[32] Todavia, o livro é anterior ao início da guerra contra os sármatas iáziges, pois foi a partir de 174 que Marco Aurélio se estabeleceu em Sirmio.[33] Assim, é sensato admitir que a redação das *Meditações* tenha começado pelo Livro I, durante a primeira guerra contra os quados, tenha prosseguido ao longo dos anos seguintes, e também que a incursão nas margens do Grã, durante a qual Marco Aurélio escreveu o Livro I, date de 171, e não da segunda campanha, a que o imperador fez com Cômodo em 178. É verdade que esta conclusão não é absolutamente segura, mas é a hipótese mais simples e mais verossímil.[34]

Ela implica, se quisermos admiti-la, diversas consequências. Primeiro, que ao menos os dois livros iniciais foram anteriores à revolta de Avídio Cássio, que começou, como vimos, na primavera de 175,[35] mas que essa revolta produziu-se na época em que Marco Aurélio dava continuidade à redação de alguns dos livros seguintes e durante a pacificação do Oriente, sem que possamos detectar em nenhum deles os ecos diretos e explícitos desses acontecimentos dramáticos, nem a menor aflição nem tampouco qualquer ênfase triunfal. As poucas frases que podem ser ligadas à revolta de Cássio são marcadas por uma serenidade real, como se o eu interior de Marco Aurélio não se houvesse engajado verdadeiramente nesse episódio. Também não há nada que se possa considerar uma alusão ao papel (real ou suposto) que Faustina teria desempenhado nisso.[36]

A admitirmos a cronologia que propusemos, decorre que, de todos os personagens que figuram no Livro I, somente a imperatriz ainda estava viva quando Marco Aurélio o redigiu. Ora, isto não é incompatível com a homenagem que ele lhe prestou, ao agradecer aos deuses por "sua mulher ser como é, tão dócil e, ao mesmo tempo, tão simples".[37] Na verdade, mais uma vez, persiste aí alguma incerteza, pois as palavras gregas empregadas por Marco não permitem decidir se ele ainda tem ou já teve essa esposa amada. As palavras deixam em aberto as duas possibilidades,[38] já que o infinitivo "presente" do verbo significativo de "ser" que aparece nessa frase pode equivaler ao presente ou ao imperfeito do francês. Faustina, como sabemos, morreu em Halala em 176 e, se essa passagem do Livro I não prova formalmente que estivesse viva no momento em que ele foi escrito, também não exclui essa possibilidade. Nada nos impede, portanto, de admitir que os dois primeiros livros das *Meditações* foram escritos, um atrás do outro e nessa ordem, entre 172 e 173.

E o que acontece com os livros seguintes? A hipótese mais simples, que até aqui admitimos implicitamente, é que eles se escalonaram entre 173 e 179, até a morte de Marco Aurélio. Continua a ser teoricamente possível, todavia, que páginas anteriormente escritas tenham sido acrescentadas ao conjunto, quer pelo próprio imperador, quer pelo secretário encarregado de reunir as "meditações" do falecido. Mas isso não compromete, em seu conjunto, a validade das conclusões que podemos tirar do esquema cronológico geral estabelecido da maneira que descrevemos.

Uma vez afastada a ideia de que a obra se destinaria à publicação – e o que dissemos sobre a desordem das máximas que se sucedem, sobre as associações de ideias implícitas que impossibilitam descobrir a sequência de pensamentos de um parágrafo para outro, torna tal ideia bastante improvável –, é muito pouco verossímil que o Livro I possa ter sido colocado no começo do conjunto (e pelo próprio Marco Aurélio!) como uma espécie de prefácio escrito por último. Nesse caso, porém, a que atenderia aquela evocação do passado e da mais remota infância?

Preferiríamos pensar que esse livro é, na verdade, o ponto de partida de tudo que se segue. Havendo chegado aos cinquenta anos, Marco se interroga sobre si mesmo, sobre o que ele é, graças à sua família e à educação que recebeu. Cônscio de que o destino do mundo repousa doravante sobre ele, e apenas sobre ele, de que a guerra que ele trava tem o sentido do Destino universal, o imperador se propõe compreender, dia após dia, o curso de seu próprio destino, determinar o valor de seus atos, desligar-se – libertar-se – de todas as opiniões falsas, das ilusões, das tentações passionais que não deixariam de assaltá-lo. Na ação, ele arrisca sua alma. Em alguns momentos, exorciza as miragens da imaginação, que tendem a falsear seu julgamento.[39] Em outros, pergunta-se qual é o conteúdo real dessa alma, se ela se tornou a de um menino, de um adolescente, de uma jovem, de um tirano, de um animal

O livro das Meditações

265

de carga, de um animal selvagem.[40] Ele pode transformar-se em tudo isso, caso se deixe levar por tal ou qual paixão. Que imperador, no passado, não terá conhecido a tentação da tirania?

As *Meditações*, em larga medida, são a crônica dessa vigilância.

Mas em quem poderia Marco Aurélio depositar sua confiança? Quem, senão ele, podia compreender a natureza desse drama cotidiano? É natural que ele não se tenha dado o trabalho de relacionar com uma época nem com momentos exatos o que descobria em si a cada dia. Talvez, no início dessa empreitada, ele haja tencionado manter um diário íntimo, e depois, como sói acontecer, esse diário tenha-se esgarçado aos poucos, relaxando seus vínculos com a realidade, até fazer com que as páginas já não fossem senão o reflexo de uma vida interior, tão secreta que já não era comunicável a ninguém. A quem poderia Marco oferecer o relato desses esforços, sempre recomeçados, de manter em si a serenidade indispensável não só ao personagem que ele queria ser, como homem, mas também no cumprimento da tarefa que os deuses lhe haviam confiado? Isso só dizia respeito a ele. Que leitores poderia o imperador imaginar?

Se aceitarmos essas hipóteses, veremos ser significativo que o que inicialmente teria se apresentado ao espírito de Marco Aurélio como um diário íntimo tenha se iniciado no *front* do Danúbio, durante uma campanha que deveria conduzir a uma conquista (era essa, pelo menos, a intenção do imperador), e depois de ter sido repelida a invasão dos germanos na Itália. Vimos que, naquele momento, o prestígio de Marco Aurélio estava no auge.[41] As *Meditações* nos permitem vislumbrar qual era seu estado de espírito: não ser ingênuo, não se deixar "divinizar" nem "cesarizar", não permitir que o instinto do Bem que ele havia desenvolvido em si, segundo os preceitos de Ariston, se pervertesse na ação. Vencedor no campo de batalha, ele se colocou no dever – como queria a situação a que os deuses o haviam convocado – de explorar essa vitória pelas armas, porém estava consciente, ao mesmo tempo, dos perigos que corria. Quando escreveu o Livro I das *Meditações*, foi um *imperator* triunfante que se revelou a nós. Lúcio estava morto, Cômodo ainda era jovem demais para participar do exercício do poder. Mas os tempos difíceis também já haviam passado. Começava uma nova vida para Marco, e esse sentimento explicaria o tom alegre do primeiro livro: tudo que havia sucedido até então em sua existência se revelara afortunado. As circunstâncias (a Fortuna), os homens, as leituras, os pais e os professores, os amigos, tudo e todos haviam contribuído para essa felicidade, às vezes materialmente, mais comumente pelos exemplos que propunham do que devia ser e do que de fato se tornara esse Marco Aurélio, sobre quem agora repousava o destino do universo. Fora preciso que ele nascesse numa casa em que a generosidade (e a riqueza) de um avô pudesse cercá-lo dos melhores mestres, e que, em seguida, ele tivesse a revelação das mais radiosas e mais evidentes virtudes humanas, para que pudesse tornar-se quem ele era! Que se agradecesse aos deuses e à Fortuna por isso.[42] Mas será que toda essa felicidade não trazia o risco de despertar a inveja de Nêmesis?

No momento em que escreveu o que é, para nós, o Livro II das *Meditações*, Marco Aurélio se disse um velho.[43] Se nossa hipótese é exata, ele estava com 52 ou 53 anos, o que não é velhice para nós – mas o mesmo não se aplicava a Roma. Uma passagem muito conhecida de Sêneca lembra que, a partir dos cinquenta anos, os homens já não eram convocados pelo exército;[44] ora, Marco Aurélio estava à testa de um exército. Era chegado o momento, agora que ele havia atingido a plena maturidade, de assumir seu próprio destino. Em pouco tempo, não mais poderia fazê-lo. Não era mais o momento de ler, de repetir em voz baixa o pensamento de terceiros,[45] mas de libertar em si mesmo a parte dirigente da alma, de acabar com todas as formas de escravidão[46] – e, nesse ponto, as lições de Epicteto, Diógenes e Sócrates mostravam o caminho da liberdade. Um caminho no qual o percurso seria longo, no qual seria necessária uma meditação assídua, para que o espírito não se deixasse perder e reduzir à servidão.

Marco Aurélio compreendeu, ao mesmo tempo, que doravante lhe era possível realizar seu grande projeto, o qual consistia em ampliar os limites do Império. Recordou-se de, no passado, haver perdido oportunidades, haver adiado para mais tarde a consumação do que tinha de fazer;[47] por essas suas palavras, sem dúvida devemos entender a guerra do Oriente, a conquista outrora falha nas mãos inábeis de Lúcio, e depois, as suas próprias hesitações em assumir o título de *Armeniacus*, a pretexto de não o haver merecido pessoalmente.[48] De agora em diante, tudo isso estava ultrapassado. Ele havia atingido o ápice de sua vida e, por essa razão, atingido uma total liberdade, primeiro no exercício do poder, depois, esperava ele, em sua vida interior.[49]

O livro das Meditações

Se é verdade que não nos enganamos, ao acreditar discernir nos dois primeiros livros um tom profundamente otimista, poderemos ver nisso a confirmação da data dos textos, anterior à rebelião de Avídio Cássio, e compreenderemos por que Marco viria a acolher como acolheu, com extrema calma, a notícia dela.[50] Ele tinha certeza de estar em total acordo com os deuses. Estes não poderiam decepcioná-lo.

Mas toda felicidade é ameaçada, tanto por fora quanto por dentro. Marco Aurélio sabia disso. Interrogou-se sobre os meios de conservar esse "estado de graça". Refletiu sobre tudo que poderia comprometê-lo, sobre os "mil desprazeres que são a herança da carne": o encontro com um egoísta, um "obsequioso" que se intrometeria no que não lhe dizia respeito, um ingrato, um velhaco.[51] Disse a si mesmo que nada disso era um mal verdadeiro, não mais do que as imagens inoportunas que invadem a consciência e do que a angústia: a passagem veloz do tempo, a diversão, as tentações de toda sorte, as miragens do prazer, mais perigosas que as da cólera.[52] Para essa fraqueza da nossa condição havia um único remédio: que a filosofia acompanhasse cada instante da nossa vida.[53] A última palavra do livro é a afirmação, resolutamente otimista, de que "nada é mau naquilo que é conforme à natureza".[54]

Ao escrever esse livro, Marco Aurélio o fez para defender sua felicidade, a de sua vitória sobre o inimigo que ameaçava Roma, porém também seu próprio equilíbrio interior, ao qual ele havia chegado após as longas incertezas dos anos anteriores. Ele sabia, por experiência própria, mas também pelo que lhe haviam ensinado os filósofos – Epicteto e, principalmente, seu querido Ariston –, que a Fortuna, isto é, a sucessão imprevisível dos acontecimentos, podia questionar tudo. Mas sabia também que a filosofia, e apenas ela, era capaz de restabelecer em nós o sentido dos valores verdadeiros, que são os da alma. Todo o segredo consistiria em não nos deixarmos levar por juízos falsos. Com Teofrasto, ele admitiu que os mais perigosos desses juízos vinham da concupiscência, mais graves, de fato, que os provocados em nós pela outra parte da alma em que residiam a coragem, a violência e a cólera,[55] pois a cólera nasce do sentimento errôneo de sermos vítimas, ao passo que, diante do desejo, somos cúmplices.

Como bem mostrou Pierre Hadot, o "pessimismo" tantas vezes denunciado em Marco Aurélio não passa de uma atitude provisória, muito parecida com o que é a dúvida para Descartes.[56] Por um lado, ele responde à crítica sistemática, familiar aos filósofos gregos desde o socratismo e o cinismo, da opinião do vulgo, e por outro, talvez mais profundamente, o pessimismo parece ser para Marco Aurélio, de fato, uma precaução contra a Fortuna, uma preparação para a infelicidade – na medida em que desta somos os artífices.

Ainda nesse aspecto, Marco Aurélio pratica uma ascese parecida com a que podemos descobrir em Sêneca e que concerne não à inteligência, à parte da alma que nos dá acesso às verdades da razão, mas à sensibilidade, à coloração cotidiana da vida. Essa aliança da inteligência com a sensibilidade já nos era apreensível numa página tomada no começo do Livro III,[57] e que portanto foi escrita, provavelmente, em 172 ou 173, ainda na alegria do "novo reinado".

Essa felicidade, experimentada nesse momento de renovação, Marco Aurélio julgou-a legítima, pois pertencia à ordem do mundo, "da qual (ele) mesmo é uma parcela", e "para toda parte da natureza é bom aquilo que a natureza comporta do todo, e que contribui para sua conservação".[58] Essa é uma ideia tranquilizadora. Ela lhe garante a concordância dos deuses, tanto como imperador quanto como ser humano. Com efeito, ele estava convencido de que "nasceu para estar à testa dos outros homens, como o carneiro que conduz as ovelhas e o touro que conduz sua manada".[59] Essa era nele uma convicção profunda, que jamais o abandonaria. Ele sabia que, no conjunto do mundo, a menos que se ativesse ao atomismo de Epicuro, que negava qualquer finalidade na natureza, "os seres inferiores (existem) em vista dos superiores, e estes, em vista uns dos outros".[60] Vimos que Marco Aurélio levava em grande consideração, em sua legislação, a hierarquia social, menos a da riqueza que a do espírito e da cultura.[61] A desigualdade entre os homens era um fato da natureza. A superioridade espiritual e moral criava mais deveres do que direitos.

Convencido de que a natureza o formou para ser um pastor, o condutor do rebanho, ele encontrou a justificação desse sentimento no fato de possuir, graças à filosofia, bem como a sua ascese pessoal, um conhecimento claro dos valores verdadeiros, ao passo que a maioria dos seres humanos vivia no erro, e que as faltas cometidas por eles provinham de juízos errados.[62]

A SOCIEDADE HUMANA é um dado da natureza. Marco Aurélio sabe disso e o repete de livro em livro, como um dos pontos fixos em que ancora sua ação. A hierarquia das situações e dos destinos que ela implica não pode ser

O livro das Meditações

perturbada sem prejuízo, e Marco Aurélio, através de suas leis, trabalha para mantê-la. Foi isso que nos mostraram suas decisões referentes às tutelas.[63] Isso se destaca igualmente da importância que ele atribui à estabilidade das famílias, também estas dados da natureza, como já reconhecia Aristóteles, no começo da *Política*.[64] Se é verdade que o Estado ideal, como tudo aquilo que existe, deve conformar-se à Razão e a seus imperativos, nem por isso o legislador deve procurar instaurar uma ordem puramente teórica, como a estabelecida pelos geômetras a partir dos princípios gerais e abstratos em que se fundamenta sua arte. O irracional também está presente no mundo. Discípulo fiel de Ariston, Marco Aurélio desconfia da dialética e, se tem a pretensão de ser filósofo, proíbe-se de ser geômetra. Entre Platão e os estoicos intercalou-se o naturalismo aristotélico, cuja mensagem ele aceita. Cita Teofrasto, como vimos,[65] e o aprova, num ponto em que o "bom senso" do peripatético prevalece sobre o dogmatismo do Pórtico. A natureza, certamente, é pensada por Deus, estando portanto submetida ao logos, mas nem por isso deixa de se realizar através de uma matéria que, por sua vez, está sujeita à contingência.

Essas reflexões sobre a natureza dupla do mundo e a oposição entre racionalidade e irracionalidade são apresentadas, nas *Meditações*, a propósito de um dos problemas levantados pelo exercício do poder: a constatação de que os homens não são, para o monarca, uma matéria dócil e maleável sobre a qual ele possa agir como bem entender, mas de que existe nos espíritos um "núcleo duro", formado pelas ilusões e preconceitos que os habitam, os "δόγματα" – aquilo que o sujeito decretou em si mesmo de uma vez por todas.

Isso se aplica, decerto, à humanidade em geral, a todos os povos. Mas quando, no Livro IX das *Meditações*, Marco Aurélio insiste nos "decretos" que resistem na alma humana e fazem com que toda intervenção do monarca seja sentida como uma tirania, e escreve que "sem uma mudança daquilo em que eles creem, o que haverá senão uma servidão de gemebundos que fingem obedecer?",[66] podemos nos perguntar se essa observação não lhe teria sido inspirada pelo contato que ele acabava de ter, ao atravessar a Judeia, com o povo hebreu e, mais particularmente, em suas conversas com o patriarca Judá I.[67] Desde a grande revolta de 135, é certo que os judeus pareciam tranquilos, mas todos estavam cientes de que eles gemiam em segredo. Não renunciavam a suas crenças, a seus costumes, tão diferentes dos que eram próprios dos "gentios", a todas as estranhezas que resultavam do seu δόγμα. A partir desse fato muito preciso, que sua viagem lhe permitiu constatar, Marco Aurélio faz uma generalização e reflete, dizendo a si mesmo que o que é especialmente verdadeiro e evidente nos judeus o é também a respeito de todos os homens que vivem no Império. O exemplo deles o convida a precisar, para si mesmo, uma das dificuldades de sua tarefa.

Ao final desse mesmo Livro IX encontra-se uma página em que lemos que a impudência e a deslealdade não podem ser banidas do mundo, e que os atos dessa natureza não são desprovidos de justificativa: "Quando censurares alguém por sua infidelidade ou sua ingratidão, volta os olhos para ti mesmo. É evidente que o erro é teu, seja por haveres acreditado que um homem com esse caráter manteria sua palavra, seja porque, ao lhe concederes um favor, não o fizeste sem esperança de retribuição, e com isso retiraste de teu ato todo o seu mérito."[68]

Tais palavras se aplicariam facilmente à conduta de Avídio Cássio, à confiança que nele depositara Marco Aurélio, ao favor que ele lhe fizera ao colocá-lo no comando do exército e das províncias do Oriente. O raciocínio que elas resumem explicaria bem a ausência de cólera, a calma que o imperador demonstrou em 175. Escrita no fim de 176 ou em 177, depois de restabelecida a paz, essa página extrairia a conclusão de todo o episódio. Marco Aurélio pôde constatar que, no fim das contas, a rebelião de Avídio Cássio não tinha causado nenhum dano real àquele que depositara sua confiança nesse homem ambicioso e vão. Não havia contribuído em nada para "perverter seu pensamento".[69]

Naturalmente, as mesmas considerações poderiam ser válidas para muitas outras circunstâncias que não a traição de Cássio, mas isto não significa que não pudessem aplicar-se a ela, nem que esta não as houvesse provocado. Era um procedimento conhecido de Marco Aurélio e de todos os moralistas, notadamente Sêneca, partir de um fato real para chegar a uma verdade universal. As *Cartas a Lucílio*, assim como as *Diatribes* de Epicteto, oferecem-nos muitos exemplos disso. Para um filósofo dessa linha, os acontecimentos da vida real não são avaliados em si, em sua materialidade (a qual pertence à ordem dos "indiferentes"), em suas causas ou suas consequências, mas em relação à sua repercussão íntima ou a seu valor exemplar.

Se considerarmos como indicadores valiosos as aproximações que propusemos para as duas passagens do Livro IX, uma das quais faria alusão aos judeus, a outra, à rebelião de Cássio, daí deduziremos que o Livro VIII das

O livro das Meditações 271

Meditações teria sido escrito em 176, no máximo, durante a viagem de Marco Aurélio pelo Oriente. Ora, foi nessa ocasião que Faustina morreu – no outono de 175.[70] Teria esse luto ficado sem eco?

Duas passagens do Livro VIII, pelo menos, parecem aludir a ele. A primeira contém, sem que nada a anuncie nem a prepare, uma meditação sobre a corte de Augusto e o desaparecimento de todos os personagens que a compunham: Lívia, Júlia e seus filhos, seus filhos varões, sobretudo Caio, Lúcio e Agripa Póstumo e, mais tarde, Otávia, a irmã de Augusto, os amigos de sempre: Mecenas, Ário, o filósofo e mentor espiritual, e o médico Musa. Em toda essa passagem, não se trata apenas da morte que espera individualmente todo ser humano, porém da que acarreta o desaparecimento de toda uma geração, um grupo, uma linhagem, um momento do mundo. E Marco Aurélio ainda cita o fim dos Pompeu, o pai e seus dois filhos varões, cuja ação esteve prestes a mudar o rumo da história. E conclui lembrando as palavras que às vezes eram gravadas nos túmulos: "Ele foi o último de sua raça."[71]

Ora, a morte de Faustina fazia com que o próprio Marco Aurélio também passasse a ser o último da linhagem comum aos dois, a dos Ânios, da qual provinham ela e ele, já que sua irmã, Ânia Cornifícia, havia morrido em 161. Outro descendente tinha sido o Ânio Libo que Marco ligara a Lúcio por um momento, durante a Guerra Pártica, e que havia morrido em condições que se afiguraram obscuras.[72] Assim, Marco Aurélio tinha razões para meditar, no outono do ano de 175, ao morrer aquela que era sua prima, sua mulher e, por adoção, sua irmã, sobre o fim das famílias às quais havia pertencido o Império.

Outra passagem do mesmo Livro VIII evoca o destino que aguarda os entes queridos – a separação inevitável. Panteia, que Lúcio havia amado, ou Pérgamo, o liberto que tinha sido seu favorito, poderia alguém imaginar que ficassem para sempre sentados junto ao túmulo do príncipe desaparecido?[73] Assim acontece com todos os amores. Luciano nos ensina que havia no Oriente o costume de velar junto aos túmulos.[74] Talvez Marco Aurélio também estivesse pensando em Propércio, ao imaginar, com extremo rigor, que as cinzas de um morto perceberiam a presença daquela ou daquele que ele havia amado.[75] Mas, mesmo admitindo que tais laços não se rompessem com a morte, a sobrevivente ou o sobrevivente não seriam eternos. Envelheceriam, e a idade, de modo ainda mais certeiro que a morte, poria fim a esses estranhos amores. Assim, cremos nós, Marco Aurélio pôde consolar-se da perda de Faustina na pequena cidade de Halala, naquele outono do ano 175. Ele sabia que o corpo da mulher a quem havia amado seguiria o destino de toda a carne.[76] Assim queria a natureza. Mais sensato que Propércio, ele se consolou, não imaginando sabe-se lá qual sobrevivência do ente querido, mas convencendo-se de que a tristeza, quando excessiva e levada além do que a própria natureza exigia, não passava do efeito de uma opinião falsa, que a Razão – o logos – não poderia aprovar.[77]

Para se consolar, no momento em que, a nosso ver, a morte de Faustina acabara de fazer dele o último de sua raça, e no qual essa tristeza somou-se à que lhe causava o próprio desaparecimento de uma companheira que vivera a seu lado durante trinta anos, ele recorreu a um "exercício espiritual" que lhe era comum e que Pierre Hadot mostrou ter sido uma das chaves que nos descortinam o mundo das *Meditações*.[78] Esse exercício consistia, simultaneamente, em "acolher bem a conjuntura atual, comportar-se de maneira justa com os homens de sua época, tomar, enfim, exata consciência do conteúdo da própria consciência, para que nela não se insinue nada que não seja apreendido com exatidão".[79] Isso equivale a harmonizar as três funções – ou partes – essenciais da alma, as que eram distinguidas por Platão: a inteligência, o "coração" e o "ventre", sede de todos os desejos, para fazer com que o indivíduo não assuma momentaneamente a ascendência sobre os demais, e não perturbe o equilíbrio interior.

Terá sido por acaso que, no momento em que Marco Aurélio foi abalado pela morte de Faustina, segundo acreditamos, ele sentiu necessidade de voltar repetidas vezes, em sua meditação, ao equilíbrio necessário, de lembrar a si mesmo que a Razão não podia conhecer a aflição, que prazer e dor só diziam respeito aos "ímpetos" do "coração"?[80] Escreveu ele: "Um obstáculo à sensação é um mal para a natureza animal; um obstáculo ao impulso, do mesmo modo, é um mal para a natureza animal ..." (os animais, com efeito, têm ao mesmo tempo "coração" e "ventre"). E em seguida, continuou: "Da mesma forma, um obstáculo à inteligência seria um mal para uma natureza inteligente. Aplica tudo isso a ti mesmo. Sucedem-te uma tristeza, um prazer? Isto é coisa da sensibilidade. Teu impulso deparou com um obstáculo? Se cederes a esse impulso sem reflexão nem reserva, isto já será um mal para o ser racional, mas, se não comprometeres tua inteligência, ainda não sofrerás nenhum dano, nenhum entrave te importunará. Pois no domínio que

O livro das Meditações

é próprio da inteligência, nenhum outro ser senão ela pode, por natureza, suscitar entraves; nem o fogo, nem o ferro, nem um tirano nem a calúnia, nada, absolutamente nada pode atingi-la; toda vez que se torna uma esfera perfeita, ela assim permanece."

Um pouco mais adiante, no Livro XII, Marco Aurélio retoma essa imagem – que deve a Empédocles – da alma senhora de si como uma esfera fechada. Vai aplicá-la à alma satisfeita com seu próprio ser e que não necessita de elementos externos para realizar seu próprio fim.[81] Assim, nem mesmo a morte de um ente querido pode criar senão uma ilusão de dor, um prejuízo apenas para as duas partes de nós que decorrem da animalidade, mas não para a inteligência, a função diretora de nossa alma. O essencial, que permanece apesar de tudo – uma visão clara do mundo, um juízo livre e correto –, retira da Fortuna qualquer domínio sobre nós.

Nem por isso é menos significativo que Marco Aurélio tenha sentido necessidade de recorrer a essa longa sequência de raciocínios, que se assentam sobre os próprios fundamentos do estoicismo e fazem intervir simultaneamente a física, como raiz da sensação, a ética, que concerne a nossa ação no mundo e a nossas relações com o outro, e por fim, a lógica, que guia nossa inteligência para o conhecimento verdadeiro. Esse procedimento, como bem mostrou Pierre Hadot,[82] é justamente o dos "exercícios espirituais" graças aos quais Marco Aurélio se exorta a manter sua autonomia moral. Será que o teria feito, teria mobilizado dessa maneira o conjunto da doutrina estoica, se a morte de Faustina não o houvesse ferido profundamente?

MESMO QUE SEJA POSSÍVEL, como acreditamos, ligar tal ou qual passagem das *Meditações* às experiências pessoais de Marco Aurélio, logo se torna evidente, à leitura, que uma distância considerável separa essas meditações – meditações sobre o conjunto da natureza, sobre as funções da alma humana, sobre o prazer e a dor, e sobre os juízos que podemos fazer das sensações que nos assaltam – daquilo que era a prática cotidiana do poder, durante os nove ou dez anos de reinado ao longo dos quais o imperador escreveu o livro de suas *Meditações*.[83] De um lado, considerações gerais, mil vezes retomadas em pensamento; de outro, preocupações imediatas, amiúde opressivas. Como podemos imaginar que se conciliavam e se juntavam essas duas metades da existência dele?

Constatamos reiteradamente que, até então, o estoicismo não havia deixado de exercer influência na ação política de Marco Aurélio. Isso se nos evidenciou de modo particularmente claro nas regras que ele aplicava como legislador, e que não se explicam apenas pelas escolhas que seu temperamento e sua educação lhe sugeriam, mas também por uma visão do mundo e da sociedade que o estoicismo vinha justificar.[84] Também é certo que seu projeto de ampliar o Império, de fazê-lo progredir para uma dominação universal, criando outras províncias, coadunava-se com certa ideologia estoica.[85] Pois bem, no livro das *Meditações*, só encontramos disso tudo alguns ecos muito enfraquecidos, quase imperceptíveis. A preocupação dominante é manter o equilíbrio interior e a hierarquia das funções da alma. Convirá crermos que, em seus últimos anos de vida, a contemplação prevaleceu sobre a ação em Marco Aurélio?

Esse problema tinha-se colocado, como vimos, muitos anos antes, quando Marco foi seduzido pelas teorias de Ariston.[86] Tratava-se então do eventual conflito entre a filosofia e a retórica, esta pertencente à ordem da ação e integrada nos deveres do príncipe. Na prática, Marco se servira do compromisso que os teóricos do Pórtico lhe proporcionavam: resignar-se, em cada ação, a se ater ao "conveniente"; escolher, na prática, as soluções justificáveis pela razão e, ao mesmo tempo, as que ele sentisse estarem de acordo com sua dinâmica própria, isto é, quando as luzes do "guia interior" se conjugassem com as intuições de sua sensibilidade. Sua alma teria atingido a serenidade quando se consumasse essa concordância.

Marco Aurélio encontrou no estoicismo clássico uma solução cômoda, mas com a qual não podia contentar-se. Se, como pensam e dizem os estoicos do Antigo Pórtico, tudo que não depende de nós pertence à categoria dos "indiferentes", não sendo bom nem mau em si, persiste o fato de que, entre eles, alguns são preferíveis a outros – a saúde à doença, a vida à morte, a riqueza à penúria etc. Marco podia dizer-se, por exemplo, que era melhor vencer os quados do que ser vencido por eles, e que, de resto, a vitória ou a derrota não tinham grande importância para o ser interior do príncipe. Mas estava bem claro que tal demissão ontológica não lhe era aceitável. Ele sabia muito bem disso. Sua vitória, na ordem do mundo, não era um indiferente. Era inerente ao Destino universal. Ele devia concretizá-la, e essa concretização não poderia dar-se sem um custo para sua sensibilidade, para seu "pobre corpo", que

O livro das Meditações

era torturado pela insônia e cuja energia ele sentia esgotar-se. Por isso, ele elaborou por conta própria, e à margem do estoicismo radical e ortodoxo dos primeiros mestres, uma teoria do valor diferente da pregada pela Escola. Lemos, por exemplo, no Livro IV das *Meditações*: "Esse próprio ofício que aprendeste, ama-o e contenta-te com ele."[87]

Esse "ofício" era o que ele havia aprendido com Antonino durante vinte anos, e depois, durante mais dez, com Lúcio. O próprio fato de exercer o poder, de aceitar suas obrigações e incumbências, possuía valor em si; criava uma obrigação, sem dúvida, mas talvez fosse também uma causa de plenitude. Marco o diz expressamente, ao escrever, pouco mais adiante: "Convém relembrar-te aqui que o fato de te dedicares a cada ação, uma após outra, possui um valor próprio e comporta uma justa proporção; assim, não perderás a coragem, se não te dedicares mais do que convém a questões menores."[88] Em outras palavras, convém ao príncipe não negligenciar o que decorre de seu ofício, da situação em que os deuses o colocaram, mas conservando uma visão correta da importância própria de cada questão, de cada coisa.

A ocasião da ação e seu conteúdo objetivo continuam a ser "indiferentes". Não passam de materiais propostos ao guia interior, porém a ação em si, em sua forma, possui mérito: "O mestre interior", escreveu Marco Aurélio, "sempre que se conforma à natureza, assume diante do que ocorre uma atitude que ele pode facilmente modificar. Não sente especial simpatia por qualquer matéria dada, deixa que seu impulso o leve para o que é preferível, a seu ver, mas sem impetuosidade, e faz do que lhe pode ser proposto em lugar dela a sua matéria; age como o fogo que se apodera daquilo que se apresenta e que, por si só, seria capaz de extinguir a chama de uma candeia. Um fogo ardente assimila tudo que nele é depositado, consome-o e se serve disso mesmo para se engrandecer."[89]

Com isso, Marco Aurélio descreveu, através de uma sucessão de imagens, o processo graças ao qual conseguia integrar a ação em seu universo interior, sem comprometer o equilíbrio deste. Para se definir nesse momento de sua vida, ele encontrou a velha arte da comparação que no passado Frontão lhe ensinara,[90] e que era a única apta a exprimir o indizível.

Para Marco, o "ofício" (τέχνη) desempenhava o papel de intermediário entre o "guia interior" (a Razão, como dinâmica) e o dado do mundo. Com isso adquiria valor próprio. Exercido como convinha, tornava-se uma atividade da alma inteira e, por fim, integrava-se na ordem universal. A vitória obtida sobre os bárbaros, portanto, não era algo "preferível", no sentido como o entendiam os antigos estoicos, e não era desejável em razão da glória que traria para o exército e seu comandante, mas, por ter sido preparada e desejada pelo ser interior do príncipe, tornava-se um ato da razão, era um Bem em si, na própria medida em que emanava da decisão um dia tomada pelo imperador, e em que era obtida graças ao bom uso da τέχνη, do ofício de monarca. No plano puramente humano e político, ela garantia a segurança do Império. No da filosofia, contribuía para realizar o que a Natureza desejava – o império universal da Razão.

Essa reflexão sobre o mérito próprio da ação, que lhe é conferido não por sua matéria nem por seu objeto, mas pela forma do ato que a realiza, persiste ao longo de todos os livros das *Meditações*. Desde o Livro II, como vimos, Marco Aurélio se exorta a cumprir "o que carrega nos braços" "com gravidade minuciosa e sincera, com ternura, independência e justiça".[91] Isso implica, portanto, que a ação possui um valor moral, que é capaz de ocupar a totalidade da alma, de moldá-la a todo momento e de lhe dar a atitude própria de cada virtude. A virtude, assim, já não é apenas interna à alma, porém se realiza através da ação que cria e à qual confere sua própria forma.

Um pouco mais adiante, no Livro III, Marco Aurélio escreve: "Se cumprires o ato presente seguindo a reta razão, com zelo, vigor e boa vontade, e sem te embaraçares com outras coisas; e se almejares manter teu demônio em sua pureza, como se devesses entregá-lo prontamente; se a isso acrescentares nunca adiar nem evitar nada; se te limitares a cumprir o ato presente de conformidade com a natureza e a preservar, em tudo que disseres ou fizeres ouvir, a verdade dos tempos lendários" (a do tempo em que as Virtudes viviam entre os homens, antes de fugirem para o céu), "viverás bem, e não há ninguém que tenha o poder de to impedir".[92]

Ainda um pouco mais adiante e voltando ao que acabara de enunciar, Marco Aurélio oferece uma imagem mais clara disso, ao substituir essa teoria do valor próprio da ação no conjunto do sistema e ao se referir à tripartição da alma, cuja importância foi sublinhada: "Corpo, alma, inteligência; ao corpo pertencem as sensações, à alma, as tendências, à inteligência, os princípios. Receber impressões das sensações é característico do gado; ser levado pelas tendências (ou impulsos) é próprio dos animais selvagens, dos andróginos, de

O livro das Meditações

[homens como] Fálaris e Nero. Tomar a inteligência como guia para o que surge como sendo o conveniente é próprio mesmo dos que não creem nos deuses, dos que traem sua pátria [lacuna] ..., uma vez fechadas suas portas. Portanto, se tudo isso é comum a todos os seres de que falamos, o que é próprio do homem de bem é acolher com alegria e amar o que sobrevém, o que é construído em sua vida, é fazer com que o demônio instalado em seu peito não seja conspurcado nem perturbado pela multidão de sensações, com que ele permaneça benéfico, obedecendo a Deus como convém, sem proferir uma palavra que contrarie a verdade, sem nada fazer que seja contrário à justiça."[93]

Além disso, o mundo, sob todos os seus aspectos, em todas as criaturas, oferece o espetáculo da ação. É tão somente movimento. Os homens não escapam dessa lei, à qual obedecem as plantas, os animais, os insetos.[94] Também os homens têm sua tarefa a cumprir: "Então não queres fazer o que compete ao homem? Não buscas o que é conforme à tua natureza?"[95] Ora, fica claro que o que é conforme à natureza do homem, nesse ponto, é da ordem da ação, e não da contemplação.

Impõe-se a conclusão já encontrada: as virtudes têm por função instruir a ação, um ato após outro. São modalidades, não fins. Marco Aurélio se recusa, mais uma vez, a encerrar a filosofia – a dele – nos limites estreitos da Escola, a fazer dela um jogo intelectual gratuito, mesmo que ela possa conduzir quem a pratica dessa maneira a uma falta de problemas próxima da que Epicuro prometia a seus discípulos. Também nos lembraremos aqui da palavra de Sêneca, ao censurar os mestres do estoicismo por terem pregado a ação, mas serem "ociosos", eles próprios.[96]

Contudo, essas virtudes, que só atingem sua perfeição na ação, quais são elas? A inteligência, a razão que é capaz de distinguir em nós se tal ou qual ato é conforme à Natureza. Em seu uso prático, é a *prudentia* dos filósofos de língua latina, a δύναμις dos gregos. Mas essa *prudentia* não é o lugar do ato; este, por definição, não é interno em nós. Encontra-se na sociedade que formamos com os outros homens: "Ninguém", escreveu Marco Aurélio, "se cansa de receber serviços. Prestar serviços é uma ação conforme à Natureza. Por isso, não te canses de receber serviços, na medida em que tu mesmo os prestares."[97] Esse é o campo da Justiça, uma das quatro virtudes fundamentais.

Essa ênfase depositada na troca de benefícios entre os seres humanos já se encontrava no tratado de Sêneca intitulado *Dos benefícios*, cujas fontes devem ser buscadas no mais ortodoxo estoicismo.[98] Não sendo o ser humano apenas puro intelecto, pura razão, mas um ser social, a racionalidade do mundo se exerce pela coerência e pela manutenção da sociabilidade, isto é, da troca de benefícios, da parte dos deuses para com os homens e da parte dos seres humanos entre si.

Se é verdade, como observou Sêneca no tratado *Do ócio*, que os primeiros estoicos tinham admitido em princípio que o sábio, para ser útil aos outros homens, não devia desinteressar-se dos assuntos da Cidade, mas eles próprios os haviam de fato negligenciado um pouco; se, na linha do socratismo e do cinismo, tinham começado por se afastar dos outros homens, aparentemente para melhor instruí-los, mas não para dirigi-los, o estoicismo romano, por muitas razões, ao mesmo tempo que retomou os princípios teóricos da doutrina, deles deduziu regras de ação e as pôs em prática. Cícero colocava a virtude da justiça em primeiro lugar entre as excelências humanas.[99] Marco Aurélio não ficou por aí. À justiça acrescentou a "ternura", a *indulgentia*, que é a compreensão do outro e ultrapassa até mesmo a equidade. Colocou no mesmo plano, lado a lado, a razão e a sociabilidade. Por si sós, elas definiriam a excelência das condutas humanas: "O que a faculdade racional e sociável reconhece despojado de razão e de sentido social, isto ela considera legitimamente inferior a ela mesma."[100] Essa dupla faculdade, formada por duas virtudes fundamentais – coragem e temperança, só vindo as outras duas posteriormente, como consequências –, que permite descobrir a verdade e, ao mesmo tempo, manter a coerência social, é a "potência", a ὁρμαὶ postulada por Ariston.[101] Como queria Ariston, ela dizia respeito, pois, tanto ao conhecimento teórico, à faculdade de discernimento, quanto à racionalidade em seu uso prático, às regras da ação, esta orientada para a sociabilidade.

Não cremos que essa interpretação kantiana das *Meditações* seja gratuita e anacrônica. Ela resulta das reflexões do próprio Marco Aurélio, tais como seu livro nos mostra: "Quer existam átomos, quer exista uma natureza, formulamos como princípio, primeiro, que sou uma parte do todo regido pela Natureza, segundo, que tenho uma relação de simpatia com as partes de origem igual à minha. Bem convencido disto, na medida em que faço parte do todo, não hei de me aborrecer com coisa alguma do que for minha parte no conjunto, pois nada que é útil para o todo pode ser prejudicial à parte. É que o todo nada tem que não lhe seja útil, e todas as naturezas têm isso em comum. ...

Na medida em que eu me lembrar de que sou uma parte de um conjunto dessa espécie, aquiescerei em tudo que sobrevier e, na medida em que tenho uma relação de simpatia com as partes de origem igual à minha, não farei nada que contrarie essa comunidade, mas, ao contrário, estabelecerei meus semelhantes como fim, dirigirei todos os meus impulsos (ὁρμαὶ) para o bem comum e os desviarei do que for contrário a este. Se lograrmos êxito em tudo isso, a vida terá necessariamente um curso feliz, tanto quanto podemos imaginar que seja feliz o curso da vida do cidadão que avança numa sequência de atos úteis a seus concidadãos e aceita alegremente o lugar que a cidade lhe atribui."[102]

A utilidade social ou, mais precisamente, o bem da comunidade fundamenta, portanto, o valor da ação. Esta será "boa" se contribuir para assegurar a sobrevivência da sociedade humana, e má no caso contrário. Foi assim que Marco Aurélio, na época em que, passada a revolta de Avídio Cássio, sentia-se mais confirmado do que nunca em seu destino de imperador, justificou todo o curso de sua vida pregressa, durante a qual tinha-se esforçado para ser um refúgio e um guia para todos os membros da cidade romana, e para criar – ao preço de um esforço incessante, que vimos como sobrecarregava e comprometia sua saúde – estabilidade e justiça no Império

No começo do Livro IX das *Meditações*, ele declarou: "O homem injusto é ímpio, pois, havendo a natureza do Todo constituído os seres racionais uns para os outros, de maneira que eles se sirvam mutuamente de acordo com seu mérito e não se prejudiquem, quem contradiz essa vontade é ímpio, evidentemente, perante a mais antiga das divindades."[103]

Essa divindade, a mais antiga e mais venerável, era, aparentemente, em especial para o leitor romano, a Justiça, Têmis, já apresentada como tal por Hesíodo na *Teogonia*. Mas é possível que, por trás dessa afirmação sobre a importância da justiça na vida moral e social, conforme à tradição do estoicismo romano, como dissemos,[104] surja uma outra influência – a da teologia egípcia, que, se é correta nossa hipótese sobre a cronologia das *Meditações*, Marco Aurélio tivera ocasião de conhecer melhor durante sua viagem a Alexandria, por volta do momento em que escreveu essa página.[105] Nessa região, a deusa Maat, "Verdade-Justiça", uma das primogênitas entre as divindades, era a garantia do poder real. Esse contato só poderia reforçar a meditação pessoal de Marco Aurélio. Independentemente de qualquer filosofia, de qualquer consideração religiosa e teórica, o príncipe já havia admirado em Antonino uma prática da Justiça que dava continuidade ao antigo ideal da *libera respublica*.

Um dos objetivos que podemos atribuir às *Meditações* parece-nos ser o desejo de justificar pela razão, dentro da Ordem universal, a maneira pela qual Marco Aurélio governava o Império. Daí sua conduta durante a rebelião: o homem "injusto e ímpio", que cria uma cisão na sociedade e prepara uma guerra civil, evidentemente desastrosa para a humanidade, é muito parecido com Avídio Cássio, que tinha pecado contra a Justiça. Por isso, era "justo" que Marco se erguesse contra ele. Mas como poderia ele próprio justificar a guerra que conduzia, na mesma época, contra os marcomanos, os quados e os sármatas? Não se estaria arriscando a ser, como diziam de Alexandre, um "salteador afortunado"?[106] Talvez haja algo pior. Se a conquista não é um fim em si, que dizer da "comédia" cotidiana do poder – o "mimo" –, da guerra e dos estados de espírito que ela acarreta, alternadamente o medo, o cansaço e as mil preocupações que dilaceram o ser interior? Tudo isso tende a entorpecer a alma, a fazê-la esquecer "seus princípios sagrados".[107]

Felizmente, a conciliação é possível, e a mesma reflexão que levanta o problema aponta sua solução: "É preciso tudo ver e agir de maneira a levar a bom termo os assuntos que te competem e, ao mesmo tempo, realizar na prática o que te revelou a meditação teórica, e salvaguardar, sem exibi-la nem tampouco dissimulá-la, a certeza que em cada coisa te traz o conhecimento seguro."[108]

O que o conhecimento teórico lhe traz é a autenticidade, a simplicidade e a seriedade. Ele lhe indica a natureza, a essência de cada coisa, revela-lhe o lugar que ela ocupa na ordem do mundo, a duração que lhe é prometida, os elementos de que ela é feita, os homens que podem possuí-la e os que têm o poder de dá-la e tirá-la.[109] Assim, a política cotidiana será superada, transcendida, instalada no mundo das essências, tão logo o imperador for capaz de assumir as mil tentações, os desgostos e o cansaço de cada dia. Marco Aurélio deixa-nos vislumbrar nesse ponto o diálogo entre seu eu carnal, seu "pobre corpo" (σωμάτιου), e a parte dirigente de sua alma, sua inteligência, sempre preocupada em estabelecer a distinção necessária entre o transitório e o eterno, e preocupada, acima de tudo, em se colocar além das aparências e do devir: "De que modo se transformam todas as coisas umas nas outras? Adquire um método para discerni-lo, aplica-o sem descanso e exercita-te nisso assiduamente, pois nada assegura tanto a grandeza da alma" – uma das vir-

O livro das Meditações 281

tudes estoicas,[110] a visão serena que nos coloca acima dos acontecimentos cotidianos, a que nos liberta dos preconceitos e automatismos afetivos do homem que não foi esclarecido pela filosofia.

Se é verdade que essa página pode ter sido escrita após o regresso do Oriente, durante os meses em que Marco Aurélio permaneceu em Roma,[111] ela atestaria o reencontro da serenidade, depois de novamente pacificado o Império. Ela constitui um verdadeiro programa de governo, que confere primazia absoluta à Justiça: "(O homem que atingiu a 'grandeza da alma') despoja-se do seu corpo e, dizendo a si mesmo que logo deverá deixar tudo isso e partir do convívio dos homens, entrega-se totalmente à Justiça no tocante a todos os atos que pratica e, no tocante ao resto do que lhe sucede, entrega-se à natureza universal."[112]

Quanto a seu ser interior, ele o deixa entregue à ordem do mundo, aceitando o que vem da Fortuna sem revolta e sem cólera, mas com amor (φιλοστοργία). A meditação do imperador chegou a seu ápice. É o apogeu do reino. Nada mais obriga o príncipe a mobilizar os exércitos romanos para esta ou aquela frente de batalha. Ele pode contemplar a criação de outras províncias no Ocidente e, ao mesmo tempo, por sentir que suas forças estão em declínio, preparar da melhor maneira possível a sua própria sucessão. No começo do Livro XI, ele escreve: "Que bela é a alma que se mantém pronta para quando lhe convier separar-se do corpo e se extinguir, ou se dispersar, ou sobreviver."[113]

Ele mesmo se julga, se interroga sobre o que fez de útil. Repete que o fato de ter sido útil à comunidade é um benefício para si próprio.[114] Esse estado de equilíbrio e essa consciência tranquila lhe permitem filosofar mais e melhor do que nunca. É o que Marco Aurélio afirma.[115] Ele sabe também que essa meditação exalta o que há de divino nele próprio.[116] De mês em mês – nós o vemos lendo o último livro das *Meditações*, o 12º –, ele se preocupa cada vez mais com os deuses. O sentimento do divino domina seu pensamento. O que até então estivera em germe em sua alma torna-se mais explícito, e Marco Aurélio, filósofo de orientação estoica, encontra sem querer a grande corrente religiosa que vinha transformando o mundo.

POR QUE MARCO AURÉLIO – *imperator* ligado às tradições romanas mais antigas e mais profundamente integradas no espírito da aristocracia em que ele se apoiava, formado por Frontão na eloquência latina, grande leitor de Catão, Ênio e Salústio – ao conversar consigo mesmo o fazia em grego? A esta pergunta, constantemente levantada, já demos uma resposta. Vimos que, na casa onde se desenrolara sua infância, todos eram bilíngues, como o eram todas as pessoas cultas, havia várias gerações. Como ditava o costume da época, ele tivera retóricos gregos por mestres.[117] Sabemos que o próprio Frontão se correspondia com os amigos em grego, bem como com a mãe de Marco,[118] e que por essa razão o grego ficara sendo, entre eles, a língua da intimidade. E assim era para Marco ao se dirigir a si mesmo.[119] Acrescentemos que as leituras filosóficas que lhe eram próprias – Epicteto e Ariston, mas também Platão e os outros – acostumaram-no a pensar em grego. É pouco provável que, se tivesse intenção de publicar suas *Meditações*, ele as houvesse redigido nessa língua, que persistia para ele como uma espécie de código concernente apenas à vida íntima, porém na qual ele não se sentia capaz de compor um texto literário nem tinha um real desejo de fazê-lo.[120]

Frontão, também iniciado na cultura grega, ao menos por sua temporada em Alexandria na juventude, esforçara-se por dar a Marco Aurélio o gosto pela eloquência latina, por lhe revelar as riquezas da língua que era a de Roma e que, para ele, seria um instrumento cotidiano em suas atividades de César e de *imperator*. Não pensemos, porém, que essa dualidade das línguas tenha acarretado, no espírito e na alma de Marco Aurélio, a formação de uma dupla personalidade. É a mesma consciência que medita, mas sem aflição. A língua grega é a do conhecimento teórico. A língua latina é a da ação, e vimos como Marco, ao longo de sua vida, esforçou-se, aparentemente com sucesso, para conciliar as duas ordens de pensamento, para reintroduzir na ação os valores até então reconhecidos apenas nas atitudes do ser interior, e para abrir para o real as especulações da Escola.

A influência do latim, como mostramos, é muito sensível no estilo das *Meditações*.[121] Esse estilo, em si mesmo, é despojado, desprovido dos adornos habituais dos retóricos gregos da época. O Livro I se apresenta como uma sequência monótona de fórmulas, todas iniciadas pela mesma construção, que poderia ser a de uma quitação (a palavra foi pronunciada) – "Da parte de..." –, seguida pela indicação da coisa recebida. O verbo fica subentendido. Assim ocorre ao longo dos dezessete capítulos desse livro.

Não nos cabe destacar aqui as construções diretamente imitadas do latim, que em vão procuraríamos num escritor grego. Há um certo número delas,[122]

O livro das Meditações

que mostram que, vez por outra, Marco Aurélio pensa em latim e faz a tradução, palavra por palavra. Às vezes, emprega também expressões do grego falado, rejeitadas pelos puristas, e que anunciam o que viria a ser a língua no correr dos séculos seguintes. Nesse ponto, ele se comporta de maneira muito diferente da que usa quando se trata do latim. Em 163 (dois anos, portanto, depois de ele haver assumido sozinho o poder), o imperador escreveu a Frontão: "Se tiveres uma seleta de cartas de Cícero, inteiras ou em excertos, empresta-mas, ou indica as que eu deveria ler de preferência, para aperfeiçoar meu domínio do estilo."[123] É que se tratava de fazer uma obra literária, o que o livro das *Meditações* não é, em nenhum grau. As análises de caráter filosófico são redigidas com a ajuda do vocabulário técnico elaborado pelos estoicos, e que encontramos, por exemplo, não apenas nos mestres do Antigo Pórtico, mas também em Epicteto. Esse vocabulário, utilizado pelos moralistas, tinha sido adaptado ao tom conhecido da parenética. Assim, o termo designativo do sopro vital, πνεῦμα, havia recebido um diminutivo, πνεύματιον, já em Epicteto,[124] sem nenhuma das nuances habituais nesse gênero de formação. Marco Aurélio serve-se das duas formas, sem diferença de sentido.[125] Faz isso, aliás, com muita frequência. Não introduz rigor algum na escolha das palavras, mas utiliza as que lhe vêm imediatamente ao pensamento. Portanto, não nos apressemos a concluir que, toda vez que ele usa, para designar o corpo, o diminutivo σωμάτιον, isto significa que despreze esse corpo, ou que tenha pena dele, ou que não se solidarize com ele.[126] Essa nuance, se é que existe nele, não é explícita. O livro das *Meditações* é um depoimento sem dúvida, mas oferecido de forma global, sem nenhuma elaboração literária. Precioso, na medida em que nos revela o trabalho de Marco Aurélio sobre si mesmo, não pode ser objeto de uma análise literária que busque detectar através do estilo os reflexos menores da sensibilidade. As *Meditações* foram realmente escritas por Marco "para ele mesmo", e não para nós. É em Sêneca que encontramos a explicação dessa obra. A escrita, diz Sêneca a Lucílio, é um meio de tomar posse da ideia; enquanto não é escrita, ela permanece estranha, como é estranho para o pintor ou o escultor o objeto que ele procura captar, enquanto não se confronta com ele, não o revira em todos os sentidos. Tal como fazia Sêneca, assim fez Marco Aurélio, não para convencer os outros, mas para convencer a si mesmo da sua própria verdade.[127]

9. Marco Aurélio e o divino

No Livro I das *Meditações*, Marco Aurélio expressa gratidão a seu mestre Diogneto por ter-lhe ensinado a não crer em milagreiros, mágicos ou feiticeiros, naqueles que, através de seus encantamentos, alegavam espantar os maus espíritos.[1] A *História Augusta* nos ensina, por outro lado, quais foram a devoção de Marco Aurélio aos deuses e seu respeito aos ritos tradicionais da religião romana, o que não o impediu de recorrer a práticas estrangeiras quando o Estado lhe pareceu correr perigos particularmente graves.[2] Ele próprio, ao elogiar seu pai, Antonino, louvou-o "por não ter tido perante os deuses temores supersticiosos e, perante os homens, não haver procurado bajulá-los, agradá-los, cortejar a turba, mas ter-se mostrado em tudo comedido e firme, jamais insensível às conveniências e jamais procurando inovar".[3] Aos olhos de Marco Aurélio, portanto, havia uma "conveniência" nas relações com os homens e nas relações com os deuses. Tanto numas quanto nas outras, era preciso "manter a cabeça fria" (νῆφος), escreveu ele, ou seja, "sóbria", não ceder aos impulsos da sensibilidade. Mas também não convinha negar a existência do que chamamos de "sobrenatural", e que era então considerado como a metade invisível da natureza, do real em cujo seio estamos imersos.

Essa face oculta da natureza era o lugar por excelência do divino, que, em determinadas circunstâncias, manifestava-se a nós, e que seria absurdo e perigoso não levarmos em conta. Na Antiguidade, não havia nenhuma forma de pensamento que fosse radicalmente cética, que não admitisse, de um modo ou de outro, a existência de divindades, de forças secretas que possuíam com os humanos analogias que permitiam o estabelecimento, entre elas e nós, de comunicações de diversos tipos. Mas essa pululação do divino tinha que ser disciplinada, e foi nisso que se empenhou Marco Aurélio.

Convencido de que os deuses existiam, de que exerciam uma ação sobre nosso mundo material, ele jamais considerou a tese epicurista da ociosi-

Marco Aurélio e o divino

dade dos deuses senão como um momento dialético, no qual não se deteve.[4] Também não acreditava que o universo fosse resultado de uma combinação fortuita de átomos, na qual não interviesse nenhuma inteligência, nenhum pensamento. Para ele, havia entre os deuses e os homens relações de fato, de caráter afetivo e que acarretavam uma moral. Além disso, os deuses eram, em larga medida, "inteligíveis" para os seres humanos. Pertencendo à natureza, participavam da racionalidade desta, o que levava seus desígnios a serem previsíveis: somente o absurdo é gratuito. Ora, os deuses nada tinham de absurdos. "O respeito de que cada um cerca sua própria inteligência", escreveu Marco Aurélio, "fará com que ele fique satisfeito consigo, bem adaptado à vida social e em harmonia com os deuses."[5] Essa concepção, que identifica o universo e a Razão, o logos, e que assemelha a razão individual à razão universal, é tradicional nos estoicos, como sabemos, e constitui um de seus dogmas fundamentais, já presente em Zenão.[6] Marco Aurélio a aceita sem reservas, como fazia Sêneca, o que se vê numa carta a Lucílio em que lemos: "A Razão não é outra coisa senão uma parte do espírito divino, mergulhado no corpo de um ser humano."[7] Mas é grande a distância entre a concepção de uma ordem racional do divino e as manifestações múltiplas, amiúde estranhas e dificilmente previsíveis, da presença dos deuses no mundo e das relações estabelecidas com eles pelos homens. Um dos problemas que se colocariam para Marco, *imperator* e grande pontífice – e, como tal, grande mestre da religião de Roma –, consistiria em conciliar as duas realidades: uma realidade frequentemente anárquica e as exigências de uma "devoção" justificável pela razão.

Quando enumera as "graças" de que se beneficiou desde a infância, ele se diz grato à sua mãe por ter-lhe ensinado a devoção aos deuses.[8] Um pouco mais adiante nas *Meditações*, ele propõe a si mesmo o exemplo de Antonino e da maneira como ele honrava os deuses. Faz isso duas vezes, primeiro na passagem que citamos, depois, um pouco mais adiante, no Livro VI, provavelmente escrito durante o período em que ele estava morando em Sírmio e no qual, em meio à corte, enalteceu-se por não se "cesarizar". Ao falar de Antonino, ele evoca "o quanto ele era devoto, sem superstições".[9] A superstição, a δεισιδαιμονία (o pavor inspirado pelos seres divinos), da qual Epicuro fez um dos flagelos da alma humana, é a forma negativa da verdadeira devoção e, de certo modo, sua perversão.

Essa distinção entre *religio* e *superstitio* é tradicional no pensamento romano. Cícero a afirma: "Não foram somente os filósofos, mas também nossos ancestrais, que estabeleceram uma distinção entre a superstição e a religião."[10] Ela está na origem da maioria das instituições religiosas de Roma, cujo objetivo era submeter a religiosidade espontânea que cada um traz em si a regras estritas, constituir a *religio* como um verdadeiro código do sagrado.[11] *Religio* e *superstitio* são, em Roma, duas formas da sensibilidade ao divino, sendo a segunda como que o material de que era construída a primeira. Elas não se distinguem como a verdade e o erro, como se poderia supor. Uma manifestação da *superstitio* pode ser provocada por um fato religioso muito real e perfeitamente autêntico, enviado pela divindade. Pode ser a resposta a um presságio, não importa em que forma sobrevenha, mas não possui em si nenhum sinal de que seja conveniente à situação criada por ele. É necessário, para conhecer a resposta correta, integrá-lo nas regras estabelecidas – por exemplo, pedir a interpretação que os especialistas reconhecidos do sagrado, geralmente os harúspices, ofereciam do signo que se acreditara discernir, ou então, caso o fenômeno, o *portentum*, parecesse importante, submeter o caso aos magistrados, que decidiriam sobre a sequência a lhe dar.

Diga-se dele o que se disser, esse formalismo cauteloso da religião romana não tinha por consequência exaurir nas almas o sentido do divino. Não impedia que existisse nos corações uma devoção pessoal, amiúde muito intensa, dirigida a tal ou qual divindade com que cada um se sentisse em especial harmonia. O mesmo se dava no culto doméstico. No larário figuravam divindades escolhidas pelos membros da família, e nele se encontravam não apenas os senhores tradicionais, os Lares, mas também estatuetas representando seres nos quais se pressentia um caráter sagrado. E essa escolha não estava sujeita a nenhuma regra. Dessa devoção cotidiana Marco tivera exemplos em casa. Um episódio relatado na *História Augusta* conta que, um dia, Domícia Lucila, a mãe dele, estava rezando diante de uma estátua de Apolo colocada no jardim. Um certo Valério Homulo (antigo cônsul) a viu e murmurou no ouvido de Antonino: "Aquela mulher ali está rezando pela chegada do teu derradeiro dia, e para que o filho dela se apodere do império."[12]

A *pietas*, que abrange esses atos de fé para com os deuses – pois a oração, antes de ser a reivindicação de um benefício, consiste em reconhecer a realidade do deus a que o fiel se dirige –, é um aspecto dos laços que unem na

Marco Aurélio e o divino

natureza os homens e os deuses. Ela é, além dessa justiça que confere aos deuses o que lhes pertence, uma moral não escrita, de caráter afetivo, e vimos que Marco Aurélio era espontaneamente levado a praticá-la quando se tratava das relações de sociabilidade entre os homens, em toda a medida em que colocava a φιλοστοργία, a *indulgentia*, entre os mais altos valores morais.[13] Com mais razão ainda ele o fazia quando se tratava das divindades: "Reverencia os deuses, socorre os homens", escreveu.[14] Dessa benevolência, que fazia nascer o amor, os deuses nos davam testemunho em tudo, e entre eles e os homens produzia-se uma aliança como entre anfitriões e hóspedes, e uma verdadeira amizade familiar.[15]

Essa é uma ideia que não pertence propriamente a Marco Aurélio. Os estoicos romanos – Sêneca e Epicteto, depois de Musônio – repetem de bom grado que os deuses e os homens têm uma origem comum e, por conseguinte, são estreitamente unidos uns aos outros.[16] O estoicismo, como se vê, não exclui, nas relações dos homens com os deuses, um componente afetivo, no qual se unem gratidão, confiança e afeição. Marco Aurélio, por natureza, estava preparado para aceitar essa forma de devoção. Sua religião, portanto, seria feita, ao mesmo tempo, como a de todos os romanos, de uma série de práticas oficiais, codificadas no direito sagrado, o *jus pontificum*, do qual ele era o guardião, com os outros membros do colégio de pontífices, e, por outro lado, de evidências internas, umas surgidas espontaneamente, outras confirmadas pelo ensino dos estoicos, que as vivificavam, mas também as esclareciam e superavam. Os ritos de Roma só podiam justificar-se se existisse, além do visível e das forças materiais diretamente apreensíveis, além da vida e da morte, uma outra realidade, que só podia ser alcançada e concebida em pensamento. Tudo isso Marco Aurélio constatou. As forças espirituais cuja existência ele pressentia eram captadas para servir à cidade. Os ritos oficiais eram o meio dessa captação. Ao mesmo tempo, contudo, elas também podiam trazer-nos seu socorro em nossa vida pessoal, desde que nós mesmos soubéssemos recorrer a elas. Era possível "conviver com os deuses":

"Convive com os deuses aquele que lhes mostra constantemente sua alma satisfeita com o quinhão que lhe foi dado, e que cumpre tudo o que deseja o nume dado por Zeus a cada um de nós como protetor e guia, e que é uma emanação dele. Esse nume é a inteligência e a razão de cada um."[17]

Em outras palavras, poderemos descobrir o divino em nós mesmos, se conseguirmos estabelecer em nossa alma o domínio da razão, libertar-nos da tirania das paixões e das opiniões falsas. Temos assim, já no Livro II das *Meditações*: "Nada é mais desditoso do que examinar a fundo todas as coisas e perscrutar, como dizem, os abismos da terra, procurando adivinhar o que se passa na alma do próximo, sem perceber que basta o homem atentar apenas para o nume que se encontra dentro dele e lhe prestar um culto sincero. O culto que convém prestar-lhe consiste em zelar para que ele se mantenha livre de todas as paixões, da irreflexão, da irritação diante daquilo que advém dos deuses e dos homens..."[18]

Ao mesmo tempo por instinto, por sua educação e pelas obrigações do cargo em que desde muito cedo foi colocado, Marco Aurélio acolheu em si todas as formas do divino. Vimos, por exemplo, que ainda muito pequeno ele foi iniciado nos ritos dos sálios e gostou de participar deles,[19] assim descobrindo os primeiros gestos da *pietas* oficial, aquela que traduzia em atos a religião tradicional, cuja eficácia era possível pôr em dúvida, o que decerto não lhe teria ocorrido nessa idade. A partir desse momento, o sagrado não podia deixar de afigurar-se a ele uma realidade, situada além do sensível e que concernia, ao mesmo tempo, a Roma em seu conjunto (pela qual os sálios rezavam), à ordem do mundo inteiro, cuja disposição Roma estabelecia em torno dos seus deuses, e ao ser interior dos celebrantes, atentos à prece que eles dirigiam aos deuses. Nesse momento, sua religião identificava-se com a de todo o povo romano. Vivia nele por uma via tríplice. Às impressões da infância, muito depressa transformadas em evidências incontestáveis, justapuseram-se os imperativos da prática, o peso da tradição política, na qual os ritos desempenhavam um papel essencial. O mesmo se dava com a escuta dos auspícios, a adivinhação a que se recorria oficialmente antes de todos os atos importantes, tanto os da vida pública quanto os da vida privada, com os sacrifícios que os acompanhavam, destinados a angariar para o povo romano o beneplácito dos deuses etc. A essas duas fontes da religião que viria a ser a dele, durante toda a sua existência, superpuseram-se os raciocínios dos filósofos sobre a existência e o papel dos deuses no conjunto do universo. Também aqui, o estoicismo se justificaria em razão das intuições anteriores, mas não traria ao jovem príncipe a revelação do divino. Essa revelação lhe veio pela consciência comum, pelo espetáculo dos ritos de Roma e também por sua vida familiar.

Ocorreu com a religião de Marco Aurélio o mesmo que com as escolhas de sua filosofia. As virtudes que ele viria a enaltecer e se esforçaria por pra-

Marco Aurélio e o divino

ticar não lhe foram primeiramente ensinadas pelos filósofos. Ele as havia descoberto muito antes de ler Epicteto e Ariston. No Livro I das *Meditações*, ele afirma, certamente com razão, ter tido desde muito cedo, graças a seus parentes, os exemplos vivos que as tornaram cativantes.[20] Foi também no curso de sua infância que se produziu sua primeira aproximação do divino. Depois, em razão das funções que ele teve de assumir, como César perante Antonino e, após 161, como Augusto e grande pontífice, Marco Aurélio participou muito de perto da vida religiosa de Roma e do Império, do qual foi o primeiro "grande sacerdote". Tinha que zelar pela celebração exata dos ritos antigos, pela manutenção da pureza deles e também pelo estabelecimento de todos os novos cultos, em particular os que o senado concedia aos imperadores falecidos – Adriano, Antonino, Lúcio Vero[21] e, a seu pedido, Faustina, a Jovem, sua mulher, divinizada como tinha sido Faustina, a Velha.[22] Em todas essas funções, ele era encarregado de assegurar as boas relações entre os homens e as divindades, o que desde sempre se chamou a "paz dos deuses" (*pax deorum*) – aquela que garantia aos romanos a tranquilidade, a prosperidade e a segurança.

Essa responsabilidade que lhe cabia, Marco Aurélio não a encarava com leviandade. Cumpria os ritos com extrema exatidão. Os monumentos figurados o mostram nesse papel, por exemplo, por ocasião da partida do exército para expedições militares, ou, naturalmente, nos triunfos.[23] Ele assumia plenamente o que Varrão, seguindo o grande pontífice Quinto Múcio Cévola, chamava de "teologia política",[24] aquela que tinha por objeto o conhecimento das crenças e ritos que eram importantes para a vida da Cidade; o que quer que se pensasse da realidade objetiva das divindades reconhecidas pela religião oficial, a observância das práticas impostas por esta era uma necessidade política. Nessa concepção, os seres considerados divinos eram, na realidade, nomes dados a forças que escapavam à ação humana e nas quais, por conseguinte, convinha pensar como sendo resultantes de uma vontade divina. Havia nisso uma interpretação estoica, exposta por Cícero no Livro II do tratado *Da natureza dos deuses*, que certamente não era estranha a Marco Aurélio, já que, como vimos, ele dedicou um santuário no Capitólio a uma dessas forças morais que julgava essencial na vida social e religiosa – a "deusa" *Indulgentia*, tão importante, a seu ver, quanto *Concordia*, sua vizinha na colina sagrada.[25] Mas não pensemos que ele só atribuía às divindades tradicionais essa realidade abstrata. Para ele, nem Júpiter nem os outros deuses e deusas entravam nessa categoria. No último livro das *Meditações*, nos meses que precederam sua morte, ele escreveu: "Aos que ainda perguntam: 'Mas onde viste os deuses, de onde tiras a ideia de que eles existem, para honrá-los como o fazes?', pois bem, primeiro, eles são visíveis aos nossos olhos; ademais, de qualquer modo, também não vi minha própria alma e, apesar disto, respeito-a. O mesmo se dá com os deuses, dos quais experimento o poder em todas as situações, cuja existência constato e os quais reverencio."[26]

Assim, quando afirma que nossos olhos veem as divindades, Marco Aurélio refere-se a um argumento comumente formulado pelos epicuristas, e que eles tiravam das visões que nos mostram os deuses, em sonho, no silêncio da noite, quando os átomos sutis de que sua substância é formada podem penetrar em nossa alma. Essas visões que eles assim nos enviam, em virtude de um fenômeno puramente mecânico, não apenas nos dão a conhecer sua existência material, como também nos informam sobre seu aspecto físico, e então vemos que eles possuem uma forma semelhante à dos seres humanos.[27]

O fato de os deuses se assemelharem aos humanos em seu ser visível, de serem tais como desde sempre foram representados pelos escultores e pintores, acarreta uma consequência importante. Essas pessoas divinas, tão próximas de nós que suas imagens tradicionais se nos tornaram familiares, pertencem à teologia poética, tal como definida por Varrão. Caberia então reintroduzir na vida religiosa todo o conjunto dos mitos elaborados em torno delas? Os epicuristas evitavam fazê-lo e consideravam ímpias e perigosas para as almas as lendas desse tipo, julgando que seu resultado era fazer nascer em nós a angústia e o medo, além de encorajar as paixões. Qual era, a esse respeito, o sentimento de Marco Aurélio?

Na verdade, as *Meditações* não trazem nenhuma resposta explícita, mas é certo que, em razão da própria ideia que fazia da divindade, Marco Aurélio não poderia atribuir aos deuses da fábula as fraquezas, os ardis, as cóleras e os amores de que falavam os poetas – tudo o que eles lhes atribuíam de sumamente humano. Do mesmo modo, como imaginar que os deuses nascessem num momento exato do tempo, e tivessem infância (como Hermes em seu berço, ou Zeus amamentado pela cabra Amalteia), idade madura e velhice, quando pertenciam à natureza e não eram arrastados pelo devir, ao contrário dos humanos? No entanto, ele não repudiava esse mundo da lenda. Tanto na *Cor-*

respondência com Frontão quanto nas *Meditações*, recorreu com frequência a citações que mostram que a leitura dos poetas lhe era familiar, entre eles Homero,
Hesíodo e os trágicos. Marco Aurélio sabia que esse universo poético decerto
não trazia revelações sobre os deuses, mas sabia também que as reflexões de
que ele fora objeto ao longo dos séculos não tinham deixado de ser fecundas,
e podiam revelar-se ricas em ensinamentos. Como pensava Platão, havia uma
presença do divino na poesia, uma presença confusa, às vezes perigosa, mas
que podia mostrar o caminho para alguma verdade.

No Livro XI das *Meditações*, refletindo sobre a história dos gêneros dramáticos, Marco Aurélio constatou que a tragédia tinha por desígnio, primeiro,
apresentar à nossa memória "os acontecimentos da vida", mostrar que eles
tinham necessariamente que chegar e, como nos comprazíamos em vê-los
no palco, não havia motivo para nos indignarmos quando eles sucediam num
cenário mais vasto.[28] A tragédia, por representar fatos da vida dos heróis e
dos deuses, instrui-nos sobre o Destino, seu móbil principal, e nos convida a
aceitar para nós mesmos essa lei universal. Os deuses existem apenas a título
de garantes, para dar mais peso aos ditos que lhes atribuímos, mas isto não
significa que os traços com que os pintam os poetas e as aventuras que eles
supostamente teriam correspondam a uma realidade objetiva.

Ademais, continuou Marco Aurélio, o gênero dramático evoluiu. Primeiro
veio a antiga comédia, que tinha o mérito de acostumar os espíritos a des-
prezarem a opinião comum e já anunciava o cinismo (que sabemos provir de
um trajeto análogo ao do estoicismo). Pois bem, na comédia antiga, os deuses
ainda intervinham. Mas, à medida que o teatro se desligou do mundo da
fábula e passou a extrair a maioria de seus personagens do mundo dos seres
humanos, ele perdeu a essência de sua significação moral.[29]

Disso podemos concluir que, aos olhos de Marco Aurélio, as divindades
da teologia poética eram hipóstases das divindades reais, daquelas que vemos
em sonho. Essas divindades dos poetas resultaram da longa reflexão de que
o Olimpo tradicional fora objeto ao longo dos séculos. Elas encerram uma
parcela de verdade que compete ao filósofo descobrir. Já os mestres do antigo estoicismo tinham-se empenhado nisso. Assim é que Cleanto compôs
um *Hino a Zeus*, muito célebre, no qual deu uma interpretação simbólica da
personalidade tradicionalmente atribuída ao senhor dos deuses, e sob a qual
ele descobriu uma imagem da Lei universal.[30]

As outras divindades tinham sido objeto de uma exegese análoga, às vezes bizarra, por parte dos primeiros estoicos. Foi o caso de Atena, saída, como dizia Hesíodo, da cabeça de Zeus. Alguns discípulos de Zenão sustentavam que esse mito significava que a sede do pensamento encontrava-se na cabeça – não apenas a de Zeus, mas a de todos os seres humanos. Crísipo era de outra opinião. Situava o pensamento não na cabeça, mas no peito, na região do coração, e oferecia como argumento o fato de que Zeus, para gerar Atena, havia começado por engolir a deusa Métis, ou seja, a Prudência (ou a Astúcia), e de que foi em seu peito que Atena se formou inicialmente. Se ela havia saído pela cabeça do deus, tinha sido porque o pensamento se expressava pela fala, e o lugar desta era a cabeça! Galeno, o médico de Marco Aurélio, relatou-nos toda a demonstração de Crísipo,[31] e certamente não o fez sem um toque de ironia. Desconhecemos o que pensaria Marco Aurélio dessas especulações. A menção delas por Galeno mostra que não tinham sido esquecidas.

Nas *Meditações*, não encontramos nenhuma alusão ao simbolismo físico mais geral com que deparamos em alguns estoicos, para os quais a deusa Hera (a Juno dos romanos) não seria nada além do Ar, considerado como elemento, enquanto Júpiter seria o Céu, Netuno, o Mar etc.[32] Essa interpretação do panteão tradicional remonta ao próprio Zenão, mas, como observou Cícero, ela retira o divino do mundo,[33] ou, mais exatamente, reduz o divino a forças impessoais. A devoção, nesse caso, já não consiste senão em reverenciar a inteligência suprema, que rege o curso do devir material. É a essa inteligência que se dá o nome de Júpiter, sendo o Deus identificado com o logos, com a Razão ou com o Destino (*Fatum*).[34] Marco Aurélio não contradiz essa forma de devoção, longe disso, mas não se arrisca a comentar em detalhe o simbolismo da religião dos poetas. Ao falar do deus que preside o universo e se identifica com a ordem do mundo, ele o chama apenas de "o Deus".[35] Aliás, sucede-lhe falar em *deuses*, no plural, e isto desde o Livro I, ao *lhes* agradecer por todos os benefícios de que o cumularam;[36] e mais uma vez, no Livro XII, ou seja, ante a aproximação da morte, ele admite que foram *os deuses* que tudo dispuseram no mundo, de maneira harmoniosa e favorável aos homens.[37]

Em relação a múltiplas divindades, portanto, Marco Aurélio não demonstra um ceticismo radical nem uma fé incondicional. Nesse aspecto, segue os filósofos "moralistas" que reconhece como seus mestres. Por exemplo, sabemos que Epicteto, ao evocar a situação criada pela conflagração universal, considera que as divindades são "parentes" de Zeus;[38] admite, portanto, a existência de uma pluralidade de seres divinos em torno deste, mas o admite como um fato do qual não podemos dar conta. O mesmo se dá com Ariston, que, como sabemos, julgava inúteis as especulações sobre a natureza do mundo e considerava que nos era impossível compreender "a forma de um deus"; chegava até a ir mais longe e a duvidar de que houvesse uma sensibilidade nas divindades.[39] Portanto, a teologia poética persiste como um mistério para o filósofo, mas oferece aos rétores um tesouro de imagens, passível de alimentar a meditação moral. Frontão inventa mitos, afirma que a eloquência está colocada sob a proteção de uma multidão de divindades, e que qualquer tentativa de eliminá-la das atividades humanas é um sacrilégio contra elas.[40] Nem ele nem Marco Aurélio se preocupam de verdade com a existência *real* das divindades tradicionais. Aceitam-na de forma implícita, a meio caminho entre um ceticismo que lhes pareceria ímpio e uma adesão total que repugna a sua razão.

DESDE MUITO PEQUENO, Marco Aurélio revelou-se curioso a respeito de todas as formas que o sagrado podia assumir, a maneira pela qual ele era descoberto e percebido pelos homens, e não apenas pelos filósofos. Tinha cerca de 25 anos quando escreveu a Frontão para lhe contar uma viagem que estava fazendo pela Itália central. Um desvio o conduzira à pequena cidade de Anagnia, na região dos hérnicos, lugar em que, a acreditarmos em Tito Lívio, sempre se haviam produzido muitos prodígios. Ali, constatou Marco Aurélio, não havia um só recanto em que não se encontrasse um santuário, ora uma capela, ora um templo.[41] Ele se interessou por tudo que viu e que atestava preocupações religiosas, pelos "livros de linho" em que era consignado em tiras de tecido o ritual das cerimônias, e por uma inscrição cujo sentido exato lhe escapou: *Flamen sume samentum*. Ele não sabia o significado de *samentum*; indagou a um habitante local que estava a par do assunto, e este lhe explicou que o *flamen*, isto é, o sacerdote, no momento de entrar na cidade, devia pôr sobre seu barrete sacerdotal um pedaço cortado do tosão de um animal sacrificado. Tudo isso lhe interessava e, podemos supor, remeteu-o ao tempo em que ele havia aprendido de cor as fórmulas dos sálios.

Esse interesse do jovem César pelas antiguidades religiosas não era nele a manifestação de uma curiosidade vã sobre os hábitos e costumes que ia descobrindo. A seu ver, nenhuma forma de *religio* era desprovida de valor, deixava de corresponder a uma realidade sacra. Vimos que lhe sucedeu ressuscitar algumas que haviam caído em desuso na própria Roma. Assim, em 176, quando partiu para a guerra com os marcomanos, ele celebrou, como prelúdio à campanha, o velho ritual dos feciais.[42] Algum tempo antes, havia organizado um lectistérnio – um banquete sagrado oferecido às estátuas das doze principais divindades.[43] Essas cerimônias faziam parte da tradição romana arcaica – o lectistérnio remontava ao começo do século IV a.C., como vimos; os ritos dos feciais eram ainda mais antigos, visto serem atribuídos ao rei Numa, ou seja, remontavam à "proto-história" de Roma. Assim, sua celebração por Marco Aurélio pode ser explicada pelo desejo de afirmar a continuidade espiritual da Cidade – o que decorreria da teologia política e não implicaria, por parte do imperador, uma confiança na sua eficácia religiosa e mágica. Ao mesmo tempo, contudo, ele não se prendeu aos ritos antigos. A *História Augusta*, como também vimos, informa-nos que Marco Aurélio mandava virem sacerdotes "de toda parte" e realizava ritos estrangeiros.[44] E, com efeito, o que quer que possamos pensar do "milagre da chuva", convém admitir que havia no exército, e sem dúvida no estado-maior do imperador, um sacerdote egípcio, chamado Arnúfis, que servia ao deus Chu.[45] Marco Aurélio, portanto, não desdenhava assegurar-se da proteção *dos* deuses, de divindades particulares – não apenas as reconhecidas pelo panteão romano, mas também as dos outros povos.

Podemos assim perguntar se, ao recorrer dessa maneira a cultos estrangeiros, Marco Aurélio permanecia fiel à *religio*, ou se não se deixava seduzir pela *superstitio*.[46] O problema só se coloca na medida em que atribuamos a essas palavras um sentido que elas não tinham para os romanos. Uma prática religiosa, integrada num conjunto de crenças e ritos oficialmente reconhecidos por um povo, qualquer que fosse ele, era uma *religio*. Fazia muito tempo, no século de Marco Aurélio, que os romanos haviam "tomado emprestados" de estrangeiros, pela primeira vez, alguma divindade e o conjunto de um culto. Os *Livros Sibilinos*, que eram consultados toda vez que os recursos da religião existente revelavam-se insuficientes para combater uma epidemia, por exemplo, ou para anular o efeito de um presságio, haviam permitido que se introduzissem muitas novidades em Roma. Ao fazer vir à sua presença o egípcio Arnúfis (e alguns outros, dos quais, infelizmente, ignoramos tudo), Marco chamou em seu auxílio um *sacerdote* (*sacerdos*), e não um taumaturgo que não tivesse outro título senão o que se havia arrogado. O deus Chu era um avatar de Tot, assimilado desde longa data a Hermes, este identificado com Mercúrio. Figurava no panteão egípcio (no qual se inseria o "faraó" romano – o próprio imperador!). Seu sacerdote, encarregado das liturgias bem definidas que constituíam o culto desse deus, nada tinha em comum com personagens como o Alexandre de Abonoteico cujas imposturas Luciano nos relatou.[47] Marco Aurélio só tinha que se felicitar por contar com o auxílio de Arnúfis e, através dele, com o de Chu. Vimos que os conselhos do impostor Alexandre, ao contrário, não tiveram nenhuma eficácia. Será que em algum momento Marco Aurélio lhe deu sua confiança, será que sequer quis pô-lo à prova? Não sabemos. O imperador era crédulo? Mas, como discernir, nessa matéria, o que era e o que não era certo? Os deuses se manifestavam de mil maneiras e, se as religiões dos deuses citados mereciam que nelas se depositasse fé, por terem sido reconhecidas e praticadas ao longo de séculos, por numerosas gerações, que comportamento adotar diante desse jorrar impetuoso do divino concedido a cada dia?

Marco Aurélio acreditava nos sonhos. Experimentou a veracidade deles desde sua adolescência. Acaso não vislumbrou simbolicamente, numa visão noturna ocorrida quando tinha dezessete anos, o destino que o esperava?[48] Como o mundo inteiro, naquela época, ele acreditava que Esculápio usava esse meio para dar a conhecer aos enfermos os remédios que os curariam. Nesse aspecto, Marco não era nem mais nem menos crédulo do que seu contemporâneo Aristides, atento aos mínimos sinais que o deus lhe enviava.[49] Esculápio era decerto um deus "oficial", com seus sacerdotes e seus templos. Pertencia à *religio*, portanto, mas, entre o deus e o fiel que o invocava, não havia nenhum intermediário, nada que garantisse a autenticidade dos sinais que este acreditava perceber. Em última análise, a relação que se estabelecia decorria de uma devoção pessoal, de uma intuição direta, e ultrapassava em muito a "religião" formal.

Marco Aurélio tinha 25 ou 26 anos quando escreveu a Frontão, pelo aniversário deste: "Sei que, no aniversário de alguém, seus amigos lhe fazem votos. Quanto a mim, ... neste dia, eu gostaria de rezar aos deuses por mim mesmo ... . Quero invocar todos os deuses que, seja em que nação for, dão aos humanos o socorro sempre pronto de sua potência, que os ajudam tanto por sonhos quanto pelos mistérios, pela medicina, pelos oráculos ... ."[50]

Depois, entre as divindades auxiliadoras, que assim se manifestavam diretamente aos humanos, ele escolheu Esculápio e Atena. Fez de conta que ia à cidade em que cada um tinha seu santuário mais famoso – a Pérgamo, quanto ao primeiro, a Atenas, quanto à segunda –, e depois acrescentou Roma, onde invocaria os Lares, especializados na proteção dos viajantes, por terra e por mar. Por fim, transportou-se em pensamento ao Capitólio, e sua oração dirigiu-se ao bosque sagrado do Asilo, a mais antiga e mais misteriosa residência de Júpiter, que era, com seus dois paredros da tríade capitolina, o protetor de todos os povos.[51]

Essa brincadeira não deixa de ser bastante reveladora quanto ao sentimento religioso do jovem César e à maneira como sua devoção pessoal se conciliava com as religiões tradicionais. Por que essa viagem imaginária, essa peregrinação em pensamento pelo mundo? Então não era verdade que as divindades estavam presentes em toda parte? Isto, Marco Aurélio, já convertido ao estoicismo, não desconhecia. Mas os deuses invocados por ele nesse texto não eram os dos filósofos, que eram acessíveis em todos os lugares. Ele fez de conta, um pouco para divertir Frontão, mas também por convicção, que se dirigia às divindades das religiões oficiais, nas quais cada pessoa divina residia num local que lhe era próprio, num determinado santuário, e não era separável de seu templo, de um altar, de um recinto sagrado. Ele mesmo se viu na postura de um oficiante, tal como mais tarde seria representado em relevos que chegaram até nós.[52] Assim, para Marco Aurélio, a vida religiosa estava intimamente ligada aos ritos da religião política. Vimos como, transformado em grande pontífice, sacerdote supremo de Roma e do Império, ele se recusaria a abolir no que quer que fosse os costumes sagrados.[53] Para Marco Aurélio, os rituais da vida pública não eram artifícios destinados a agir sobre os espíritos, a criar ou reforçar no povo uma vontade comum, a lhe dar confiança. Não eram meios de governo, ainda que ele não desconhecesse, como veremos, o efeito que podiam surtir nos povos. A religião, na medida em que era garantida por um acordo implícito entre os fiéis de tal ou qual deus, era um meio seguro de entrar em comunicação com o divino. Seus ritos permitiam não apenas conhecer a vontade dos deuses, mas dar a conhecer, também a eles, o pensamento dos humanos. Assim, as cerimônias dos feciais eram uma mensagem dirigida a eles. Tinham por objetivo fazê-los constatar que a guerra projetada era justa, conforme ao direito, e por isso eles deviam favorecer os exércitos de Roma, levar-lhes auxílio e apoio.

Marco Aurélio e o divino

Nesse momento, porém, o sentido reconhecido do antigo ritual encontrava-se com a "filosofia" do imperador. Acaso a justiça a que se referiam os sacerdotes de Roma não era uma forma da ordem universal, da qual os deuses eram os garantes e à qual Marco Aurélio pretendia conformar-se? No início do Livro IX das *Meditações*, que pensamos ter sido escrito alguns meses antes da guerra contra os marcomanos,[54] e talvez em seguida a suas meditações em Alexandria, Marco refletiu justamente sobre o papel da justiça no mundo e afirmou que a injustiça era uma impiedade[55] contrária à ordem universal. Portanto, se a guerra que ele ia travar era justa, e se, graças ao ritual dos feciais, era reconhecida como tal pelos deuses no quadro da religião oficial, se era uma *"justum bellum"*, ele próprio já não seria um "salteador" – o que se arriscava a ser quem quer que recorresse à violência –, mas o instrumento da justiça absoluta, aquela de que os deuses eram garantes. A filosofia de Marco Aurélio encontrou e integrou aí os ritos da religião política.

Essa primazia atribuída à Justiça – a mais antiga divindade do mundo, como ele mesmo disse, quer fosse Têmis, quer Maat – e ao "direito", tão conforme ao espírito profundo da romanidade, dominou, como vimos, toda a obra de Marco Aurélio como legislador; era a preocupação com o direito, concebido como um absoluto, que o fazia rejeitar, por exemplo, como vimos, qualquer arranjo "amistoso", qualquer acordo que não tivesse sido ordenado por um tribunal.[56] Aparentemente destinado a regulamentar as relações entre os cidadãos, o direito, o *jus*, transpunha-se para o plano do universo. Ora, isso não era novo; a religião romana tivera desde sempre, desde suas origens mais longínquas, uma evidente ambição de universalidade, e se gabava de exprimir a própria natureza do cosmo. Houve quem propusesse, decerto com razão, compreender a noção de *fas*, tão importante no pensamento religioso dos romanos, como "a base mística, invisível, sem a qual o *jus* não é possível, e que sustenta todas as condutas e relações visíveis que são definidas pelo *jus*".[57] Assim, sua etimologia ligaria essa palavra ao radical de que havia saído o verbo *facio*, que tinha recebido no uso clássico o sentido banal de "fazer", mas que exprimia, originalmente, a ideia de colocar, dispor, estabelecer ou até criar. Se é assim, não há como rejeitar a aproximação entre a palavra *Têmis*, da mesma etimologia, que designa em Hesíodo a Justiça, a Ordem do universo, e a palavra *thesmos* [tesmo], que precedeu, quanto às leis, o termo *nomos* [nomo].[58] Vemos, pois, que a concepção estoica de uma Lei do mundo, à qual Marco

Aurélio aderia, encontrava suas origens na Grécia, já num passado antiquíssimo, muito anterior à chegada dos filósofos. Além disso, porém, havia entre o imperador discípulo de Ariston – e, através deste, de Zenão – e as regiões mais profundas da "mentalidade" romana uma harmonia essencial. Quando mantinha ou restabelecia as mais tradicionais formas da religião política, ele se conformava à sua fé estoica, porém, ao mesmo tempo, devolvia a elas sua significação primária, já parcialmente apagada.

O conservadorismo religioso de Marco Aurélio, análogo àquele de que ele dava mostras tanto na política quanto em matéria de direito, ou até de literatura, não podia afigurar-se um retorno às velhas magias do ritual nem uma habilidade destinada a atrair a opinião pública, sempre sensível às formas externas do cerimonial. Ele aceitou, como dotados de um valor espiritual próprio, os ritos ancestrais. Pediu que eles continuassem a desempenhar o papel que lhes fora atribuído outrora e cuja eficácia tinha sido posta em dúvida, já fazia pelo menos dois séculos, pelos filósofos, como mostra o tratado de Cícero *Da natureza dos deuses*. Marco Aurélio tinha como maior desejo restabelecer a comunicação entre os homens e tudo que havia de divino no mundo. Profundamente impregnado do sentimento de que os deuses existiam, de que nos eram acessíveis e nos auxiliavam, ele não desprezava meio algum de lhes decifrar a vontade, para poder conformar-se a ela e cumpri-la. Em troca, recebia o auxílio dos deuses.

No Livro I das *Meditações*, ao resumir como foi sua vida, Marco Aurélio escreveu que, se tinha podido fazer uma ideia clara do que era a vida conforme à Natureza, devera-o, em grande parte, aos deuses, "a suas mensagens, a sua ajuda, às inspirações que eles lhe enviaram".[59] Ele não lhes agradeceu por lhe terem dado o poder, a riqueza ou a glória, mas aquilo que convém chamarmos de "graças" de ordem espiritual. Caberá concluir disto que, durante toda a sua vida, ele se sentiu numa relação direta e pessoal com os deuses? Devemos pensar que ele foi um místico?

A palavra conviria, se Marco Aurélio pensasse ter sido pessoalmente escolhido pela divindade para receber revelações reservadas a ele, unicamente a ele, em virtude, por exemplo, de méritos particulares, ou numa efusão amorosa. Ao que parece, não foi este o caso. Os deuses, tais como ele os concebia – divindades das religiões oficiais, essencialmente, às vezes da "teologia poética" –, eram acessíveis a todos, disponíveis para quem os interrogava.

Marco Aurélio e o divino 299

As lições que nos davam tinham um caráter muito geral; eram oferecidas à nossa inteligência, que possuía por natureza a faculdade de compreendê-las. Era à nossa inteligência, em última análise, que os deuses se dirigiam, ainda que, vez por outra, sua mensagem interessasse à nossa sensibilidade: "A alegria do homem", escreveu Marco Aurélio, "consiste em praticar os atos que são próprios do homem. O que é próprio do homem é ser benevolente para com os semelhantes, desprezar as comoções dos sentidos, saber reconhecer as sensações confiáveis e contemplar a natureza de todas as coisas e o que se produz de conformidade com essa natureza."[60] Um pouco mais adiante, ele ainda escreveu: "Agora, depende de mim que nesta alma não haja maldade alguma, ambição alguma e, de modo mais geral, perturbação alguma. Todavia, observando cada coisa segundo o ser que lhe é próprio, sirvo-me de cada uma segundo o seu valor. Lembra-te de que tens essa possibilidade, em razão da tua natureza."[61]

Para harmonizar nossa alma com o universo, não precisamos de uma revelação particular que nos seja trazida por um deus. O socorro que a divindade nos envia, podemos encontrá-lo em nós mesmos, graças a nosso "guia interior" (isto é, à parcela de divindade que nos anima). Esse guia nos permite aceder à verdade. O caminho que ele nos indica é o que os filósofos encontraram e que nossa meditação pessoal nos permite seguir, por nosso turno. O conjunto das *Meditações* testemunha esse progresso para o Bem, para o aperfeiçoamento interior que permite a cada um, com o auxílio unicamente da Razão, lançar sobre o mundo um olhar idêntico ao dos deuses.

A atitude mística não se dá sem humildade: a alma *recebe* a graça divina. Ora, Marco Aurélio insiste na autonomia do "guia interior", que, no dizer dele, é invencível quando se fecha em si mesmo. Nesse momento, ele se basta, recusando-se a fazer o que não quer, mesmo que sua obstinação não seja "fundamentada na razão".[62] Tal é, com efeito, a doutrina reta do Pórtico. Sêneca escreveu a Lucílio: "O Sábio basta a si mesmo", em virtude da autonomia da Razão, da independência da pessoa, que chega a ser o oposto de uma atitude mística. E Sêneca acrescentou: "Embora o Sábio se baste, isto não o impede de ter necessidade de um amigo, não para receber o auxílio dele, mas para auxiliá-lo."[63] As relações entre os deuses e os homens são precisamente dessa natureza. Temos o poder de nos "fecharmos em nós" e, ao mesmo tempo, o de cooperar com os deuses, de servi-los, na medida em que tenhamos estabelecido em nós a primazia da Razão.[64] Nesse momento, o homem concorre para realizar a vontade divina. Colabora com o deus "em prol da saúde do mundo".[65]

Havendo chegado a esse estado de perfeita autonomia, o espírito adquiriu, ao mesmo tempo, uma inteligência "interna" da criação. Já não se indigna com o mal que acredita constatar no mundo. Compreende o sentido do que parece ruim. O que envelheceu está em processo de renascer.[66] Se compreendemos essa necessidade – interna em cada coisa – do destino que a provoca, nosso pensamento participa do pensamento dos deuses. Nós é que nos alçamos a eles, e já não são eles que vêm nos visitar: "Não te limites mais a apenas respirar com os outros o ar que te cerca, mas participa, doravante, do pensamento que é imanente a tudo. Pois a faculdade de pensar é não menos difundida em toda parte, e penetra não menos no que pode ser penetrado, do que o ar penetra em quem é capaz de respirar."[67]

O divino não é outra coisa senão o "pensamento", o dom da consciência, que penetra em todos os seres vivos – nos homens, possuidores da razão, mas também nos animais, embora estes não possam elevar-se acima dos impulsos pelos quais reagem às sensações que o mundo externo lhes comunica. Viver é impregnar-se desse poder maravilhoso, semelhante aos raios de luz, inesgotável como eles e que, como eles, sustenta-se sobre o que lhe cria obstáculo, coloca-se acima deste e o ilumina.[68]

Um pacto une o homem de bem – aquele que se serve como convém dessa luz da inteligência – e as divindades. Estas não podem querer-lhe mal. Marco Aurélio sabe que, por sempre haver pautado sua conduta pela ordem divina, não tem nada a temer dos deuses. Já falamos da serenidade com que ele acolheu a rebelião de Avídio Cássio.[69] No entanto, que segurança tinha de que o usurpador fracassaria? Mesmo estando convencido de que os deuses não poderiam fazer-lhe mal, porventura isto implicava que a benevolência deles lhe conservaria o poder? Eles não podiam fazer-lhe mal, certamente, porém na ordem do espírito, porque o mal não pode ter acesso à alma do Sábio, como Sêneca havia mostrado.[70] Ainda que as divindades lhe retirassem o Império, ainda que o exilassem e matassem, nada disso teria sido um verdadeiro mal. No entanto, não era isto que Marco Aurélio queria dizer. Ele pensava em seu papel temporal, no personagem em que se havia transformado. Cônscio de nunca haver agido, fosse como imperador, fosse como ser humano, senão de

Marco Aurélio e o divino

conformidade com a Natureza, isto é, como cidadão da comunidade universal, empenhado em fazer do mundo uma única pátria, ele sabia estar em concordância com os deuses, protegido por eles, de quem realizava os desejos. Por que haveriam as divindades de lhe arrancar o Império, quando ele era tão bom vigário para elas?

Esta pergunta, Marco Aurélio a fez a si mesmo e, no Livro VI das *Meditações*, respondeu a ela: "Se os deuses deliberaram sobre mim e sobre o que devia necessariamente acontecer-me, deliberaram bem. Um deus que não deliberasse seria até difícil de conceber. Ora, por que razão decidiriam eles me fazer mal? Que proveito tirariam disso, tanto para eles mesmos quanto para a totalidade do mundo, que é sua principal preocupação? E, se não deliberaram particularmente sobre mim, ao menos deliberaram sobre o conjunto do qual o que me acontece é consequência; devo contentar-me com o que me sucede e estimá-lo."[71]

Marco Aurélio bem sabia que, aos olhos dos deuses, não era um ser humano qualquer. Tinha a convicção de que o poder que lhe fora confiado o colocava numa posição muito particular. Vimos que, no seu reinado, como no de seus predecessores, desde Domiciano, a casa imperial foi sacralizada.[72] Como imperador, ele possuía em si uma parcela de divindade que vinha somar-se, digamos, à que se acha no interior de todo ser humano. É por isso que o destino de sua pessoa importava para a divindade e para toda a Natureza.

Vê-se que, em Marco Aurélio, a concepção do divino é muito complexa. Ele nada recusa do que a tradição lhe oferece, tanto a "teologia política" dos romanos quanto a "teologia poética" dos escritores e dos sofistas, e a isso vem somar-se a "teologia dos filósofos". Por todas essas razões, ele se compraz em fazer reviver os velhos ritos, mas, ao mesmo tempo, não rejeita sistematicamente os que vêm de outros lugares. Acredita na pluralidade dos deuses, em sua proliferação infinita, na existência de "demônios" com funções bem determinadas. Acima de todos esses deuses reina Zeus, identificado com o Espírito que anima o mundo e que nele une uma personalidade "poética" e uma personalidade "filosófica".

Marco Aurélio tem, além disso, a convicção de que a consciência humana pode elevar-se por si só à divindade, e de que as leis do universo, que não são outras senão as categorias do pensamento divino, são-lhe inteligíveis unicamente pela Razão, sem que seja necessária a intervenção de revelação alguma, porque a faculdade que nos permite a compreensão do Ser é a mesma nos deuses e nos homens.

Embora, como dissemos, o pensamento divino se confunda com a Razão, não decorre daí, na visão de Marco Aurélio, que as divindades se contentem em obedecer às leis que fixaram para si de uma vez por todas – como quer uma célebre fórmula de inspiração estoica. Ele não crê que elas permaneçam eternamente impassíveis, atendo-se às regras imutáveis do Destino. Também não crê que elas permaneçam ociosas, satisfeitas em ser o que são, como os deuses dos epicuristas. Tal como concebidos por Marco Aurélio, os deuses cuidam dos homens, justamente em virtude de uma das leis da Natureza, que quer que toda sociedade repouse, necessariamente, numa afeição mútua entre os seres que a compõem – a *indulgentia* a que ele se refere com grande frequência. Marco Aurélio descobre esse "amor" não apenas entre os homens, mas também entre os deuses e os homens, e até entre seres privados da razão.[73] Em virtude dessa lei universal de amor, não se pode admitir que os deuses não "deliberem" sobre cada um de nós, o que seria uma impiedade. Se nos suceder acreditar nisto, "deixemos de lhes oferecer sacrifícios, de rezar para eles, de proferir juramentos; nada mais façamos de tudo que praticamos na suposição de que os deuses estão presentes e misturados em nossa vida".[74]

Marco Aurélio sabe, por uma evidência interna e em razão de sua própria experiência, que as trocas espirituais entre os deuses e nós são uma realidade. Sabe também que esse é o próprio fundamento de toda vida social, a condição para que se realize a união que constatamos entre as diversas manifestações do Ser. Acrescentemos que ele próprio fala sem hesitar no "demônio" que traz em si.[75] Essa expressão era tradicional, como sabemos, desde Sócrates. Em Marco Aurélio, ora ela designa, com voluntária imprecisão, a parte racional da alma, aquela que "comanda" as outras funções, ora é o nome que ele dá àquilo que é capaz, em nós, de sentir serenidade, isto é, a felicidade dos deuses.[76] A comunhão com o divino se realiza não apenas na ordem do espírito, como queriam algumas formas de intelectualismo estoico, mas também na da sensibilidade. O aperfeiçoamento interno buscado de livro em livro pelo imperador teria por termo o desaparecimento da distância existente, na natureza, entre sua alma e as divindades. Para atingi-lo, ele apela para todos os recursos de sua consciência. Sabe que o sucesso desse processo importa não só para o homem que ele é, mas também para o conjunto do mundo, pelo qual ele assume, ao menos parcial-

Marco Aurélio e o divino

mente, a responsabilidade. O Império teve outros mestres antes dele; César, Pompeu e Alexandre também poderiam ter governado o mundo. Pois bem, ignoravam tudo a esse respeito, eram escravos de suas paixões e, o que dá na mesma, de suas ignorâncias. Diógenes, ao contrário, Heráclito e Sócrates eram verdadeiramente livres, pois tinham o entendimento das coisas.[77] Não seria possível conceber um imperador que unisse em si o poder dos conquistadores de outrora e o conhecimento do Ser, da matéria, das forças que a animam, e que, uma vez terminada sua vida terrena, já se houvesse tornado uma alma divina?

MAS SE, COMO DISSEMOS, Marco Aurélio foi tão acolhedor com as religiões estrangeiras na tradição romana, e se foi curioso, ao mesmo tempo, em relação a tudo que concernia ao divino no mundo, por que seu reinado conheceu as sangrentas perseguições de que sabemos contra os cristãos?

Essas perseguições se produziram em diversos pontos do Império, de maneira esporádica: em Roma, na Ásia, em Lyon. Foram objeto de um enorme número de estudos e não se trata aqui de retraçar a história, a qual, em muitos pontos, continua bastante incerta. O que nos importa é a pergunta amiúde formulada a propósito delas, indagando até onde foi a responsabilidade de Marco Aurélio nas perseguições, processos e execuções de que os cristãos foram vítimas. Quanto a isso, persistem muitas incertezas e dúvidas, diante da obscuridade e das lacunas de nossas fontes, ou até das falsificações que podem ter-se imiscuído nelas.

Quando Justino, de quem possuímos duas *Apologias* do cristianismo, ou melhor, dos cristãos,[78] foi condenado (mais ou menos em 165 ou 167?) pelo prefeito de Roma, Quinto Júnio Rústico, terá sido com a aprovação de Marco Aurélio? Sabemos que Rústico era amigo do imperador e que havia exercido enorme influência sobre ele desde muito cedo, ainda no reinado de Adriano.[79] Mas, quando Rústico proferiu a condenação de Justino, fazia trinta anos que essa época havia passado e, no trecho das *Meditações* em que fala da amizade entre os dois, Marco confessa ter-se irritado com ele muitas vezes, e, apesar disso, alegra-se por não ter feito contra ele nada de que tivesse que se arrepender.[80] Será possível concluirmos daí que o imperador nem sempre aprovou a conduta daquele a quem fez cônsul pela segunda vez a partir de 162, e, logo em seguida, prefeito da Cidade? Pela *História Augusta*, sabemos que Marco

Aurélio não gostava de que o prefeito de Roma "proscrevesse" alguém, isto é, sem dúvida, que proferisse uma condenação à pena capital.[81] Terá a condenação que atingiu Justino sido uma das ocasiões que provocaram a insatisfação do imperador? Esta é apenas uma hipótese, seguramente, mas é certo que Justino não podia ser desconhecido de Marco Aurélio.[82] Pertencia ao mundo dos filósofos que ensinavam em Roma. Formado no platonismo, tinha-se engajado numa polêmica com o filósofo cínico Crescens, que foi seu acusador. Teria Marco desejado que a legislação contra os cristãos, que existia desde a época de Trajano, como sabemos, não interviesse nessa controvérsia? É concebível. Mas se, apesar disso, a condenação decidida por Rústico foi mantida e executada, podemos pensar que Marco Aurélio não quis anular a decisão de Rústico, o que teria invadido as prerrogativas do prefeito.

Terá Marco aprovado as perseguições que se deram na Ásia, alguns anos depois, notadamente em Pérgamo e Esmirna? O bispo de Sardes, Melitão, escreveu ao imperador para se queixar de que "novos decretos" tinham sido expedidos contra os cristãos da Ásia. Estimava, por conseguinte, que tais "decretos" não tivessem sido obra do próprio Marco Aurélio, sem o quê sua providência de escrever teria sido absurda. A propósito de todo esse episódio, propôs-se recentemente uma explicação verossímil: os "novos decretos" teriam sido, na verdade, um artigo introduzido pelo novo governador da província em seu édito, no momento em que assumiu o cargo, "incluindo o cristianismo entre os crimes que ele se propunha ter competência para julgar".[83] Se assim foi, de modo algum isto significa que, até aquele momento, ser cristão não fosse considerado punível, mas apenas que não se fazia uma busca sistemática, a fim de castigá-las, das pessoas que professavam o cristianismo. Isso se coadunava com a política seguida por Adriano e confirmada por Antonino,[84] que consistia em não aceitar qualquer denúncia contra os cristãos, mas apenas as que fossem formuladas por determinado acusador, que assumia a responsabilidade por elas e era severamente punido caso elas se revelassem falsas. Isto era conforme à tendência geral sob os Antoninos, que consistia em desconfiar dos delatores.[85]

Desconhecemos qual foi a resposta de Marco Aurélio à carta de Melitão.

Quando tiveram lugar em Lyon, em 177, os pavorosos massacres que se originaram, ao que parece, num movimento popular hostil aos cristãos, o governador começou por pedir instruções a Marco Aurélio. Este lhe ordenou poupar entre os acusados apenas os que consentissem em renegar sua fé.[86]

Marco Aurélio e o divino

Este é o conjunto do dossiê. É inegável que Marco Aurélio, em plena consciência e voluntariamente, mandou executar cristãos – o que muitos historiadores modernos censuraram violentamente nele. No entanto, admitamos que ele não parece haver tomado a iniciativa de mandar procurar cristãos para exterminá-los. Sua atitude consistiu somente em mandar aplicar uma lei da qual não era autor. Mas ele considerava que os cristãos eram passíveis de punição a partir do momento em que se recusavam a fazer sacrifícios às divindades reconhecidas, e nos revela por quê.

O que dissemos sobre sua concepção do divino mostrou-nos que, para ele, recusar-se a orar aos deuses, a lhes oferecer sacrifícios, era uma impiedade.[87] Os deuses, sem dúvida, não buscariam vingar-se, punir os ímpios, mas o homem que assim se tornava culpado se excluía da comunidade que abarcava os homens e os deuses. E o dever de Marco Aurélio, como imperador, era fazer com que "todos os seus atos sirvam para realizar totalmente a vida social".[88] Se alguém agia sem levar em conta o que era o objetivo da comunidade, a ação assim praticada era uma verdadeira sedição, uma nota discordante na "sinfonia" geral.[89]

Era esse o crime dos cristãos. Eles eram uma ameaça à ordem do mundo. Mas isso não bastaria, sem dúvida, para merecerem a morte, se eles não constituíssem um exemplo pernicioso.

Uma passagem do *Digesto* nos dá conhecimento de um rescrito de Marco Aurélio que condenava à relegação numa ilha quem fizesse alguma coisa própria para inspirar "na alma inconsistente dos homens algum temor, decorrente de uma superstição relativa a uma divindade".[90] Uma das *Sentenças* de Paulo é mais precisa: "Aqueles que introduzirem práticas religiosas novas e desconhecidas, quer em seu uso, quer em seu espírito, passíveis de perturbar a alma dos seres humanos, serão deportados, caso pertençam às classes superiores, e punidos com a morte, caso pertençam às classes inferiores."[91] Pensou-se que esses textos se aplicavam aos cristãos, porém nada é menos certo. Dificilmente o cristianismo poderia ser considerado uma religião que assustava os seres humanos. É provável que se tratasse, nessa época, de taumaturgos e falsos profetas, como Alexandre de Abonoteico e seu deus-serpente Glicon, bem como de personagens mais fantasiosos, como o que, dissimulando uma cegonha sob suas vestes, previu o fim do mundo no Campo de

Marte.[92] As acusações feitas contra os cristãos eram de tipo totalmente diverso. Um discurso do próprio Frontão, resumido por Minúcio Félix em *Octavius*, tornou-as conhecidas por todos. Essa censura referiu-se essencialmente aos costumes atribuídos aos cristãos, a seus banquetes ímpios, a suas reuniões noturnas, às uniões incestuosas que elas favoreciam, a suas crenças estranhas e antinaturais, como a ressurreição da carne, ou a escolha, feita pelo próprio Deus, dos eleitos e dos reprovados, e a loucura que os fazia esperar um destino melhor muito improvável, e aceitar sem luta a miséria em que estavam mergulhados aqui na terra.[93] Nesse texto é feita menção ao fim do mundo, no qual os cristãos acreditavam, mas este era apenas um dos absurdos, entre outros, de sua doutrina, e não deixava de lembrar a conflagração geral do universo postulada por alguns estoicos.

Ignora-se em que ocasião Frontão proferiu esse discurso. Teria sido por ocasião das buscas empreendidas contra Justino ou da controvérsia entre este e Crescens? Não sabemos. É certo, pelo menos, que Marco Aurélio não pôde manter-se afastado desse debate – o qual não deixou nenhum eco, entretanto, nas *Meditações*. Teria Marco Aurélio sido convencido pelos argumentos de Frontão? Não é nada certo. No Livro XI, ele diz apenas, a propósito dos cristãos: "Que bela é a alma que se mantém pronta, se necessário, para se separar de repente do corpo e se extinguir, ou se dispersar, ou sobreviver! Mas que esse fato de se manter preparada seja proveniente de um juízo próprio, e não efeito de um simples espírito de contradição, como entre os cristãos. Que seja um raciocínio sério, e tal que possa persuadir outras pessoas, sem pose de tragédia."[94]

A data proposta para a redação do Livro XI permite crer que essa reflexão tenha sido sugerida pelos mártires de Lyon e pela obstinação dos acusados em não renegar sua fé. A mesma reflexão implica também que o imperador se recusava a pensar que essa obstinação dos cristãos se fundamentava na razão. Ele via nela apenas uma atitude teatral, histérica, proveniente das regiões menos nobres da alma. O fato de essas crenças acarretarem, nos que as adotavam, a recusa da religião tradicional, e, por conseguinte, de os separarem da comunidade humana, bastava para justificar a severidade do poder contra eles. Marco Aurélio sabia bem do perigo que isso o fazia correr, pessoalmente e em sua imagem de príncipe clemente e justo. Já o havia experimentado, cremos, durante seu contato com os judeus, um ano antes, ou menos.[95] Ora, não havia o cristianismo saído do judaísmo? Também não eram os cristãos

Marco Aurélio e o divino

prisioneiros dos seus "dogmas", das opiniões que haviam erigido em verdades absolutas? Mesmo sem acreditar nas abominações que lhes eram atribuídas, o imperador só poderia condenar, primeiro como filósofo e pensador, a tola obstinação dessa seita. Como príncipe, entretanto, ele se recusaria a se portar como perseguidor e a se afigurar um tirano. Por isso, não cremos que tenha ordenado a busca dos cristãos para forçá-los a abandonar sua fé e, diante da recusa deles, mandado executá-los. Bastava-lhe permitir o livre funcionamento das instituições, respeitando, ainda que às vezes elas contrariassem seus sentimentos íntimos, as decisões dos magistrados legalmente estabelecidos, do prefeito de Roma ou dos governadores das províncias.

Em várias ocasiões, sublinharam-se os sinais de uma aproximação ideológica entre o cristianismo e o poder imperial, já sensível com a obra de Justino e, depois, com a de Melitão. Tratava-se de fazer o imperador compreender que os cristãos, além das aparências, concordavam com os filósofos pagãos.[96] Mostrou-se, por exemplo, que Cristo desempenhava, no mundo espiritual, o papel que os estoicos atribuíam ao logos, intermediário entre o Deus supremo e a inteligência humana,[97] e era possível descobrir muitas outras analogias entre os dois universos. Caberá crermos que Marco Aurélio foi sensível a esses argumentos, e que, por intermédio de Celso (que teria sido seu porta-voz?), propôs aos cristãos uma espécie de acordo, um armistício, sob a única condição de que eles parassem de se excluir da vida social, consentissem em servir nos exércitos de Roma e aceitassem exercer magistraturas?[98] Trata-se de uma hipótese engenhosa, à qual não falta verossimilhança. Mas ela repousa numa outra hipótese: a de que Marco Aurélio teria confundido o cristianismo com o montanismo, a heresia que punha em perigo toda a sociedade humana. Será que nos convém pensar que o imperador não estabeleceu as distinções necessárias, e que isso o teria determinado a punir com severidade todos os cristãos, fossem eles quais fossem? Estamos muito mal informados sobre esses acontecimentos para poder decidir com segurança. Mas é evidente que existiam pontos de contato entre as convicções do próprio imperador e alguns aspectos do pensamento cristão.

É o caso da ênfase depositada no caráter afetivo dos laços entre os homens e entre estes e o divino, a primazia reconhecida da φιλοστοργία no universo. Já existiam instituições de caridade, e vimos que Marco Aurélio as desenvolveria com as *puellae Faustinianae*.[99] É também o caso da ideia de que a união essencial da humanidade era de natureza espiritual, fundamentada na participação de todo ser humano na Razão universal, isto é, no pensamento de Deus. Outrossim, além da diversidade e da multiplicidade dos seres divinos, a primazia atribuída a Júpiter, e portanto, o papel que era reconhecido nele, tendiam a criar um deus único, ao qual todos os outros eram subordinados.

Naturalmente, persistiam muitas diferenças entre o pensamento de Marco Aurélio e a doutrina cristã nascente. Em particular, sobre o destino da alma individual. Marco Aurélio se inclinava a admitir uma sobrevivência limitada, mesmo para a alma dos "sábios", que, após algum tempo, acabava sendo absorvida no logos.[100] Ele não achava que existisse para as almas um julgamento, mediante o qual as divindades (ou Deus) decidiriam sobre sua recompensa ou sua punição. Nesse aspecto, a doutrina cristã era mais próxima do paganismo tradicional do que o pensamento de Marco Aurélio.

Todavia, as relações entre Marco Aurélio e o divino menos concerniam às condutas que o imperador devia ter em relação aos homens do que à alma do próprio imperador. O que lhe importava era manter para com todos uma benevolência igual, e "apresentar aos deuses apenas um homem que não se indigna contra coisa alguma e não se queixa de ser tratado com indignidade".[101] A felicidade e a salvação fazem parte deste mundo. Estão ao alcance de todo aquele que souber fazer com que seu "demônio interior" o ensine a aceitar e amar a vontade de Deus.

Conclusão

QUER O COSTUME QUE, ao se evocar o imperador Marco Aurélio, ele seja apresentado como o último príncipe de uma Roma afortunada. Com ele, dizem-nos, Roma teria atingido um estado de equilíbrio que, a partir do reinado de seu filho Cômodo, iria degradar-se. Gosta-se também de evocar os infortúnios, as catástrofes e as guerras que teriam marcado os vinte anos durante os quais ele exerceu o poder como Augusto. Esquece-se que muitos reinados anteriores, dentre os mais gloriosos ou mais enaltecidos, passaram por infelicidades semelhantes. O Tibre havia transbordado nos reinados de Augusto e de muitos outros imperadores, mas acaso devemos supor que as vicissitudes da história estiveram na dependência de seus caprichos sazonais? A peste devastou províncias inteiras e fez morrerem centenas de milhares de pessoas. Não foi o primeiro flagelo desse tipo conhecido pelo mundo antigo, e não é provável que as perdas humanas assim causadas tenham dado início ao declínio desse mesmo mundo. Exércitos de bárbaros invadiram o norte da Itália e outros penetraram até Elêusis? Mas os gálatas, vários séculos antes, tinham ido até a Ásia Menor, depois de devastarem Delfos, e o helenismo não sofreu com isso. Chegou até a beber aí novas forças, que deram brilho ao reino de Pérgamo. Os teutões e os cimbros haviam ameaçado a Itália, o que não impediu a magnífica floração de Roma, após a vitória de Mário e a de Lutácio Catulo. Foi sob o reinado de Tito que ocorreu a erupção do Vesúvio, que engoliu as cidades campanienses. Há quem queira esquecer que as guerras conduzidas por Marco Aurélio foram bem-sucedidas, tanto no Oriente quanto nas margens do Danúbio. As forças vivas do Império estavam intactas. Marco Aurélio sabia disso e não desconhecia que era seu dever usá-las e dar continuidade ao progresso milenar de uma cidade que ele acreditava convocada a apagar as diferenças que ainda existiam entre os povos do mundo. Ele achava que a humanidade era uma só e que o bem, para ela, residia no triunfo da Justiça, a mais antiga das divindades e, ao mesmo tempo, alicerce de todas as virtudes.

Herdeiro da mais autêntica tradição romana, admirador dos estadistas, dos oradores e dos pensadores da Roma republicana, ele se esforçou por manter-lhes o ideal em todos os campos. Renovou as instituições, adaptando-as ao momento de então. Perfeitamente cônscio de que o regime imperial era indispensável para aquele momento do mundo, empenhou-se em evitar os abusos que, em épocas passadas, haviam-no desviado de sua verdadeira missão. Quis impedir que se produzisse a transformação, denunciada por Políbio, da monarquia em tirania. Respeitador do senado e apoiado em seus amigos, os quais consultava, cujas carreiras favorecia e a quem se aliava gra-ças a casamentos, ampliou essa monarquia no que se poderia chamar de uma aristocracia moderada, e, segundo nos diz o autor de sua *Vida* na *História Augusta*, "no que diz respeito ao povo, não agiu diferentemente do que se fazia numa cidade livre".[1] Tanto assim que, sob seu reinado, realizou-se na prática a "constituição mista" com que se sonhava desde o tempo de Aristóteles, que Políbio e Cícero haviam desejado ansiosamente, mas que Tácito, alguns anos antes do nascimento de Marco Aurélio, julgara não passar de uma visão da imaginação, perfeitamente irrealizável.[2]

No entanto, esse equilíbrio entre os elementos de que Roma se compunha era mais ilusório do que real. É que a pessoa do imperador era a pedra angular de todo o edifício. E tudo dependia de sua vontade "sagrada". Por isso, bastou mudar a pessoa do príncipe para que tudo mudasse, para que os princípios pelos quais Marco Aurélio havia pautado sua conduta fossem abandonados, e para que tivesse início um período de distúrbios e violência que viria a mo-dificar profundamente a estrutura moral e política do Império.

Acolhendo em sua própria vida pessoal os princípios dos estoicos, Marco Aurélio não foi realmente um deles, no entanto. Não elaborou por si só, a exemplo deles, uma doutrina coerente, contentando-se com os princípios mais gerais que encontrava nas obras desses homens, porém sem procurar segui-los em seus raciocínios teóricos nem em suas teorias concernentes à física. Ele não recomeçou sob uma nova forma a República de Platão. O que lhe interessava eram as leis da ética, a "ciência dos costumes". Constrangido a sair de si mesmo e a agir sobre o mundo, ele se esforçou, primeiramente, por se disciplinar, por enxergar com clareza em si mesmo, por adquirir um

Conclusão

instinto que lhe permitisse discernir o Bem e o Mal e uma superioridade de visão graças à qual se elevasse acima das mesquinharias da vida cotidiana.

Mas essa missão que ele recebeu, e à qual não se furtou, não o fez esquecer que era um ser humano, integrado numa determinada sociedade e, antes de tudo, numa família, da qual era apenas um instante. Mesmo imerso na solidão em que escreveu as *Meditações*, não obstante se retirasse voluntariamente do círculo que o rodeava – seus conselheiros e também seus amigos –, Marco Aurélio não pôde deixar de evocar todos os que haviam participado de sua vida. Estão todos ali, como num sonho. Ele se ligava a cada um deles por algum sentimento. Cada um tinha contribuído para fazer com que ele fosse quem foi – esse personagem tão importante e tão simples, para quem importava sua humildade: era à consciência que Marco Aurélio tinha dela e à consciência de sua vulnerabilidade que ele devia o cumprimento, dia após dia, da tarefa de governar o mundo, sem por isso "cesarizar-se".

Cronologia

96 d.C. | **18 set:** Assassinato de Domiciano. Fim da dinastia flaviana. Nerva é designado imperador pelo senado.

97: Trajano é adotado por Nerva.

98 | **27 jan:** Morte de Nerva. Trajano torna-se o único imperador. | Início da dinastia dos Antoninos.

99 (aproximadamente): Tácito publica *Germânia*.

100: *Panegírico* de Trajano por Plínio, o Moço. Princípio de uma "monarquia" baseada nas "virtudes" do príncipe. Nascimento de Herodes Ático.

101 | **25 ou 26 mar:** Trajano parte para o Danúbio.

102: O rei dácio Decébalo apresenta sua rendição.

105: Segunda guerra na Dácia.

107: Segunda vitória de Trajano sobre os dácios.

110 (aproximadamente): Herodes Ático em Roma.

113 | **29 out:** Trajano parte para o Oriente. Guerra Pártica.

117 | **10 ago:** Morte de Trajano na Síria. Advento de Adriano. | Tácito conclui seus *Anais* (?).

121 | **26 abr:** Nascimento de Marco Ânio Vero, inicialmente chamado Marco Ânio Catílio Severo, o futuro Marco Aurélio.

126: Marco Aurélio torna-se "cavaleiro romano".

128 (ou 129): Marco Aurélio torna-se sálio.

130 (aproximadamente): Morte do pai de Marco Aurélio. Este assume o nome de Marco Ânio Vero.

130 | **15 dez:** Nascimento de Lúcio Vero.

131: Fundação em Atenas, por Adriano, do Pan-helênio.

132 (?): Nascimento de Faustina, a Jovem.

132-135: Distúrbios na Judeia.

135-136: Marco Aurélio assume a toga viril. Prometido em casamento a Ceiônia Fábia, filha de Lúcio Ceiônio Cômodo, adotado por Adriano.

136-137: Marco Aurélio é aluno do filósofo Apolônio de Calcedônia. Frontão é professor de Marco Aurélio (?).

137 | **31 dez:** Morte de Lúcio Ceiônio Cômodo (transformado, por adoção, em Lúcio Élio César).

138 | **25 jan:** Adriano adota Tito Aurélio Fulvo Boiônio Árrio Antonino, que assume o nome de Tito Élio César Antonino e, por sua vez, adota Lúcio Vero e Marco Aurélio. | **10 jul:** Morte de Adriano em Baias. Marco Aurélio é prometido em casamento a Faustina, a Jovem. | **5 dez:** Marco Aurélio questor. Cônsul designado. César.

139 (?): Início da correspondência com Frontão. Marco habita na Domus Tiberiana, no Palatino. Marco manda *castigar* turmas de cavaleiros romanos.

140 | **1º jan:** Primeiro consulado de Marco Aurélio. | Lúcio Vero torna-se questor. Herodes Ático regressa a Roma.

141: Morte e divinização de Faustina, a Velha.

143: Frontão torna-se cônsul, com Herodes Ático. | **21 abr:** Discurso de Élio Aristides (*Elogio de Roma*). | **(verão):** Viagem de Marco a Nápoles.

145: Segundo consulado de Marco Aurélio. Casamento com Faustina. Herodes Ático na Grécia. Revolta na Mauritânia.

146: Marco Aurélio lê Ariston e se dedica à filosofia. | **10 dez:** Recebe o poder tribunício e o *imperium* proconsular.

147: Nascimento de Ânia Galéria Aurélia Faustina.

149 | **9 mar:** Nascimento de Ânia Aurélia Galéria Lucila.

150 (aproximadamente): Nascimento de Árria Fadila.

154: Lúcio Vero torna-se questor.

155-156: Morte da mãe de Marco, Domícia Lucila. Lúcio como cônsul.

161 | **31 ago:** Nascimento de Cômodo. | Terceiro consulado de Marco Aurélio, com Lúcio Vero como colega. Lúcio Vero, até então chamado Cômodo, assume seu nome definitivo de Vero. | **7 mar:** Morte de Antonino. | Marco Aurélio torna-se Augusto e toma Lúcio como associado. Torna-o noivo de Ânia Lucila. Invasão dos partas na Armênia.

162: Partida de Lúcio para o Oriente. | **(outono):** Lúcio é iniciado em Elêusis.

162-163: Nascimento de Marco Ânio Vero César, filho de Marco Aurélio. Avídio Cássio na Síria.

Cronologia   315

163: Estácio Prisco na Capadócia. Operações na Armênia. Tomada de Artaxata. Operações na Síria. Frontão penetra além do Eufrates. Discurso de Marco Aurélio no senado: elogio de Lúcio.

164: Contra-ataque dos partas com Vologese. Lucila em Éfeso. Casamento com Lúcio.

165 (final): Saque de Selêucia por Avídio Cássio.

166 | final de agosto: Retorno de Lúcio, que assume o título de *Parthicus Maximus*. | Avídio Cássio é governador da Síria. | 12 out: Vitória sobre os partas. Cômodo torna-se César.

167 | jun: Problemas na fronteira da Germânia, ataque dos langobardos e dos úbios. | Élio Aristides pronuncia um discurso no Pan-Ateneu de Atenas. Início da peste (?). Condenação de Justino. Marco Aurélio celebra um lectistérnio.

168: Avídio Cássio é encarregado das províncias da Ásia. | 6 jan: Marco Aurélio faz uma preleção para os pretorianos. | Marco Aurélio e Lúcio partem para a luta contra os marcomanos.

168-169: Os dois imperadores passam o inverno em Aquileia.

169 | fev (?): Lúcio morre em Altinum. | Marco Aurélio em Roma. Morte de Marco Ânio Vero.

169-170: Os marcomanos e os quados penetram na Itália.

170: Ataque dos costobocos a Elêusis. Ofensiva romana no Danúbio. Briga entre Herodes Ático e os Quintílios.

171: Guerra dos quados. Marco redige o primeiro livro das *Meditações* (?). Vitória no *front* do Danúbio. Problemas na Espanha.

172: Os marcomanos são atacados e vencidos. | (verão): milagre do raio?

173: Marco Aurélio em Carnunto. Redação do livro II das *Meditações* (?). | (verão): milagre da chuva?

174: Marco Aurélio em Sirmio. Ofensiva contra os iázigés. Processo de Herodes Ático contra os atenienses.

175: Herodes Ático regressa a Atenas. | Abr-mai: Revolta de Avídio Cássio. | 7 jul: Cômodo recebe a toga viril. | Marco Aurélio na Síria. Morte de Faustina em Halala. Marco Aurélio no Egito.

176: Marco Aurélio, em Atenas, é iniciado nos Mistérios de Elêusis. | Out: Retorno a Roma, passando por Brindisi. | 23 dez: Triunfo de Marco Aurélio e Cômodo.

177: Cômodo torna-se cônsul. Morte de Herodes Ático. | **27 nov:** Cômodo associa-se ao Império. | Casamento de Cômodo com Bruta Crispina.

178 | **3 ago:** Partida de Marco Aurélio e Cômodo para a Germânia. | Terremoto em Esmirna.

180 | **17 mar:** Morte de Marco Aurélio, em Vindobona (Viena) ou em Carnunto.

Notas

Introdução (p.7-32)

1. *História Augusta, Marco Antonino*, I, 1.
2. Por exemplo, P.A. Brunt, "Marcus Aurelius and His Meditations", *Journal of Roman Studies*, LXIV, 1974, p.1-20. G.R. Stanton, "Marcus Aurelius Emperor and Philosopher", *Historia*, 1969, p.570-87. Cf. B. Hendrickx, "Once Again Marcus Aurelius Emperor and Philosopher", *Historia*, 1974, p.254-6. Em sentido inverso, com nuances, P. Noyen, "Marcus Aurelius, the Greatest Practician of Stoicism", *Antiquité classique*, XXIV, 1955, p.372-83.
3. Cap.16.
3bis. Avídio Cássio, 3, 6.
4. *Meditações*, IV, 12.
5. Dessau, *Inscriptiones latinae selectae*, n.5163, linha 25.
6. Platão, *A República*, 473 c-e. Ideias retomadas na *Carta VII*, 326 a-b.
7. *De republica*, II, 28.
8. P. Grimal, "Auguste et Athénodore", in *Rome. La littérature et l'histoire*, Roma, 1986, p.1147-76. Elizabeth Rawson, "Roman Rulers and Philosophic Advisers", in *Philosophia Togata*, Oxford, 1989, p.233-57.
9. Suetônio, *Augusto*, 85.
10. M. Ruch, *L'Hortensius de Cicéron*, Paris, 1958.
11. M. Griffin, "Philosophy, Politics and Politicians", in *Philosophia Togata*, op.cit.
12. Tácito, *Diálogo*, 30, 4.
13. *Instituição oratória*, XII, 2, 1ss.
14. Ibid., par.6.
15. Dião Cássio, LXV, 11, 1.
16. Tácito, *Histórias*, III, 81, 1-2.
17. Dião Cássio, LXV, 2.
18. A. Jagu, *Musonius Rufus. Entretiens et fragments*, Nova York: Hildesheim, 1979. Ver também R. Cadiou, *Une tradition de Musonius*, Bulletin de l'Association G. Budé, 1957, p.54-66.
19. *Política*, III, 14, 1294 b 30ss. Cf. III, 13, 1283 b 10.
20. Diógenes Laércio, VII, 135ss.
21. Tácito, *Anais*, XVI, 71, 4.
22. *Carta a Lucílio*, 73, 1.
23. Sobre a aproximação entre Plínio e Dião, ver F. Trisoglio, "Le idee politiche di Plinio il Giovane e di Dione Crisostomo", *Il pensiero politico* V, 1972, p.2-43.

24. Plutarco, *Ad principem ineruditum*, 780 e.

25. Ibid., 781 e.

26. *Meditações*, IV, 1.

27. *Ética a Nicômaco*, I, 2, 1095 a, 7ss. (*Éthique à Nicomaque*, trad. Tricot).

28. Ibid., X, 7, 1177 a, 11ss., id.

29. Ibid., X, 7, 1177 a, 23ss., id.

30. Epicuro, *Pensées maîtresses*, I (trad. L. Robin). [*Antologia de textos de Epicuro*, trad. Agostinho da Silva, São Paulo: Abril Cultural, col. Os Pensadores, 1980.]

31. *Vida*, IV, 2.

32. Sobre a obra de Dião Cássio, ver Fergus Millar, *A Study of Cassius Die*, Oxford, 1964.

33. Essa ideia foi inicialmente proposta por H. Dessau na revista *Hermès*, 24 (1889). Ver a demonstração de I. Marriott, "The Autorship of the *Historia Augusta*", *Journal of Roman Studies*, LXIX, 1979, p.65-77. Ver também Tony Honore, *Scriptor Historiae Augustae*, ibid., LXXVII, 1987, p.146-76. Sobre o histórico das pesquisas, ver A. Chastagnol in *Actes du VIIᵉ Congrès de l'Association G. Budé*, Aix-en-Provence, 1963, p.187-212. R. Syme, *Emperors and Biography, Studies in the Historia Augusta*, Oxford, 1971; id., *Historia Augusta Papers*, Oxford, 1983.

34. Textos reunidos, juntamente com outros, por Guido Cortassa, *Scritti di Marco Aurelio...*, Guido Cortassa (org.), Turim, 1984.

35. *Ad Antonin. Imper.*, II, 4.

36. Édition Haines, I, p.38 (Naber, p.211).

37. Ver a edição de Trannoy das *Meditações*, p.III.

38. *Meditações*, III, 14.

39. Ibid., IV, 3, 1.

40. Ibid., IV, 3, 4ss.

41. P.A. Brunt, "Marcus Aurelius and his *Meditations*", *Journal of Roman Studies*, LXIV, 1974, p.1-20. Ver também Trannoy, edição citada, p.IVss. Sobre os problemas cronológicos e, em geral, a gênese da obra, ver C.R. Haines, "The Composition and Chronology of the Thoughts of Marcus Aurelius", *Journal of Philology*, 1914, p.278-95, que propõe, com bastante imprudência, uma data exata para cada livro, escalonando-se a obra entre 171 e 178. Ver *infra*. Ver também Joseph Moreau, "L'Empereur Marc Aurèle et son journal intime", *in Stoïcisme, Épicurisme, tradition hellénique*, Paris, 1979, p.61-77.

42. *Meditações*, X, 10.

43. Ibid., VIII, 25.

44. Ibid., III, 2.

45. Ibid., III, 2, 5-6.

46. Ver B. Andraee, *L'Art de l'Ancienne Rome*, Paris, 1973, p.251ss. e figs.523-33. Cf. G.M. Koeppel, *Die historischen Reliefs der romischen Kaiserzeit*, in *Bonner Jahrbücher*, CLXXXVI, 1986, p.1-90; E. Angelicoussi, *The Panel Reliefs of Marcus Aurelius*, in Mitteil. des Deutsch Arch. Instituts (Röm. Abt.), XCI, 1984, p.141-205.

47. J. Aymard, "L'Adventus de Marc Aurèle sur l'Arc de Constantin", *Revue des Études anciennes*, 1950, p.71-6.

Notas

48. *Primeiro discurso sobre a realeza*, p.28ss.

49. *Meditações*, VI, 30. Houve quem contestasse esse sentido tradicionalmente dado à palavra (sem dúvida um neologismo do próprio Marco Aurélio?), porém sem uma razão realmente decisiva.

50. Sobre essa estátua, ver R. Chevalier, "La statue équestre du Capitole vue par les Français", *Revue belge de Philologie et d'Histoire*, LXII, 1984, p.79-97.

51. Sobre a Coluna Aureliana, ver C. Caprino, A.M. Colini, G. Gatti, M. Pallottino e P. Romanelli, *La colonna di Marco Aurelio*, Roma, 1955.

52. B. Andraee, op.cit., fig.96, Museu do Louvre.

53. *Meditações*, III, 5, 2.

54. Ibid., III, 6, 4.

55. *Marco Aurelio. Mostra di cantiere*, Roma, 1984.

56. *Roman Imperial Coinage*, III, p.176 (sestércio n.1253).

57. *Meditações*, I, 14, 2.

58. Ibid., par.1.

59. Sobre esse aspecto, ver A. Dubreuil, "La frappe monétaire sous Marc Aurèle...", *Cahier des Études anciennes*, XX, 1987, p.87-104. Sobre as moedas de Marco Aurélio depois de 161, W. Szaivert, *Die Münzprägung der Kaiser Mark Aurel, Lucius Verus und Commodus* (161-192), in Denkmäler der Oesterr. Akademie der Wissenschaft. Philol. Histor. Klasse, CLXXXVII, Viena, 1986.

60. *Meditações*, V, 20.

61. *Roman Imperial Coinage*, III, p.294, n.1019.

62. Ibid., p.299, n.1077 e 1083.

63. Ver *Les Martyrs de Lyon* (177), Lyon, 20-23 set 1977, apresentação de A. Audin, conclusões de C. Mondésert, Paris (CNRS), 1978.

64. Exposição geral, in J. Beaujeu, *La Religion romaine à l'apogée de l'Empire*. I. La politique religieuse des Antonins (96-192), Paris, 1955, p.353ss. Ver também P.A. Brunt, "Marcus Aurelius and the Christians", *Studies in Latin Literature and Roman History*, I, coleção Latomus, vol.164, Bruxelas, 1979, p.483-520.

1. O menino que nasce... (p.33-47)

1. Plínio, o Moço, *Epist.*, VIII, 18.

2. Frontão, *Correspondência*, III, 2 (Haines, I, p.59ss.), (Naber, p.40).

3. *Meditações*, I, 3.

4. *História Augusta, Marco Antonino*, I, 9. Dião Cássio, LXIX, 21, 1.

5. Carta a Frontão, *Correspondência*, II, 6 (Haines, I, 140), (Naber, p.30).

6. *Meditações*, I, 1.

7. Ibid., I, 17, 3.

8. Ibid., I, 3.

9. Ibid., I, 17, 15.

10. *Epistulae graecae*, 2 (Haines, I, p.146), (Naber, p.242).

11. *Epistulae graecae*, 1 (Haines, I, p.130), (Naber, p.239).

12. *Meditações*, I, 2.

13. Plínio, o Moço, *Panegírico de Trajano*, 5.

14. Tácito, *Histórias*, II, 1. Suetônio, *Vespasiano*, 5ss.

15. *História Augusta, Adriano*, 6, 1ss.

16. Dião Cássio, LXIX, 17.

17. *História Augusta, Adriano*, 23, 3.

18. *História Augusta, Élio*, 3, 8.

19. Ibid., 5, 1ss.

20. J. Carcopino, "L'hérédité dynastique chez les Antonins", *Revue des Études anciennes*, LI (3-4), 1949, p.262-321.

21. *História Augusta, Adriano*, 23, 14.

22. Id., *Antonino Pio*, 4, 5.

23. H.G. Pflaum, *Le règlement successoral d'Hadrien...*, in Colóquio sobre a *História Augusta*, Bonn, 1963, *Historia*, 4ª série, 1964, p.95-121.

24. T.D. Barnes, "Hadrian and Lucius Verus", *Journal of Roman Studies*, LVII (1967), p.65-79.

25. *História Augusta, Adriano*, 5, 10.

26. Ibid., 5, 7.

27. Id., *Marco Antonino*, 2, 6. T.D. Barnes, op.cit., p79.

28. Cícero, *De divinatione*, II, 86.

29. *História Augusta, Marco Antonino*, 5, 2. Dião Cássio, LXXII, 36, 1.

30. Dião Cássio, LXXII, 35, 4-5.

31. *História Augusta, Marco Antonino*, 6, 2.

32. Id., *Antonino Pio*, 10, 2; *Marco Antonino*, 6, 6.

33. Frontão, *Ad Antoninum Pium*, 2 (Haines, I, p.126), (Naber, p.163).

34. *História Augusta, Marco Antonino*, 6, 2: *habita deliberatione*.

35. *Meditações*, III, 5, 1.

36. Ibid., IV, 12. Ver *supra*, p.8, n.4.

37. *História Augusta, Marco Antonino*, 19, 8-9.

38. *Meditações*, I, 17, 5 (trad. Trannoy).

39. Ibid., I, 16.

40. Ver *supra*, p.15.

41. *Meditações*, VII, 9: "Todas as coisas são entretecidas umas às outras e seu encadeamento é sagrado ... . O universo, com efeito, é uma unidade composta de todas as coisas; uno é o ser, una é a divindade, dispersa por tudo que existe, una é a substância, una é a lei, una a razão, comum a todos os seres vivos dotados de pensamento ... ."

42. Ibid., X, 25.

43. Ibid., IV, 49.

44. Horácio, *Odes*, III, 3.

Notas

45. *História Augusta, Marco Antonino*, 4, 3.
46. *Meditações*, IX, 27, 3.
47. Ibid., I, 17, 11.

2. A educação de um príncipe (p.48-77)

1. Dião Cássio, LXIX, 21, 2.
2. *História Augusta, Marco Antonino*, 2, 1.
3. Frontão, *Correspondência, ad M. Caesarem.* et invicem, III, 12 (Haines, I, p.14-6), (Naber, p.49).
4. Ibid., *ad M. Caesarem*, II, 10 (Haines, I, p.136ss.), (Naber, p.33).
5. Ibid., *ad M. Caesarem*, II, 5 (Haines, I, p.117), (Naber, p.29).
6. Ibid. (*in fine*): *Vale, desiderantissime homo et tuo Vero carissime, consul amplissime, magister dulcissime.*
7. *Meditações*, II, 5.
8. *História Augusta, Marco Antonino*, 3, 5; 3, 9.
9. Dião Cássio, LXXII, 34, 3.
10. *Meditações*, I, 11.
11. Ibid., I, 17, 2.
12. Ibid., I, 7, 1.
13. Ibid., I, 7, 2-6.
14. *Diatribes*, III, 24, 58ss.
15. Apuleio, *Flórida*, 20, 3-4.
16. Ver *supra*, p.34.
17. Quintiliano, *Instituição oratória*, I, 10.
18. Ver *infra*, p.108.
19. Ver *supra*, p.34.
20. Ibid.
21. *Meditações*, I, 10.
22. Ibid., I, 17, 22.
23. *Eneida*, VI, 554, e o comentário de Sérvio.
24. Frontão, *Correspondência, ad amicos*, II, 7, 9 (Haines, II, p.176), (Naber, p.192).
25. Id., *ad M. Caesarem*, II, 10 (Haines, p.136), (Naber, p.33).
26. Ibid., II, 13 (Haines, p.152), (Naber, p.36).
27. Ver René Marache, *La critique littéraire de langue latine et le développement du goût archaïsant au IIe siècle de notre ère*, Rennes, 1952.
28. *Meditações*, VIII, 25.
29. Ver *supra*, p.34 e p.36.
30. Frontão, *Correspondência, ad M. Caesarem*, III, 2 (Haines, I, p.58ss.), (Naber, p.40).
31. Ibid., III, 5 (Haines, I, p.68), (Naber, p.43).
32. Ibid., II, 6 (Haines, I, p.142), (Naber, p.30).

33. Ver *supra*, p.36.

34. Frontão, *Correspondência, epistulae graecae*, 6 (Haines, I, p.18), (Naber, p.252).

35. Ver *supra*, p.49-50. Ver também Frontão, *Ad Verum Imp.*, II, 7 (Haines, II, p.153), (Naber, p.133).

36. Ver G. Pascucci, "Ricalchi latini nel greco di Marco Aurelio", Studi Barigazzi, in *Sileno* XI, 1985, p.135-45. E ver *infra*, p.282-3.

37. Conclusão extraída da carta de Frontão ad Antonium Pium, 8 (Haines, I, p.236), (Naber, p.169).

38. Frontão, *Correspondência, ad Marcum Caesarem*, I, 8, 4 (Haines, I, p.122), (Naber, p.20).

39. Aulo Gélio, *Noites áticas*, XIII, 29.

40. Frontão, *Correspondência, ad Marcum Caesarem*, I, 8, 3 (Haines, I, p.120), (Naber, p.20).

41. Aulo Gélio, op.cit., II, 26, 1ss.

42. *Meditações*, I, 7, 4.

43. Ibid., I, 9, 4.

44. Frontão, *Correspondência, ad Marcum Caesarem*, IV, 12 (Haines, I, p.204), (Naber, p.72).

45. Id., *ad Marcum Caesarem*, III, 8 (Haines, I, p.34), (Naber, p.45).

46. Ibid. (Haines, I, p.38).

47. *Epistulae graecae*, 1 (Haines, I, p.130), (Naber, p.239).

48. Dião Cássio, LXXIX, 18.

49. Frontão, *Correspondência, ad Marcum Caesarem*, II, 12 (Haines, I, p.150), (Naber, p.35).

50. Ibid., *ad Marcum Caesarem*, IV, 5 (Haines, I, 178), (Naber, p.68).

51. Ibid., *ad Marcum Caesarem*, IV, 6 (Haines, I, 182), (Naber, p.69).

52. *História Augusta, Marco Antonino*, 4, 9.

53. Jacques Aymard, *Essai sur les chasses romaines*, Paris 1951, em especial p.320ss.

54. Dião Cássio, LXXII, 36, 2.

55. J. Aymard, op.cit., lâmina XL.

56. Tácito, *Anais*, XIII, 6.

57. Tácito, *Agrícola*, 39.

58. *Terceiro discurso sobre a monarquia*, fin. J. Aymard, op.cit., p.496.

59. Frontão, *Correspondência, epistulae graecae*, 6 (Haines, I, p.18), (Naber, p.252).

60. *História Augusta, Marco Antonino*, 2, 1.

61. Ver *supra*, p.10-11.

62. *História Augusta, Marco Antonino*, 2, 6.

63. Sêneca, *Ad Lucilium*, 108, 14,ss.

64. Ver *supra*, p.40. Sobre as aulas de Apolônio, ver *História Augusta*, op.cit., 2, 7.

65. *Meditações*, I, 6.

66. Petrônio, *Satiricon*, 46.

67. Tácito, *Histórias*, III, 80. Suetônio, *Domiciano*, 10.

68. *Meditações*, I, 7.

69. Ver *supra*, p.50.

Notas

70. *História Augusta, Antonino Pio*, 10, 4.
71. *Meditações*, I, 8.
72. Sêneca, *Ad Lucilium*, 37, 4.
73. *Meditações*, I, 8.
74. Sêneca, *Ad Lucilium*, 6, 5.
75. Ibid., par.1.
76. *Meditações*, I, 8, 6.
77. Ver *supra*, p.50.
78. Sêneca, *De beneficiis*. Sobre esses problemas, ver R. Chaumartin, *Le* De beneficiis *de Sénèque*, Paris, 1985.
79. Frontão, *Correspondência, ad Marcum Caesarem*, IV, 3 (Haines, I, p.2), (Naber, p.61).
80. Ibid., *epistulae graecae*, 8 (Haines, I, p.20ss.), (Naber, p.255).
81. Plutarco, *Dialogue sur l'Amour* [Diálogo sobre o amor], ed. Flacelière, Paris, 1980. Sobre a data, p.8ss.
82. Ver *supra*, p.59 (cf. p.48).
83. Frontão, *Carta sobre a eloquência* (Haines, II, p.82), (Naber, p.153).
84. Frontão, *Correspondência, ad Marcum Caesarem*, III, 13 (Haines, I, p.218), (Naber, p.50).
85. Suetônio, *Augusto*, 84.
86. Cícero, *Ad familiares*, IX, 16, 7.
87. Plínio, o Moço, *Epist.*, II, 3, I.
88. Frontão, *Correspondência, ad Marcum Caesarem*, IV, 13 (Haines, I, p.214ss.), (Naber, p.75).
89. Ibid. (Haines, I, p.216).
90. *Meditações*, VII, 67, 2-3.
91. Von Arnim, *Stoicorum ueterum fragmenta*, I, 86 (n.374 e 377).
92. Diógenes Laércio, VII, p.160-1.
93. *Meditações*, VIII, 1, 5ss.
94. Ibid., VIII, 1, 6ss.
95. Sêneca, *Ad Lucilium*, 94.
96. Ibid., 94, 3.
97. Diógenes Laércio, op.cit. (tradução de E. Bréhier).
98. *Meditações*, VI, 2.
99. Ibid., X, 9, I. Ver *infra*, p.273.
100. Ibid., I, 47, 11.
101. Ver *supra*, p.30.
102. A. Birley, *Marcus Aurelius*, Londres, 1966, p.123-4.
103. *História Augusta, Marco Antonino*, 3, 3.
104. Filóstrato, *Vida dos sofistas*, II, 1, 21.
105. Dião Cássio, LXXI, 1.
106. *Meditações*, I, 15.
107. Apuleio, *Apologia*, 19, 2.
108. Diploma militar, Dessau, op.cit., n.9056.
109. Apuleio, loc.cit., 36, 41.

110. *História Augusta*, op.cit., 3, 2. *Meditações*, I, 13.

111. *Meditações*, I, 12.

112. Filóstrato, *Vida dos sofistas*, II, 5.

113. *História Augusta*, op.cit., 3, 6.

114. Frontão, *Correspondência, ad Marcum Caesarem*, IV, 2 (Haines, I, p.74ss.), (Naber, p.60).

115. *Digesto*, XXXVII, 14, 17.

116. Ver *supra*, p.49.

117. Frontão, op.cit., *ad Marcum Caesarem*, IV, 1 (Haines, I, p.70ss.), (Naber, p.58).

3. O Império no reinado de Antonino (p.78-104)

1. *Marco Antonino*, 7, 3.

2. Ibid., 6, 6. Anthony Birley, op.cit., p.134-5.

3. *Meditações*, I, 16.

4. Antonino Pio, 2ss.

5. Ver *supra*, p.66.

6. Ver *infra*, p.220.

7. *Meditações*, XI, 20, 7.

8. Cícero, *De officiis*, I, 103.

9. Sêneca, *De tranquillitate animi*, 17, 4ss.

10. *Meditações*, I, 17, 13.

11. Diógenes Laércio, VII, 124.

12. Sêneca, *Ad Lucilium*, 3.

13. O texto diz, pura e simplesmente: "De maneira não trágica."

14. Suetônio, *Domiciano*, 4.

15. *História Augusta, Adriano*, 19, 2ss.

16. Sêneca, *Ad Lucilium*, 122.

17. Cícero, *De finibus*, II, 23.

18. Cícero, ibid.

19. Sêneca, *Ad Lucilium*, 2, 2.

20. Von Arnim, op.cit., III, n.632.

21. *De rerum natura*, III, 1053-67.

22. *História Augusta, Adriano*, 11, 4ss.

23. *Vida de Apolônio*, 4, 39.

24. *Vida dos sofistas*, I, 7, 4.

25. Ver *supra*, p.49.

26. Filóstrato, *Vida dos sofistas*, I, 25, 5ss.

27. Ver *supra*, p.79-80.

28. *Meditações*, I, 16, 23.

29. Ibid., I, 16, 31.

30. Ibid., IV, 1.

Notas

31. *História Augusta*, Antonino Pio, 5, 4.

32. Ibid., ver *infra*, p.93.

33. H. Mattingly, *Coins of the Roman Empire...*, Londres, 1940, Antonino Pio, n.1274.

34. *História Augusta*, Antonino Pio, 5, 4.

34bis. Ver Stephen Johnson, *Hadrian's Wall*, Londres, 1990.

35. Dessau, op.cit., 340.

36. H. Mattingly, op.cit., ibid., n.1640. Birley, op.cit., p.74.

37. Birley, ibid., p.146.

38. *Meditações*, VI, 30, 5.

39. Ibid., I, 16, 29.

40. J. Carcopino, *Le Maroc antique*, Paris, 1948, p.200-28.

41. Ver J. Baradez, *Les nouvelles fouilles de Tipasa et les opérations d'Antonin le Pieux en Maurétanie*, Libyca II, 1954, p.89-139.

42. L. Leschi, "Une inscription romaine de Medjedel", in *Études d'épigraphie*, Argel, 1957, p.45-6.

43. J. Baradez, op.cit., p.138.

44. *História Augusta, Marco Antonino*, 21, 1.

45. *Meditações*, VII, 61. Ver *infra*, p.125.

45bis. Ver *infra*, p.275-6.

46. Ibid., VI, 10.

47. A. Fuks, "Aspects of the Jewish revolt in A.D. 115-117", *Journal of Roman Studies*, LI (1961), p.98ss.

48. Filonenko, *Observations sur les monnaies juives de la seconde révolte (132-135)*, relatórios da Académie des Inscriptions, 1974, p.183-9. Dião Cássio, LXIX, 13.

49. Ver Avi-Yonah, verbete "Palestina", in *Real-Encyclopädie*, Supl. XIII, p.322-454.

50. Amiano Marcelino, XXII, 5, 5.

51. Tácito, *Anais*, II, 1-2.

52. Ibid.

53. *Anais*, XIII, 7.

54. Ver *supra*, p.34.

55. Dião Cássio, LXX, 2, 1.

56. Id., LXIX, 15.

57. *História Augusta*, Antonino Pio, 5, 5.

58. Id., *Marco Antonino*, 22, 1.

59. Ibid., 21, 6ss.

60. *Meditações*, VI, 44, 6.

61. Ibid., IV, 4, 1.

4. O império dos sofistas (p.105-34)

1. J. Bidez, "La cité du monde et la cité du Soleil chez les stoïciens", in *Bulletin de l'Académie Royale de Belgique*, classe de Letras, Série XVIII (1932), p.244-94.

2. Plutarco, *De la Fortune d'Alexandre*, 32 & a-d.
3. Dião Cássio, LXIX, 15, 1. Sobre ele, ver P. Vidal-Naquet, *L. Flavius Arrianus, Histoire d'Alexandre*, Paris, 1984.
4. Dião Crisóstomo, *Orat.*, 2, 79.
5. J. Rufus, Fears, "The Stoic View of the Career and Character of Alexander the Great", *Philologus*, 118 (1974), 114-30.
6. Sêneca, *De beneficiis*, I, 13, 3. *De ira*, III, 17, 1ss. etc.
7. *Meditações*, IX, 29.
8. Sobre a cronologia das *Meditações*, ver *infra*, p.314ss.
9. Marco Aurélio escreveu ἤθελεν, e não ἐβούλθη.
10. A. Boulanger, *Aelius Aristide et la sophistique dans la province d'Asie*, Paris, 1923. J.H. Oliver, "The Civilizing Powers. A study of the Panathenaic Discourse of Aelius Aristeides", *Transactions and Proceedings of the American Philosophical Society*, LVIII, 1, 1968.
11. Ver *supra*, p.55.
12. *Sobre a realeza*, I, 81.
13. Ver nosso artigo "Dion de Pruse et l'idéologie des Antonins" in *Mélanges en l'honneur du prof. A. Fontàn*.
14. H. Mattingly, *Coins of the Roman Empire in the British Museum*, Londres, 1930ss., III, p.LXVIIss.; IV, p.326ss. Sobre o tema de Hércules, ver W. Derichs, *Herakles Vorbild des Herrschers in der Antike*, diss. de Colônia, 1950.
15. Filóstrato, *Vida dos sofistas*, I, 1; 19.
16. Por exemplo, Frontão, *ad M. Caesarem*, III, 16 (Naber, p.53), (Haines I, p.104).
17. *Ad M. Caesarem*, II, 3 (Naber, p.28), (Haines I, p.128).
18. No segundo parágrafo, ele escreveu: "Adeus, honra da eloquência romana, glória de teus amigos, ser excepcional", μέγα πρᾶγμα, em meio a outros elogios em latim.
19. Ver *supra*, p.56.
20. *Meditações*, I, 7, 2. Sobre Rústico, ver *supra*, p.65.
21. Haines II, p.46ss. (Naber, p.113). O destinatário é Marco, e não Vero, como queria Naber.
22. Ver *supra*, p.49.
23. Ibid., p.56.
24. *Ad Antonin. Imp.*, II, 4 (Naber, p.106), (Haines, II, 156), e ibid., II, 5 (Naber, p.107), (Haines, II, p.156). Cartas datáveis de 163 d.C.
25. Ver *supra*, p.58.
26. *Meditações*, IV, 33, 1.
27. *Ad M. Antonin., De orationibus*, 12 (Naber, p.155ss.), (Haines, II, p.112).
28. Salústio, *Catilina*, 47, 1. Rescrito de Marco Aurélio, *Digesto*, I, 18, 14.
29. Frontão, *Sobre a eloquência*, I, 5 (Naber, p.139ss.), (Haines, II, p.59). Data: 162?
30. Ibid., par. 13 (Haines, II, p.65).
31. Ibid., III, 5 (Haines, II, p.76).
32. Filóstrato, *Vida dos sofistas*, I, 7 (fim).

Notas

33. Ver *supra*, p.36 e p.57.

34. Políbio, XXI, 23, 2-6.

35. Tito Lívio, 37, 54.

36. Cícero, *Ad Quintum fratrem*, I, 1, 27-8.

37. Dionísio de Halicarnasso, *Antiguidades romanas*, I, 5, 2.

38. Id., ibid., I, 5, 5.

39. Ver *supra*, p.109.

40. *Discurso sobre Roma*, 36.

41. Ibid., 43ss.

42. Ibid., 51.

43. Ibid., 96.

44. Ibid., 101.

45. *Sátiras*, III, 62.

46. Ibid., v.76-8.

47. P. Grimal, "Deux figures de la Correspondence de Pline", in *Rome: La Littérature et l'Histoire*, Roma, 1986, vol.I, p.389-401.

48. Oliver, *The Ruling Power*, op.cit., p.891.

49. Filóstrato, I, 25, 5. Ver *supra*, p.88.

50. Id., I, 25, 7-8.

51. Id., I, 22, 5.

52. *História Augusta, Adriano*, 15, 11; 16, 8.

53. Ibid., 22, 1ss.

54. Ibid., 22, 8.

55. *História Augusta, Antonino*, 11, 3.

56. Ver *supra*, p.65.

57. Filóstrato, II, 5, 2.

58. Ver *supra*, p.63.

59. *Meditações*, I, 17, 22.

60. *Meditações*, I, 7, 2: "de Rústico... não ter-me entregado à paixão pela sofística."

61. *Meditações*, I, 17, 14.

62. *Meditações*, I, 17, 8.

63. *Meditações*, V, 5.

64. *Meditações*, VI, 16, 1ss.

65. *Meditações*, VIII, 30.

66. *Meditações*, VIII, 29.

67. P. Mazon, "Dion de Pruse et la politique agraire de Trajan", *Lettres d'Humanité*, II (1943), p.47-80.

68. Ver J. Moles, "The date and purpose of the fourth kingship oration of Dio Chrystotomus", *Classical Antiquity*, II, 1983, p.251-78.

69. Ver *supra*, p.117.

70. *Meditações*, V, 16, 5; 30; VII, 55.

71. Aristides, *Discurso sobre Roma*, 39.

72. Oliver, op.cit., p.921.

73. G. Cardascia, "L'Apparition dans le droit des classes d'*honestiores* et d'*humiliores*", *Revue d'Histoire du Droit français et étranger*, 1950, p.305-37 e p.461-85. A legenda *Aequitas* aparece nas moedas de Antonino a partir de 138 (Mattingly, op.cit., n.1, 2, 5 etc.) e também sob Marco Aurélio.

74. Tese sustentada por Frontão, *Ad amicos* II, 7 (Naber, 192), (Haines II, p.180).

75. *Meditações*, I, 14, 2. Ver Enrico Maltese, "Dione di Siracusa in Marco Aurelio", *Philologus* CXXXI, 1987, p.86-94.

76. *Discurso sobre Roma*, 47, 48.

77. Id., ibid.

78. Ver *supra*, p.116 e 123.

79. Aristóteles, *Política*, I, 2, 1.

80. Ver *supra*, p.108.

81. *Meditações*, VII, 20.

82. Ver *supra*, p.71.

83. *De finibus*, III, 23ss.

84. *Meditações*, VII, 61. Ver *supra*, p.97.

85. Ver *supra*, p.54.

86. Munscher, verbete "Herodes" (1912), *Real-Encycl.*, VIII, col.922. O livro de P. Graindor, *Un milliardaire antique. Herodes Atticus*, Cairo, 1930, continua a ser fundamental.

87. Filóstrato, II, 1, 3.

88. M. Hammond, "Composition of the senate A.D. 68-235", *Journal of Roman Studies*, XLVII, 1957, p.79.

89. Roman Stiglitz, verbete "Vibullius", *Real-Encycl.* (1958), VII A 2, p.2469-70.

90. S. Follet, *Athènes aux IIe et IIIe siècles*, Paris, 1976, p.110-1.

91. Filóstrato, II, 1, 36.

92. Id., I, 21, 12.

93. Id., II, 1, 4.

94. Ver *supra*, p.55.

95. J.H. Oliver, "Marcus Aurelius. Aspects of Civic and Cultural Policy in the East", *Hesperia*, Supl. XIII, 1970.

96. Oliver, op.cit., p.69ss.

97. Filóstrato, II, 1, 19.

98. Id., ibid., 25.

99. Frontão, *Ad Antonin. Imp.*, II, 8 (Naber, p.111), (Haines, II, p.220). Ver *supra*, p.55.

100. Filóstrato, op.cit., par.30.

101. Ver *supra*, p.123.

102. *Meditações*, XI, 8, 1-2.

103. H. Oliver, "Marcus Aurelius…", op.cit., p.33-4.

Notas

329

104. Texto editado por H. Oliver, ibid., p.32, linhas 87ss. Ver Cortassa, *Scritti di Marco Aurelio*, Turim, 1984, p.663.

105. Ver *supra*, p.117.

106. Ibid., p.15.

107. Filóstrato, II, 2.

108. Id., II, 10.

109. Id., II, 1, 30.

5. Os deveres de um príncipe – I (p.135-200)

1. *Vida de Antonino*, 12, 5. *Vida de Severo*, 23, 5.

2. *Vida de Antonino*, 12, 7. Trata-se, provavelmente, dos príncipes da Ásia, os que não tinham seguido o exemplo de Farasmano (v. p.100-1).

3. *Meditações*, I, 16, 31. Quanto ao juízo de Marco Aurélio sobre Antonino, ver *supra*, capítulo III, p.79.

4. Ver *supra*, p.39. A propósito desses problemas, ver T.D. Barnes, "Hadrian and Lucius Verus", *Journal of Roman Studies*, LVII, 1967, p.65-79.

5. *História Augusta*, *Vida de Lúcio*, 3, 5.

6. Ver *supra*, p.44.

7. Frontão, *Ad M. Caesarem*, IV, 12 (Naber, p.72), (Haines, I, p.207). Cf. *Meditações*, VI, 46, onde Marco Aurélio confessa seu tédio nos jogos.

8. Frontão, loc.cit., par.3.

9. *Vida de Lúcio*, 3, 6.

10. Ibid., 2, 9.

11. Ver *supra*, p.65.

12. Ibid., p.74.

13. *Vida de Lúcio*, 2, 7.

14. Ibid., 2, 11.

15. *Ad M. Caesarem*, V, 39 (Naber, p.87), (Haines, I, p.240).

16. *Ad Verum Imp.*, II, 1 (Naber, p.119), (Haines, II, 130).

17. *Vida de Lúcio*, 5, 1-6.

18. Tácito, *Anais* XIII, 25. Suetônio, *Nero*, 26; *Oto*, 2, 1. Dião Cássio, LXI, 8, 1ss.

19. *História Augusta*, *Marco Antonino*, 1, 1.

20. *Vida de Lúcio*, 6, 9.

21. Ibid., 7, 3.

22. Ibid., 6, 1.

23. Ibid., 6, 7.

24. *Ad Verum Imp.*, II, 6 (Naber, p.133), (Haines, II, p.84ss).

25. *Vida de Élio*, III, 7.

26. Carta a Cláudio Juliano, *Ad amicos*, I, 18 (Naber, p.185), (Haines, II, p.92).

27. *Principia Historiae*, 14 e 15 (Naber, p.202), (Haines, II, p.212).

28. Ibid., 17 (Haines, II, p.216).

29. A exemplo de Lúcio ajudando Frontão a andar durante as crises de reumatismo do mestre (*Ad Verum Imp.*, II, 8; Naber, p.136; Haines, II, p.238; carta datada de 166).

30. *Ad Verum Imp.*, II, 1 (Naber, p.119), (Haines, II, p.134).

31. *Ad M. Caesarem*, II, 17 (Naber, p.38), (Haines, II, p.96). Cf. *Ad M. Caesarem*, II, 16 (Naber, p.37), (Haines, II, p.94).

32. *Ad M. Anton. Imp.*, I, 4 (Naber, p.101), (Haines, II, p.122: *intemperantem et violentum*).

33. Mattingly, *Roman coins...*, op.cit., IV, 1, p.389-90.

34. *História Augusta, Vida de Marco Aurélio*, 7, 6.

35. Dião Cássio, LXXI, 2. Frontão, *Principia historiae*, op.cit., par.16. Esses acontecimentos tiveram lugar antes da partida de Lúcio para o Oriente.

36. Sobre o aspecto régio de Marco Antônio, ver F. Chamoux, *Marc-Antoine, dernier prince de l'Orient grec*, Paris, 1986.

37. Tácito, *Anais*, XV, 29.

38. *Vida de Marco Aurélio*, 7, 7.

39. Ver *supra*, p.103.

40. *Vida de Lúcio*, 4, 3; *Vida de Marco Aurélio*, 7, 9.

41. *Vida de Marco Aurélio*, 8, 1.

42. Ibid., 8, 3: *amorem ciuium adfectans*. Cf. Sêneca, *De ira*, III, 43.

43. Cohen, *Monnaies...* III², p.21, n.196-8.

44. *Odes*, I, 2.

45. Plínio, *História natural*, III, 55.

46. *Vida de Marco Aurélio*, 8, 4.

47. Ibid., 8, 6. Dião Cássio, LXXI, 2, 1. A derrota de Corneliano ocorreu depois da catástrofe de Elegeia.

48. Ver *supra*, p.138.

49. Ibid., p.138.

50. *Ad Verum Imp.*, 11, 1 (Naber, p.119), (Haines, II, 128, par. 19).

51. *Principia Historiae*, op.cit. (Naber, p.202), (Haines, II, 198ss., par. 12).

52. *Corpus Inscr. Lat.*, VI, 1523 (Dessau, 1092).

53. H.G. Pflaum, *Les Carrières procuratoriennes équestres*, Paris, 1960, I, n.139.

54. *Corpus Inscr. Lat.*, VI, 1497 (Dessau, 1094), e VI, 1549 (Dessau, 1100).

55. Frontão, *Ad Verum Imp.*, II, 1, op.cit. (Naber, p.119, par.19), (Haines, II, p.148).

56. Kadlec, verbete "Iallius Bassus", *Real-Encycl.*, IX, col.625-6. Ver *infra*, p.190.

57. *Vida de Lúcio*, 9, 2; 7, 7. *Vida de Marco Aurélio*, 9, 4.

58. Panteia: Luciano, *Imagines* e *Pro imaginibus*.

59. *Meditações*, VIII, 37.

60. *Vida de Marco Aurélio*, 9, 4ss.

61. Mattingly, op.cit., p.417, n.242.

61bis. Moeda de Lúcio em 164: *Rex Armeniae Datus*; Mattingly, ibid., n.300.

62. *Corpus Inscr. Lat.*, VI, 1377 (Dessau, 1098).

63. *Corpus...*, VIII, 18893 (Dessau, 8997). Sobre seu papel em 168, ver *infra*, p.155.

Notas

64. *Corpus...*, III, p.7505 (Dessau, 2311).

65. *Corpus...*, VIII, 7050 (Dessau, 1102).

66. Andreas Mocsy, verbete "Pannonie", *Real-Encycl.*, Supl. IX, p.616.

67. Tácito, *Anais*, VI, 41.

68. Dessau, 1091. Sobre Antístio Advento, ver *infra*, p.150.

69. *Corpus...*, III, 92.

70. Dião Cássio, LXXI, 3.

71. Ver *supra*, p.148.

72. Birley, *Marcus Aurelius*, p.197.

73. Mattingly, op.cit., n.234-41.

74. Id., ibid., n.261ss.

75. Frontão, *Ad Verum Imp.*, II, 1 (Naber, p.119), (Haines, II, p.128 ss).

76. Mattingly, ibid., n.245-249; 261-6.

77. Id., ibid.: dois *aurei* sem número, p.420; um *aureus* n.267-70.

78. Ibid., n.277.

79. Sobre Avídio Cássio, ver o livro de M. Laura Astarita, *Avidio Cassio*, Roma, 1983. Sobre suas origens, ibid., p.16ss.

80. *História Augusta, Avídio Cássio*, 4, 6-9. Seguimos aqui a interpretação de M.L. Astarita (nota anterior).

81. Frontão, *Principia historiae*, op.cit., par.14 (Naber, p.202), (Haines, II, p.213).

82. *Ad Verum Imp.*, II, 2 (Naber, p.129), (Haines, II, p.117).

83. Frontão, *De feriis alsietinis*, 3 (Naber, p.224), (Haines, II, p.4ss).

84. *De Parthico bello*, 1 (Naber, p.217), (Haines, II, p.20).

85. Mattingly, op.cit., vol.I, p.CXVI.

86. Id., ibid., p.418.

87. Ver *supra*, p.97.

88. Frontão, *Principia historiae*, par.14 (Naber, p.202), (Haines, II, p.213).

89. *Ad Verum Imp.*, II, 1 (Naber, p.119), (Haines, II, p.132).

90. Ver *supra*, p.149-50.

91. Dião Cássio, LXXI, 22-23.

92. *Vida de Lúcio*, 7, 6-7.

93. Ver *supra*, p.149. E. Birley, op.cit., p.189, pensa em Márcio Vero.

94. Lucien, *De la manière d'écrire l'histoire*, 19.

95. Mattingly, op.cit., 1262; 1271ss.; 1289ss.

96. Id., ibid., p.597.

97. Ibid., p.410.

98. *Ad Verum Imp.*, II, 8 (Naber, p.136), (Haines, II, p.238ss).

99. *Vida de Marco Aurélio*, 12, 7.

100. Mattingly, op.cit., n.392.

101. Id., ibid., p.439.

102. Id., ibid., p.439ss.

103. Dião Cássio, LXXI, 3.

104. *Vida de Marco Aurélio*, 22, 9.

105. Veleio Patérculo, II, 106, 2.

106. Tácito, *Germânia*, 40.

107. *Corpus...*, VI, 1449 (Dessau, 1107).

108. Dião Cássio, LXXI, 3, 1a.

109. Ver *supra*, p.147.

110. Dião Cássio, op.cit.

111. E. Birley, op.cit., p.201-2. *Corpus...*, XVI, 123, e Mattingly, op.cit., n.458ss. (um áureo com Fort. Red.) e diversos denários.

112. *Vida de Marco Aurélio*, 13, 1ss.

113. Ibid., 13, 3ss.; 17, 2. *Vida de Lúcio*, 8, 1. Sobre essa peste, ver J.F. Gilliam, "The Plague under Marcus Aurelius", *American Journal of Philology*, 82, 1961, p.225-51.

114. *Vida de Lúcio*, 8, 1-4. Amiano Marcelino, XXIII, vi, 24.

115. *Vida de Marco Aurélio*, 13, 6.

116. E. Birley, op.cit., p.207. Ver *infra*, p.167.

117. Cortassa, op.cit., p.516. *Fragm. Vat.*, 195.

118. Ver *supra*, p.146 e n.53.

119. *Vida de Marco Aurélio*, 14, 5.

120. Ibid., 14, 1ss.

121. Dião Cássio, LXXI, 12, 1 e 2.

122. Tácito, *Anais*, I, 58.

123. Dião Cássio, op.cit.

124. *Germânia*, 33, 3.

125. Dião Cássio, LXXI, 12, 1 e 2.

126. Seguimos a cronologia estabelecida por Von Premerstein, *Real-Encycl.*, XI, verbete "Kostoboken", col.1504ss.

127. Dião Cássio, LXXI, 12,3. Ver *infra*, p.206 e 196.

128. Ver *supra*, p.149.

129. Ver *supra*, p.150 (Dessau, 8977).

130. Sobre a data, ver E. Birley, op.cit., Apêndice III, p.323ss.

131. Ver *supra*, p.146.

132. Dião Cássio LXXIII, 11. Frontão, *ad M. Caesarem*, V, 10 (25) (Naber, p.80), (Haines, I, p.194). *Ad amicos*, II, 11 (Naber, p.200), (Haines, I, p.292); *Ad M. Caesarem*, IV, 13 (Naber, p.75), (Haines, I, p.214ss). *Ad Ant. Imp.*, I, 2 (Naber, p.94), (Haines, II, p.36). *Ad amicos*, I, 7 (Naber, p.179), (Haines, II, p.168-70). *Ad amicos*, I, 12 (Naber, p.181), (Haines, II, p.170). *Ad amicos*, I, 13 (Naber, p.182), (Haines, II, p.174). *De nepote amisso*, II (Naber, p.232), (Haines, II, 224).

133. *Vida de Marco Aurélio*, 8, 7.

134. *Meditações*, II, 3.

135. *Meditações*, II, 14, 5.

136. *Meditações*, VII, 19, 1.

137. *De nepote amisso*, op.cit., par.5.

Notas

138. Lambertz, verbete "T. Pomponius...", *Real-Encycl.*, XXI, col.2344 (Dessau, 112).

139. Groag, verbete "Datumius", *Real-Encycl.* IV, col.2222 (Dessau, 1081).

140. Ver *supra*, p.180-1. Groag, verbete "M. Claudius F.", *Real-Encycl.*, III, col.2722, n.157 (Dessau, 1097 e 1098).

141. *Vida de Marco Aurélio*, 14, 5. Ver *supra*, p.162.

142. *Vida de Lúcio*, 9, 11.

143. Dião Cássio, LXXI, 3, 1.

144. *Vida de Marco Aurélio*, 20, 5.

145. Ver *supra*, p.160.

146. Groag, verbete "Claudius", n.282, *Real-Encycl.*, III, col.2843.

147. *Vida de Marco Aurélio*, 21, 4.

148. Moeda de 168-169. Mattingly, op.cit., n.494, 514, 325.

149. Ritterling, verbete "Legio", *Real-Encycl.*, XII, col.1468.

150. Mattingly, op.cit., p.457ss.

151. *Vida de Marco Aurélio*, 17, 4.

152. Mattingly, op.cit., n.1371, 1373ss.

153. Lucien, *Alexandre de Abonoteichus*, 48.

154. Seguimos a cronologia estabelecida por E. Birley, op.cit., Apêndice III.

155. Ver *supra*, p.164.

156. Ver *supra*, p.161.

157. Mattingly, op.cit., IV, LXXI; XCII.

158. E. Birley, op.cit., p.289ss, faz do Livro II o primeiro da obra; sobre este problema, ver *infra*, capítulo VIII, p.256.

159. Dião Cássio, LXXI, 3, 2. Cf. H.G. Pflaum, op.cit., n.179.

160. *Corpus...*, VI, 31856 (Dessau, 1327), (Pflaum, n.179).

161. Ver *supra*, p.161.

162. E. Birley, op.cit., p.231. Mattingly, op.cit., n.540.

163. Dião Cássio, LXXI, 32, 1.

164. H.G. Pflaum, in *Comptes rendus Ac. Inscr.*, 1956, p.189ss.

165. Dessau, 1327 (ver *supra*, nota 160).

166. *Vida de Marco Aurélio*, 21.

167. Ibid., 22, 8.

168. Ver *supra*, p.23; e *infra*, capítulo VIII, p.256.

169. *Germânia*, 43.

170. Dião Cássio, LXXI, 12, 3.

171. Id., ibid., 3, 5.

172. Mattingly, op.cit., n.557.

173. Id., n.366.

174. *Vida de Marco Aurélio*, 24, 4.

175. *Vida de Cômodo*, 11, 14.

176. Dião Cássio, LXXI, 4, 1-2. Sobre esse texto, ver M.L. Astarita, op.cit., p.78ss.

177. Ver *supra*, p.156.

178. Dião Cássio, LXXI, 13, 1ss.

179. Ver J. Guey, "La date de la pluie miraculeuse (172 après J.C.?) et la chronique sculptée de la colonne Aurélienne", *Mélanges de l'École fr. de Rome*, LX (1948), p.105-27, e LXI, (1949), p.93-118. Id., "Encore la 'pluie miraculeuse'", *Revue de philologie*, XXII, fasc.1, 1948, p.16-62. J. Beaujeu, *La Religion romaine à l'époque des Antonins*, I, Paris, 1955, p.342ss.

180. Mattingly, op.cit., *Marc Aurèle*, n.1441ss., p.628. Moedas com a legenda REL. AVG., n.1461ss., p.63 (efígie de Mercúrio).

181. Dião Cássio, LXXI, 10.

182. J. Guey, art.cit. (*Revue de philologie*), p.47ss. Cf. Derchain, *Revue d'Égyptologie*, XXVII, 1975, p.110-6.

183. J. Guey, op.cit., p.36.

184. Ver *supra*, p.171.

185. Cena IX e cena XVI.

186. Ritterling, verbete "Legio", *Real-Encycl.*, XII, 1705ss.

187. Ver *infra*, p.285.

188. *Vida de Marco Aurélio*, 24, 5; cf. p.27, 10.

189. Mattingly, op.cit., 1449ss., p.629.

190. Dião Cássio, LXXI, 12.

191. Ibid., 14, 2.

192. Ver *supra*, p.130.

193. Mattingly, op.cit., 1498ss., p.638-9.

194. Id., 1513-15, p.641.

195. Dião Cássio, LXXI, 6, 3-4.

196. T.W. Africa, "The opium addiction of Marcus Aurelius", *Journal of the History of Ideas*, 1961, p.97-102.

197. Ver *supra*, p.31 e p.79.

198. Ver R. Dailly e H. van Effenterre, "Le cas Marcus Aurelius", *Revue des Études anciennes*, LVI (1954), p.347ss.

199. Dião Cássio, LXXI, 13.

200. Ibid., 16.

201. Id., LXXII, 24.

202. Id., LXXI, 16.

203. Ibid.

204. Ibid., 23.

205. Ver *supra*, p.172.

206. Sobre C. Calvísio Etaciano, ver Pflaum, op.cit., n.166.

207. *Vida de Marco Aurélio*, 25, 2. *Vida de Avídio Cássio*, 7, 7.

208. Dião Cássio, LXXI, 22.

209. *Vida de Marco Aurélio*, 25, 8-12.

210. Dião Cássio, LXXI, 26.

211. *Meditações*, I, 13.

Notas

212. Ibid., VI, 36, 2.

213. Dião Cássio, LXXI, 27.

214. *Vida de Cômodo*, 2, 2.

215. Ver *supra*, p.38.

216. Ver *supra*, Frontão, *Ad amicos*, I, 3 (Naber, p.175), (Haine, I, p.279). *De Feriis Alsiet.* 4 (Naber, p.230), (Haines, II, 18). Marco Aurélio, *Meditações*, I, 11.

217. Conforme os anteriores, ver *supra*, p.38 e p.44-5.

218. Ver *supra*, p.166. *Vida de Marco Aurélio*, 12, 8.

219. Mattingly, op.cit., n.633ss., p.476.

220. *Vida de Marco Aurélio*, 22, 12. Moedas de 177, Mattingly, op.cit., p.496ss.

221. *Vida de Cômodo*, 2, 3.

222. *Vida de Avídio Cássio*, 8, 2.

223. *Meditações*, VI, 40.

224. Dião Cássio, LXXI, 27, 3-1.

225. Id., ibid., 3(2). Ver *infra*, p.184.

226. *Vida de Marco Aurélio*, 26, 11.

227. P. von Rohden, verbete "Avidius", n.1, *Real-Encycl.*, II, col.2378-83.

228. Ver *supra*, p.42.

229. Filóstrato, *Vida dos sofistas*, II, 1, 32.

230. *Vida de Marco Aurélio*, 22, 1.

231. Ibid., 3. Mesma prática por parte de Antonino; ver *supra*, p.79.

232. *Vida de Marco Aurélio*, 6.

233. Ibid., 7.

234. Dião Cássio, LXXI, 28, 3.

235. *Vida de Marco Aurélio*, 25, 5-6. Ver os quatro cônsules *supra*, p.39.

236. Ver *supra*, p.31.

237. Neste ponto, seguimos M.L. Astarita, op.cit., p.155ss.

238. Dião Cássio, LXXI, 29.

239. Ibid., 29, 1.

240. E. Birley, op.cit., p.264.

241. Ver *supra*, p.44.

242. Dião Cássio, LXXI, 31.

243. *Vida de Adriano*, 27.

244. Mattingly, op.cit., n.700ss., p.488ss., n.1550ss., p.649ss.

245. Ver *infra*, p.284.

246. *Meditações*, VII, 32.

247. Sêneca, Ad *Lucil.*, 63, 16; 36, 10ss.; 102, 1ss.

248. J. Bayet, "L'Immortalité astrale d'Auguste", in *Mélange de Litt. Lat.*, Roma, 1967, p.378-408.

249. Mattingly, n.1551; 1584, com o lema *Sideribus recepta*.

250. *Vida de Marco Aurélio*, 26, 1ss.

251. Ver G. Stemberger, "Röm in der rabbinischen Literatur", in *Aufstieg und Niedergang der Römischen Welt*, II, 19, 2 (1979), p.569; M.L. Astarita, op.cit., p.118ss.

252. Ver *supra*, p.99.

253. *Vida de Marco Aurélio*, 26, 3. Em vez de *Stadiis* (estados), correção frequentemente aceita, é mais plausível conservar o texto do manuscrito, *studiis*, e compreender "todas as atividades intelectuais".

254. *Corpus...*, III, 6578 (Dessau, 373).

255. Ver *supra*, p.115.

256. *Vida de Marco Aurélio*, 26, 3.

257. H.G. Pflaum, op.cit., p.280, 286. *Vida de Cômodo*, 7; 5. W. Hoffmann, verbete "Petronius", n.71, *Real-Encycl.*, XIX, col.1224.

258. *Vida de Marco Aurélio*, 25, 8-12.

259. Filóstrato, *Vida dos sofistas*, II, 7.

260. Ver *supra*, p.116.

261. Filóstrato, ibid., II, 9.

262. Ver *supra*, p.49.

263. Ver *supra*, p.112.

264. Ver *supra*, p.120.

265. Filóstrato, ibid., II, 7, 4.

266. Ver *supra*, p.134.

267. Filóstrato, op.cit., II, 1, 19.

268. Dião Cássio, LXXI, 31, 3.

269. Ver *supra*, p.133.

270. Filóstrato, op.cit., II, 10, 7.

271. *Vida de Marco Aurélio*, 27, 2.

272. Mattingly, op.cit., 1615ss. E. Birley, op.cit., p.268.

273. *Vida de Marco Aurélio*, 26, 11-2. Ver capítulo seguinte, *Digesto*, XLVIII, 19, 26.

274. Mattingly, op.cit., p.646ss. (*clementia* etc.), p.638 (*Concordia exercituum*, datada do ano tribunício de 174-175, mas compreensível somente depois do mês de agosto e da ligação espontânea a Marco Aurélio).

275. *Meditações*, VIII, 5.

276. *Vida de Marco Aurélio*, 27, 3.

277. Ver *supra*, p.180.

278. *Vida de Cômodo*, 12, 5ss.

279. *Vida de Marco Aurélio*, 16, 2.

280. Ibid., 27, 5.

281. Dião Cássio, LXXI, 32, 1.

282. Mattingly, op.cit., n.644, 645, p.479; n.681, p.484, n.732, p.492-5.

283. Mattingly, op.cit., p.225; 73; 85-7.

284. *Corpus...*, VI, 1014 (Dessau, 374).

285. H.G. Pflaum, op.cit., p.585ss. (ver *supra*, p.196).

286. Dião Cássio, LXXI, 14, 2.

287. Ver *supra*, p.172.

288. H.G. Pflaum, op.cit., p.476ss. (número 181bis).

Notas

289. Apuleio, *Metamorfoses*, III, 27ss.

290. Pflaum, op.cit., p.483.

291. Dião Cássio, LXXI, 33, 1.

292. Ver *supra*, p.17-8.

293. Ver *supra*, p.181.

294. Mattingly, op.cit., p.693-7; 765-9.

295. *Vida de Cômodo*, 12, 6.

296. Dião Cássio, LXXI, 20.

297. Ver *supra*, p.206. Sobre esse personagem, ver Pflaum, op.cit., n.172, p.420-2.

298. Dião Cássio, LXXI, 20.

299. Tácito, *Vida de Agrícola*, 30.

300. *Meditações*.

301. Dião Cássio, LXXI, 18.

302. Tácito, *Germânia*, 42. Dião Cássio, LXXI, 21.

303. Ver *supra*, p.210.

304. Dião Cássio, LXXI, 19.

305. Inscrição de Moigrad.

306. Dião Cássio, loc.cit.

307. H.G. Pflaum, op.cit., p.493. Id., in *Libyca* III, 1955, p.135-54; *Année épigraphique*, 1956, n.124.

308. 16, 4.

309. Tertuliano, *Apologeticum*, XXV.

310. *Vida de Marco Aurélio*, 28, 4-9.

311. Dião Cássio, LXXI, 33, 4-34, 1.

312. Tácito, *Anais*, VI, 46, 4.

313. *Meditações*, X, 2.

314. Ver *supra*, p.106.

6. Os deveres de um príncipe – II (p.201-28)

1. Apuleio, *Metamorfoses*, 111, 29.

2. *Ad M. Caesarem*, IV, 7 (Naber, p.70), (Haines, I, p.184). Ibid., III, 13 (Naber, p.50), (Haines, I, p.220). Ver *infra*, p.234.

3. Ver *supra*, p.55.

4. *De officiis*, I, 20.

5. *Meditações*, III, 6.

6. Ibid., IV, 10.

7. Ver *supra*, p.181.

8. *Meditações*, IV, 3, 4.

9. Ibid., II, 5, 1. Ver *supra*, p.49. Ver também p.28.

10. Ver *supra*, p.66-7. Sobre o santuário da *Indulgentia*, p.49-50.

11. Dião Cássio, LXXII, 34, 3.

12. *Meditações*, IV, 25.

13. Ibid., VII, 62.

14. Ibid., III, 11, 2-5.

15. Diógenes Laércio, VII, 100, e P. Grimal, *Sénèque...*, 2ª ed., p.20.

16. *Meditações*, IX, 31.

17. Dião Cássio, LXXI, 6, 1. Sobre as audiências noturnas, ver *infra*, p.237.

18. *Vida de Marco Aurélio*, 10, 10.

19. Ibid., 24, 2.

20. *Meditações*, IX, 4.

21. *Contradições dos estoicos*, XVI, 1041css.

22. *Górgias*, 476ss.

23. Apiano, *Ibérica*, 97. Ver nosso *Siècle des Scipions*, 2ª ed., Paris, 1975, p.332.

24. Ver *supra*, p.19.

25. *Vida de Marco Aurélio*, 10ss.

26. Ibid., 11, 10.

27. Ver *supra*, p.194-5.

28. Ibid., p.65ss.

29. Ibid., p.96.

30. Ibid., p.102.

31. *Vida de Marco Aurélio*, 17, 4. Ver *supra*, p.201.

32. Ibid., 11, 1.

33. Ver *supra*, p.2ss. Ver J.H. Oliver e R.E.A. Palmer, "Minutes of an Act of the Roman Senate", in *Hesperia*, XXIV, 1955, p.320-49.

34. Dessau, 9340.

35. Sêneca, *De clementia*, I, 3.

36. Ver *supra*, p.153.

37. *Vida de Marco Aurélio*, 9, 7.

38. Ver *supra*, p.30 e p.73-4

39. *Vida de Marco Aurélio*, 10, 11.

40. *Institutiones*, I, 25, 6 e 10. *Digesto*, XXVII, 1, 7. *Fragm. Vat.*, 240.

41. *Fragm. Vat.*, 244.

42. *Código*, V, 62, 17.

43. *Fragm. Vat.*, 220.

44. *Digesto*, XXVI, 5, 24.

45. Ibid., XXVII, 1, 15, 2.

46. *Pro Murena*, 69ss.

47. *De finibus*, III, 65.

48. Ver *supra*, p.132. *Meditações*, IX, 9; XI, 8.

49. *Digesto*, XXVII, 1, 1, 4; ibid., 1, 44, pr.

50. *Digesto*, XXVII, 1, 1, 4, op.cit.

Notas

51. *Ad Lucilium*, 47, 1.

52. *De beneficiis*, III, 21ss.

53. Tácito, *Anais*, XIII, 22, 1.

54. *Digesto*, XXVIII, 4, 3.

55. Ibid., V, 2, 17, 1.

56. *Código*, VI, 27, 2.

57. *Digesto*, XL, 3, 1.

58. Ibid., XL, 1, 4 pr. e 5 pr.

59. Ibid., XLVIII, 19, 33.

60. *Código*, VII, 12, 1 (decisão de 16 de junho de 161 d.C.).

61. *Digesto*, XL, 8, 3.

62. Ibid., XVIII, 7, 10.

63. Ibid., XLVIII, 10, 7.

64. Ver *supra*, p.215.

65. *Digesto*, XXIX, 5, 2.

66. Caio, *Institutiones*, I, 53.

67. Ver *supra*, p.87.

68. Como faz, por exemplo, P. Noyen, "Marcus Aurelius, the Greatest Practician of Stoicism", in *Les Études anciennes*, XXIV, 1955, p.372-83.

69. *Digesto*, XL, 9, 17 pr.; *Código*, VII, 11, 3.

70. Ibid., XI, 4, 3.

71. Ibid., XLVIII, 18, 1ss.

72. Ibid., I, 8, 6, 1.

73. Ibid., XLVIII, 18, 16 pr.

74. *Vida de Marco Aurélio*, 3, 7.

75. H.G. Pflaum, *Les carrières...*, op.cit., n.141.

76. *Digesto*, XXXVII, 14, 17 pr.

77. *Ad M. Caesarem*, IV, 2 (Naber, p.60), (Haines, I, p.74).

78. *Digesto*, IV, 2, 13.

79. *Institutiones*, IV, 6, 30.

80. Ver *supra*, p.209.

81. Ibid., 70.

82. Ibid., p.204.

83. Ver Lactâncio, *Institutions divines*, III, 25.

84. Diógenes Laércio, VII, 131.

85. Ver *supra*, p.34.

86. Ver *infra*, p.229.

87. *Digesto*, XXVI, 7.

88. *Institutiones*, III, 4 pr. Cf. *Digesto*, XXXVIII, 17, 1.

89. *Digesto*, XXXVI, 1, 23.

90. Ibid., XXII, 2, 57[a].

91. *Vida de Marco Aurélio*, 7, 8.

340   *Marco Aurélio*

92. Ibid., 26, 6.

93. Estobeu, *Ecl.* II, 96, 18 W.

94. *História Augusta, Adriano*, 10. *Marco Aurélio*, 23, 8.

95. *Vida de Marco Aurélio*, ibid.

96. *Digesto*, XLIX, 14, 32.

97. Ibid., XXVIII, 1, 71.

98. Ibid., XLVIII, 12, 3.

99. Ibid., XXXIX, 4, 16.

100. Ibid., XLIX, 14, 31.

101. Ver *supra*, p.160 e p.197.

102. *Digesto*, XLIX, 14, 3, 5.

103. *Corpus Inscr. Lat.*, VI, 1016 a e b; 31227.

7. A intimidade (p.229-55)

1. Sobre essa *Correspondência*, ver *supra*, p.20. As últimas cartas endereçadas a Lúcio Vero estão em II, 4; 5 (Naber, p.132), (Haines, II, p.236).

2. Ver *supra*, p.35.

3. O discurso sobre o amor: Frontão, *Epistulae graecae*, 8 (Naber, p.255), (Haines, II, p.20ss., par.9).

4. *Ad M. Caesarem*, III, 20 (Naber, p.56), (Haines, I, p.172).

5. *Epistulae graecae*, 2 (Naber, p.242), (Haines, I, p.146-8).

6. *Ad M. Caesarem*, IV, 6 (Naber, p.69), (Haines, I, p.180-2).

7. *Meditações*, I, 3.

8. *Ad M. Caesarem*, V, 45 (Naber, p.92), (Haines, I, p.246).

9. Ver *supra*, p.34. *Meditações*, I, 4.

10. Os professores de Lúcio são enumerados na *História Augusta, Vida de Vero*, 2, 5. Sobre suas relações com Frontão, ver *supra*, p.152.

11. *Ad M. Caesarem*, IV, 1 (Naber, p.58), (Haines, I, p.70ss).

12. *Meditações*, V, 5: Marco se acusa de lentidão mental, falta de refinamento etc.

13. Ver *supra*, p.50.

14. Ver *supra*, ibid.

15. Ver *infra*, p.277-8, e *Meditações*, V, 16.

16. *Ad M. Caesarem*, IV, 3 (Naber, p.61), (Haines, I, p.2-4).

17. Ibid., par.3.

18. Ver *supra*, p.57ss.

19. *Meditações*, III, 14.

20. Ver *supra*, p.77.

21. *Meditações*, IV, 44.

22. Ibid., IV, 20.

Notas

23. Ibid., IX, 10: "Tanto o homem quanto a divindade e o universo dão frutos; na estação que lhe é própria, cada qual dá frutos ... ." Cf. *Meditações*, III, 2.

24. Ver *supra*, p.67.

25. Parágrafo 8.

26. Ver *supra*, p.82.

27. *Meditações*, I, 17.

28. *Ad M. Caes.*, IV, 12 (Naber, p.72), (Haines, I, p.206).

29. *Meditações*, I, 16, 8. Ver *supra*, p.82.

30. *Ad Ant. Imp.*, II, 1 (Naber, p.104), (Haines, I, p.300).

31. Ibid.

32. *Ad M. Caesarem*, IV, 5 (Naber, p.68), (Haines, I, p.178).

33. Ibid.

34. Ver *supra*, p.59. *Ad M. Caesarem*, III, 7 (Naber, 44), (Haines, I, p.32-4).

35. *Ad M. Caesarem*, V, 59 (Naber, p.92), (Haines, I, p.52-4).

36. Ibid., V, 39 (Naber, p.87), (Haines, I, p.240).

37. Ibid., I, 4 (Naber, p.9), (Haines, I, p.90-2).

38. *De feriis Alsietinis*, 3 (Naber, p.224), (Haines, II, p.4ss).

39. Ver *supra*, p.176.

40. *De feriis Alsietinis*, 4 (Naber, p.230), (Haines, II, p.18).

41. Galeno, org. C.G. Kuhn, XIX, p.17ss.

42. *Meditações*, VII, 45 (Platão, *Apologia de Sócrates*, 28 d).

43. *Meditações*, VII, 7.

44. Ver *supra*, p.179.

45. Galeno, loc.cit.

46. *Meditações*, V, 1.

47. Ibid., VI, 31.

48. Ibid., V, 1 (cit.).

49. Dião Cássio, LXXII, 6, 3-4.

50. Ver *supra*, p.61.

51. Ibid., p.61, e nota 54 (Dião Cássio, LXXII, 36, 2).

52. *Ad M. Caesarem,* V, 47 (62) (Naber, p.90), (Haines, I, p.248).

53. Galeno, XIV, p.217.

54. *Meditações*, XI, 20.

55. Ver *supra*, p.176-7.

56. *História Augusta, Vida de Vero*, 10, 3-4.

57. Ver *supra*, p.44.

58. Herodiano, *História dos imperadores romanos*, I, 2.

59. Ver *supra*, p.166.

60. Filóstrato, *Vida dos sofistas*, II, 1, 28.

61. Ver *supra*, p.204.

62. Epicteto, *Diatribes*, I, cap.XI.

63. *Ad M. Caesarem,* V, 42 (57) (Naber, p.88), (Haines, I, p.244).

64. Ibid., V, 43 (58) (Naber, p.89), (Haines I, p.246).

65. Ibid., V, 52 (67), (Naber, p.91), (Haines, I, p.250).

66. Ibid., V, 53 (58), (Naber, p.91), (Haines, I, p.250).

67. Ibid., V, 19 (34), (Naber, p.81), (Haines, I, p.224).

68. *De feriis Alsietinis*, 4 (Naber, p.230), (Haines, 11, p.18), (data: 162).

69. Plutarco, *Paulo Emílio*, p.35ss.

70. Ver *supra*, p.163.

71. *Ad M. Caesarem*, V, 8 (23), (Naber, p.79), (Haines, I, p.196).

72. *Ad Anton. Imp.*, 11, 1 (Naber, p.104), (Haines, I, p.300).

73. *Ad M. Caesarem*, 11, 16 (Naber, p.37), (Haines, 11, p.94ss).

74. Ibid.

75. *Ad M. Caesarem*, 11, 17 (Naber, p.38), (Haines, 11, p.96-8). Ver *supra*, p.141.

76. Ibid.

77. Tácito, *Anais*, XIII, 13; 18; XIV, 6.

78. Ver *supra*, p.167.

79. Herodiano, loc.cit., I, 2, 2, trad. Denis Roques, Paris, 1990.

80. Ver *supra*, p.165. Sobre os genros de Marco Aurélio, ver H.G. Pflaum, in *Journal des Savants*, 1961, p.28-41.

81. Como se depreende de Herodiano, op.cit., I, 6, 4-5.

82. *Ad amicos*, I, 10 (Naber, p.180), (Haines, 11, p.242).

83. *Meditações*, I, 17, 7.

84. *Meditações*, IV, 32.

85. Ibid., IV, 33,3.

86. Ver *supra*, p.44-5.

87. *Ad M. Caesarem*, V, 6 [21], (Naber, p.78), (Haines, I, p.192).

88. Ibid., V, 11 (26) (Naber, p.80), (Haines, I, p.194).

89. *Meditações*, I, 17, 18.

90. Plutarco, *Catão Maior*, 17, 7.

91. E. Birley, op.cit., p.174.

92. Id., ibid.

93. *História Augusta, Vida de Marco Aurélio*, 9, 6.

94. Ver *supra*, p.248. e cap. V, p.165. Ver *supra*, nota 80.

95. *Vida de Marco Aurélio*, 20, 7.

96. Ibid., 19.

97. Ibid., 19, 7.

98. Ibid., 23, 7.

99. Ibid., 29, 1.

100. Ibid., 19, 9.

101. Ibid., 19, 3-4.

102. Ver *supra*, p.199.

103. Ibid., p.178ss.

104. *História Augusta, Vida de Avídio Cássio*, 9 e 10.

Notas   343

105. Ver *supra*, p.185.

106. *Vida de Avídio Cássio*, 9, 5ss.

107. *Vida de Marco Aurélio*, 29, 10.

8. O livro das Meditações (p.256-83)

1. Ver *supra*, p.21.

2. *Meditações*, VI, 42. Plutarco, *Das noções comuns*, XIV, 1065 a: um verso numa comédia pode ser ruim em si, mas é útil no conjunto da peça.

3. *Meditações*, VII, 19.

4. Ver *supra*, p.69.

5. *Meditações*, IX, 29; X, 23; *Teeteto*, 174 dss. Trata-se de uma simples associação de ideias sobre a palavra "pastor".

6. *Meditações*, VII, 64 (sobre a dor), IX, 41 (sobre a doença).

7. *Meditações*, VI, 26, onde "epicuristas" é uma correção de "efésios", mas é garantida por Sêneca, *De otio*, I, 1; *A Lucilius*, 11, 8ss.; ver *supra*, p.65.

8. *Meditações*, IV, 3, 5ss; IX, 28; 39; X, 6; XI, 18 etc.

9. *Meditações*, III, 3.

10. Diógenes Laércio, I, 118.

11. *Meditações*, IV, 46, onde figuram, pela ordem, os fragmentos 76, 71, 72, 73 e 74 dos *Vorsokratiker*, de Diel.

12. *Meditações*, I, 16, 30.

13. *Meditações*, III, 6, 2 (segundo o *Timeu*, 61 d).

14. *Meditações*, XI, 28 (numa altercação com Xantipa); XI, 25 (resposta ao rei da Macedônia, Perdicas, talvez confundido com seu filho).

15. *Meditações*, VII, 66, 3. O fato de ser escravo do desconhecimento a respeito de um deus refere-se, provavelmente, ao medo de haver ofendido ou negligenciado uma divindade desconhecida.

16. *Diatribes*, II, 19.

17. *Meditações*, I, 7, 8. Ver *supra*, p.50.

18. Epicteto, *Diatribes*, I, 28, 4; 11, 22, 36.

19. *Meditações*, VII, 63.

20. *Meditações*, XI, 31; *Odisseia*, X, 413.

21. Ibid., XI, 32; *Os trabalhos e os dias*, verso 186.

22. *Meditações*, XI, 33-39; 33; *Diatribes*, III, 24, 86; 34; III, 24, 88, 89; 35; III, 24, 91, 92.

23. *Meditações*, XI, 36; *Diatribes*, III, 22, 105.

24. *Meditações*, XI, 37.

25. Ibid., XI, 38-39.

26. *Diatribes*, III, 24, 87 (trad. Souilhé).

27. *Meditações*, XI, 33.

28. *Diatribes*, III, 24, 67ss.

29. Ver *supra*, p.22.

30. *Meditações*, I, 16.

31. Ver *supra*, p.140-1.

32. Ver *supra*, p.170-1.

33. Ibid., p.170. Ver Oliver, in *Hesperia*, Supl. XIII (1970), p.82.

34. Haines, em "The Composition and Chronology of the Thoughts of Marcus Aurelius", *Journal of Philology*, XXXIII, 1914, p.278-95, situa os livros II a XII entre 171 e 177, e o livro I em 178.

35. Ver *supra*, p.178.

36. Idem.

37. *Meditações*, I, 17, 18.

38. Ver F. Martinazzoli, *La Successio di Marco Aurelio*, Bari, 1951, p.21ss.

39. *Meditações*, VII, 17.

40. Ibid., II, 11.

41. Ver *supra*, p.183-4.

42. *Meditações*, I, 17, 23.

43. Ibid., II, 2, 4.

44. *De brevitate vitae*, 20, 4.

45. *Meditações*, II, 3, 3.

46. Ibid., II, 2, 4.

47. Ibid., II, 4, 1.

48. Ver *supra*, p.151.

49. *Meditações*, II, 5.

50. Ver *supra*, p.179.

51. *Meditações*, II, 1.

52. Ibid., II, 5, 10.

53. Ibid., II, 17, 3.

54. Ibid., II, 17, 5.

55. Ibid., II, 10.

56. P. Hadot, *Exercices spirituels et philosophie antique*, Paris, 1982, p.119-72. Ver *supra*, p.23.

57. *Meditações*, III, 2. Ver *supra*, p.24.

58. Ibid., II, 3, 2. Cf. X, 6.

59. Ibid., XI, 18, 1.

60. Ibid., par.2.

61. Ver *supra*, p.212.

62. Ibid., p.204.

63. Ibid., p.211.

64. Aristóteles, *Política*, I.

65. *Meditações*, II, 10. Ver *supra*, p.267.

66. *Meditações*, IX, 29, 6.

67. Ver *supra*, p.187.

Notas

68. *Meditações*, IX, 42, 10-11.
69. Ibid., par.7.
70. Ver *supra*, p.184.
71. *Meditações*, VIII, 31.
72. Ver *supra*, p.147.
73. *Meditações*, VIII, 37.
74. Luciano, *Nigrino*, 31.
75. Propércio, *Elegias*, IV, 7 etc.
76. *Meditações*, VIII, 37, 2.
77. Ibid., VIII, 40.
78. Op.cit., cap.II, p.135ss.
79. *Meditações*, VII, 54, citado por P. Hadot, ibid.
80. *Meditações*, VIII, 40 e 41.
81. Ibid., XII, 3.
82. Op.cit., p.72ss.
83. Conclusões de Haines. Ver *supra*, n.34.
84. Ver *supra*, p.209.
85. Ver *supra*, p.103.
86. Ibid., p.69.
87. *Meditações*, IV, 31.
88. Ibid., IV, 32, 5.
89. Ibid., IV, 1.
90. Ver *supra*, p.59.
91. *Meditações*, II, 5, 1. Ver *supra*, p.49.
92. *Meditações*, III, 12.
93. Ibid., III, 16.
94. Ibid., V, 1, 2.
95. Ibid., par.4.
96. *De otio*, 2, 1.
97. *Meditações*, VII, 7, 4.
98. Ver *supra*, cap.II, n.78.
99. Ver *supra*, p.203.
100. *Meditações*, VII, 72.
101. Ver *supra*, p.69.
102. *Meditações*, X, 6.
103. Ibid., XI, 1.
104. Ver *supra*, p.203-4.
105. Ver *supra*, p.187.
106. Ver *supra*, p.23; 107.
107. *Meditações*, X, 9. Cf. *supra*, p.106-7.
108. *Meditações*, X, 9, 2.
109. Ibid., par.3.

110. *Meditações*, X, 11, 1.

111. Ver *supra*, p.192.

112. *Meditações*, X, 11, 2.

113. Ibid., XI, 3, 1.

114. Ibid., XI, 4.

115. Ibid., XI, 7.

116. Ibid., XII, 1.

117. Ver *supra*, p.54.

118. *Ad M. Caesarem*, I, 8 (Naber, p.20), (Haines, I, p.124, par.7). *Epist. gr.*, I (Naber, p.239), (Haines, I, p.130). Ibid., 2 (Naber, p.242), (Haines, p.146).

119. Ver *supra*, p.56.

120. Idem. Ibid.

121. F. Martinazzoli, op.cit., p.151ss.

122. Id., ibid., p.153ss.

123. *Ad Anton. Imp.* (Naber, p.106), (Haines, II, p.156).

124. Epicteto, *Diatribes*, III, 13, 15.

125. *Meditações*, II, 2, 1 e 2.

126. Como nas *Meditações*, XII, 3.

127. *A Lucilius*, 115; cf. 110, 8; ver P. Grimal, *Sénèque ou la conscience de l'Empire*, 2ª ed., Paris, 1989, p.327-8.

9. Marco Aurélio e o divino (p.284-308)

1. Ver *supra*, p.63.

2. *Vida...*, 13, 1-2. Cf. 8, 11; 21, 6; 23, 8; 27, 1.

3. *Meditações*, I, 16, 15.

4. Ver *supra*, p.258. *Meditações*, II, 11, 2; VI, 10.

5. Ibid., VI, 16, 10.

6. Von Arnim, *Stoic. Vet. fr.* I, n.160ss.

7. Sêneca, *A Lucilius*, 66, 12 etc.

8. *Meditações*, I, 3.

9. Ibid., VI, 30, 14.

10. *De natura deorum*, II, 71.

11. H. Fugier, *Recherches sur l'expression du sacré dans la langue latine*, Paris, 1963, p.174.

12. *Vida...*, 6, 9.

13. Ver *supra*, p.49-50 e p.66.

14. *Meditações*, VI, 30, 4.

15. Ibid., XII, 5, 1.

16. Sêneca, *Dos benefícios*, passim. Epicteto, *Diatribes*, I, 19, 12 etc. Colardeau, *Étude sur Épictète*, p.239ss.

17. *Meditações*, V, 27.

Notas

18. Ibid., II, 13.

19. Ver *supra*, p.18

20. As virtudes de Severo, *Meditações*, I, 14. Os bons exemplos em geral, ibid., 17.

21. *Vida...*, 15, 3-4.

22. Ver *supra*, p.185.

23. Ver *supra*, p.25.

24. P. Boyancé, "Sur la théologie de Varron", *Revue des Études anciennes*, LVII, 1955, p.57-84. Ver G. Dumézil, *La Religion romaine archaïque*, Paris, 1966, p.106ss.

25. Ver *supra*, p.49-50.

26. *Meditações*, XII, 28.

27. Como em Lucrécio, *De rerum natura*, V, 1161-1182; VI, 76-78.

28. *Meditações*, XI, 6.

29. Ibid., par.4 a 6.

30. Trad. E. Bréhier, *Les Stoïciens*, Pléiade, 1962, p.7ss.

31. Galeno, *De Hipp. et Plat. placitis*, III, 8, (130), p.317 M.

32. Marco Minúcio Félix, *Octavius*, IX, 10.

33. *De natura deorum*, I, 36.

34. Lactâncio, *De vera sap.*, IX.

35. Ver *Meditações*, VIII, 56, como na tradição socrática.

36. *Meditações*, I, 17.

37. Ibid., XII, 5.

38. *Diatribes*, III, 13.

39. Ver Cícero, *De natura deorum*, I, 37.

40. Frontão, *De eloquentia* I (Naber, p.139ss.), (Haines, II, p.64-6). Ver o mito do Sono, *supra*, p.238.

41. *Ad M. Caesarem*, IV, 4 (Naber, p.66), (Haines, I, p.174).

42. Ver *supra*, p.194.

43. Ibid., p.158.

44. *Vida...*, 13, 1.

45. Ver *supra*; p.173-4.

46. J. Beaujeu, op.cit., p.349ss.

47. Ver *supra*, p.168.

48. Ibid., p.43.

49. *Meditações*, V, 8.

50. *Ad M. Caesarem*, III, 10 (Naber, p.48), (Haines, I, p.50ss).

51. Ibid., par.2.

52. Ver *supra*, p.25.

53. Ibid., p.294.

54. Ibid., p.270.

55. *Meditações*, IX, 1. Ver *supra*, p.279.

56. Ver *supra*, p.223.

57. G. Dumézil, op.cit., p.138.

58. J. de Romilly, *La Loi dans la pensée grecque*, Paris 1971.

59. *Meditações*, I, 16, 11.

60. Ibid., VIII, 26.

61. Ibid., VIII, 29.

62. Ibid., VIII, 48, 1.

63. *A Lucilius*, 9, 3.

64. *Meditações*, III, 4, 4.

65. Ibid., V, 8, 10.

66. Ibid., II, 2.

67. Ibid., VIII, 54.

68. Ibid., VIII, 57.

69. Ver *supra*, p.181.

70. No *De constantia sapientis*.

71. *Meditações*, VI, 44, 1-3.

72. Ver *supra*, p.189-90. Cf. H.G. Pflaum, *Les carrières procuratoriennes...*, op.cit., p.490ss.

73. *Meditações*, VI, 38; IX, 9.

74. Ibid., VI; 44, 4.

75. Ibid., II, 17, 4; III, 4, 5, 6; VI, 10; VIII, 45; XII, 3, 4 etc.

76. Ibid., VIII, 45; XII, 3.

77. Ibid., VIII, 3.

78. Ver P. Keresztes, "The So-called Second Apology of Justinus", *Latomus*, XXIV, 1965, p.858-69.

79. Ver *supra*, p.64. *Meditações*, I, 7.

80. *Meditações*, I, 17, 14.

81. *Vida...*, 23, 1.

82. J. Beaujeu, op.cit., p.354-5.

83. T.D. Barnes, "Legislation Against the Christians", *Journal of Roman Studies*, LVIII, 1968, p.39. Sobre esse problema, ver M. Sordi, "I nuovi decreti di Marco Aurelio contro i Cristiani", *Studi romani*, IX, 1961, p.365-78; Colóquio de Lyon (nota 86), p.179-93.

84. T.D. Barnes, op.cit., 37.

85. *Vida...*, 11, 1.

86. *Les Martyrs de Lyon*, Colóquio do CNRS, Lyon, 20-23 set 1977, Paris, 1978.

87. *Meditações*, VI, 44. Ver *supra*, p.302.

88. *Meditações*, VIII, 34.

89. Ibid., IX, 23.

90. *Digesto*, XLVIII, 19, 30.

91. Paulo, *Sentenças*, V, 21, 2.

92. *Vida...*, 13, 6. Ver *supra*, p.158-9.

93. Marco Minúcio Félix, *Octavius*, VIIIss.

94. *Meditações*, XI, 3.

95. Ver *supra*, p.269.

96. Ver J. Danielou e H.I. Marrou, *Nouvelle Histoire de l'Église*, Paris, 1963, t.I, p.121ss.

Notas 349

97. P. Keresztes, op.cit., p.861.

98. M. Sordi, "Le polemiche intorno al cristianesimo nel II secolo ex la loro influenza sugli sviluppi della politica imperiale verso la Chiesa", *Rivista di storia della Chiesa in Italia*, XVI, 1962, p.1ss.

99. *Vida...*, 26, 7.

100. Ver Guido Cortassa, "Marco Aurelio e il destino dell'anima", *Rivista di Filologia ed Istruzione classica*, 1979, p.420-38.

101. *Meditações*, XI, 13, 3.

Conclusão (p.309-11)

1. *Vida...*, 12, 1.

2. Tácito, *Anais*, IV, 33.

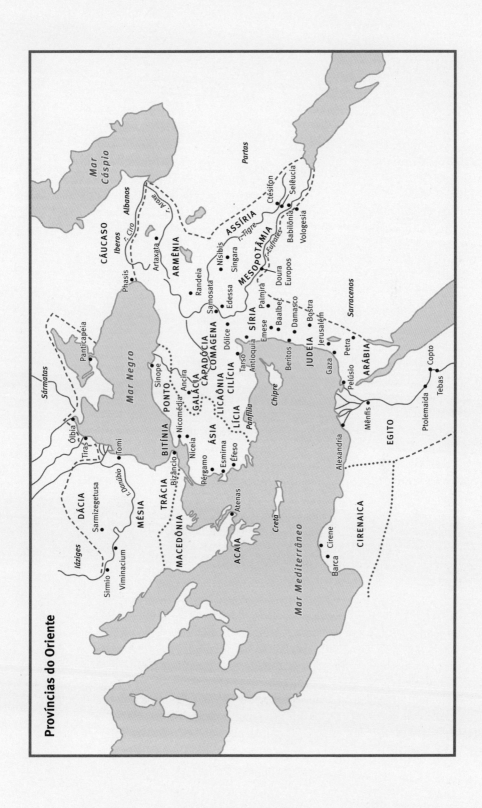

Bibliografia seleta

Obras de história geral

Garzetti, A., "L'imperio da Tiberio agli Antonini", *Storia di Roma*, VI, Bolonha, 1960.

Hammond, M., "The Antonine Monarchy", *Papers and Monographies of the American Academy in Rome*, XIX, Rome, 1959.

Le Gall, J. e M. Le Glay, *L'Empire romain*, vol.I, Paris, 1987.

Martin, J.-P., *Le siècle des Antonins*, Paris, 1977.

Obras gerais sobre Marco Aurélio

Birley, A., *Marcus Aurelius*, Boston e Toronto, 1966.

Carrata Thomes, I., *Il regno di Marco Aurelio*, Turim, 1953.

Cresson, A., *Marc Aurèle*, 2ª ed., Paris, 1942.

Farquarson, A.S.L., *Marcus Aurelius. His Life and His World*, 2ª ed., Oxford, 1952.

Klein, Richard (org.), *Marc Aurel, Wege der Forschung*, Bd. 550, Darmstadt, 1979.

Lagrange, M.J., "Marc Aurèle jeune homme, le philosophe, l'empereur", *Revue biblique*, X, 1913, p.243-59; 391-420; 568-87.

Parain, Ch., *Marc Aurèle*, Paris, 1957.

Renan, Ernest, *Histoire des origines du christianisme, VII, Marc Aurèle et la fin du monde antique*, Paris, 1882.

Sedgwick, H.D., *Marcus Aurelius. A Biography*, Oxford, 1921.

Wilamowitz-Moellendorf, U. von, *Kaiser Marcus*, Berlim, 1931.

Fontes

Baynes, N.H., *The Historia Augusta. Its date and purpose*, Oxford, 1926.

Chastagnol, A., "Le problème de l'*Histoire Auguste*. État de la question", in *Historia Augusta Colloquium*, Bonn, 1963; Bonn, 1964.

Dião Cássio, *História romana*, trad. inglesa de E. Cary, Londres e Cambridge (Massachusetts), vol.IX, 1961.

Hérodien [Herodiano], *Histoire des empereurs romains, de Marc Aurèle à Gordien III*, trad. de Denis Roques, Paris, 1990.

História Augusta, trad. inglesa de David Magie, Londres e Cambridge (Massachusetts), vol.I, 1960.

Honore, T., "Scriptor *Historiae Augustae*", *Journal of Roman Studies*, LXXVII, 1987, p.156-76.

Marco Aurélio, *Lettere a Frontone. Pensieri. Documenti*, org. G. Cortassa, Turim, 1984.

Marriott, I., "The authorship of the *Historia Augusta*, *Journal of Roman Studies*, LXIX, 1979, p.65-77.

Mattingly, H., E.A. Sydenham e P.H. Webb, *Roman Imperial Coinage, vol.III (Antonius Pius to Commodus)*, Londres, 1930.

Millar, F., *A Study of Cassius Dio*, Oxford, 1964.

Schwartz, J., "Avidius Cassius et les sources de l'Histoire Auguste", in ibid.

A segunda sofística

Behr, C.A., *Aelius Aristides and the Sacred Tales*, Amsterdã, 1968.

Boulanger, A., *Aelius Aristide et la sophistique*, Paris, 1923.

Bowersock, G.W., *Greek Sophists in the Roman Empire*, Oxford, 1969.

Festugiere, C.A., *Personal Religion among the Greeks*, Califórnia: Berkeley Univ., 2ª ed., 1960.

Graindor, P., *Un milliardaire antique, Hérode Atticus*, Cairo, 1930.

Oliver, J.H., "The Ruling Power. A study of the Roman Empire in the 2nd century after Christ through the Roman oration of Aelius Aristides", *Transactions and Proceedings of the American Philosophical Society*, N.S., XLIII, 4, 1953.

_____, "The Civilizing Power. A study of the Panathenaic discourse of Aelius Aristides against the background of literature and cultural conflict", *Transactions and Proceedings of the American Philosophical Society*, N.S., LVIII, 1, 1968.

Schwartz, J., *Biographie de Lucien de Samosate*, Collection Latomus, LXXXIII, Bruxelas, 1965.

A política cultural de Marco Aurélio

Follet, S., *Athènes aux IIᵉ et IIIᵉ siècles*, Paris, 1976.

Oliver, J.H., "Marcus Aurelius. Aspects of civic and cultural policy in the East", *Hesperia*, Supl. XIII, 1970.

_____,"Marcus Aurelius and the philosophical schools at Athens", *American Journal of Philology*, CII, 1981, p.213-325.

_____,"The sacred Gerusia and the emperor's consilium", *Hesperia*, XXXVI, 1967, p.329-35.

_____,"The sacred Gerusia", *Hesperia*, Supl.VI, 1941.

História do reino

Barnes, T.D., "Hadrian and Lucius Verus", *Journal of Roman Studies*, LVII, 1967, p.65-79.

Carcopino, J., "L'Hérédité dynastique chez les Antonins", *Revue des Études anciennes*, LI, 1949, p.262-321.

Crook, J., *Consilium principis. Imperial Councils and Counsellors from Augustus to Diocletian*, Cambridge, 1955.

Lambrechts, P., "L'Empereur Lucius Verus. Essai de réhabilitation", *L'Antiquité classique*, III, 1934, p.173-201.

Pflaum, H.G., "Le règlement successoral d'Hadrien", *Historia Augusta Colloquium*, Bonn, 1963, Bonn, 1964, p.95-121.

Pflaum, H.G., "Les gendres de Marc Aurèle", *Journal des Savants*, 1961, p.28-41.

_____, "Tendances politiques et administratives au IIe siècle de notre ère", *Revue des Études latines*, XLII, 1964, p.112-21.

_____, *Les carrières procuratoriennes équestres sous le haut-empire romain*, 3 vols., Paris, 1960-1961.

_____, *Les procurateurs équestres sous le haut-empire romain*, Paris, 1950.

Stanton, G.R., "Marcus Aurelius, L. Verus and Commodus" (bibl. 1962-1972), *Aufstieg und Niedergang der Römischen Welt*, II, 2, p.478-549.

a) Oriente:

Astarita, M.L., *Avidio Cassio*, Roma, 1983.

Bowman, A.K., "A Letter of Avidius Cassius", *Journal of Roman Studies*, LX, 1970, p.20-6.

Chaumont, M.L., "L'Arménie entre Rome et l'Iran. De l'avènement d'Auguste à l'avènement de Dioclétien", *Aufstieg und Niedergang der Römischen Welt*, II, 9, 1, 1976.

Michel, D., *Alexander als Vorbild für Pompeius, Caesar und Marcus Antoninus*, Coleção Latomus, XCIV, Bruxelas, 1967, p.35-127.

Remondon, F., "Les dates de la révolte d'Avidius Cassius", *Chronique d'Égypte*, XVI, 1951, p.364-77.

Ziegler, K.H., *Die Beziehungen zwischen Rom und dem Partherreich*, Wiesbaden, 1964.

b) Ocidente:

Campbell, J.B., *The Emperor and the Roman Army, 31 B.C.-AD 235*, Oxford, 1984.

Fitz, F., "Der Markomannische Quadische Angriff gegen Aquileia und Opitergium", *Historia*, XV, 1966, p.336-67.

Guey, J., "La date de la pluie miraculeuse (172 après J.-C.) et la colonne Aurélienne", *Mélanges de l'École française de Rome*, LX, 1948, p.105-27, e LXI, 1949, p.93-118. Id., "Encore la 'pluie miraculeuse'", *Revue de philologie*, XXII, fasc.1, 1948, p.16-62.

Pflaum, H.G., "La carrière de C. Aufidius Victorinus, condisciple de Marc Aurèle", *Comptes rendus de l'Académie des Inscriptions*, 1956, p.189-200.

Bibliografia seleta

_____,"Du nouveau sur les guerres du Danube à l'époque de Marc Aurèle", ibid., 1956, p.19-23.

Sage, Michael M., "Marcus Aurelius and Zeus Cassios at Carnuntum", *Ancient Society*, XVIII, 1987, p.151-72.

Atividade jurídica

Cardascia, G., "L'Apparition dans le droit des classes d'*honestiores* et d'*humiliores*", *Revue du droit français et étranger*, XXVIII, 1950, p.305-37.

Noyen, P., "Marcus Aurelius, the Greatest Practician of Stoicism", *L'Antiquité classique*, XXIV, 1955, p.372-83.

Schulz, F., *History of Roman Legal Science*, Oxford, 1946.

A filosofia de Marco Aurélio

Bignone, E., "Seneca, Marco Aurelio e il Protettico di Aristotele", *Annali della Scuola Normale Superiore di Pisa*, 1940, p.241-49.

Cortassa, G., "Marco Aurelio e il destino dell'anima", *Rivista di Filologia e di Istruzione classica*, CVIII, 1979, p.420-38.

Goerlitz, W., *Marc Aurel. Kaiser und Philosoph*, Stuttgart, 1954.

Hendrickx, B., "Once Again Marcus Aurelius Emperor and Philosopher", *Historia*, XXIII, 1974, p.254-56.

Millar, F., "Epictetus and the Imperial Court", *Journal of Roman Studies*, LV, 1965, p.141-48.

Stanton, M.A., "Marcus Aurelius Emperor and Philosopher", *Historia*, XVIII, 1974, p.578-87.

Estoicismo

Bidez, J., "La cité du monde et la cité du Soleil chez les stoïciens", *Bulletin de l'Académie royale de Belgique...*, Classe de Letras..., 5ª série, XVIII, 1932, p.244-94.

Bodson, A., *La morale sociale des derniers stoïciens*, Liège/Paris, 1967.

Brunt, P.A., "Stoicism and the principate", *Papers of the British School in Rome*, XLIII, 1975, p.6-35.

Hoven, R., *Stoïcisme et stoïciens face au problème de l'au-delà*, Paris, 1971.

Lana, I., *I principi del buon governo secundo Cicerone e Seneca*, Turim, 1981. Apêndice de G. Cortassa, *I principi del buon governo nei Pensieri di Marco Aurelio*, p.152-71.

Moreau, J., *L'Âme du monde de Platon aux stoïciens*, Paris, 1939.

Neuenschwander, H.R., *Mark Aurels Beziehungen zu Seneca und Poseidonios*, Bonn e Stuttgart, 1951.

Stanton, G.R., "The Cosmopolitan Ideas of Epictetus and Marcus Aurelius", *Phronesis*, XIII, 1968, p.183-95.

Meditações

Alexandre, M., "Le travail de la sentence chez Marc Aurèle", *La Licorne*, Poitiers, 1979, 3, p.125-58.

Brunt, P.A., "Marcus Aurelius in his Meditations", *Journal of Roman Studies*, LXIV, 1974, p.1-20.

Farquerson, A.S.L., *The Meditations of the Emperor Marcus Aurelius*, 2 vols., 2ª ed., Oxford, 1968.

Hadot, P., *Exercices spirituels et philosophie antique*, Paris, 1981.

Haines, C.R., "The Composition and Chronology of the Thoughts of Marcus Aurelius", *Journal of Philology*, XXIII, 1914, p.278-95.

Marco Aurélio, *Pensées*, org. e trad. A.I. Tranoy, 4ª impressão, Paris, 1964.

Martinazzoli, F., *La "successio" di Marco Aurelio. Struttura e spirito del primo libro dei Pensieri*, Bari, 1951.

Pascucci, P., "Riscalchi latini nel greco di Marco Aurelio", *Studi Barigazzi*, II, Sileno, XI, 1985, p.135-45.

Stella, L.A., "Romanità di Marco Aurelio nei Colloqui con se stesso in lingua greca", *Rendiconti dei...*, Lincei, 1935, p.268-301.

Frontão

André, J.M., "Le *De otio* de Fronton et les loisirs de Marc Aurèle", *Revue des Études latines*, XLIX, 1971, p.228-61.

Champlin, E., *Fronto and Antonine Rome*, Cambridge (Massachusetts), 1980.

Della Corte, F., "Un precettore di Marco Aurelio, Frontone", *Opuscula*, X, 1987, p.191-97.

Frassinetti, P., "L'Orazione di Frontone contro i Cristiani", *Giornale italiano di filologia*, II, 1949, p.238-54.

Fronto [Frontão], *Epistulae*, org. M.P.J. van den Hout, vol.I, Leyde, 1964.

Haines C.R. (org. e trad.). *The Correspondance of M. Cornelius Fronto...*, C.R. Haines, 2 vols. (Collection Loeb), London/Cambridge (Massachusetts), 1955.

Marache, R., *La critique littéraire de langue latine et le développement du goût archaïsant au IIᵉ siècle après J.-C.*, Rennes, 1952.

Portalupi, F., *Marco Cornelio Frontone*, Turim, 1961.

Soverini, P., *Tra retorica e politica. Studi su Plinio il Giovane, Frontone e la Historia Augusta*, Bolonha, 1988.

Van den Hout, "M.J., Reminiscences of Fronto in the Meditations of Marcus Aurelius", *Mnemosyne*, IV, 1950, p.330-5.

Whitehorne, J.E.G., "Ad amicos I, 5 and 6 and the date of Fronto's death", *Studies in Latin Literature and Roman History*, I, coleção Latomus, CLXIV, Bruxelas, 1979, p.475-82.

Marco Aurélio e os cristãos

Barnes, T.D., "Legislation Against the Christians", *Journal of Roman Studies*, LVIII, 1968, p.39-50.

Beaujeu, J., in *La religion romaine à l'apogée de l'Empire*, I, Paris, 1955.

Berwig, D., "Marc Aurel und die Christian", tese, Munique, 1971.

Brunt, P.A., "Marcus Aurelius and the Christians", *Studies in Latin Literature and Roman History*, I, coleção Latomus, CLXIV, Bruxelas, 1979, p.483-520.

Chadwick, H., *Early Christian Thought and the Classical Tradition, Studies in Justin, Clement and Origenes*, Oxford, 1984.

_____, *Origenes contra Celsum*, Cambridge, 1953.

Danielou, J., e H.I. Marrou, *Nouvelle Histoire de l'Église*, I, Paris, 1963.

Dartigue-Peyrou, *Marc Aurèle dans ses rapports avec le christianisme*, Paris, 1897.

Grégoire, R.H., "Les persécutions dans l'Empire romain", *Mémoires de l'Académie Royale de Belgique*, Classe des Lettres, II, 46, 1950.

Jossa, G., "Marco Aurelio e i Christiani", in *Giudei, pagani e i Cristiani*, Nápoles, 1977, p.109-52.

Keresztes, P., "The So-called second Apology of Justin", *Latomus*, 1965, p.858-69.

Lameere, W., "L'Empereur Marc Aurèle", *Problèmes d'Histoire du Christianisme*, V, Bruxelas, 1976, p.1-54.

Les Martyrs de Lyon (177), Lyon, 20-23 set 1977, Colóquio do CNRS, Paris, 1978.

Sordi, M., "I nuovi decreti di Marco Aurelio contro i Cristiani", *Studi romani*, X, 1961, p.365-78.

_____,"Le polemiche intorno al Cristianesimo nel II secolo e la loro influenza sugli sviluppi della politica imperiale verso la Chiesa", *Rivista della Storia della Chiesa in Italia*, XVI, 1962, p.1ss.

Spanneug, M., *Le stoïcisme des Pères de l'Église*, Paris, 1957.

Diversos

Africa, T.W., "The opium addiction of Marcus Aurelius", *Journal of the History of Ideas*, 1961, p.97-102.

Dailly, R., e M.H. van Effenterre, "Le cas Marc Aurèle. Essai de psychosomatique historique", *Revue des Études anciennes*, LVI, 1954, p.365.

Gilliam, J.F., "The Plague under Marcus Aurelius", *American Journal of Philology*, LXXXII, 1961, p.225-51.

Iconografia

Aymard, J., "L'Adventus de Marc Aurèle sur l'Arc de Constantin", *Revue des Études anciennes*, LII, 1950, p.71-6.

Caprino, C., A.M. Coloni, G. Gatti, M. Pallottino e P. Romanelli, *La colonna di Marco Aurelio*, Roma, 1955.

Marco Aurelio. Mostra di cantiere, Roma, 1984.

Morris, J., "The Dating of the Column of Marcus Aurelius", *Journal of the Warburg and Courtault Institutes*, XV, 1952, p.32.

Piranesi, Giambattista, *Vedute delle Colonne Antonina e Traiana*, ed. Roma, 1967.

Wegner, H., *Die Herrscherbildnisse in antoninischen Zeit.*

Zwikker, W., *Studien zur Markussaule*, I, Allard Pierson Stichting Universiteit van Amsterdam, Arch. Hist. Bydragen, Amsterdã, 1941.

Índice remissivo

Acadêmicos, Acaia, província de, 129, 168, 169, 170
ação, 71-3, 76, 84, 125, 203, 204, 274, 275, 276
ação conveniente (κατόρθωμα), 71, 125, 226
acaso ver Fortuna
Ácio, 232
Actium, batalha de, 10, 100
adivinhação, 288
Adriano (de Tiro), 134, 109
Adriano (filho de Marco Aurélio), 243
Adriano (imperador), 18, 25, 29, 30, 34, 35, 37, 38, 39, 40-1, 42, 43, 44, 48, 54, 55, 61, 62, 78, 85, 86, 87, 88, 90, 91, 93, 94, 95, 98, 102, 105, 109, 118, 119-20, 211, 217, 218, 219, 222, 223, 226, 227, 241, 242, 246, 289, 303, 304
aerarium Saturni [tesouro público], 208, 210, 227
África, 32, 33, 94, 95, 98, 156, 162, 249
Agáclito, 165
Agamêmnon, 71, 237
Agathopus, 150
agorânomo, 128
Agripa (Vipsânio), 101
Agripa Póstumo, 271
Agripina, a Jovem, 226, 247, 252
Ala III Thracum, 157
Ala Tampiana, 169
alanos, 91, 103
Alexandre, o Grande, 9, 97, 101, 106, 108, 110, 112, 128, 142, 280, 303
Alexandre, o Platônico, 75, 120
Alexandre de Abonoteico, 32, 168, 295, 305
Alexandre de Cotiaeum, 52
Alexandria (museu), 119
Alexandria de Tróade, 128, 130
Alexandria do Egito, 58, 98, 109, 119, 172, 176, 184, 187, 279, 282, 297
alforria, 216-7, 221; ver também escravos
alforriados, 216-7, 221
Ália, batalha do, 153
alimenta, 226-7
alma, partes de, 21, 186, 272, 276
        do mundo, 106

Alsium, 152, 234, 237
Altinum (Altino), 165
Amalfi, 94
Amalteia, 290
Ambrosiana, biblioteca, 19
Amiano Marcelino, 99
amizade, 66, 82-3, 179
amo interior, 90
amor, 67-8, 281, 302
Ampsaga (Oued-el-Kebir), 94
Anagnia, 293
Ancira (Ancara), 184
Andron, 50
Aneus, 37
Ânia Aurélia Galéria Faustina (primeira filha de Marco Aurélio), 242, 244, 245, 248, 251
Ânia Aurélia Galéria Lucila (segunda filha de Marco Aurélio), 143, 148, 154, 165, 166, 226, 242, 244, 246, 248, 252
Ânia Cornifícia (irmã de Marco Aurélio), 245, 246, 252, 271
Ânia Fundânia Faustina, 164
Ânia Galéria Faustina (primeira mulher de Antonino Pio) ver Faustina, a Velha; Faustina, a Jovem
Aníbal, 112, 153
Aninius Macer, 54
Ânio Libo (primo de Marco Aurélio), 35, 147, 164, 271
Ânio Vero (bisavô de Marco Aurélio), 35
Ânio Vero (pai de Marco Aurélio), 35, 36
Ânios, 271
anona, 146, 176, 207, 227
Anquises, 102
Antemusia, 150
Antígono Gônatas, 14
Antíoco IV de Comagena, 151
Antioquia, 139, 145, 151, 166, 178, 188
Antonino Pio, 18, 20, 25, 29, 30, 34, 35, 41, 42, 44, 45, 46, 48, 56, 57, 62, 65, 73, 75, 78-104, 105, 111, 118, 120, 124, 129, 135-6, 153, 164, 168, 169, 178, 183, 185-6, 208, 211, 218, 220,

222, 226, 230, 232, 234, 236, 242, 246, 248, 251, 254, 258, 262, 275, 280, 284, 285, 286, 289, 304
Antônio (centurião), 181, 182
Antônio (Marco Antônio, Marcus Antonius), 100, 142
Antônio Primo, 12
Apeles, 111
Ápia Ânia Regila, 56, 129, 189
Apolo, 158, 236, 286
Apolônio de Calcedônia, 63, 65, 66, 67, 120, 137
Apolônio de Tiana, 63, 118
apoteose, 186
Apuleio, 32, 50-1, 58, 74, 156, 193, 201
Apúlia, 139
Aquemênida, reino, 99
Aqueronte, 238
Aquileia, 160, 164, 165, 168, 241
Aquiles Tácio, 172
Aquinco (Alt-Ofen [Óbuda]), 149
Aquitânia, província, 91, 146
Ar, 292
Arábia, província, 105
Arábia Pétrea, 102
árcades/arcadianos, 116
arcaísmo, 194, 195, 207, 233
Areópago, 19
Argentoratum (Estrasburgo), 162
Arícia, 49
Ário de Alexandria, 10, 271
Ariogeso, 173, 176
Aristides ver Élio Aristides
Ariston de Quios, 69-73, 74, 76, 77, 79, 84, 89, 107, 115, 224, 245, 257, 259, 265, 267, 269, 274, 278, 282, 293, 298
Aristóteles, 9, 13, 16-7, 73-4, 106, 123, 124, 214, 257, 269, 310
aristotelismo, 10, 75
Arles, 109
Armênia, 62, 91, 98, 100, 101, 102, 103, 142, 143, 144, 146, 148-9, 150, 151, 152, 155, 193
Armeniacus, 151, 266
Armínio, 160
Arnúfis/Harnufis, 173, 294-5
Árquias, 117, 210
Árria ver Fadila, Árria
Arriano, 106
Ársaces, 99
arsácidas, 99, 148
Artaxata, 146, 151, 154

asdingos, 161, 169
Ásia, província, 88, 97, 98, 116, 156, 164, 303, 304
Ásia Menor, 97, 98, 117, 139, 249, 309
Asilo, 296
Atta, 232
Atena, 292, 296
Atenas, 13, 19, 55, 56, 108, 109, 110, 124, 129-31, 133-4, 139, 189, 190, 296
atenienses, 54, 55, 116, 124, 129-31, 132-3, 189
Atenodoro (filho de Sandon), 10
Atenódoto, 59, 68, 75
Ática, 108, 109
Atídio Corneliano, 145, 147
atomismo, 17, 186, 268, 285
ator, 51
atrium, 81
Aufídio Vitorino, 162, 166, 169
Aufídio, A. (jurista), 217
Augusta (título), 195, 251, 252
Augusto, 10, 21, 38, 40, 47, 69, 83, 91, 100, 119, 124, 126, 144, 172, 174, 183, 191, 195, 220, 271, 309
Augusto (título), 78, 141, 289
Aulo Gélio, 58
Aumale, 95, 96
Aurélio Victor, 7, 199
auspícios, 288
autodomínio (virtude), 11, 70, 89
autoridade [auctoritas], 81, 213
Avídio Cássio, 8, 18, 107, 126, 151, 152, 154, 155-8, 165, 172-3, 175, 176, 177, 178-84, 185, 198, 229, 203, 229, 241, 249, 250, 254, 263, 267, 270, 279, 280, 300
Avídio Heliodoro, 151
Avídio Meciano, 184

Babilônia, 99, 102, 155, 158
Baias, 42
Balomário, 158
Báquio, 64
bárbaros, 25, 27, 31, 91, 99, 103, 227-8
Bari, 139
Basseu Rufo, 131
batavos, 91, 150
Baviera, 198
beleza, 24, 233
Bélgica (a Gália), 91
Belona, templo de, 194
Bem (moral), 70-1, 245, 299, 311

Índice remissivo

Benedita, 234, 241
benefícios, 66-7
benevolência divina, 196, 301
benignidade [*benignitas*], 80
Bética, 35, 37, 169-70
Birley, Anthony, 19
Bitínia, província, 98, 156
Bizâncio, 184
Bobbio, mosteiro de, 19
Boêmia, floresta da, 198
benignitas [bondade], 80, 204
bonitas [generosidade], 140
Bonn, 92, 149
bonus vir [homem de bem], 45, 84, 203, 220, 223
Bósforo, 184
Bostra, 150
Brasidas de Esparta, 225
bretões, 197
brigantes, 93
Brigécio (O-Szöny, Hungria), 149, 157, 171
Brindisi, 138, 139, 192, 252
brises, 193
Britânia, 30, 62, 91, 93, 94, 96, 105, 146, 148, 177, 193
Brútia Crispina, 195
Bruto (assassino de César), 124
Bu Saada, 96

caça, 61-2, 236
Caio (imperador) *ver* Calígula
Caio (jurista), 220
Caio Calpúrnio Pisão, 12
Caio César (neto de Augusto), 142, 143, 271
Cálgaco, 197
Calígula (Caio César), 12, 33, 38, 181, 199, 200
Calpúrnio Longino, 216
Calvísio Estaciano, Caio, 178, 184
Calvísio Tulo, Público, 34, 36, 52, 55
Campânia, 42, 234
Campo de Marte, 85, 158, 194, 305-6
Cândido, 157
Caninius Celer, 54
Cannes, batalha de, 153, 167
Canusium (Canosa), 139
Capadócia, província, 98, 103, 105, 106, 146, 149, 150, 151, 156, 178, 185, 193
Capitólio, 194, 204, 289, 296
    estátua do, 27, 28
    museu, 25

Cápua, 138, 145
Caracala, 135, 243
Carcopino, J., 40
caritas [caridade], 144
Carnunto (Petronell), 23, 149, 168, 171, 172, 176, 263
Cárpatos, 92, 169
Carras, 99, 153, 155
Cartago, 94, 117
Casaubon, 18
Castelo de Sant'Angelo, 166
catafracti [cavaleiros encouraçados], 154
Catão, de Útica, 89, 124, 179
Catão, o Censor, 53, 111, 114, 207-8, 211, 232, 235, 252, 282
Catilina, 114
catos, 162
Catulo, 54
Catulo Cina, 74-5
Cáucaso, 98, 102, 103
Cáudio, 153
Cecílio (poeta), 232
Ceiônia Fábia, 41, 42, 44, 241-2, 249, 252, 255
Célio, monte, 33, 34, 35, 36, 229, 230, 232
Célio Antipater, 232
Célio Rufo, Marco, 235
Celso, 307
Celta, província, 91
Centumcellae (Città Vecchia), 230, 234, 236
Ceres, 195
César (Júlio César), 10, 26, 31, 38, 69, 89, 124, 303
César (título), 20, 44, 78, 180
céu, 276, 292
Cherchel (*Iol Caesarea* [Cesareia]), 94, 96
Chipre, 98
Cícero II, 10, 52, 59, 69, 81, 82, 114, 117, 201, 203, 232, 235, 278, 310
    Cartas, 20, 112, 113, 115-6, 283
    Da natureza dos deuses, 286, 289, 292, 298
    Da República (*De republica*), 9, 10, 19
    De finibus, 85, 125, 213
    Hortênsio, 10
    Pro Archia, 210
    Pro Murena, 213
    Sobre a amizade, 83
    Tratado dos deveres (*De officiis*), 10, 11, 81
cidade universal, 106, 274, 301
Cidade *ver* Roma
Cilícia, 97, 100, 139, 184-5

cimbros, 309
cinismo, 11, 268, 291
Cipião Emiliano, 53, 81, 82, 126, 206
Circo (facções), 139
  local, 192
  procissão do, 167
  região do, 144
Cirenaica, 97-8
Cirro (Khoros), 151, 178
Cirta (Constantina), 57-8, 153, 249
citas, 99, 125
Civil, Caio Júlio, 91
Cláudio (imperador), 33, 38, 62, 99, 101, 127, 148, 202, 220, 226, 253
Cláudio Máximo, 74, 75
Cláudio Pompeiano, Tibério, 166, 169, 180, 248, 249, 252
Cláudio Quadrigário, 58
Cleanto, 82, 257, 291
clementia [clemência], 31, 80, 191, 209
Cleópatra, 100
Clyde, 93, 94
Cneu Cláudio Severo Arabiano, 73, 248
Cneu Domício Córbulo ver Córbulo, Cneu Domício
Cneu Júlio Agrícola, 35, 93
Cneu Pedânio Fusco, 39
Código Justiniano, 207
collegia (associações privadas), 217
Colônia, 91, 157
Coluna Aureliana, 27, 166, 171, 174
Coluna de Trajano, 27, 171
Colunas de Hércules (estreito de Gibraltar), 96
comédia, 53, 232, 280
  gênero poético, 291
comédias atelanas, 53
Comitium, 114
Cômodo (imperador), 18, 27, 94, 156, 172, 177, 178, 179, 180, 186, 192-3, 195, 196, 198, 199, 218, 219, 240, 242, 243, 248, 249, 253, 255, 263, 265, 309
comparações, 49, 59, 60, 68, 275
Concordia, 29, 30, 141, 148, 196, 289
  Concordia exercituum [Concórdia dos Exércitos], 191
Conservadores, Museu dos, 25, 26
conservadorismo, 298; ver também arcaísmo
Constantina, 94, 150
Constantino, arco de, 25, 26
conveniente, 67, 71, 76, 81, 84, 88, 125, 274, 277

coragem (virtude), 11, 70, 89, 278
Córbulo, Cneu Domício, 101
Córdoba, 37
Coré, 189
Corinto, 139
Cornélio Clemente, 161
Cornélio Galo, 83
Cornélio Prisco, 216
Cornifícia (Ana) (filha de Marco Aurélio), 188, 243, 245, 249
corpo, papel do, 240-1, 280, 281
corrector, 128
cosmocrator [regulador do universo], 84
Cosroés, 142, 145, 155
Costoboci (costobocos), 92, 126, 161, 168, 169, 183
cotinos, 161, 171, 196
Crasso (Marco Licínio), 99, 144, 153
Crescens, 304
Crísipo, 82, 225, 257, 292
cristãos, 32, 99, 159, 205, 303-8
Cristo, 205, 307
Ctésifon, 155
curadores, 212, 213

Dácia, 91, 92, 105, 160, 161, 162, 164, 168, 170, 175
dácios, 101
Dafne, 139, 148
dahes, 99
Dalmácia, 165, 167
Danúbio, 23, 32, 91-2, 102, 104, 105, 128, 149, 152, 156, 157, 158, 160, 162, 167, 168, 170-1, 173, 175, 177, 184, 193, 194, 196, 198, 240, 262, 265, 309
Dardânia, 167
Dausara, 154
Decébalo, 92
decenais, 169
declamação, 69
decreta [decisões], 202
decuriões, 208, 212, 227
Delfos, 130, 309
Deméter, 189
Demétrio (filósofo cínico), 11
Demétrio de Falera, 106
Demócrito, 258
demônio (interior), 28, 47, 72, 186, 241, 276, 277, 287-8, 302, 308
  ver também guia interior
demônios, 301
Demóstenes, 110, 111

Índice remissivo

Descartes, 267

Destino [*Fatum*], 26, 116, 181, 264, 291, 292, 302
    do Império, 93, 102, 153, 163, 274

Deus, 308

deuses, 46-7, 186, 195, 199, 284-308

deveres de príncipe, 274, 275, 276

devoção, 286, 292

dextrarum junctio, 30

dialética, 11, 51, 70

diálogos, 64

Diana, 167

Dião Cássio, 18, 43, 48, 60, 61, 74, 98, 142,
    150-1, 154, 156, 161, 162, 165, 171, 172, 173, 175,
    176, 177, 178, 179, 184, 185, 190, 194, 197, 198,
    199, 204, 205, 237, 238, 240, 250, 254

Dião de Prusa (Crisóstomo), 106, 109, 110, 115,
    123, 238

Dião de Siracusa, 124

diáthésis, 224

Digesto, 19, 76, 207, 214, 216, 218, 222, 305

dignitas [dignidade], 81

Dii conjugales, 195

Dii genitales, 196

Diógenes, 261, 266, 303

Diogneto, 63-4, 117, 120, 233, 284

Dionísio de Halicarnasso, 116, 117

Dionísio de Mileto, 119

Dionísio de Siracusa, 124

direito *ver jus*

divindades, 17; *ver também* deuses

divinização, 185-6

doçura, 80, 88, 204

Dolabela, 69

Domícia Faustina (filha de Marco Aurélio), 243

Domícia Lucila, a Jovem (mãe de Marco
    Aurélio), 33, 34, 36, 60, 102, 229, 230-1, 232,
    242, 251, 282, 286

Domícia Lucila, a Velha (avó de Marco
    Aurélio), 33, 34

Domiciano, 14, 15, 35, 38, 62, 85, 91, 93, 95,
    108, 110, 181, 199, 301

Domícias, 33

Domício Afer, 33, 35

Domício Lucano, 33, 35

Domício Tulo, 33, 35

Domícios Enobarbos, 33

Doura-Europos, 155

Druso (filho de Lívia), 10

Edessa, 150, 155

édito dos magistrados, 202, 304

Éfeso:
    cidade, 109, 154
    relevos de, 25, 41

Egito, 32, 76, 91, 97, 98, 99, 102, 105, 146, 172-3,
    176, 178, 182, 184, 187, 189, 193, 294-5

Egito, prefeito do, 76, 146, 151, 178, 184, 188, 222

Eilat, 102

Elba, 157, 197

Elegeia, 142

Elêusis, 126, 134, 161, 189, 309

Élio Aristides, 58, 108, 123, 188

Élio Prisco, 114

Élio Vero, 7, 18

Emília, província, 39, 161

Empédocles, 203, 273

Eneias, 53, 102

Ênio, 53, 59, 153, 232, 235, 237, 282

Epicteto, 50, 67, 112, 115, 243-4, 259, 260-1, 262,
    266, 267, 270, 282, 283, 287, 292

epicurismo, 85, 86, 284

epicuristas, 17, 83, 290

Epicuro, 17, 257, 259, 268, 277, 285

epidemia, 158

Épiro, 129

equidade [*aequitas*], 123, 191, 201, 220-1, 223

Escócia, 93, 94

Escopeliano de Clazômenas, 128

escravos, 167, 206, 210, 213, 214, 215-6, 217-9,
    220, 221, 222

Esculápio, 295, 296

Eslováquia, 160

Esmirna, 109, 110, 118, 148, 188, 189, 239, 304

Espanha, 37, 69, 96, 169, 170, 193, 208
        Hispânia Citerior, 164; *ver também*
            Bética; Gálias

esperança, 29

Espírito do Exército, 30, 31

Esquino, 110

Estácio Prisco, Marco, 146, 148, 149, 151

estoicismo, 7, 8, 10, 12, 31, 46, 70, 75, 83, 85, 86,
    235, 239, 274, 288
        romano, 278, 279, 287
        ver também Pórtico

estoicos, 14, 57, 85, 179, 186, 205, 206, 215, 224,
    245, 283, 310

eternidade [*aeternitas*], 186

ética, 310

Etrúria, 39

Eufórion, 50

Eufrates (filósofo), 118

Eufrates, rio, 99, 102, 143, 150, 151, 154, 155
Eurípides, 36
Eutíquio Próculo, 52, 53
evergetismo, 226

Fábia *ver* Ceiônia Fábia
Fadila, Árria (filha de Marco Aurélio), 243, 246, 249
Faenza (Faventia), 39
Fálaris, 277
Falcídia (lei), 246
família (instituição), 163, 180, 210, 211, 225, 269
familia, 214
Farasmano, 102
fas, 297
Faso (Rion), rio, 103
Fatum, 292
Faustina, a Jovem (Ânia Galéria Faustina), 30, 44, 45, 72, 78, 79, 134, 165, 166, 167, 178, 182, 185, 186, 187, 190, 200, 226, 230, 234, 242, 244, 245, 247, 248, 250, 251, 252, 253, 254-5, 263, 264, 271, 272, 289
Faustina, a Velha (Ânia Galéria Faustina), 35, 44, 46, 185, 226, 242, 289
Faustinópolis, 187
Favorino de Arles, 58
feciais, 194, 294, 296, 297
Felicitas (deusa), 25, 156
    temporum, 144
feras, 24
Ferécides de Siro, 258
Férias Latinas, 42
fides [lealdade], 29, 140
Fídias, 15, 111
Filipe II da Macedônia, 9, 106, 107
filosofia, 7, 9, 10-1, 16, 63, 64, 76
Filóstrato, 74, 75, 86, 88, 110, 115, 118, 129, 130, 131, 132, 133, 188, 243
fim do mundo, 306
"firmeza", 89
fisco, 8, 207, 208, 216, 217, 227, 228
física, 70
flamen [o sacerdote], 293
Flávia Tertúlia, 225-6
Flavianos, 14, 33, 101, 108, 246
    ver também Vespasiano; Tito; Domiciano
Foggia, 139
fome, 145
força (virtude), 89
Forth, fiorde de, 93

Fortuna (estátua em Prenesta), 43
Fortuna (sorte), 87, 155, 245, 256, 262, 267, 273, 281
Fortuna Augusta (deusa), 135
Fortuna de Roma (divindade), 9, 26, 116
fórum de Trajano, 147, 165, 167, 183
Fraates, 100
Frankfurt, 92
fratrias, 210
Fréjus (Fórum dos Júlios), 35
Frontão, 8, 19, 20, 21, 22, 36, 45, 48, 49, 53, 55, 56, 57, 58, 64, 65, 67, 72, 76, 77, 88, 107, 110, 111, 112, 113, 114, 122, 131, 137, 139, 140, 141, 145, 151, 152, 153, 154, 156, 162, 163, 166, 180, 223, 229, 230, 231, 232-4, 235, 236, 237-8, 241, 244-5, 246, 247, 249, 250-1, 275, 282, 293, 295, 296, 306
    "Discurso sobre o amor", 67, 233
    Elogio da fumaça e da poeira, 20, 68
    História da Guerra Pártica, 140
frumentarii, 86
Fúrcio, 173
Fúrio Vitorino, Tito, 146, 159

Gades (Cádiz), 37, 105
Gaeta, 253
Galácia, província, 98
gálatas, 309
Galba (imperador), 37
Galeno, 88, 176, 238, 239, 240, 241, 292
Gálias, 91, 105
Geminus, 50
geometria, 50, 51
Germânia, 14, 33, 91, 92, 107, 146, 157, 158, 160, 162, 247, 262
    Inferior, 91, 93, 149
    Superior, 91, 162
Germânia, fronteira da, 91-2
    africana, 95
    da Britânia, 93
Germânico (sobrinho de Tibério), 142, 143, 147
Germanicus, título triunfal, 172, 176, 193
germanos, 62, 91, 157, 165, 167, 169, 170, 208, 265
    ver também langobardos/lombardos;
        marcomanos; quados; lacringos;
        hermonduros; costobocos; cotinos
Geta, 135, 243
Giaros, ilha das Cíclades, 12, 45
gladiadores, 8, 43, 208, 253
    ver também jogos

Índice remissivo 365

Górgias, 110
Grã (Hron), rio, 23, 171, 263
Graça (primeira mulher de Frontão), 36,
230, 251
    segunda filha de Frontão, 164, 230, 251
Graco (Caio Semprônio Graco), 114, 235
grammaticus, 51, 52
grande pontífice, 285, 287, 289, 296
Grande Sirta, 95
grandeza da alma, 280-1
gravitas [seriedade], 59, 86, 204
Grécia, 32, 91, 105, 169, 193
    ver também Acaia, província de
grego (língua), 36, 56-7, 282
gregos (povo), 115, 117, 234
guerra civil, 179
Guerras Médicas, 126
guia interior, 90, 203, 274, 275, 281, 299
    ver também demônio (interior)

Halala, 185, 264, 272
harúspices, 286
Heilbronn, 92
helenismo, 109, 115
helenos, 99, 116, 117
    ver também gregos (povo)
Heliodoro, 172
Heliodoro (filho de Avídio Cássio), 182
Helvídio Prisco, Caio, 14, 64, 75, 124
Hélvio Pertinax, Público, 169
Hera (Juno), 292
Heráclito, 258, 303
Hércules, 108-9, 110
hereditariedade (princípio), 38, 44, 179
Hermes (Mercúrio), 109, 126, 290, 295
    aéreo, 174
Hermógenes, 188
hermonduros, 103, 198
hérnicos, 293
Herodes Ático, 34, 36, 54-5, 56, 88, 120, 121,
126, 128-33, 134, 137, 176, 182, 183, 189-90,
203, 208, 231, 243
herodiano, 242, 248
Heródoto, 52
Hesíodo, 36, 260, 279, 291, 292, 297
Hierápolis, 191
hierarquia social, 211, 268
Hilaritas, 29, 192, 196
Hiparco (bisavô de Herodes Ático), 127
Hírtio, 69

História (projetada por Marco Aurélio), 233
História Augusta, 7, 8, 18, 41, 42, 43, 48, 50,
61, 63, 73, 74, 75, 78, 79, 80, 84, 85, 90, 103,
119, 135, 136, 137, 140, 141, 143, 147, 156, 158,
165, 166, 181, 183, 187, 188, 192, 199, 206, 207,
222, 229, 237, 250, 251, 252, 284, 286, 294,
304, 310
Homero, 13, 36, 52, 114, 130, 237, 260, 291
    ver também Ilíada, Odisseia
honestiores ["grandes"], 123, 132
"honestissimum quemque" ["todos os mais
honrados"], 212, 213
Honos, 29, 31
Horácio, 46, 53, 54, 113, 144, 217
humanitas [cultura], 10, 106, 116
humiliores [humildes], 123, 132

Iálio Basso, Marco, 147, 157
iáziges, 92, 165, 170, 173, 175, 176, 177, 193, 194,
198, 199, 263
iberos, 102
igualdade [*aequalitas*], 87
Ilíada, 237
Ilíria, 103, 165
imortalidade, 186
    ver também divinização, morte
imperator, 31, 39, 107, 113, 192, 285
imperium, 26, 39, 78, 202
    imperium maius, 172
Índia, 101
indiferentes, 31, 71, 88, 177, 205, 209, 214, 270,
274, 275
indulgentia [indulgência], 50, 204, 224, 231,
278, 287, 289, 302
Infernos, 53
ingenui [ingênuos], 213
Institutiones [instituições], 207
inteligência, 268, 272-3, 285, 287, 299
Iol Caesarea (Cherchell), 94
irracional, 269
Iseu (rétor), 69, 118, 119
Isidoro, 172
Ísis, 148
Isócrates, 9, 13
Ítaca, 237
Itália, 160, 161, 164, 165, 175, 183, 208, 209, 309
Itálica, 208

jacobinismo, 209
Jano, porta de, 25

Jerusalém, 98
jogos, 8, 33, 136, 141, 166-7, 183, 208
   de gladiadores, 136
Judá I (patriarca), 187, 269
judaísmo, 98-9, 187
Judeia, 91, 98, 146, 269
judeus, 98, 99, 187, 269-70, 306
   rebelião dos, 93, 98
Jugurta, 153
Júlia, a Velha (filha de Augusto), 38, 44, 271
Juliano, 202
Júlio Clássico, 91
Júlio Donato, 219
Júlio Teodoto, 133, 134
Júlio-Claudianos (de Augusto a Nero), 28, 38,
   108, 246, 248
Júnio Rústico, Quinto, 50, 59, 64, 75, 112, 121,
   259, 303
Juno, 30, 43, 186, 195, 292
   ver também Hera
Júpiter, 15, 38, 43, 166, 192, 201, 209, 238, 290,
   292, 296, 308
   Fulminador, 174
   ver também Zeus
juridici [juristas], 184, 209
jurisconsultos, 222-3
jus [direito], 124, 220, 297
   civile [civil], 201
   pontificum [pontifical], 287
justiça (virtude), 11, 70, 80-1, 88, 89, 202, 203,
   204, 205, 224, 277, 279, 281, 297, 310
Justiniano, Código, 207
Justino, 159
   Apologia de, 42, 303, 307
justum bellum [guerra justa], 194, 297
Juvenal, 117, 253
Juventas, 29, 31

Kant, 278
Kenchela, 95

Labério, 232
lacedemônios, 116
Lácio, 32, 116
lacringos (povo da Germânia), 161
Laetitia [alegria], 196
Lahn, rio, 92
Lambese, 95
langobardos, 157, 158
Laodiceia (Latakieh), 139

larário, 286
Lares, 286, 296
lateranos, 35
latifundia [latifúndios], 214
latim (língua), 57, 58, 59, 112, 282-3
Latrão, 28
Laugarício, 199
Lavinium, 192
lazos, 103
lectistérnio, 158, 294
legião, 105
   I Adiutrix, 149
   I Minervia, 149
   II Adiutrix, 149, 150
   II Pia, 167
   II Traiana Fortis, 187
   III Augusta, 95
   III Concórdia, 167
   III Gallica, 152
   IV Flávia, 149, 164
   V Macedônica, 149, 162
   VII Gemina, 105
   X Gemina, 149
   XI Cláudia, 150
   XII Fulminata, 174
   XIV Gemina, 149
Lei das Doze Tábuas, 225
Lélio, 83
leões, 168
Lex Petronia, 220
Lex Plaetoria, 211
libera respublica, 195, 213, 280
Liberalitas [liberalidades], 25, 156, 180
liberdade, 14, 65, 70, 83, 124, 207, 266
   condição jurídica, 209, 216
libertas, 87
libertos *ver* alforriados
Lícia, 97
Licínios Lúculos (família), 117
Lionense (Gália), 91
Lippe, rio, 162
Lísias, 68
litterator, 50-1
Liverpool, 93
Lívia, 10, 195, 271
Livros Sibilinos, 294
lógica, 70
logos, 17, 24, 47, 269, 272, 285, 292, 307, 308
   ver também razão
Lório (cidade de Antonino Pio), 230, 245

Índice remissivo

Louvre, museu, 27
Luciano de Samósata, 271, 295
Lucila (filha de Marco Aurélio) *ver* Ânia
   Aurélia Galéria Lucila
Lucila (mãe de Marco Aurélio) *ver* Domícia
   Lucila, a Jovem
Lucílio (amigo de Sêneca), 13, 14
Lucílio (poeta), 232
Lúcio (irmão de Marco Aurélio) *ver* Vero,
   Lúcio
Lúcio Antístio Burro (genro de Marco
   Aurélio), 243, 249
Lúcio Aurélio Agáclito, 243
Lúcio Aurélio Cômodo, imperador Cômodo,
   242; *ver também* Cômodo
Lúcio Calpúrnio Pisão Liciniano (adotado
   por Galba), 37
Lúcio Catílio Severo, 34, 35, 37, 41, 42, 52,
   102, 121
Lúcio Ceiônio Cômodo (Lúcio Élio César),
   39, 41, 63, 135, 241
Lúcio Ceiônio Cômodo, Lúcio Vero, 41, 42, 44
Lúcio Cornélio Balbo, 37
Lúcio Dasúmio Túlio Tusco, 164
Lúcio Élio César *ver* Lúcio Ceiônio Cômodo
Lúcio Júlio Vehilio Grato Juliano, 169
Lúcio Loliano Avito, 156
Lucrécio (poeta), 86, 232, 235
lustratio, 25, 26
Lutácio Catulo, 309
Lyon, 32, 55, 303, 304, 306

Maat (deusa), 279, 297
Macedônia, província romana, 129, 167, 169,
   193
Macedônia, reis da, 109, 110
      ver também Filipe II da Macedônia;
         Alexandre, o Grande
mães, direitos, 225
Magnitudo Animi ver grandeza da alma
Mai, Angelo (cardeal), 19-20
maiestas [majestade], 26, 127
Mal (moral), 70, 245, 311
      ver também moderação; autodomínio
mandata [instruções], 202
mar, 292
      Báltico, 94, 157
      Cáspio, 99, 103, 155
      da Irlanda, 93
      do Norte, 92, 93

Negro (Ponto Euxino), 92, 102, 103,
   105, 156
Vermelho, 102
Maratona, 126
Marcial, 54
Marciano, 64
Márcio Vero, Públio, 149, 150-1, 156, 178, 185,
   187, 193
Marco Ânio Vero (avô de Marco Aurélio),
   35, 41, 42
Marco Ânio Vero (filho de Marco Aurélio),
   166, 180, 242, 243
Marco Aurélio, genros de, 248
Marco Cláudio Frontão, 149, 150, 153, 154,
   164, 168
Marco Cláudio Marcelo, 40
Marco Cornélio Frontão *ver* Frontão
Marco Macrínio Ávito Catônio Vindici, 157, 171
Marco Peduceu Pláucio Quintilo (genro de
   Marco Aurélio), 243, 249
Marco Petrônio Sura Mamertino (genro de
   Marco Aurélio), 188, 243, 249
Marco Pôncio Leliano Lárcio Sabino, 146, 162
Marcomânia, província, 175
marcomanos, 8, 92, 99, 103, 129, 158, 160, 161,
   166, 168, 170, 171, 173, 177, 183, 196, 198, 241,
   280, 294, 297
Mário, 58, 117, 309
Mário Máximo, 254
Marrocos, 95
Marselha, 115
Marte (deus), 18, 31, 47, 151, 153, 167
      Ultor, 183
Marulo, 144
Matídia, 141, 235, 245-6, 247
Mauritânia, 91, 94, 95, 96
      Cesariense, 94
      Tingitana, 19, 94, 96
Máximo *ver* Cláudio Máximo
Mecenas, 83, 271
Meciano, Avídio Meciano (filho de Avídio
   Cássio), 181-2, 184
Média, 155
Médico (codinome triunfal), 155
mediocritas [mediocridade], 211
Meditações ver Índice das *Meditações*
Medjedel, 96
Melitão, 304, 307
Meno, rio, 92
Mercúrio, 174, 295; *ver também* Hermes

Mersey, rio, 93
Mésia, 92, 150, 157, 160
    Inferior, 92, 147, 149, 152, 157, 164
    Superior, 92, 157, 164, 168
Mesopotâmia, 98, 102, 150, 154
Messalina, 253
messianismo, 98
Métis (deusa), 292
milagre:
    da chuva, 173, 174
    do raio, 171
Mileto, 19
Minerva, 29, 31, 167
Minúcio Félix, 306
Míron, 15
Misena, 146, 209
mito, 68, 77, 109-10, 238, 293
Módena, guerra de, 69
moderação *ver* autodomínio
moedas, 29-31
Mogúncia [Mainz], 91
monarquia, 13, 14, 15, 109, 110, 195
montanismo, 307
Morava, rio, 92
Morávia, 92, 160
morte (reflexões sobre a), 186
mos maiorum, 10, 80, 85
mouros, 95, 96, 105, 169, 170
Muciano (Caio Licínio Muciano), 11
Múcio Cévola, Quinto, 289
mulheres (situação jurídica), 224-5
Mulucha (Muluia), rio, 94
Musa, 271
música, 50-1
Musônio Rufo, Caio, 12, 13, 14, 59, 75, 287
musulâmios, 95

Naab, rio, 198
Nabateia, 10
Naber, S.A., 20
Nápoles, 56, 112, 230, 236
Narbona, 146
Narbonense (Gália), 91, 146
nariscos, 197
nasamões, 95
natureza, 13-4, 24, 85, 107, 108, 124-5, 126, 235, 256, 267, 268, 269, 284, 285, 290, 298, 299, 301
Neckar, rio, 92
Nêmesis, 266
Nero, 12, 14, 31, 33, 37, 38, 62, 84, 86, 91, 97, 101, 120, 138, 142, 181, 190, 199, 219, 277

Nerva (imperador), 14, 37, 38, 127, 195, 217, 226
Netuno, 190, 292
Névio, 53, 232
Newcastle, 93
Nicephorium, 154
Niceto de Esmirna, 110
Nícocles, 9
Nilo, 172
Nîmes, 33
Nísibis, 155
nomos [nomo], 297
Nórica, 92, 169
Nóvio, 232
Numa, 9, 79, 294
Numância, 153, 206
numeri, 105
Numídia, 94, 96, 150

oceano, 93, 248
Oder, rio, 161, 197
Odessa, 198
Odisseia, 237, 260
officia, 66
Olt, 92
opinião, 23, 107, 268
ópio, 176, 238
Opitergium (Oderzo), 168
oráculos, 38, 47, 48, 295
orador, 52
oratio, 112
Orfeu, 77
Oronte, 117
Osroena, 150, 154
Otávia (irmã de Augusto), 271
Otávio (futuro Augusto), 69, 100
otium [ócio], 81
Oto, 37, 138, 181
outorga, 228
Ovídio, 140

Pácoro, 103, 142
Paflagônia, província, 248
paideia, 133
Palatino, 43, 45, 46, 62, 63, 65, 73, 119, 120, 222, 232, 234, 236
Palestina, 99, 105, 182, 187
palestra, 137
Palílias, 33, 116
Palladium, 156
Pamphila, 219

Índice remissivo

panateneias, 108
Panécio, 81
Panfília, província, 97, 139
Pan-helênio, 55, 109
Panônia, 40, 128, 146, 149, 160, 171, 178, 180, 194, 240
    Inferior, 40, 92, 147, 149, 166, 168
    Superior, 40, 74, 92, 147, 157, 164, 169
Panteia, 148, 271
parenética, 70, 224, 283
parsimonia, 84, 208
partas, 97, 98, 99, 100-3, 130, 138, 141, 142, 143, 144, 155, 156, 228, 241
Pártico Máximo (cognome triunfal), 155
pastores [*milites bucolici*], 172, 178, 193
patrícios, 57
Paulo (jurista), 305
Paulo III (papa), 28
Paulo Emílio, 245
pax [paz]:
    aeterna [eterna], 191
    deorum [dos deuses], 289
paz (*pax*), 152, 156
pederastia, 82, 233-4
Pélopes, 43
Pérgamo:
    cidade, 296, 304
    reino, 97, 309
Pérgamo (liberto), 271
peripatéticos, 68, 73, 125, 269
Perpena (ou Trebano), 113
persas, 106, 126
Perseu (rei), 245
Pérsico, golfo, 102
Pertinax *ver* Hélvio Pertinax, Públio
peste *ver* epidemia
Petrônio *ver Satiricon*
Pflaum, H.G., 19
philanthropia, 126, 154, 221
Piave, rio, 165
pietas, 29, 30, 55, 165, 186, 191, 203, 220, 286, 288
Pisão, Caio Calpúrnio, 12
Pisão, conjuração de, 12, 14
Pisão, Gneu Calpúrnio (inimigo de Germânico), 147
Pisão Liciniano, Lúcio Calpúrnio (adotado por Galba), 37
pisistrátidas, 13
Pítaco, 258
Pitágoras, 9

pitagórico, 51, 63, 235
Platão, 9, 21, 67, 74, 109, 122, 123, 206, 257, 259, 269, 272, 282, 310
    Apologia de Sócrates, 239
    Banquete, 68
    Carta VII, 9
    Fédon, 164
    Fedro, 68
    República, 84, 107, 209, 225, 291
    Teeteto, 257
platonismo, 10, 15, 17, 75; *ver também* Plutarco
Pláucia, 40
Plauto, 48, 53, 232
Plínio, o Moço, 15, 20, 54, 69, 110, 118, 202
Plínio, o Velho, 144
Plotina, 37
Plutarco, 15, 67, 68, 74, 106, 118, 124, 206, 252, 257
poder tribunício, 78, 173
Polemon (sofista), 49, 88, 112, 118, 120, 189
Polião (gramático), 52, 53
Políbio, 115, 116, 125, 310
Policarmo, 127
polícia, 86
Policleto, 15
Pompeia, 49
Pompeiano *ver* Cláudio Pompeiano, Tibério
Pompeu, 97, 192, 271, 303
Pompônio (poeta), 232
Pompônio Próculo Vitrásio Polião, 164
Ponto, província, 98
Ponto Euxino *ver* mar Negro
Portas de Ferro, 92
portentum [presságio], 286
Pórtico (estoicismo), 7, 50, 80, 89, 106, 125, 210, 213, 224, 258, 269, 274
portoria, 198
Pozzuoli, 94
praetentura Italiae et Alpium, 162
praetor tutelaris (pretor encarregado das tutelas), 211
preferível, 205, 209, 274
Prenesta (Praeneste), 43, 166
pretor, 202
pretorianos, 143, 159
princeps juventutis, 180
Prisciano, 216
Próculo (jurista), 222
profectio, 168
Propércio, 271, 272
protrépticos, 112

Providência, 31, 97, 108, 116, 125, 153, 163, 179, 181, 203, 209, 224
prudência (virtude), 16, 70, 89, 277, 292
prudentes, 201-2
prudentia [prudência], 16, 70, 89, 277
publicanos, 227
Públio Élio Adriano Afer, 37
Públio Júlio Marciano, 149
puellae Faustinianae, 226, 307

quados, 23, 92, 99, 129, 160, 166, 168, 170, 171, 173, 174, 175, 176, 177, 196, 197, 198, 263, 274, 280
questor, 136
questor do príncipe, 78
Quintiliano, 11, 12, 13, 51, 52
Quintílio Condiano, Sexto, 194
Quintílio Valério Máximo, Sexto, 194
Quintílios, 129-30, 189
Quinto Antístio Advento, 149, 150, 155, 162, 165
Quinto Cecilio Metelo Numídico, 58
Quinto Labieno, 99-100
Quinto Lólio Úrbico, 93

Rabat, 95
Radamisto, 101
Ratisbona (Regina Castra), 92, 162
Ravena, 146, 160, 209, 228
razão, 17, 21, 30, 45, 47, 50, 65, 84, 106, 122, 125, 200, 209, 220, 269, 272, 275-6, 285, 292, 299-300, 301-2, 308
Realeza, 110
Récia, província, 92, 162
Regen, rio, 162, 198
Regila (mulher de Herodes) *ver* Ápia Ânia Regila
registro civil, 210
rei, 9, 46, 48
    deusa e, 25, 98-9, 156
    ver também realeza
religio, 286-93, 294, 295
Reno, rio, 32, 91, 92, 94, 105, 156, 162, 170
responsa [resposta], 202, 217
Restitutor Italiae, 31
rétores, 54, 56, 68, 190
    gregos, 54, 111, 112, 282
retórica, 11, 21, 22, 57, 68, 69
reverência [*antiquitas*], 114
ritos, 296, 297
    ver também feciais, sálios
Rodes, embaixadores de, 115, 116

Roma, moral da, 239, 279
Roma, prefeito de, 34, 35, 37, 41, 42, 62, 218, 303, 304, 307
Rômulo, 179
rostros, 114
roxolanos, 198
Rubélio Plauto, 12
Rummel, rio, 94
Rupília Faustina (avó de Marco Aurélio), 35
Rússia meridional, 103
rusticitas [falta de cultura], 211

Saara, 105
sábio, 16, 17, 46, 66, 71, 82, 84, 125, 278, 299, 300
sacerdos [sacerdote], 295
Sala (Chellah), 95
Salamina de Chipre, 9
sálios, 18, 37, 42, 47, 167, 194, 288, 293
salteadores, 193, 219
Salus (deusa), 167
Salústio, 59, 113-4, 145, 232, 235, 282
Sálvio Juliano (jurista), 223
samentum, 293
samnitas, 153
San Lorenzo in Miranda (igreja), 186
sapientia, 11
Sardes, 208, 304
Sarmácia, 175
sármatas, 23, 92, 99, 128, 152, 169, 170, 175, 176, 208, 240, 248, 263, 280
    ver também iáziges
Sarmaticus (cognome triunfal), 176, 193
Satiricon, 63
Securitas Publica, 31
Sedácio Severiano, M., 142
Segesto (líder querusco), 160
segredo, 86
Seius, 219
Selêucia, 75, 155, 158
selêucidas, 97, 99
Selinunte, Síria, 37
semitas, 98
semnons, 197
senado, 38, 39, 78, 87, 115, 193, 194, 202, 207, 219
senadores, 8, 184, 190, 212
senatus consultum Orfitianum, 225
senátus-consulto, 8, 182, 202, 214, 225, 226
Sêneca (Lúcio Aneu Sêneca), 12, 22, 63, 268, 270, 287
    Cartas a Lucílio, 22, 65, 82, 85, 215, 270, 283, 285, 299

Índice remissivo

Diálogos, 22
Do ócio, 277, 278
Dos benefícios, 66, 67, 68, 215, 277-8
Sobre a brevidade da vida, 266
Sobre a firmeza do sábio, 300
Sobre a ira, 144
Sobre a tranquilidade da alma, 82
Tratado sobre a clemência, 14, 31, 79, 209
Sêneca, o Velho, 37
sensibilidade, 24, 50, 68, 268, 274, 299
serenidade [*aequanimitas*], 135
sermo, 112
Serviano (cunhado de Adriano), 39
Sétimo Severo, 135
Severo, Cláudio (irmão de Marco Aurélio),
    30, 124, 210
Severos (dinastia), 254
Sevilha (Espanha), 8
Sexto Cúrvio, 33
Sexto de Queroneia, 59, 74, 137
Sibila, 53
Sicca (El Kef), 52
simpatia, 278, 279
Siracusa, 9
Síria, 32, 34, 39, 41, 97, 99, 100, 101, 102, 103,
    105, 139, 140, 142, 146, 147, 149, 155, 156, 164,
    169, 178, 185, 187, 188, 248, 249
Síria-Palestina, província, 97
sírios, 117, 138
Sirmio, 130, 131, 132, 133, 134, 176, 178, 179, 184,
    189, 199, 243, 254, 263, 285
Sisena, 232
sobrevivência da alma, 186, 308
sociabilidade, 70, 80-1, 231, 278, 287
sociedade, 205, 268, 277
Sócion de Alexandria, 63
Sócrates, 239, 258-60, 266, 302, 303
socratismo, 72, 268
sofistas, 15, 122, 190
        ver também Élio Aristides; Polemon;
            Dião de Prusa (Crisóstomo); Hermó-
            genes; *e outros sofistas específicos*
Sohemo, 148, 151, 193
Solway, fiorde de, 93
sonhos, 43, 47, 295
sono, 236-8
sorte *ver* Fortuna
Soummam, rio, 95
Stichus, 219
suasoria, 21, 64, 112

Suburra, 34
Suetônio, 10, 19, 138
suevos, 92, 103
Sula (ditador), 117
Sulpício Félix, Marco, 95, 96
summa injuria [injustiça], 124
superstitio, 286, 294

Tacfarinas, 95
Tácito, 14, 93, 138, 195, 310
        Agrícola, 93, 197
        Anais, 86, 100
        Diálogo dos oradores, 11, 12, 110
        Germânia, 91, 157, 162, 170, 171
Tândasis, 64
Tântalo, 43
Tarento, 49
Tarragona, província, 170
Tarrunteno Paterno, Públio, 171, 196
Tarso, 10, 184, 188
Tauro, maciço de, 97, 178, 187
Tchecoslováquia, 199
tebanos, 116
Têmis, 279, 297
temperantia (virtude), 89, 209, 278
        ver também autodomínio, moderação
Teodoro de Gadara, 60
Teodósio, 7
Teodoto *ver* Júlio Teodoto
Teódoto, 82, 234, 241
Teofrasto, 74, 267, 269
teologia dos filósofos, 291-3, 301
        poética, 290, 291, 293, 298, 301
        política, 289, 294, 301
Teopompo, 56
teriaga, 176, 238, 240
ternura, 49, 50, 55, 56, 57, 66, 180, 204, 244,
    245, 246, 251, 252, 278, 308
        ver indulgentia [indulgência]
Tersites, 71
Tertuliano, 199
Tertúlio, 253
Teseu, 109
Tessália, 193
teutões, 309
thesmos [*tesmo*], 297
Tibério (imperador), 33, 86, 91, 95, 100, 101,
    127, 150, 157, 160, 200, 236
Tibério Cláudio Ático, 127-8
Tibério Cláudio Hiparco, 127

Tíbilis, 150, 249
Tibre, 117, 144, 176, 309
Tigre, rio, 99, 102, 155
Tingis (Tânger), 94
Tipasa, 96
tirania, 110, 131, 183, 269
tiranos (na Grécia), 9, 14
    monarca injusto, 15, 206, 307
Tirídates, 151
Tirídates (neto de Vonones II), 101, 143, 150
Tisza, rio, 92, 170
Tito (imperador), 13, 38, 309
Tito Aurélio Antonino (filho de Marco
    Aurélio), 243
Tito Aurélio Fulvo Antonino (filho de Marco
    Aurélio), 243
Tito Aurélio Fulvo Boiônio Árrio Antonino
    ver Antonino Pio
Tito Élio Aurélio (filho de Marco Aurélio), 243
Tito Lívio, 115, 116, 293
Tívoli (Tibur), 85
tortura, 222
Tot, 295
Tot-Chu, 174, 294
    ver também Mercúrio
Trácia, 193
tragédia, 291
Trajano (imperador), 14, 26, 30, 34, 37, 38, 39,
    62, 88, 91, 92, 95, 98, 101-2, 105, 110, 115, 118,
    123, 127, 140, 142, 150, 162, 175, 177, 183-4,
    202, 217, 226, 246, 304
Trajano, fórum de, 147, 165, 167, 183
Transilvânia, 92
Trasea *ver* Trasea Peto, Públio Clódio
Trasea Peto, Públio Clódio, 13, 64, 75, 124
Trebano, 113
Trencin, 199
trigo, 227
triunfo, 26, 192
troianos, 130
Trosius Aper, 52, 53
Tucídides, 151
Tunísia, 94, 95
tutores, 211-4
Tyne, 93

úbios, 157
Ucubis (Bética), 35
Ulisses, 237
Ulpiano (jurista), 225
utilidade, 83

Valáquia (Pequena), 92
Valério Homulo, 286
Valério Maximiano, Marco, 193, 198
Valério Nepote, 216
Van den Hout, 20
vândalos, 161
Varrão, 289, 290
Vaticano, Biblioteca do, 20, 21
    Fragmentos do, 207
Velabro, 144
Veleio Patérculo, 157
Venécia, 92
Vênus:
    deusa, 195
    Templo de Vênus e de Roma, 185
Verissimus, 42, 48, 182, 254
vernae, 215
Vero, Lúcio (irmão de Marco Aurélio por
    adoção), 18, 20, 25, 27, 29, 54, 74, 130, 135-42,
    143, 165, 170, 180, 190, 231, 239, 241, 242, 247,
    248, 262, 266, 271, 275, 289
    ver Lúcio Ceiônio Cômodo
Vespasiano (imperador), 11, 12, 13, 33, 37, 38,
    84, 98, 127, 133, 152, 182, 183, 250
Vesúvio, 309
Vetera (Xanten), 162
Víbia Aurélia Sabina (filha de Marco Aurélio),
    243, 246, 248, 249
Víbia Sabina (sobrinha-neta de Trajano), 38, 40
Víbio Zenão, 216
Vibúlia Álcia Agripina, 127
victóvalos, 160, 166
vindima, 61, 236
Vindobona (Viena), 149, 199
vinho, 227
Virgílio, 53, 54, 152
Virgínio Flávio, 14
virtude, 16, 224, 276
    divindades, 276
    quatro virtudes cardeais, 13, 16, 46, 70,
        88-9, 116
    virtudes da realeza, 26, 46, 84, 88-9,
        184, 191
    ver justiça, coragem, autodomínio,
        prudência
Virtus, 29, 31
Vístula, 161
Vitélio, 12, 37, 181
vitória, 276
Vitória (deusa), 25, 31, 151, 156, 167, 171

Índice remissivo

Vitória Augusta, 150
Vologases, 101
Vologases III, 102, 103, 142, 152, 154, 155
Volúsio Meciano, Lúcio (jurista), 76, 222
Vonones, 100, 101
vota publica (votos oficiais), 30

Xenofonte, 259
Xifilino, 18
Xylander, Wilhelm, 21

Zântico, 177
Zenão, 14, 70, 106, 225, 227, 257, 259, 285, 292, 298
Zeugma, 155
Zeus, 13, 14, 15, 43, 109, 110, 130, 287, 290, 291, 292, 293, 301

Índice das Meditações

Meditações, 7, 19, 21, 22, 23, 35, 49, 121, 132, 168, 197, 203, 256-83

    Livro I, 22, 23, 30, 34, 35, 36, 46, 47, 50, 52, 53, 59, 60, 63, 64, 65, 66, 73, 74-5, 79, 82, 89, 90, 94, 112, 120, 121, 124, 135, 170-1, 179, 210, 229, 230, 234, 250, 251, 256, 258, 259, 261, 262, 263, 264, 265, 266, 267, 282, 284, 285, 289, 292, 298, 303

    Livro II, 23, 49, 163, 170-1, 204, 256, 262, 265, 266, 267, 268, 269, 276, 283, 285, 288, 300

    Livro III, 21, 24, 28, 45, 203, 204-5, 233, 258, 268, 276, 277

    Livro IV, 8, 16, 21, 46, 104, 113, 203, 204, 233, 250, 258, 275

    Livro V, 31, 121, 123, 231, 240, 277, 287, 295, 300

    Livro VI, 26, 71-2, 94, 103, 121, 179, 181, 240, 257, 258, 285, 287, 301, 302, 305

    Livro VII, 46, 70, 97, 125, 163, 186, 204, 239, 240, 257, 258, 259, 264, 272, 277, 278

    Livro VIII, 24, 54, 70, 122, 148, 191, 270-1, 272, 292, 299, 300, 302, 303, 305

    Livro IX, 47, 106, 205, 206, 233, 257, 269, 270, 279, 297, 305

    Livro X, 23, 46, 72, 200, 279, 280, 281

    Livro XI, 81, 132, 241, 258, 260, 268, 279, 281, 291, 306

    Livro XII, 273, 281, 283, 287, 290, 292

1ª EDIÇÃO [2018] 4 reimpressões

ESTA OBRA FOI COMPOSTA POR MARI TABOADA EM DANTE PRO
E IMPRESSA EM OFSETE PELA GRÁFICA BARTIRA SOBRE PAPEL PÓLEN
DA SUZANO S.A. PARA A EDITORA SCHWARCZ EM MAIO DE 2024

A marca FSC® é a garantia de que a madeira utilizada na fabricação do papel deste livro provém de florestas que foram gerenciadas de maneira ambientalmente correta, socialmente justa e economicamente viável, além de outras fontes de origem controlada.